U0949014

清季外交史料

⑩

王彦威 王亮 辑编
李育民 刘利民
李传斌 伍成泉 点校整理

湖南师范大学出版社

分册目录

清季外交年鉴

地图

清季外交史料索引卷二

中美交涉序略

中美邦交有三特色焉：一、以平等互惠之精神为原则，同治七年所订之《中美续约》是也；二、以开放门户机会均等为宗旨，光绪二十九年之通商条约，民国十一年之《九国公约》是也；三、以振兴我国教育为标准，光绪三十三年退还庚款一部分是也。惟美为工商业最发达之国，以华工勤而价廉，为资本家所欢迎，招工前往，开矿筑路，多恃华侨之力。只因彼此种族风尚习惯各有不同，辄招彼邦劳动界嫉视。美政府亦以华工无同化入籍之可能，故于光绪六年缔结限制条款；二十年复订十年禁止华工入美之约；民国十二年颁布新移民律，苛细严酷，于是学生、商人赴美，亦不免多受留难。本篇索引特设保护华侨一门以纪之，冀邦人注意于入国问俗、入境问禁之旨。至中美教案迭兴，莫不持平结束。而万年青被撞案，一经诉诸美使，辄议赔偿。此美国对华交涉，迥然别于他国者矣。且清季外交之亟，以光、宣两朝为最，边境日蹙，举国皇皇，第勉揞于列强均势之下。其能以和平相终始者，仅美国而已，故其商务亦臻臻日上。而列强与我构衅，美恒以友邦之谊，周旋其间，并无利我土地之心。故对美交涉，较列邦为少，职是故也。至哥斯德黎加及巴利维亚两国交涉，因系由美转达，即附列于后云。

中美交涉　遣使设领　附哥斯德黎加国巴利维亚国交涉

目　　录	年	月	日	卷数	页数
总署奏请派员出使美日秘国保护华工折　附上谕	光绪一	一一	一四	四	一七
总署奏颁给出使美日秘等国使臣国书折	三	二	二四	九	一九
使美日秘陈兰彬等奏报抵美呈递国书折	四	一一	一五	一四	三一

目　　录	年	月	日	卷数	页数
使美张荫棠奏敬陈外交事宜并请开缺简授贤能折	宣统三	九	四	二三	一六
外部致美使卫奉旨施肇基补授使美大臣希转贵外部照会	宣统三	九	五	二三	一九

中美交涉　修约　附公断专约

目　　录	年	月	日	卷数	页数
总署奏美国修约使臣来华请派大员与之商议片	光绪六	七	三〇	二二	一七
总署奏美国修约提出限制华工条款折	六	一〇	一四	二四	八
总署奏华商船往美额外征税应与美使及时议定片　附条约二件	六	一〇	一四	二四	一〇
总署奏请将续修美约钤用御宝折	七	六	一六	二五	二六
直督李鸿章致总署美新约禁华工往请缓订电	一四	六	一五	七六	一四
使美日秘张荫桓致总署中美立约系旧约不用宝电　二件	一四	六	一六	七六	一五
总署致张之洞美约因众怨不能奏请批准电	一四	六	一七	七六	一五
直督李鸿章致总署据英报载中国批驳禁止华人赴美条约电	一四	七	二五	七六	二二
使美日秘张荫桓致总署美议院议禁华工新约请定准驳电	一四	八	一五	七七	三
总署致张荫桓商华工新约美使已电美外部电	一四	八	一九	七七	三
使美日秘张荫桓致总署美废新约宜乘机结束请照电会美使电	一四	九	一八	七七	一〇
使美日秘张荫桓致总署中美新约无可再商电　附旨	一四	一一	二五	七八	一七
使美日秘张荫桓奏美约中辍请设法补救并述前使草约及美国新约折　附前使臣郑藻如禁工节略及未成约稿并美国现行新例	一五	二	二九	七九	二七

目　　录	年	月	日	卷数	页数
吕海寰伍廷芳致外部美使谓俄不阻开东省口岸电	二九	四	一四	一七一	九
直督袁世凯致外部东省口岸请先询俄美再宣谕自开电	二九	四	一四	一七一	九
直督袁世凯致外部美允加足十二五而要裁常关恐激生事端请通盘筹画电	二九	四	一八	一七一	一一
鄂督张之洞致外部及吕盛伍三使美约勿遽定议电	二九	四	二〇	一七一	一一
吕海寰伍廷芳致外部美因加税请裁常关意甚决电	二九	四	二三	一七一	一二
吕海寰伍廷芳致外部美使坚执裁常关始加税之说请商户部迅示电	二九	四	二七	一七一	一六
吕盛伍三使致外部美使谓加税须先裁厘请裁酌电	二九	五	一〇	一七二	一
吕盛伍三使致外部美约开议悉本英约磋商电	二九	五	一九	一七二	二九
吕盛伍三使致外部美约常关分口事声明由华洋官员管理电	二九	闰五	二	一七三	一
吕盛伍三使致外部美约裁厘俟加税期定再降旨电	二九	闰五	八	一七三	二
直督袁世凯致外部东省俟全交后自开口岸此时不能入约电	二九	闰五	一四	一七三	四
吕盛伍三使致外部美约矿章改为及矿务内所应办之事九字电	二九	闰五	一九	一七三	七
吕盛伍三使致外部美约牌照专利事声明俟中国设官定律后再行保护电	二九	闰五	二五	一七三	九
直督袁世凯致外部美约征税增各海关国币平色各款均有添改乞卓裁电	二九	六	二〇	一七三	二一
直督袁世凯致外部美约第四款请改各国全允四字电	二九	七	一	一七四	一
吕盛伍三使致外部与美使议盐土两税归入附件电	二九	七	一一	一七四	二
吕盛伍三使致外部美使允中国一律禁止莫啡鸦电	二九	七	一四	一七四	三
吕盛伍三使致外部与美使会议保护商标办法电	二九	七	一四	一七四	四

目　　录	年	月	日	卷数	页数
使美伍廷芳奏中美订立专约谨陈互换日期折	宣统一	闰二	一七	三	四
鄂督瑞澂咨外部美孚行在宜昌城内售卖货物与约不符请照复美使饬办文	宣统三	七	一三	二二	二七

中美交涉　保护华侨

目　　录	年	月	日	卷数	页数
使美日秘郑藻如致总署报美煤工焚毙华工电	光绪一一	九	二二	六一	一八
使美日秘郑藻如致总署洛士丙冷案田使若来剖辩乞严词拒之冀美廷速办电	一一	一〇	二六	六一	三七
直督李鸿章致总署郑使电美土人戕害华工电	一二	一	一三	六三	一七
旧金山中华会董致总署土人杀害华人求请美廷保护电	一二	一	一四	六三	一八
直督李鸿章致总署郑藻如电洛士丙冷案美交议院议赔电	一二	一	二〇	六三	二六
粤督张之洞致枢垣请敕电郑使商美廷保护华工电	一二	一	二〇	六三	二六
旨寄张之洞外传该督因美国华工被害将图报复有无此议著电闻电	一二	二	四	六四	九
粤督张之洞致总署美害华工领事来牍道谢西人因惧生讹乞商禁电	一二	二	六	六四	一一
粤督张之洞致总署美使来粤晤谈洛士丙冷案允电外部电　附旨	一二	三	二八	六六	一二
粤督张之洞奏旧金山华民被害请催美国惩办折	一二	五	一五	六七	四
使美日秘张荫桓奏陈旧金山戕害华工案办理情形片	一二	七	一四	六八	八
使美日秘张荫桓致总署洛款久无消息请属田使确询电	一二	七	一五	六八	一二
使美日秘张荫桓致总署洛案赔款收足转发并订善后约款电　二件	一三	二	四	七〇	一二

目　　录	年	月	日	卷数	页数
使美日秘张荫桓致总署美议院议定华工须领新照电	一四	三	三〇	七五	三八
使美日秘张荫桓奏与美外部议订华侨善后事宜折	一四	四	八	七六	一
直督李鸿章致总署英电称美定新例华民离美不准复回电	一四	七	二六	七六	二三
使美日秘张荫桓致总署闻美廷拟禁止华工再来电	一四	七	二八	七六	二三
总署致张荫桓美定华工新例请力辩电	一四	八	七	七七	三
使美日秘张荫桓致总署美禁华工案请乘机结束电	一四	九	二二	七七	一七
直督李鸿章致总署美立苛约禁华工商进境请设法拯救电	一四	一〇	二四	七七	二五
兵部侍郎曾经泽致华安公司请美廷挽回新例甚难电	一四	一〇	二五	七七	二六
使美日秘张荫桓致总署美案赔款外部照请收发乞代奏电	一四	一一	二〇	七六	一三
总署致张荫桓美约未批准何以请收赔款电	一四	一一	二三	七八	一三
直督李鸿章致总署据粤商禀美背约禁华人入境乞拯救电	一四	一一	二四	七八	一七
使美日秘张荫桓奏美国积案清偿完结折	一五	四	二七	八〇	二七
使美日秘崔国因奏美国废除旧金山驱逐华人新例片	一六	一〇	一七	八三	二九
使美日秘杨儒奏通筹寓美华民善后事宜并派员赴墨西哥察看情形折	二〇	九	二	九十	五
使美日秘伍廷芳致外部美议院续议苛例请向美使声明电	二八	一	二八	一五二	一九
粤督岑春煊复美领华商激于公愤抵拒苛约不能强禁照会	三一	七	二一	一九〇	二二
谕各督抚中美工约已允公平办理著劝谕民人勿滋生事端	三一	七	二一	一九〇	二三

中美交涉　教案

目　　录	年	月	日	卷数	页数
直督李鸿章致总署据宜昌电重庆民教争闹电 附上谕	光绪一二	六	一四	六七	二四
谕刘秉璋游智开川省民教滋事著持平审结电 二件	一二	七	一四	六八	七
粤督张之洞致总署美教士医馆被毁索赔请据约力拒电	一四	八	六	七七	二
使美日秘杨儒致总署美外部言中美交厚古田案决不附英作难电	二一	七	三	一一七	二
使美日秘杨儒致总署报川教案美欲以英法所查为据意见电	二一	七	二二	一一七	二七
川督恭寿致总署美领事诋教会及华官民气激昂电	二四	六	二九	一三三	三三
总署致鲁抚张汝梅美使函教案事体非轻请添兵保护电	二四	一一	一五	一三六	一八
河南开封道致美领马墩商办鸡公山案请见复照会	三三	二	六	二〇一	一一
驻汉美领马墩复开封道鸡公山案已公举英领与张督之洞商办照会	三三	二	一四	二〇一	一三
河南开封道致马墩牧师在鸡公山买地转售与约不符仍请撤退照会	三三	二	一七	二〇一	一四
河南开封道致美领教士转卖鸡公山地请持平速结照会	三三	四	一	二〇二	一五
外部致柔克义教会租买公产须添载美国字样照会	三三	六	一〇	二〇三	一〇
美使柔克义致外部教堂公产系指教会坐落而言希分咨各省照会	三三	六	一八	二〇三	一五
外部复柔克义美教会公产添永租字样可照允照会	三三	六	二二	二〇三	一七
外部致粤督增祺桂抚张鸣岐美教士在北流传教希照约保护电	宣统三	一	一〇	一九	六

中美其他交涉

目　录	年	月	日	卷数	页数
总署奏闻美西两国有在古巴用兵之事由陈兰彬探明片	光绪一	一一	一四	四	一九
沪道龚照瑗致李鸿章万年青轮船在吴淞被美船撞沉请议赔电	一二	一二	三〇	六九	三七
直督李鸿章致总署万年青船被撞沉美按察使断赔电	一三	二	一	七〇	九
直督李鸿章致总署美举夏理顺为总统电	一四	一〇	六	七七	二〇
总署致张荫桓庆典赐物请商美外部电美使收受电	一五	二	九	七九	一七
使美日秘张荫桓致总署赠美使物已由外部电属领收电	一五	二	一三	七九	二五
外部奏美国散鲁伊斯城举行赛会请派监督前往折	二八	一二	七	一六八	一六
电政督办盛宣怀致外部美水线公司请准将水线在沪上岸电	二九	一	八	一六九	一
直督兼电政大臣袁世凯咨外部呈送大东大北联合美线办法章程文　附章程	二九	一〇	一	一七八	一
鄂督张之洞致外部美商火油池划入日本租界电	三三	五	二九	二〇三	七
外部致美使费美孚在梧州起卸火油若立合同亦可通融函	宣统一	二	二三	二	四
外部致袁树勋美使请将黄秋产业购回或拍卖希核复电	宣统二	一	二九	一三	三〇
外部复袁树勋黄秋案美使已愿和平了结希核办电	宣统二	二	五	一三	三五
外部复美使费华货运美按轻税则征收足征公允照会	宣统二	二	二八	一三	四三
美使嘉致外部闻东督拟借某国款项办理殖业希见复函	宣统二	七	三〇	一六	三〇

中日交涉序略

日本在海通以前，师承中国古代文化，以为修齐治平之道；自维新以降，则改绍欧美近世科学，渐臻强盛，可谓乘时奋发，能得机先者矣。顾地居三岛，而民性最坚忍勇敢，对内为法西斯蒂化，对外为极端军国主义化，无限制，无止境，不顾公论，加紧战备，造成全世界之恐慌局面，不特目无中国，殆亦目无各国矣。此篇索引纪中日交涉之事，首以遣使修约冠其篇，是知两国邦交，敦槃素辑，一若䜣合无间者。不谓取库页，灭琉球，乃竟开其侵略之端。迨甲午之战，割我台澎，并我朝鲜；而日人欲望无穷，得寸思尺。光绪三十一年日俄战后，日使小村来华会议辽东事，几欲将中国之利权与财源,囊括无遗，九一八之奇祸，实肇端于斯时。嗣于宣统年间，在东三省布置铁道网，著著进步。民国五年，逼我接受二十一条，十七年炮击济南，二十年攫取东北四省，而野心尚复未已，此李鸿章所谓必使子子孙孙永成仇隙者也。书中修约门内所载关税、行轮、增开口岸、改造土货等交涉，可见日本于我，不仅施行其武力之压迫，且为经济之侵略。是以垄断河海航业，染指我国机织，扰乱东北金融，压迫幼稚工业，凡其力所能及，无所不用其极。又列租界、矿务、电报、木植等门，益见其势力范围，日形膨胀。而旅顺大连湾，始为日所要索，幸藉俄、法、德之力返之于我，继乃为俄所占，终仍由俄让之于日，立此一门，知依赖他人者之不足恃也。他如东三省交涉及二辰丸、延吉、天宝山等案，层见迭出，以见我国南满、东蒙，日人直视为殖民地，恐事变之来，靡有底止。盖五十余年来，两国之政治关系，皆日本侵略中国之痛史，凡所谓同种亲善，共存共荣者，特徒托空言，并无一事，堪为证实。斯则吾人所宜猛省而力图补救者矣。

中日交涉　遣使设领　附游历

目　　录	年	月	日	卷数	页数
使日何如璋等奏分设驻日本各埠理事折	光绪四	一一	一五	一四	三二
使日徐承祖致总署晤日外部商递国书电	一〇	一一	一二	五一	三
直督李鸿章致总署日领函称该国大尉等赴津游历殊为叵测电　附旨	一一	二	六	五四	二八

目　　录	年	月	日	卷数	页数
使日徐承祖奏添设新泻等处理事折	一二	一	一七	六三	二一
使日李经方奏请添设筑地大坂二处副理事片	一七	二	一三	八四	七
使日李经方奏箱馆事务渐繁请派员专驻以资保护折	一七	七	五	八四	二七
署江督张之洞奏遵旨保荐黎庶昌等堪充日使电	二一	闰五	一〇	一一五	一四
旨派裕庚充出使日本钦差大臣	二一	闰五	一八	一一五	二一
旨著黄遵宪充出使日本公使	二四	六	二四	一三三	三一
旨李盛铎充出使日本国钦差	二四	八	一六	一三五	三
江督刘坤一致枢桓请以蔡钧接任驻日公使电	西巡二七	四	一一	八	四五
谕杨枢充出使日本国大臣	二九	五	二〇	一七二	三二
旨李家驹著充出使日本国大臣	三三	六	三	二〇三	八
使日胡惟德咨外部录呈日外务省所定驻华领事管辖区域文	宣统一	二	二六	二	七
旨汪大燮著充出使日本国大臣	宣统一	四	一八	四	四
外部致锡良日使称伊藤赴东省游历希优加接待电	宣统一	八	二七	九	四一
锡良程德全致外部日伊藤来游东省谨陈晤谈情形函　附语录	宣统一	九	一五	一〇	四
吉抚陈昭常致外部日在珲春设领馆出张所乞驳拒电	宣统二	三	六	一三	四九
外部致陈昭常日使云珲春领事出张所并非正式可饬照料租房等事电	宣统二	三	一一	一四	六
东督锡良吉抚陈昭常咨外部报公主岭日本护路兵到吉省游览情形文　附告报稿	宣统二	三	二一	一四	一五
外部致胡惟德驻日使事派参赞吴振麟代办电	宣统二	四	一六	一四	三一

目　录	年	月	日	卷数	页数
旨汪大燮著充出使日本国大臣	宣统二	四	一八	一四	四四
吉抚陈昭常致外部日在珲春设延吉分馆暗扩利权请诘日使暨催派正式领事电	宣统二	五	一	一五	三
外部致陈昭常延珲设领应防牵混自开商埠并日已派员电	宣统二	五	七	一五	一三
吉抚陈昭常致外部坂东系日无赖既主珲馆当饬厅防维电	宣统二	五	九	一五	一四
新抚袁大化致外部日人游历于阗不呈验护照乞诘日使调回电	宣统三	闰六	二六	二二	一六

中日交涉　修约

目　录	年	月	日	卷数	页数
总署致徐承祖盐田请修约希查示电	光绪一二	六	四	六七	一六
总署奏日本请修约章拟与酌议折	一二	七	一四	六八	一〇
浙抚廖寿丰致总署请将各项通商条约通盘筹画电	二一	五	二四	一一三	二〇
旨寄张之洞廖寿丰日约改造土货一节关系甚重著筹复电	二一	闰五	一三	一一五	一六
翰林院侍讲张百熙奏通商条约弊混滋多请饬详慎订议折　附旨	二一	闰五	二九	一一五	二三
旨寄张之洞鹿传霖谭继洵日约改造土货一节著悉心妥筹补救电	二一	六	一	一一六	一
鹿传霖谭继洵致总署遵议中日新约第六款设法补救电	二一	六	一〇	一一六	九
总署章京沈曾植呈堂宪日约将次开议密陈事宜以备采择文　附旨	二一	六	一三	一一六	一三
谕李鸿章王文韶等此次议约关系国计民生甚巨慎毋含混迁就	二一	六	一六	一一六	一八
署江督张之洞致总署遵旨筹议日约补救办法电　附旨	二一	七	九	一一七	七

目　　录	年	月	日	卷数	页数
外部致吕海寰盛宣怀尊处拟驳日约各款极是电	二八	五	二七	一五八	一七
江督刘坤一致外部日使请在沪议约应照办电	二八	七	六	一六〇	一三
吕海寰盛宣怀致外部日约迄无一款就绪亟应力筹抵制电	二八	八	一二	一六三	九
江督刘坤一致外部请饬吕盛两使与日议约不可迁就电	二八	八	一三	一六三	九
吕海寰盛宣怀致外部日本向华商重敛拟在条约内补救电	二八	八	一五	一六三	一一
江督刘坤一致外部华商在日纳税加多系违约请与辩论电	二八	八	一八	一六三	一一
鄂督张之洞致外部日约应遵英约办理余款均次第斟酌电	二八	八	二三	一六三	一七
吕海寰盛宣怀致外部与日本订约保护商牌版权条文电	二八	八	二五	一六三	二〇
吕海寰盛宣怀致外部日约圜法酌定情形电	二八	八	二五	一六三	二二
鄂督张之洞致吕盛冒挂洋旗流弊无穷编辑东书本无可禁电	二八	八	二八	一六三	二七
江督刘坤一致吕盛日约银式及牌号事请勿通融电	二八	八	二八	一六三	二八
江督刘坤一致吕盛冒充洋行病在公家万勿迁就电	二八	九	一	一六四	一
吕海寰盛宣怀致外部商约合股事与日使切商电	二八	九	二六	一六六	九
日使小田切等致商约大臣吕盛开送商约要旨说帖	二八	一〇	一二	一六七	四
外部致吕海寰滨海行轮行之有年现筹办法二端电	二八	一〇	二七	一六七	一二
商约大臣吕海寰致外部与日使议城镇居住贸易电	二八	一一	一〇	一六八	一
吕海寰伍廷芳致外部日约请开口岸多处拟自开电	二九	一	二一	一六九	一二
外部致吕伍两使日索口岸预指四处应扼定自开电	二九	一	二四	一六九	一三

目　录	年	月	日	卷数	页数
吕海寰伍廷芳致外部日索开口岸请俟加税后再办电	二九	三	一二	一七〇	四
吕海寰伍廷芳致外部日本不允加税至十二五电	二九	三	一五	一七〇	八
鄂督张之洞致吕盛二使日索开九府口岸请向日使切商电	二九	三	二二	一七〇	一三
外部致吕伍两使日船隐占滨海航利希妥筹抵制电	二九	三	二七	一七〇	一六
吕海寰盛宣怀致外部日约由伍使在京校对再请旨画押电	二九	八	一三	一七五	一一
鄂督张之洞致袁吕盛日约议定十三款先行电达电	二九	八	一三	一七五	一二
鄂督张之洞致外部及吕盛二使日约请在沪赶办电	二九	八	一三	一七五	一二
鄂督张之洞致吕盛二使日约有删改字样请察酌电	二九	八	一五	一七五	一三
鄂督张之洞致外部加税事内田谓不如浑言电	二九	八	一六	一七五	一四
吕海寰盛宣怀致外部日约未载加税数目乞示电 二件	二九	八	一六	一七五	一五
吕海寰盛宣怀致外部日约应酌各节乞核示电	二九	八	一七	一七六	一
鄂督张之洞致吕盛二使日约东三省开埠一款请照美约校正电	二九	八	一七	一七六	一
鄂督张之洞致外部日约加税款内几分二字改为酌补电	二九	八	一八	一七六	二
吕海寰盛宣怀致外部日约先签汉文尚可挽救电	二九	八	二〇	一七六	二六
鄂督张之洞致外部及吕盛伍细按日约尚无吃亏电	二九	八	二一	一七七	一
鄂督张之洞致外部日约于汉文画押后再商定十二五税数未免责望过深电	二九	八	二一	一七七	三
鄂督张之洞致外部日约字义已定未便令补照会电	二九	八	二五	一七七	五
鄂督张之洞致外部日允附件照会改为查酌办理电	二九	八	二九	一七七	二〇

目　　录	年	月	日	卷数	页数
吕海寰袁世凯张之洞伍廷芳盛宣怀奏日本商约定议遵旨画押折　附通商行船续约内港行轮章程暨照会六件	二九	一一	一六	一八〇	一
外部奏遵旨会同日使互换中日续订商约事竣折	二九	一一	二五	一八〇	一九

中日交涉　灭琉球

目　　录	年	月	日	卷数	页数
总署奏日本梗阻琉球入贡现与使臣何如璋相机筹办折	光绪四	六	五	一三	二九
总署奏议复何如璋函述日本阻梗琉球入贡一案相机酌办折	五	三	一九	一五	一一
旨寄沈葆桢等日本阻琉球入贡情殊叵测应妥速筹画以固藩篱	五	三	二八	一五	一五
总署奏日阻琉球入贡请饬使臣何如璋暂勿归国折	五	闰三	五	一五	一八
总署奏美国前总统在日本调处琉球事拟有办法折	五	七	二一	一六	一九
总署奏准美国前总统函称在日本商办球事折　附来函	五	八	五	一六	二一
总署奏琉球官员到京乞援折　附原禀	五	九	一三	一七	八
总署奏日本废灭琉球一案美国前总统拟加调停事已中变请派大员商办折	六	六	二〇	二一	二五
总署奏日本废琉球一案已商议办结折	六	九	二五	二三	一五
总署奏琉球南岛名属华实属日不定议无以善后片　附球案条约及凭单拟底	六	九	二五	二三	一七
右庶子陈宝琛奏琉案日约不宜遽订折	六	九	二五	二三	一九
右庶子陈宝琛奏俄事既可坚持日事无庸迁就片	六	九	二五	二三	二三

目　　录	年	月	日	卷数	页数
左庶子张之洞奏琉球案宜审缓急折　附上谕	六	一〇	一	二四	一
直督李鸿章奏日本议结琉球案牵涉改约暂宜缓允折	六	一〇	九	二四	三
江督刘坤一奏球案宜速结日约宜慎重图维折	六	一〇	二八	二四	一五
浙抚谭钟麟奏琉球案宜速结对日须战守均有实力折	六	一一	一六	二四	二二
粤督张树声等奏琉案不必急议日约未便牵连折	六	一一	二五	二四	二四
军机大臣奏左宗棠拟议办理琉球案说帖　附上谕二件	七	二	六	二五	六
礼部奏据琉球官员禀称国灭主辱请复藩邦折　附琉球国陪臣禀	九	一一	一一	三七	二
直督李鸿章致枢垣闻日备军舰乘势决议球案电	一〇	七	二二	四六	一三

中日交涉　朝鲜内乱与中日启衅

目　　录	年	月	日	卷数	页数
直督李鸿章致总署韩人在沪戕金玉均其柩已运韩电　二件	光绪二〇	二	二一	八九	八
军机处与总署会议应付日本事宜概略	二〇	二	二二	八九	八
直督李鸿章致总署袁电日于东京捕韩员韩撤使日调兵电	二〇	三	一	八九	九
总署致李鸿章据长崎领事报日调兵赴韩希查复电	二〇	三	三	八九	九
直督李鸿章致总署闻日兵船赴韩询日使大鸟答系谣言电	二〇	三	四	八九	一〇
直督李鸿章致总署袁世凯嘱韩廷迅委使日代办并报日韩起衅情形电　二件	二〇	三	四	八九	一〇
总署致李鸿章日久思侵韩请嘱袁道勿大意电	二〇	三	五	八九	一一

目　　录	年	月	日	卷数	页数
直督李鸿章致总署袁电金玉均被戕不在日境日人不能过问电	二〇	三	五	八九	一一
直督李鸿章致总署袁电日不认金思纯为韩代办电　二件	二〇	三	五	八九	一一
直督李鸿章致总署袁世凯劝韩廷告日使无戮金尸意电	二〇	三	五	八九	一一
直督李鸿章致总署袁世凯电洪在租界戕金应由韩自办电	二〇	三	一一	八九	一二
总署致李鸿章请电袁道劝韩速埋金尸缓用洪电	二〇	三	一二	八九	一三
直督李鸿章致总署袁世凯报韩将金玉均尸凌迟电	二〇	三	一三	八九	一三
直督李鸿章致总署袁电韩东学党煽乱请派兵船相助已照办电	二〇	四	四	九〇	二五
直督李鸿章致总署袁电日员询韩外署华兵船到韩意欲何为电	二〇	四	二二	九〇	二六
直督李鸿章致总署袁电韩被乱党战败韩王拟求我代剿嗣惑人言又复迟疑电　二件	二〇	四	二九	九〇	二九
总署致李鸿章派兵援韩希先期筹备电	二〇	四	三〇	九〇	三〇
直督李鸿章致总署袁电韩请兵文已缮就俟匪北窜始请代剿电	二〇	四	三〇	九〇	三〇
直督李鸿章致枢桓袁电韩请兵剿乱党已派舰赴援电	二〇	五	二	九一	二
直督李鸿章致总署汪凤藻电韩未请日派兵日已派往祈妥商电　二件	二〇	五	三	九一	二
直督李鸿章致总署准韩请派兵保护已电汪使知照又日本不认韩为我属邦电　三件	二〇	五	三	九一	三
直督李鸿章致总署袁电俄使询派兵事答以韩请并叶志超军驻牙山日兵至汉城仁川电　七件	二〇	五	四	九一	三
总署致李鸿章日使照称派兵至韩情形请查示并探大鸟到汉城如何开议电　二件	二〇	五	八	九一	五
直督李鸿章致总署袁道电兵到朝鲜匪逃韩惧日驻兵求设法拟俟该道与大鸟议妥撤兵再酌办电　三件	二〇	五	一〇	九一	七

目　　录	年	月	日	卷数	页数
总署致李鸿章请令袁道商日使同时撤兵饬叶志超等剿匪电	二〇	五	一一	九一	八
直督李鸿章致总署汪使电日增兵胁和欲革韩政已请英俄两使商日照约撤兵电　三件	二〇	五	一三	九一	九
总署致李鸿章韩为中属各国皆知会剿万不可允电	二〇	五	一六	九一	一〇
直督李鸿章致总署租英商船运兵至平壤请商英使勿阻电	二〇	五	一七	九一	一一
津道盛宣怀致总署租船运兵英领事已允电	二〇	五	一七	九一	一一
直督李鸿章致总署报叶军由陆路移扎平壤请商各国公使调处电　二件	二〇	五	一七	九一	一一
总署致李鸿章据日使言日兵在仁川必不到汉城电	二〇	五	一七	九一	一二
直督李鸿章致总署汪使电拟答日四条请裁示又晤俄使据云日预韩事俄亦不容电　二件	二〇	五	一八	九一	一二
总署致李鸿章希饬袁世凯催韩先剿匪事竣再约日撤兵电	二〇	五	一九	九一	一三
直督李鸿章致枢垣日兵驻汉仁已占先著我备而未发续看情势电	二〇	五	二〇	九一	一四
直督李鸿章致枢垣赫德电称日有在上海长江登岸消息又有水雷船出口已饬慎防电　二件	二〇	五	二一	九一	一四
直督李鸿章致枢垣日派舰护商船运兵到仁川电　二件	二〇	五	二四	九一	一七
直督李鸿章致总署袁电日逼韩不认属华闻大鸟拟用兵押凯出境请准回国电　三件	二〇	五	二六	九一	一七
总署致李鸿章请令袁世凯少待候有失和确据乃回电	二〇	五	二六	九一	一八
旨寄李鸿章日焰愈炽兵饷军火著筹画速复电	二〇	五	二八	九一	一九
直督李鸿章致总署韩未认非华属已电袁世凯勿怯汪使少待电　二件	二〇	五	二八	九一	一九
旨日人势将决裂著李鸿章预筹战备详细复奏电	二〇	五	二九	九一	二三
总署致李鸿章英使云日韩事外部来电属令调停电	二〇	五	三〇	九一	二三

目　　录	年	月	日	卷数	页数
直督李鸿章致总署日于韩事向汪使提出三条断难商办电	二〇	六	一	九二	一
总署致李鸿章希阻袁世凯下旗回国电	二〇	六	二	九二	三
直督李鸿章致总署日派舰来华韩欲自主俄力劝未允撤兵可否调回袁世凯以唐绍仪代乞示电　四件	二〇	六	二	九二	四
谕户部海军衙门据李鸿章奏出境援剿请筹饷二三百万著妥议具奏	二〇	六	二	九二	五
直督李鸿章致总署日增兵运械大鸟向韩提出五条现匪已平应否嘱汪使商日撤兵乞酌核电　四件	二〇	六	三	九二	六
总署致李鸿章韩事急俄使到津望晤商并调回袁世凯电　二件	二〇	六	四	九二	七
旨寄李鸿章韩事未定袁世凯熟悉韩事勿庸调回电	二〇	六	五	九二	八
直督李鸿章致总署袁拟商韩廷贷英款冀杜日请电	二〇	六	八	九二	一〇
旨寄李鸿章由部筹拨的款著妥备战守事宜电	二〇	六	八	九二	一〇
直督李鸿章致总署袁电日韩会议革政五条限期施行韩未允电　三件	二〇	六	八	九二	一一
直督李鸿章致枢垣叶志超电日愈猖獗请酌示电　附旨	二〇	六	九	九二	一二
旨著李鸿章筹画海陆军事宜迅为布置并复奏电　二件	二〇	六	一一	九二	一二
旨派翁同龢李鸿藻等会同妥筹朝鲜事宜具奏	二〇	六	一三	九二	一三
直督李鸿章致总署袁电日运粮械可敷万人年余之用并袁世凯病派唐绍仪照料电　二件	二〇	六	一三	九二	一三
直督李鸿章致枢垣遵旨筹备海陆各军严密分布电	二〇	六	一四	九二	一四
总署致李鸿章嘱袁世凯不可径自赴津请旨遵行电	二〇	六	一五	九二	一五

目　　录	年	月	日	卷数	页数
直督李鸿章致枢垣拟派商轮往牙山运兵入平壤电	二〇	六	一五	九二	一五
总署致李鸿章日复电无转圜意已决进兵如何预筹布置先复电	二〇	六	一五	九二	一五
礼部侍郎志锐奏日人谋占朝鲜请速决大计折	二〇	六	一五	九二	一五
直督李鸿章致总署袁电中日决裂恳恩准回国电	二〇	六	一五	九二	一八
直督李鸿章致总署唐绍仪电闻日加兵我军未集愈难措手又晤俄使劝我先许会议电　二件	二〇	六	一五	九二	一八
直督李鸿章致枢垣叶志超兵单拟在津调兵往助电	二〇	六	一六	九三	一
户部尚书翁同龢等奏遵旨会议韩事折	二〇	六	一六	九三	一
旨寄李鸿章日若开衅叶军地势是否相宜应早筹备如有著名宿将准其奏调电　二件	二〇	六	二二	九三	一〇
直督李鸿章致总署汪凤藻报日兵突入韩宫韩拒而败日又添兵电	二〇	六	二五	九三	一三
直督李鸿章致枢垣闻日兵围宫拘王我军前进电	二〇	六	二五	九三	一四
直督李鸿章致枢垣报日人擅更朝政韩王遣员到津请援电	二〇	七	四	九四	七
直督李鸿章致总署伦敦电韩日立约合攻中国韩欲自主电	二〇	八	一六	九五	一二
直督李鸿章致枢垣日大隈条陈攻夺东三省候山县有朋至广岛进攻电	二〇	八	一九	九五	一五

中日交涉　中日战争　近畿防务

目　　录	年	月	日	卷数	页数
直督李鸿章致枢垣报告沽塘布置大略如有大股扑犯再添调客军电　附旨	光绪二〇	八	二六	九六	二〇
旨寄李鸿章著饬曹克忠迅招津勇扼扎山海关电	二〇	九	四	九七	一〇

目　　录	年	月	日	卷数	页数
旨寄李鸿章著饬程之伟等分驻旅顺山海关并购发营垒图说电　二件	二〇	九	六	九七	一二
旨派王文锦曹克忠张梦元邓启元办理天津团练电	二〇	九	七	九七	一二
旨寄李鸿章日船图登岸滋扰事机万紧著饬海陆各军严密堵剿电	二〇	九	一二	九七	一八
总兵田在田呈枢垣在济宁募成六营并李鸿章报该镇北上日期电　二件附旨	二〇	九	一二	九七	一九
旨著李秉衡催令总兵王莲三率部北上电	二〇	九	一四	九七	二一
旨寄李鸿章吴大澂李秉衡著于各海岸多伏地雷电	二〇	九	一五	九七	二三
旨寄李鸿章有人奏请修复山海关过关铁路各节著复奏电	二〇	九	一八	九八	一
旨寄李鸿章刘坤一近畿防务吃紧著派敢战将领分扎京通一带电　二件	二〇	九	二九	九八	一七
旨寄李鸿章京师需米甚殷著斟酌办理电	二〇	九	二九	九八	一七
直督李鸿章致枢垣吴抚电遵旨复奏布置山海关情形并饬各军在关外巡哨电	二〇	九	三〇	九八	一八
旨寄李鸿章传谕胡燏棻坐办后路粮饷军械电	二〇	九	三〇	九八	一八
旨著唐仁廉克日赴津商李鸿章前往山海关驻扎电	二〇	九	三〇	九八	一八
旨寄李鸿章传谕曹克忠迅募成军援剿直境电	二〇	一〇	一	九九	一
直督李鸿章致枢垣曹克忠募勇请由部筹饟电　附旨	二〇	一〇	一	九九	一
旨寄刘坤一著饬刘光才五营即由海道北上电	二〇	一〇	一	九九	二
江督刘坤一致枢垣报魏光焘李光久已赴京惟军情紧急已商赣抚派员带淮军北上电　二件附旨	二〇	一〇	一	九九	二
旨寄张煦刘坤一等畿疆兵单著各选劲旅入卫并令郭宝昌北上电　二件	二〇	一〇	四	九九	七

目　　录	年	月	日	卷数	页数
江督刘坤一致军务处布置津乐及山海关防务并筹办粮械电　附旨二件	二一	一	一六	一〇五	二六
旨王文韶据王鹏运奏请办北畿沿海渔团著筹复电	二一	一	二一	一〇六	一二
江督刘坤一致军务处报滦乐等处紧要遵旨调遣各军分驻各要隘防堵电	二一	一	二四	一〇六	一七
旨著刘坤一王文韶会商聂士成军应扎何处电	二一	一	二九	一〇六	二三
署直督王文韶奏拟令聂士成统率各军作为津沽游击之师电　附旨	二一	二	三	一〇七	四
署江督张之洞致军务处日据刘公岛请调丁槐入卫电　附旨	二一	二	一三	一〇七	二一
旨著王文韶严防贼犯京畿并设法保护关内铁路电	二一	二	二六	一〇七	三一
署直督王文韶致军务处已令聂士成任保护铁路电	二一	二	二九	一〇七	三六
江督刘坤一致军务处与聂士成等商布防津榆以固畿辅电　附旨	二一	三	四	一〇八	八
署直督王文韶致军务处李占椿军抵埕子口津海平安电	二一	三	一二	一〇八	一八
江督刘坤一致军务处蒋希夷防军因饷项不清兵丁鼓噪俟遣散完竣据实查参电	二一	三	一六	一〇八	二〇
江督刘坤一致军务处察看津榆海岸情形请以聂士成军驻唐山又因病剧暂回津电　二件附旨	二一	三	二〇	一〇八	二四
署直督王文韶致军务处停战期将满已饬各炮台实力整备并亲赴塘沽查看电　二件	二一	三	二〇	一〇八	二五
署直督王文韶致军务处报海水漫溢冲溃各营已赶紧整顿电　附旨	二一	四	六	一一〇	一六
署直督王文韶致军务处报各营被水电线修复电	二一	四	七	一一〇	二三
江督刘坤一致总署闻日由滦河登岸拟暂驻唐山认真整备电	二一	四	一五	一一一	二六

中日交涉　中日战争　陆军战况

目　　录	年	月	日	卷数	页数
直督李鸿章致枢垣马丰左卫公电揆度地势布防并各军只能坚扎平壤电	二〇	七	一五	九四	一五
旨寄李鸿章著令姜桂题等募军派袁世凯会带并探叶军消息及体察辽阳等处可否设粮台电 三件	二〇	七	一七	九四	一六
直督李鸿章致枢垣报叶志超与日接仗初获胜继退平康求接济军食已派兵迎接电 附旨	二〇	七	二二	九四	一七
旨寄李鸿章著探复叶志超军是否驻平壤电	二〇	七	二三	九四	一八
直督李鸿章致枢垣叶军到平壤聂军次日可到电 附旨	二〇	七	二三	九四	一八
旨寄李鸿章著派叶志超总统各军电	二〇	七	二五	九四	一九
直督李鸿章致枢垣叶志超报由韩都至平壤沿途与日军接战情形电 附旨	二〇	七	二六	九四	一九
直督李鸿章致枢垣报后路粮台处所并办理人员电	二〇	七	二七	九四	二〇
吉林将军长顺致枢垣元山以北平壤以东悉为日占韩派员求援请添练劲旅电 二件附旨	二〇	七	二七	九四	二一
直督李鸿章致枢垣叶志超报到平壤后布置攻防事宜电	二〇	八	一	九五	三
谕户部及李鸿章据刘坤一奏募兵万人著筹拨饷械	二〇	八	二	九五	七
直督李鸿章致枢垣叶志超电日增兵运械至平壤我军兵单请调后路各营速进电 二件	二〇	八	四	九五	七
直督李鸿章致枢垣报日船载兵及械至仁川声势浩大电	二〇	八	六	九五	八
直督李鸿章致枢垣叶电日兵水陆交攻已饬周馥袁世凯往办粮台电 二件	二〇	八	一一	九五	九
直督李鸿章致枢垣日犯平壤安州派兵扼要堵剿电	二〇	八	一一	九五	一一
军机处致李鸿章我军利于速战应奋力合剿希详速妥筹并复奏电	二〇	八	一四	九五	一一
旨寄李鸿章著令叶志超节制调遣平壤前敌诸军电	二〇	八	一五	九五	一二

目　　录	年	月	日	卷数	页数
直督李鸿章奏日兵猛扑平壤诸军退至安州据实奏参并自请严议折　附旨二件	二〇	八	二四	九六	一〇
旨著依克唐阿迅赴九连城防剿荣和前赴江防电	二〇	八	二四	九六	一四
定安裕禄致枢垣报在九连城大东沟布置防务电　附旨	二〇	八	二五	九六	一七
吉林将军长顺奏报平壤失守退驻义州水师亦败俄更叵测三省危险电	二〇	八	二六	九六	一九
旨寄吴大澂准令余虎恩募兵办理防务电	二〇	八	二八	九六	二三
直督李鸿章奏平壤之战各将领互有功过及日本现储枪枝数目电	二〇	八	二九	九六	二三
盛京将军裕禄奏遵旨复陈现在驻防马步兵数电	二〇	九	一	九七	一
鄂督张之洞奏谨陈管见四条请采择电	二〇	九	一	九七	一
旨寄张之洞著催魏光焘熊铁生及余虎恩所部北上购办枪炮并来京陛见电　五件	二〇	九	一	九七	三
直督李鸿章致枢垣宋庆现帮办军务叶志超前奉总统之命应奏请撤销电	二〇	九	二	九七	四
旨寄宋庆节制北洋各军妥筹鸭绿江大东沟等处防务叶志超总统著即撤销电　二件	二〇	九	三	九七	九
湘抚王之春奏遵旨选调湘军迅图进取电	二〇	九	三	九七	九
旨寄李鸿章著将关内外粮台安设何处电奏并令张佩纶回籍电　二件	二〇	九	三	九七	九
旨寄宋庆江防益紧著悉心调度并查复平壤退回各军驻处电　二件	二〇	九	四	九七	一〇
旨寄李鸿章叶志超著赏假一月并令刘铭传来京陛见电　二件	二〇	九	六	九七	一一
旨寄裕禄著就地招募土勇不必拘定猎户电	二〇	九	六	九七	一二
直督李鸿章致枢垣东海关报大同江有日船多艘满装陆兵电　附旨	二〇	九	六	九七	一二
直督李鸿章致枢垣刘盛休电敌已到义州长甸无兵防守电　附旨二件	二〇	九	七	九七	一三

目　　录	年	月	日	卷数	页数
定安裕禄奏遵饬营队赴长甸河防守并报日兵已入义州电	二〇	九	八	九七	一四
统领湘军陈湜奏率队抵津伏候谕旨电　附旨	二〇	九	九	九七	一四
直督李鸿章致枢垣报日兵约万人到安州定州电	二〇	九	九	九七	一五
直督李鸿章致总署龚使报日欲由大连湾登岸水陆夹攻电	二〇	九	九	九七	一五
直督李鸿章致枢垣海参崴电图们江对岸来有日兵俄亦添兵电　附旨	二〇	九	九	九七	一五
旨寄宋庆著严申禁令相机策应并查复叶卫两军败北情形电　二件	二〇	九	九	九七	一五
旨著李鸿章查报调到兵数并饬各军慎重交涉电　二件	二〇	九	一〇	九七	一六
直督李鸿章致枢垣宋庆报察看九连城防地电	二〇	九	一一	九七	一六
旨寄宋庆著会商依克唐阿添拨兵勇扼扎蒲石河电	二〇	九	一三	九七	二〇
旨寄宋庆依克唐阿据周馥报日大队有扎筏西渡意著防范电	二〇	九	一四	九七	二一
总署致李鸿章希令前敌各将领多设马探防日分兵包抄电	二〇	九	一五	九七	二二
旨著宋庆令聂士成统带叶志超卫汝贵所部各军电	二〇	九	一五	九七	二二
直督李鸿章致枢垣宋庆报布置沙河九连城防务电	二〇	九	一六	九七	二三
直督李鸿章致枢垣宋庆报日兵到安州业已布防请饬依将军移驻蒲石长甸等处电　附旨	二〇	九	一七	九七	二四
提督宋庆致枢垣长甸宽河尚觉空虚依将军移防北路为宜电　附旨	二〇	九	一七	九七	二五
旨寄裕禄等金州复州等处著各派兵严密布置电	二〇	九	一七	九八	一
直督李鸿章奏遵谕撤去叶志超卫汝贵统领令聂士成吕本元接统电	二〇	九	二〇	九八	二
旨寄李鸿章鸭绿江防兵单弱著饬宋庆派队赴长甸蒲石等处严防电	二〇	九	二〇	九八	三

目　　录	年	月	日	卷数	页数
直督李鸿章致枢垣宋庆电日兵来义州万数千人火炮地雷粮米甚多欲扑犯虎耳山已严密防范电	二〇	九	二二	九八	三
提督宋庆致枢垣虎耳山界江河之间日有造桥扑犯意现与马玉崑各部分布爱河两岸严防扑渡电　三件	二〇	九	二三	九八	四
直督李鸿章致枢垣袁世凯电凤凰厅军粮赶办就绪又该处已开仗电线忽断电　二件	二〇	九	二三	九八	五
旨寄李鸿章据刘盛休电日人在义州搭桥倭恒额系守上游今云探至下游不甚明白著饬复电	二〇	九	二三	九八	六
旨寄长顺著挑选吉林兵赴奉归依克唐阿节制并速往东省助剿电　二件	二〇	九	二三	九八	六
提督宋庆致枢垣据倭恒额称日于东洋河踹渡堵遏不及请饬依克唐阿由北路会剿电　附旨三件	二〇	九	二七	九八	一〇
提督宋庆致枢垣报虎耳山战败自请严议电　附旨三件	二〇	九	二七	九八	一一
定安裕禄致枢垣遵旨派生力军驻扎兴京等处电	二〇	九	二八	九八	一二
直督李鸿章致枢垣徐邦道电日兵在皮子窝上岸请饬裕定两军迎剿并韩王次子赴日报聘电　二件	二〇	九	二八	九八	一三
直督李鸿章致枢垣刘盛休电倭恒额在蒲石河口与日战败及宋聂各军抵敌不住豫军道远难到电	二〇	九	二八	九八	一三
直督李鸿章致枢垣宋庆报日兵已过江西凤凰城无险可守应令宋庆督守摩天岭电　附旨	二〇	九	二九	九八	一四
黑龙江将军依克唐阿致枢垣闻日兵三万余人在岫岩界上岸分股窜扰请援电	二〇	九	二九	九八	一四
直督李鸿章奏迭奉谕旨据实复陈折	二〇	九	二九	九八	一五
旨寄裕禄定安鸭绿江军情万紧著调军迅剿并派丰绅泰会同宋庆助剿电　二件	二〇	九	二九	九八	一八
直督李鸿章致枢垣赵怀业电日马步队由陆路绕进皮子窝又刘世俊往摩天岭帮宋庆同守电　二件	二〇	一〇	一	九九	一
旨寄裕禄金州后路紧急著饬各军防剿并查奏依克唐阿退扎何处电　二件	二〇	一〇	一	九九	二

目　　录	年	月	日	卷数	页数
定安裕禄致军务处请催唐仁廉军速来奉电	二〇	一〇	八	九九	一二
直督李鸿章致军务处唐仁廉军难于抽拨拟饬吴凤柱等赴关电	二〇	一〇	八	九九	一二
直督李鸿章致军务处请准刘盛休军暂缓归并电　附旨	二〇	一〇	八	九九	一三
旨寄长顺著与宋庆合力抄袭金州后路并与依克唐阿等会商战守电　二件	二〇	一〇	八	九九	一三
提督宋庆致军务处请派卫汝成军援应大连湾电	二〇	一〇	一〇	九九	一四
黑龙江将军依克唐阿奏现退至长甸河口电	二〇	一〇	一〇	九九	一四
提督宋庆致军务处闻敌至凤凰城边门已饬宋马等军趱进并令吕本元挑马队随庆前往电	二〇	一〇	一〇	九九	一四
直督李鸿章致军务处已咨裕禄派员押送卫汝贵入都电	二〇	一〇	一一	九九	一五
直督李鸿章致军务处徐邦道禀金州已失已催宋庆等牵制敌后电	二〇	一〇	一一	九九	一六
定安裕禄致军务处请饬宋庆统筹全局先顾辽阳门户电　附旨	二〇	一〇	一一	九九	一六
江督张之洞致军务处山海关外惟掘长濠用炮车两法可防请饬李鸿章速拨炮队电　附旨	二〇	一〇	一二	九九	一八
盛京将军裕禄致军务处报辽沈危急恳饬吴大澂陈湜调军来奉电　附旨	二〇	一〇	一三	一〇〇	一
总兵程之伟呈军务处报金州已失退驻莩兰店电	二〇	一〇	一三	一〇〇	一
黑龙江将军依克唐阿奏现探敌情调兵严防折	二〇	一〇	一四	一〇〇	二
直督李鸿章致军务处裕禄电日军四面来攻我军饷械不继请代奏电　附旨	二〇	一〇	一六	一〇〇	四
直督李鸿章致军务处探报宽甸已为贼据电	二〇	一〇	一六	一〇〇	四
湘抚吴大澂致军务处山海关内外海线均已掘濠电	二〇	一〇	一六	一〇〇	四
直督李鸿章致军务处宋庆报河口交战及获日人供有三军分犯各要隘电　附旨	二〇	一〇	一七	一〇〇	五

目　　录	年	月	日	卷数	页数
直督李鸿章奏查明旅顺失守复陈详细情形折	二〇	一一	一	一〇一	一
直督李鸿章致军务处聂士成电克复连山关并拟夺取分水岭电　二件附旨	二〇	一一	一	一〇一	三
帮办军务宋庆致军务处报回军熊岳并收集溃兵电	二〇	一一	一	一〇一	四
直督李鸿章致军务处遵查关外海口一带形势电	二〇	一一	一	一〇一	四
旨著裕禄查复聂桂林岫岩毙贼不少是否属实电	二〇	一一	一	一〇一	五
旨寄李秉衡旅顺失守沿海重要著饬各防军固守电	二〇	一一	一	一〇一	五
旨寄李鸿章旅顺失守龚照屿是否潜逃海军官弁曾否迎战著复奏电　三件	二〇	一一	一	一〇一	五
帮办军务宋庆致军务处闻日得旅顺后全力北犯拟将各军会合辽海竭力堵遏电　附旨	二〇	一一	二	一〇一	一〇
黑龙江将军依克唐阿奏与草河口日军接战请饬长顺速来电　附旨	二〇	一一	三	一〇一	一一
帮办军务宋庆奏收集溃兵布置防剿并徐邦道胆识俱优拟令重整队伍应敌电　附旨	二〇	一一	三	一〇一	一一
旨寄李鸿章宋庆我军积疲不振亟应整顿电	二〇	一一	五	一〇一	一二
盛京将军裕禄奏金州失守情形并副都统连顺自请严议折　附旨	二〇	一一	七	一〇一	一三
帮办军务宋庆致军务处遵旨严定赏罚并报丰聂二军退至海城以东电	二〇	一一	七	一〇一	一五
帮办军务宋庆致军务处报岫岩等处日兵出入无常拟于山海关盖平布置包抄电	二〇	一一	七	一〇一	一六
吉林将军长顺奏报诸军分驻地段并请将宋庆所招三十营赴奉会剿电　附旨	二〇	一一	一〇	一〇一	一七
直督李鸿章致军务处聂士成报依军退三道河后路无援未敢轻动电	二〇	一一	一一	一〇一	一九
黑龙江将军依克唐阿致军务处报草河口攻剿情形并扼守分水口电　附旨	二〇	一一	一一	一〇一	二〇
黑龙江将军依克唐阿致军务处赛马集日军夜遁与聂士成等会合进取电　附旨	二〇	一一	一二	一〇一	二一

目　　录	年	月	日	卷数	页数
桂臬胡燏棻致军务处汉纳根因练兵无款所雇洋员留守榆关炮台电	二〇	一一	二一	一〇二	九
旨寄李鸿章营口空虚著令陈湜李光久迅速前进电	二〇	一一	二一	一〇二	九
旨李鸿章电称海城敌盛著宋庆防剿以杜西窜电	二〇	一一	二一	一〇二	九
直督李鸿章致军务处周馥报摩天岭东亦来大股已嘱聂吕固守电	二〇	一一	二二	一〇二	九
直督李鸿章致军务处袁世凯报宋得胜少挫来台电	二〇	一一	二四	一〇二	一〇
帮办军务宋庆致军务处日氛甚恶退守牛庄拟联合诸军杜其西窜电　二件附旨二件	二〇	一一	二四	一〇二	一〇
黑龙江将军依克唐阿致军务处草河口力战日兵仍撤去电	二〇	一一	二五	一〇二	一二
直督李鸿章致军务处宋庆报请将姜桂题等革职留营效力电　附旨	二〇	一一	二五	一〇二	一三
旨饬长顺等辽海日兵势将北窜著会商宋庆固守电	二〇	一一	二七	一〇二	一六
帮办军务宋庆致军务处日兵北犯遵旨将章张两军合并一路先固营口电	二〇	一一	二七	一〇二	一七
直督李鸿章致军务处海城失陷请饬吴大澂酌拨炮械并令诸将分保营口辽沈电	二〇	一一	二七	一〇二	一七
帮办军务宋庆致军务处报海城附近接仗并请派大军防锦州以遏山海关电　二件	二〇	一一	二七	一〇二	一八
直督李鸿章致军务处宋庆率军至田庄台会剿日兵电	二〇	一一	二八	一〇二	一九
直督李鸿章致军务处宋庆因日兵集海城拟调大高岭兵会击惟该处为辽沈门户暂难移动电	二〇	一一	三〇	一〇二	二一
盛京将军裕禄致军务处报辽阳三面受敌长顺已督所部并蒋聂等军分别扼守电　附旨	二〇	一二	一	一〇三	二
旨授刘坤一钦差大臣节制关内外各军吴大澂宋庆帮办军务北洋防务著李鸿章办理　三件	二〇	一二	一	一〇三	三
帮办军务宋庆致军务处闻日有向皮子窝东趋之势已率各军探逼电　附旨	二〇	一二	六	一〇三	四
帮办军务宋庆致军务处日人到熊岳等处意图北犯已派各军扼剿电　附旨	二〇	一二	七	一〇三	五

① “瓦缸寨”应为“缸瓦寨”。

目　录	年	月	日	卷数	页数
依克唐阿长顺致军务处报日由盖平援海城电	二〇	一二	二八	一〇三	一九
帮办军务宋庆奏日兵据太平山等处轻动即堕其计请饬吴大澂迅统大军出关专防营口电	二〇	一二	二八	一〇三	二〇
长顺裕禄致军务处派各军分路前进订期合围电　附旨	二一	一	一	一〇四	二
盛京将军裕禄致军务处报与陈湜商驻兵顾辽阳电	二一	一	二	一〇四	五
黑龙江将军依克唐阿致军务处两次攻海城因无后继事败垂成请令各军联络专攻一路电　附旨二件	二一	一	二	一〇四	五
吉林将军长顺致军务处日据海城进攻将得手为伏兵所遏只得稳扎电　附旨	二一	一	三	一〇四	七
旨寄宋庆田庄台牛庄等处如何布置著具奏电	二一	一	三	一〇四	八
帮办军务宋庆致军务处贼据太平山兵单骤难进剿已商吴大澂分兵至田庄台电　附旨二件	二一	一	七	一〇四	一五
直督李鸿章奏遵饬聂士成回驻芦台令陈湜李光久往大高岭接防电	二一	一	七	一〇四	一六
宋庆吴大澂奏聂士成忠勇善战恳恩缓调进关电　附旨	二一	一	一一	一〇四	二〇
江督刘坤一致军务处拟设立营务处以魏光焘充任电	二一	一	一二	一〇四	二二
帮办军务宋庆致军务处报营口危请派员防剿电　附旨	二一	一	一二	一〇四	二三
直督李鸿章致军务处请催聂士成入关陈湜接防大高岭电　附旨二件	二一	一	一三	一〇五	二二
江督刘坤一致军务处报湘军出关月饷事繁请令陈宝箴接办东征粮台电	二一	一	一五	一〇五	二五
旨寄张之洞等闻有人向日献计欲隔绝南北运道著预为防范电	二一	一	二〇	一〇六	三
旨寄宋庆派兵策应依克唐阿并著长顺进窥岫岩电	二一	一	二一	一〇六	四

目　　录	年	月	日	卷数	页数
江督刘坤一致军务处遵旨饬陈湜速援辽阳电	二一	二	八	一〇七	一一
帮办军务宋庆致军务处日兵窜田庄台已会剿电	二一	二	八	一〇七	一二
盛京将军裕禄致军务处辽阳万紧亟应规复海城电	二一	二	八	一〇七	一二
帮办军务宋庆致军务处牛庄失守拟率队北援辽沈西防锦州电　附旨	二一	二	九	一〇七	一三
帮办军宋庆致军务处牛庄失守田庄吃重惟有督饬严防电　附旨二件	二一	二	一〇	一〇七	一四
旨寄长顺依克唐阿著联络声势共保辽阳电	二一	二	一〇	一〇七	一五
旨寄刘坤一等著调援兵驰赴营口助剿并令各将互相联络电　二件	二一	二	一〇	一〇七	一六
署直督王文韶致军务处袁世凯电营口失守宋庆派队往援恐难及电	二一	二	一一	一〇七	一六
黑龙江将军依克唐阿致军务处报率部攻吉峒峪以固辽阳电	二一	二	一三	一〇七	一八
帮办军务宋庆奏督率马玉崑等在田庄台附近接战得胜分别请奖电　附旨	二一	二	一三	一〇七	一八
江督刘坤一奏湘鄂军败庆军大胜现部勒诸将联络声援电	二一	二	一三	一〇七	一九
帮办军务宋庆奏田庄台不守请严议电　附旨	二一	二	一三	一〇七	二一
盛京将军裕禄致军务处防守大高岭分水岭未能赴援辽阳请饬宋庆派军速援电　附旨	二一	二	一三	一〇七	二二
桂臬胡燏棻奏请旨饬吴大澂退锦州徐图再举电	二一	二	一六	一〇七	二四
帮办军务宋庆致军务处报商吴大澂移驻石山站以固锦州电　附旨	二一	二	一六	一〇七	二四
署直督王文韶致军务处请饬宋庆扼石山站吴大澂退守锦州电	二一	二	一八	一〇七	二五
江督刘坤一致军务处庆军退石山站请饬吴大澂与宋庆和衷商榷电	二一	二	一八	一〇七	二六

目　　录	年	月	日	卷数	页数
黑龙江将军依克唐阿致军务处日兵屯扎海城鞍山站等处商徐庆璋严密布置电	二一	三	二〇	一〇八	二五
盛京将军裕禄致军务处报日兵扑三家子吉峒峪等处迨我军回辽复窜海城电	二一	三	二〇	一〇八	二六
浙抚廖寿丰致军务处军饷不敷恳饬部免拨税款电	二一	三	二六	一〇九	八
江督刘坤一致军务处报日挟土人混入辽沈内应电	二一	四	一	一一〇	二
裕禄唐仁廉致军务处请旨饬刘坤一长顺分扎新民厅俾得全力进攻电	二一	四	一三	一一一	二一
江督刘坤一致军务处据徐庆璋等请兵进剿电	二一	四	一四	一一一	二三

清季外交史料索引卷二终

清季外交史料索引卷三

中日交涉　中日战争　海军战况

目　　录	年	月	日	卷数	页数
旨寄李鸿章著令丁汝昌督率军舰严卫威旅等处电	二〇	七	二三	九四	一八
旨丁汝昌毫无振作著革职戴罪图功电　二件	二〇	七	二六	九四	二〇
直督李鸿章致枢垣报吴大澂带队抵威海电	二〇	七	二七	九四	二二
直督李鸿章致总署据龚照屿报日雷艇在大东沟口巡探请派海军游弋电	二〇	七	二八	九四	二二
直督李鸿章奏遵旨复陈遴选海军统将折　附旨	二〇	八	一	九五	一
谕吴大澂著到威海后候旨遵行电	二〇	八	三	九五	七
旨寄李鸿章据奏威海后路紧要著与吴大澂参酌形势办理电	二〇	八	九	九五	九
直督李鸿章致枢垣吴大澂报布置威海一带防务电	二〇	八	一一	九五	一〇
直督李鸿章致枢垣丁汝昌电与日船战于大东沟我舰伤毁四只击沉日三船又龚照屿报丁提督受伤电　二件	二〇	八	一八	九五	一四
旨寄李鸿章著令丁汝昌催齐各舰以备再战并擢用林同祥电　二件	二〇	八	二〇	九五	一六
直督李鸿章致枢垣旅顺电称鸭绿江接仗我失四船药弹皆尽伤亡颇多电	二〇	八	二〇	九五	一七
直督李鸿章致枢垣据丁汝昌报身受重伤请以刘步蟾代理电	二〇	八	二一	九五	二一
直督李鸿章致枢垣戴宗骞电日船窥北口已击退电	二〇	八	二三	九六	六
旨著李鸿章将首先逃走之济远管带方伯谦正法电	二〇	八	二四	九六	一三
旨寄李鸿章著查探游弋威海日船并添兵扼扎电	二〇	八	二四	九六	一三
直督李鸿章致枢垣烟台电日船在口外游弋电　附旨	二〇	八	二五	九六	一四
直督李鸿章致枢垣查复日船所在并会商吴大澂分派将弁扼守东省各要隘电	二〇	八	二六	九六	一八

目　　录	年	月	日	卷数	页数
旨寄张之洞酌拨战舰四艘北来助剿并李光义在粤募勇著李瀚章发饷电　二件	二〇	一〇	一一	九九	一七
直督李鸿章致军务处丁汝昌电旅顺危急恐难久支电	二〇	一〇	一二	九九	一八
旨著李鸿章询汉纳根所举船主马吉芬能否胜任电	二〇	一〇	一二	九九	二〇
直督李鸿章致军务处汉纳根言我海军船孤毋轻一掷电　二件附旨	二〇	一〇	一二	九九	二〇
旨著李鸿章饬丁汝昌往带定远来远二船出险傥有失即正法电	二〇	一〇	一三	一〇〇	二
旨著总署调用洋员琅威理来华任使	二〇	一〇	一七	一〇〇	五
旨著李秉衡赴烟台布置电	二〇	一〇	一九	一〇〇	七
旨寄李鸿章著调定远镇远赴大沽派徐建寅查验电	二〇	一〇	一九	一〇〇	七
直督李鸿章致军务处威海报日船游弋西北口岸电	二〇	一〇	一九	一〇〇	七
海军提督丁汝昌致军务处日船在口外游弋威防吃紧并镇远为水雷挤伤电　附旨二件	二〇	一〇	一九	一〇〇	九
江督张之洞致军务处江防吃紧恳饬冯子材募旧部办理沿海防务李林各军均归节制电	二〇	一〇	二四	一〇〇	一二
旨寄张之洞日船恐扰南洋著饬沿江沿海严防并传谕郭宝昌率营北上电　二件	二〇	一一	五	一〇一	一二
直督李鸿章致军务处龚照瑗报日计在沽南登岸得威海已于沽威添筑炮台严防电	二〇	一一	一一	一〇一	二〇
旨寄李鸿章著遴选海军统领并试美国投效人技术电	二〇	一一	二二	一〇二	一〇
胡燏棻丁汝昌致李鸿章据美国人所陈水战防口各款试验有效候示电　二件	二〇	一一	二五	一〇二	一四
直督李鸿章致军务处刘含芳报美国人秘法试验有效并经丁汝昌详询奉谕画押已饬遵电　附旨二件	二〇	一一	二六	一〇二	一五
直督李鸿章致军务处海军统将戴宗骞等公请丁汝昌留任立功自赎候酌夺电	二〇	一一	二六	一〇二	一六

目　　录	年	月	日	卷数	页数
鲁抚李秉衡致军务处报调兵驻扎荣成以遏通威之路电　附旨二件	二一	一	二	一〇四	四
直督李鸿章致军务处戴宗骞与刘超佩合守南北岸炮台以遏敌氛电　附旨	二一	一	二	一〇四	四
署江督张之洞奏谨拟两策以期出奇制胜电　附旨	二一	一	二	一〇四	六
直督李鸿章致军务处据刘超佩报日兵至东盐滩电　附旨	二一	一	三	一〇四	七
直督李鸿章致军务处据戴宗骞报山巅置炮日未敢逞电　附旨	二一	一	三	一〇四	八
御史蒋式棻奏敌情诡谲防不胜防请特命偏师进窥彼境折	二一	一	六	一〇四	九
御式〔使〕蒋式棻奏确访革员龚照屿委弃旅顺请旨归案严讯折　附旨	二一	一	六	一〇四	一〇
李鸿章李秉衡致军务处戴宗骞电威海南路苦战十日刘超佩未坚守炮台失陷并击沉两敌舰电　三件附旨	二一	一	六	一〇四	一一
直督李鸿章致军务处丁汝昌电王登云冒险毁台免资敌用奋勇可嘉电	二一	一	六	一〇四	一三
鲁抚李秉衡致军务处谭得胜最怯遵旨军前正法电	二一	一	六	一〇四	一三
鲁抚李秉衡致军务处请迅派援兵来东防剿电　附旨	二一	一	七	一〇四	一四
直督李鸿章致军务处刘含芳报威海炮声不绝想日兵已来电	二一	一	七	一〇四	一五
直督李鸿章致军务处报日船紧攻威海北岸炮台丁提戴道避往定远电　附旨	二一	一	九	一〇四	一六
鲁抚李秉衡致军务处报北台失守请旨严议并移扼莱州以固省城门户电　二件附旨二件	二〔二一〕	一	九	一〇四	一七
旨著李鸿章督饬海军将士力筹保全海疆之策电	二一	一	九	一〇四	一九
旨寄张之洞唐景崧有人奏日国内空虚若以水师深入使彼有内顾之忧著商奏电	二一	一	九	一〇四	一九
鲁抚李秉衡奏我水师与日船鏖战击沉彼舰数只请饬章高元军回东电　附旨	二一	一	一一	一〇四	二一

目　　录	年	月	日	卷数	页数
旨著李鸿章探刘公岛各舰能否力战冲出电	二一	一	一二	一〇四	二三
鲁抚李秉衡致军务处刘公岛已失恐其西犯遵旨移扎莱州电　附旨	二一	一	一二	一〇四	二四
侍读张百熙奏威海已失山东防务吃紧宜速择要布置折	二一	一	一三	一〇五	二〇
直督李鸿章致军务处日舰偷进日岛定远等舰均被击沉自请罢斥电　附旨二件	二一	一	一三	一〇五	二二
直督李鸿章致军务处报日军水陆夹攻援军不到船岛难保电　附旨	二一	一	一七	一〇五	二九
直督李鸿章致军务处孙金彪报日游骑至烟台附近商民迁徙一空请派援兵电	二一	一	一八	一〇六	一
鲁抚李秉衡致军务处日队逼文登进宁海援军未到刘公岛危急电　附旨	二一	一	一八	一〇六	二
鲁抚李秉衡致军务处日将以大队攻烟台已饬孙金彪等尽力扼剿电	二一	一	一八	一〇六	二
直督李鸿章致军务处刘含芳电丁汝昌等均在烟台殉难尚存六舰电　二件附旨	二一	一	二〇	一〇六	三
署直督王文韶奏报丁汝昌等尽节情形请恤并调聂士成驻芦台电	二一	一	二三	一〇六	一四
鲁抚李秉衡致军务处报丁汝昌戴宗骞等阵亡日军送柩至烟台电　附旨	二一	一	二五	一〇六	一八
鲁抚李秉衡致军务处日兵趋赴威海刘公岛一带已饬李楹丁槐诸将合力进攻电　附旨	二一	一	二七	一〇六	二一
直督李鸿章致军务处登州电有日船十余只向登来已备剿御电　附旨	二一	一	二九	一〇六	二三
张之洞唐景崧致军务处报会商捣穴截寇办法电	二一	二	一三	一〇七	二〇
旨著刘坤一饬各军严备日由水路扑犯海口电	二一	二	一六	一〇七	二五
旨寄王文韶等闻鼍矶岛等处有日船著分探整备电	二一	二	一三	一〇七	三〇
旨寄刘坤一等日船出马关北窥著饬各炮台严防电	二一	二	二四	一〇七	三〇
旨著张之洞派营驻防海州以保饷械运道电	二一	二	二六	一〇七	三一

目　　录	年	月	日	卷数	页数
署江督张之洞致军务处报防守海州清江情形电 附旨	二一	三	三	一〇八	七
江督刘坤一致军务处报日船游弋秦皇岛洋面南窜及筹虑台湾安慰辽沈居民电	二一	三	七	一〇八	一二
署江督张之洞致军务处冯子材粤军到齐请饬节制海州及清江诸军以护运道电	二一	三	二二	一〇九	一

中日战争　台澎战况

目　　录	年	月	日	卷数	页数
闽督谭钟麟致总署日舰到闽请派舰往来长崎台湾使知有备电	光绪二〇	六	一	九二	二
台抚邵友濂致枢垣询若日船进口如何办理请示电	二〇	六	六	九二	九
台抚邵友濂致枢垣报布置台湾防务电	二〇	六	一六	九三	三
旨著刘永福帮办台湾防务电	二〇	六	二五	九三	一四
台抚邵友濂致枢垣台岛饷械支绌请饬南北洋及闽督筹济电	二〇	六	二七	九三	一七
台抚邵友濂奏筹备海防及布置情形并恳拨的款电	二〇	八	一	九五	四
台抚邵友濂致枢垣报台境布防并策应澎湖电	二〇	八	一	九五	六
旨寄邵友濂著杨岐珍总统基隆沪尾各军电	二〇	八	三	九五	七
旨寄刘坤一防日袭台湾严查济敌米粮勿信沪作局外说并令程文炳北上电 四件	二〇	九	一	九七	四
旨寄谭钟麟饬派廖得胜等渡台并据奏甘肃可调马队缓不济急著毋庸议电 三件	二〇	九	五	九七	一一
旨寄邵友濂著询刘永福能否率偏师捣长崎电	二〇	九	八	九七	一三
台抚邵友濂致枢垣据刘永福咨直捣长崎未敢臼能乞代奏电 附旨	二〇	九	一二	九七	一七

目　　录	年	月	日	卷数	页数
台抚唐景崧致军务处报台民愤骇谓北省停战台独向隅恳饬所有兵轮并粤省枪弹运台援应电 四件附旨三件	二一	三	七	一〇八	一三
闽督谭钟麟致军务处报日据澎疫盛台南北无事电	二一	三	二一	一〇九	一

中日战争中之交涉

目　　录	年	月	日	卷数	页数
直督李鸿章致枢垣袁电日兵驻仁川租界英俄两使来晤托其劝日撤兵电 四件	光绪二〇	五	一五	九一	九
总署致李鸿章韩为中属各国皆知会剿万不可允电 已见卷二第二五页十七行	二〇	五	一六	九一	一〇
直督李鸿章致总署俄皇谕俄使令日与中国同撤兵日答不撤兵亦不先开仗电 三件	二〇	五	二一	九一	一四
直督李鸿章致枢垣袁电日驻仁川兵调汉城并干预韩政美英法俄员同请中日同时撤兵电 五件附旨	二〇	五	二一	九一	一五
直督李鸿章致总署龚使电日在英订造两大铁舰电	二〇	五	二六	九一	一八
直督李鸿章致总署汪使电询留日华侨应否托与国保护电	二〇	五	二六	九一	一八
直督李鸿章致总署报商英领事请英国派战舰赴横滨令日撤兵电	二〇	五	二八	九一	一九
直督李鸿章致总署日谓三国议定改韩内政方能撤兵已商俄使转达先撤兵再各派使会议电	二〇	六	一	九二	一
总署致李鸿章韩事日不愿他国干预如何因应希筹复电	二〇	六	一	九二	三
旨寄李鸿章不应商请英外部派舰赴日责问电	二〇	六	二	九二	六
直督李鸿章致总署龚使报英俄法皆劝中日和商电	二〇	六	五	九二	八
直督李鸿章致总署俄使电俄廷嘱诘日侵韩京是何意电	二〇	六	六	九二	八

目　　录	年	月	日	卷数	页数
总署致杨儒希托美廷保护在日侨民电	二〇	六	二五	九三	一五
总署致李鸿章日先开衅布告各国照会如何措词希电署公酌电	二〇	六	二五	九三	一六
直督李鸿章致总署照会似宜略述属国一节日货暂停进口但各国运日货恐不能禁电　二件	二〇	六	二五	九三	一六
电报局总办盛宣怀呈总署已饬各局不准收发密码电	二〇	六	二六	九三	一七
直督李鸿章致总署按公法日使应限期出境日领派人各处侦探亦应出境电	二〇	六	二八	九三	一八
旨撤回驻日本汪使所有侨民托美廷保护电	二〇	六	二八	九三	一九
直督李鸿章致总署筹商停止电报密码办法电	二〇	六	二九	九三	一九
总署致李鸿章已照会日使讽之使去俟日使行即告各日领出境电	二〇	六	二九	九三	二一
总署致杨儒托美保护在日华人美廷未复请询问电	二〇	六	二九	九三	二一
总署致李鸿章日使回国请饬各关监督令各口日领出境电	二〇	七	一	九四	一
直督李鸿章致枢垣龚照瑗报日购快船应否宣公法阻止并陈英外部代筹应付日本战略电　二件	二〇	七	二	九四	一
直督李鸿章致总署美允代保华侨请电汪使将商民册送美使电	二〇	七	二	九四	二
江督刘坤一致总署沪作局外无明文请切实订明电	二〇	七	二	九四	二
总署与英使欧格纳因日本事第三次问答进呈节略	二〇	七	三	九四	四
吉林将军长顺致枢垣俄兵赴元山遵旨筹防电	二〇	七	四	九四	九
总署致李鸿章留日华人词讼应否照会美使代管电	二〇	七	一〇	九四	一一
直督李鸿章致总署伦敦电俄拟保护巨文岛并英外部谓战时禁物非中日所能遽定电	二〇	七	一〇	九四	一二
江督刘坤一致总署闻日缺米已饬禁米出洋电　附旨	二〇	七	一〇	九四	一三

目　　录	年	月	日	卷数	页数
旨寄李鸿章著传谕汉纳根同德璀琳北上电　二件	二〇	九	二三	九八	六
直督李鸿章致军务处探报俄英德美对日情形请密奏电	二〇	一〇	一三	一〇〇	二
使美杨儒致总署伦敦电驻京美使谓中国办事无果决才恐难成事电	二〇	一二	一四	一〇三	八
直督李鸿章致总署刘含芳电英领事函云拟烟台炮台中日两不开炮请示复电　二件	二一	一	一	一〇四	一
鲁抚李秉衡致总署如日兵至烟台当开炮轰击电　附旨	二一	一	二	一〇四	二
直督李鸿章致军务处英法等兵船派兵登岸巡夜电	二一	一	二	一〇四	七
直督李鸿章致总署据李提摩太称有妙法可救目前亦救将来应否允其所请电　附旨	二一	一	一五	一〇五	二五
使英龚照瑗致总署报俄法英有保大局杜侵占之约现集舰观日动静电	二一	二	二	一〇七	一

中日交涉　议和

目　　录	年	月	日	卷数	页数
江督刘坤一奏中日既经开衅不宜轻与议和折　附旨	光绪二〇	八	二四	九六	八
黑龙江将军依克唐阿奏日人谋袭旧畿军事和害战利恳厚集雄师创此恶敌折	二〇	八	二五	九六	一五
使美杨儒致总署北洋电请美国会同英俄调处美盼中国获一大胜意甚关切电	二〇	一〇	二	九九	三
总署致龚杨许三使希往英法义美德俄外部婉商调停日事电	二〇	一〇	六	九九	九
侍郎张荫桓致军务处各国心志未齐拟遣谍径达伊藤电	二〇	一〇	一六	一〇〇	五
直督李鸿章致军务处日欲奢必取偿割地不如集款力战再请各国调停电　二件	二〇	一〇	一九	一〇〇	七
使美杨儒致总署我欲议和可告美使转达日政府电	二〇	一〇	二七	一〇〇	一四

目　　录	年	月	日	卷数	页数
使英龚照瑗致总署报法与英俄商调处中日和议电	二一	一	二二	一〇六	一二
署直督王文韶致总署报俄主语王之春愿与英主出为和解电	二一	一	二二	一〇六	一三
直督李鸿章致总署拟入觐后与各国公使密商再往旅顺议和电	二一	一	二三	一〇六	一五
使日张荫桓致总署报参赞伍廷芳与伊藤问答节略	二一	一	二三	一〇六	一五
使日张荫桓致总署遵旨回京并邵友濂请假电 附旨	二一	一	二三	一〇六	一七
使美杨儒致总署报美总统愿令田使相助电	二一	一	二六	一〇六	一八
使俄许景澄致总署俄外部言劝日和未允电	二一	一	二六	一〇六	一九
使美杨儒致总署遵旨详复英俄对日用意电	二一	一	二六	一〇六	二〇
使俄许景澄致总署报俄外部称日如要索太过俄必约英法劝阻电 附旨	二一	一	二六	一〇六	二〇
李鸿章张之洞致总署王之春电英俄法皆愿调停中日事惟德不肯与闻电 二件	二一	一	二六	一〇六	二〇
使英龚照瑗致总署英外部言各国对让地意见电	二一	二	二	一〇七	四
总署奏敌情叵测时事阽危李鸿章应赴长门会议折	二一	二	七	一〇七	八
全权大臣李鸿章奏遵旨赴日本议约预筹大略折 附谕	二一	二	七	一〇七	九
特授李鸿章议和全权敕书	二一	二	七	一〇七	一〇
总署致美使派李鸿章为全权大臣应否转电日本希酌度函	二一	二	八	一〇七	一一
使英龚照瑗致总署全权国书防日挑剔兹将英国曩日遣使波斯国书原文附闻电	二一	二	八	一〇七	一二
总署致龚照瑗义愿助中国希连同英法各递国书电	二一	二	九	一〇七	一二
总署致李鸿章美使接日本电俟抵长门再订晤期电	二一	二	一〇	一〇七	一六

目　　录	年	月	日	卷数	页数
江督刘坤一致军务处现各军枪械略富兵勇锐气可用赔款割地无此办法电	二一	三	二二	一〇九	一
使英龚照瑗致总署义外部称深愿中日休兵息民电	二一	三	二三	一〇九	四
全权大臣李鸿章致总署与日订约经已画押并伤已收口电	二一	三	二四	一〇九	四
依克唐阿依长顺致军务处遵旨传谕民团小心静守电	二一	三	二四	一〇九	五
江督刘坤一奏据丁槐电称闻割地偿费议和不胜忧愤请坚持战局电	二一	三	二四	一〇九	六
鲁抚李秉衡奏割地请成断不可允请决意主战电	二一	三	二四	一〇九	六
吉林将军长顺致军务处停战期内各军仍扎辽界电	二一	三	二五	一〇九	七
津道盛宣怀致总署巴兰德称德约俄法向日外部说不允马关条约电	二一	三	二五	一〇九	七
全权大臣李鸿章奏中日会议和约已成折　附马关条约议订专条另约停战条约停战展期专条及李鸿章咨文伍廷芳等呈文	二一	三	二六	一〇九	九
台抚唐景崧致军务处请废约再战并商各使公断速罢前议电　三件	二一	三	二七	一〇九	二二
署江督张之洞致总署王之春电晤俄外部论日财涸竭又请援普法例勒占邻土视民意为从违电　二件	二一	三	二七	一〇九	二四
全权大臣李鸿章致总署伊藤称和约经日皇批准电	二一	三	二七	一〇九	二四
署江督张之洞奏和议各条万不可允电	二一	三	二八	一〇九	二四
闽督谭钟麟致总署台地难交赔款难筹请动以情理宽展年限电	二一	三	二八	一〇九	二六
全权大臣李鸿章致总署赔款事候换约时与商电	二一	三	二九	一〇九	二六
鲁抚李秉衡奏议和修约尚须斟酌谨披沥愚忱折	二一	三	二九	一〇九	二七
帮办军务宋庆致军务处日人无理要挟愿与天下精兵舍身报国请代奏电	二一	四	一	一一〇	一

目　　录	年	月	日	卷数	页数
御史王鹏运奏和局可危谨陈日人虚实势难持久折	二一	四	七	一一〇	二一
鲁抚李秉衡奏李经方阴鸷险狠必贻朝廷之忧片	二一	四	七	一一〇	二二
闽将军穆图善致总署请朝廷俯察群言驳废谬约电	二一	四	七	一一〇	二五
旨著派联芳伍廷芳往烟台互换条约	二一	四	七	一一〇	二六
总署致美使田贝请传达日本展缓换约日期电	二一	四	七	一一〇	二六
全权大臣李鸿章致总署缓准日约各国外部未明言难为确据仍宜暂行批换电	二一	四	八	一一一	一
都察院代递道员易顺鼎奏丑虏跳梁不宜迁就权奸误国不可姑容请罢和议疏	二一	四	八	一一一	二
使俄许景澄致总署报俄欲贷我款偿日费并俄主意尚相近电　二件	二一	四	九	一一一	一一
江督刘坤一致军务处和议不成日必犯京畿及辽沈已会商宋庆妥为布置电　附旨	二一	四	九	一一一	一二
总署致李鸿章希刊给伍廷芳等换约关防电	二一	四	九	一一一	一二
张之洞陈宝泉谭继洵德馨李秉衡唐景崧张联桂等致总署报日事各国商有办法电	二一	四	一〇	一一一	一三
全权大臣李鸿章致总署派员赴烟换约官职须与日相等免其驳回电	二一	四	一〇	一一一	一三
全权大臣李鸿章致总署伍廷芳等关防已照刊拟令科士达赴烟台襄助电	二一	四	一〇	一一一	一四
换约大臣伍廷芳致总署报领到关防即往烟台电	二一	四	一〇	一一一	一四
裕禄长顺恩泽依克唐阿定安济禄富尔丹李培元等致总署将士奋发可与力战万勿允和电	二一	四	一〇	一一一	一五
全权大臣李鸿章致总署德璀琳禀互换和约三国仍须费力因日说明仍可商改电	二一	四	一一	一一一	一八
使俄许景澄致总署报与俄使商阻换约情形电	二一	四	一一	一一一	一八
江督刘坤一奏和战大局宗社攸关宜早权至计电　附旨	二一	四	一二	一一一	一九

目　　录	年	月	日	卷数	页数
陕藩张汝梅奏日人要挟太甚割地赔款均不可从折	二一	四	一三	一一一	二〇
甘督杨昌濬致总署闻中日和约各条可痛李鸿章老悖草率画押想朝廷必有斟酌电	二一	四	一四	一一一	二二
全权大臣李鸿章致总署报和约已定伊东赴旅顺电	二一	四	一五	一一一	二五
换约大臣伍廷芳联芳致总署遵旨与日使换约并日使送还照会三件电　二件附旨	二一	四	一五	一一一	二五
晋抚胡聘之奏请饬另议和约速筹战守以固人心折	二一	四	一五	一一一	二七
旨中日已换约著刘坤一等饬各军不得越界生衅电	二一	四	一五	一一一	二八
甘督杨昌濬致军务处中日和成请饬西军回甘电	二一	四	一五	一一一	二九

中日交涉　善后事宜

目　　录	年	月	日	卷数	页数
谕京内外文武臣工和局定后务当坚苦一心于练兵筹饷尽力研求电	光绪二一	四	一六	一一二	四
使俄许景澄致总署俄主愿中国偿费早给日兵早退并备款待借电	二一	四	一七	一一二	五
全权大臣李鸿章致总署伦敦电日派台督欲俟交款后撤辽驻军电	二一	四	二一	一一二	一一
总署致许景澄德国揽借一款其情难却电	二一	四	二八	一一二	二〇
全权大臣李鸿章致总署日简林董为驻华公使电	二一	五	一	一一三	一
吉林将军长顺致军务处探明鞍山站日兵已退电	二一	五	二	一一三	二
全权大臣李鸿章致总署美使函称日本欲两国各派驻使函	二一	五	九	一一三	七
旨派李鸿章王文韶为全权大臣与日使妥议事件电	二一	五	一〇	一一三	九

目　　录	年	月	日	卷数	页数
江督刘坤一致军务处报鞍山站日兵撤退已派队进扎电	二一	五	一一	一一三	一〇
旨著刘坤一等转饬前敌各军小心防守毋启衅端电	二一	五	一三	一一三	一四
全权大臣李鸿章致总署报复伊藤电款留林董现已到津赍有国书俟晤时再陈电　三件	二一	五	一五	一一三	一五
江督刘坤一致军务处询陈湜之军可否调回锦州电	二一	五	二〇	一一三	一七
李鸿章王文韶致总署报日使林董到津问答节略电	二一	五	二四	一一三	二〇
依克唐阿长顺裕禄致军务处日本增兵其情叵测大高岭之兵未可遽撤电	二一	五	二八	一一四	二二
帮办军务宋庆致军务处拟汰弱留强俟日军退完再行请旨电	二一	五	二八	一一四	二三
帮办军务宋庆致总署报和议已成各军分别裁并电	二一	闰五	二	一一五	一
全权大臣李鸿章致总署报照约日军驻威海中国军队不得逼近应令酌移电	二一	闰五	二	一一五	二
旨寄李秉衡日军驻威海事宜著刘含芳照约办理电	二一	闰五	三	一一五	二
全权大臣李鸿章致总署据刘含芳称日兵欲占民房请总署按约驳辩电	二一	闰五	一二	一一五	一五
全权大臣李鸿章致总署据刘含芳称借民房事已与日本委员商通融办法电	二一	闰五	一三	一一五	一五
全权大臣李鸿章致总署据刘含芳电日人请将草庙防营迁徙与约不符乞奏明电	二一	闰五	一四	一一五	一六
全权大臣李鸿章致总署已电伊藤请照约勿占民房电	二一	闰五	一四	一一五	一七
全权大臣李鸿章致总署威海口岸划界已饬妥办电	二一	闰五	一四	一一五	一七
全权大臣李鸿章致总署孙万林扎营在海湾南岸四十里内请饬移扎电　附旨	二一	闰五	一四	一一五	一七
鲁抚李秉衡致总署日使所绘驻兵图线违约多占两县请与辨明如约办理电	二一	闰五	一五	一一五	一八
鲁抚李秉衡致总署日员背约要求尚未定局拟暂驻莱州电	二一	闰五	一六	一一五	一九

中日交涉　赔款

目　　录	年	月	日	卷数	页数
署江督张之洞致总署请拒日增索赔款电	光绪二一	四	一九	一一二	七
总署致许景澄俄款分期偿清及押保办法请婉达俄廷电	二一	四	二一	一一二	九
使俄许景澄致总署请俄阻日索偿允酌助电	二一	四	二五	一一二	一六
使俄许景澄致总署报以关税作押订借俄款电	二一	四	二六	一一二	一七
使俄许景澄致总署罗拔言请借一万万了结辽事电	二一	五	一	一一三	一
旨著许景澄谆嘱俄外部竭力阻驳日本偿费电	二一	五	二	一一三	二
使俄许景澄致总署报法俄方睦俄款可借电 附旨	二一	五	二	一一三	二
使俄许景澄致总署俄准借法银四万万佛郎拟立据四端候示电　二件	二一	五	一八	一一三	一七
总署致许景澄俄国保借法款有失体面须详慎电	二一	五	二〇	一一三	一八
全权大臣李鸿章致总署俄代借法款息甚轻请速成于公法国体均无碍电	二一	五	二〇	一一三	一八
使英龚照瑗致总署俄法垄断借款非德所甘晤罗拔后再请示电	二一	五	二〇	一一三	一八
使俄许景澄致总署晤俄外户部商改代保借款电	二一	五	二一	一一三	一九
使俄许景澄致总署俄户部称款为俄法银行合办电	二一	五	二三	一一三	一九
使俄许景澄致总署俄声明不在拟定四端外别索利益电　附旨	二一	五	二六	一一三	二一
使俄许景澄致总署借款事俄稿末条宽浑彼允定后再论并盼早定电　二件附旨	二一	五	二八	一一三	二一
旨户部奏对日偿款事著咨行内外各大臣等各抒所见电	二一	五	二八	一一四	二二

目　　录	年	月	日	卷数	页数
总署奏筹交日本二次赔费等项交收清楚折	二二	四	二五	一二一	四
使英龚照瑗奏报与日使交收第二期兵费利息等款事竣折	二二	七	五	一二二	五
使英罗丰禄奏与日使交收第三期军费等款事竣折	二三	六	一〇	一二六	一九
大学士李鸿章奏遵旨向英商借一千六百万磅〔镑〕议订草约折　附草约	二三	七	一九	一二六	二五
出使大臣张荫桓奏请订借八千万两偿日本兵费片	二三	七	一九	一二六	二八
鄂督张之洞致总署借英款还日债不如认息缓付日款电	二三	一二	二三	一二八	一八
鄂督张之洞致枢垣英借款关系中华安危请谢绝电	二四	一	二	一二九	二
江督刘坤一致枢垣英借债索款三端必不可许电	二四	一	三	一二九	四
总署奏续借英德商款订立合同以税厘作抵折　附合同	二四	二	一〇	一二九	二二
鄂督张之洞奏沥陈借款还日债不可以盐厘作押折	二四	二	一六	一三〇	八
使德吕海寰致总署日本赔款百万镑已交讫电	二四	闰三	一八	一三一	九
使英罗丰禄致总署日本赔款已交驻英日使接收电	二四	闰三	一八	一三一	九
总署奏日本偿款交清收回威海谨陈筹办情形折	二四	闰三	二四	一三一	九
使英罗丰禄奏与日本使臣交收清还军费并守费折	二四	五	二〇	一三二	二〇

中日交涉　割让台湾

目　　录	年	月	日	卷数	页数
直督李鸿章奏日使大久保抵琅乔约期撤兵并请遣使驻日本片	光绪一	二	八	一	八

目　　录	年	月	日	卷数	页数
台抚唐景崧致总署询已否与法使立约保台祈示电	二一	四	一一	一一一	一八
台抚唐景崧致总署台湾变在俄顷请商法轮速来电	二一	四	一四	一一一	二三
全权大臣李鸿章致总署闻法廷欲制台澎日军电	二一	四	一五	一一一	二六
台抚唐景崧致总署请联合各国公保台湾电	二一	四	一五	一一一	二九
台抚唐景崧致军务处请拨饷二百万两济台电 附旨	二一	四	一六	一一二	二
台抚唐景崧奏请饬总署邀同各国公使与日本商安台民之策电	二一	四	一六	一一二	三
全权大臣李鸿章致总署伊藤对台事未复法议保台似尚游移电	二一	四	一六	一一二	四
总署与法使商保台事问答笔录	二一	四	一七	一一二	五
旨寄张之洞著拨洋枪一万枝解台惟宜慎重电	二一	四	一七	一一二	六
旨寄王之春前令商办之事究竟如何著即复奏电	二一	四	一七	一一二	六
台抚唐景崧致总署台事曾请英俄法调处独未及德似未周妥电	二一	四	一七	一一二	六
全权大臣李鸿章致总署伊藤电日已派台湾巡抚请我派员办理移交电	二一	四	一九	一一二	七
使英龚照瑗致总署报法与他国密议台事暂不使华与闻恐生枝节电 附旨	二一	四	二一	一一二	九
美使致总署日政府派桦山为台澎巡抚请转达中国照会所派钦差姓名函	二一	四	二一	一一二	一〇
全权大臣李鸿章致总署报已请伊藤令桦山暂缓起程乞嘱唐抚勿固执电	二一	四	二一	一一二	一〇
署江督张之洞奏据台湾绅民公禀坚留唐抚刘提仍理台事电 附旨	二一	四	二二	一一二	一一
台抚唐景崧奏恳饬商日外部令日员从缓来台电	二一	四	二二	一一二	一二
使俄许景澄致总署报俄德不及顾台并请由江省谢其好意电 二件	二一	四	二二	一一二	一二

目　　录	年	月	日	卷数	页数
全权大臣李鸿章奏已请伊藤知照桦山俟台地平静李经方径赴淡水会商电	二一	五	二	一一三	三
台抚唐景崧致总署报台民强留摄行民主国总统事请代奏电	二一	五	三	一一三	三
全权大臣李鸿章致总署伊藤请特派大员即赴淡水李经方应否速往电　附旨	二一	五	四	一一三	四
署江督张之洞致总署台已自主未便接济饷械电　附旨	二一	五	四	一一三	五
台抚唐景崧致总署全台不服日愿为华民请代奏电	二一	五	四	一一三	五
全权大臣李鸿章致总署遵饬李经方往台密授办法暨报起程日期电　二件	二一	五	六	一一三	五
全权大臣李鸿章致总署已电伊藤照约交出台湾主治权作为了结电	二一	五	六	一一三	六
总署致张之洞转唐景崧宜设法早归免生枝节电	二一	五	七	一一三	七
旨著张之洞谭钟麟饬海口官弁禁止运械往台电	二一	五	九	一一三	七
台抚唐景崧致军务处报粤军与日战获胜仍饬进剿电	二一	五	九	一一三	八
全权大臣李鸿章致总署报李经方已到淡水电	二一	五	一〇	一一三	八
全权大臣李鸿章致总署龚照瑗报英廷接唐抚电告台湾自主拟不复电	二一	五	一〇	一一三	八
全权大臣李鸿章致总署据杨岐珍报台事实情带营回厦电	二一	五	一〇	一一三	九
旨著李鸿章告日使和议既定中国断无嗾使台民自主之理电	二一	五	一〇	一一三	九
台抚唐景崧致总署基隆不守台城瓦解事不可为电	二一	五	一一	一一三	九
署直督王文韶致枢垣黄遵宪陈台湾自主应将唐抚为民劫留向日声明电	二一	五	一一	一一三	一〇
全权大臣李鸿章致总署报李经方到基隆商办交接台湾问答电　附旨及交接文据	二一	五	一三	一一三	一〇
闽督边宝泉致总署台湾城内纷乱唐抚赴沪尾日兵尚未入城电　三件	二一	五	一三	一一三	一四

中日交涉　归还辽旅

目　　录	年	月	日	卷数	页数
使英龚照瑗致总署报法合俄德争退辽东全境电	二一	四	一四	一一一	二三
全权大臣李鸿章致总署日已遵俄法德相劝不据辽地请速换约并据伍廷芳报换约日期电　二件	二一	四	一五	一一一	二三
全权大臣李鸿章致总署龚使电英劝日勿与三国为难电	二一	四	一五	一一一	二五
使俄许景澄致总署俄商法德与日廷议归地约电　附旨	二一	四	一五	一一一	二七
旨寄许景澄龚照瑗三国争回全辽著传旨致谢电　二件	二一	四	一五	一一一	二八
署吉林将军恩泽致总署日奸细在海参崴绘俄炮台图被获收禁并俄已击毁日船电	二一	四	一五	一一一	二九
署吉林将军恩泽致总署俄欲假道满洲帮我剿日确否乞复电	二一	四	一六	一一二	一
全权大臣李鸿章致总署报烟台泊俄舰十二艘电	二一	四	一六	一一二	二
江督刘坤一致总署请与俄结欢以制东西两洋电	二一	四	一六	一一二	三
总署致恩泽转饬所属安辑兵民照常镇静电	二一	四	一七	一一二	六
旨著增祺联络俄官以敦睦谊续有动静随时探闻电	二一	四	二〇	一一二	八
黑龙江将军增祺致总署报俄官照会拟由水陆两路假道进兵电　附旨	二一	四	二二	一一二	一二
全权大臣李鸿章致总署报日民因弃辽东甚愤激电	二一	四	二二	一一二	一三
总署致许景澄归辽议约仍请三国相助较有结束电	二一	四	二四	一一二	一四
全权大臣李鸿章致总署译洋报日为三国威胁让辽日主饰词自掩电	二一	四	二七	一一二	一九
使俄许景澄致总署俄外部与德法商定请日本归辽减费电	二一	四	二九	一一二	二二
全权大臣李鸿章致总署俄德法三国令日人声明应补之数并撤回驻辽日军电	二一	四	二九	一一二	二三
江督刘坤一奏请饬密商俄国促日还辽予以新疆数城为谢片	二一	闰五	一六	一一五	二一

目　　录	年	月	日	卷数	页数
使英龚照瑗致总署俄法催日还辽并法廷已饬法商以轻息贷款电	二一	闰五	二六	一一五	二二
使俄许景澄致总署罗拔言日索辽东赔费现恳俄力驳电　附旨	二一	六	三	一一六	二
旨寄许景澄辽地索偿日久未决著探俄情有无变动具奏电	二一	六	二七	一一六	三八
使俄许景澄致总署报德廷不愿减日本索费电　附旨	二一	七	三	一一七	一
使俄许景澄致总署俄外部意如退辽须兵赔两费并交电　附旨	二一	七	一〇	一一七	一〇
使俄许景澄致总署罗拔云已约德法商减赔费俟日廷复到再述电	二一	七	一七	一一七	一三
使英龚照瑗致总署哈外部言日允还辽旅电	二一	七	一九	一一七	一五
旨归辽之议不发于俄而发于法著许景澄确探实情详复电	二一	七	一九	一一七	一九
使俄许景澄致总署据法外部言三国公议辽东赔费三千万两日廷已允电	二一	七	二二	一一七	二八
旨著许景澄告俄外部订归辽约请俄帮助到底电　三件	二一	七	二二	一一七	二八
驻法参赞庆常致总署俄法外部言日退辽限三个月加费三千万已定议电　附旨	二一	七	二三	一一七	二九
驻法参赞庆常致总署辽费三千万业经三国议定如商减日必翻议电	二一	七	二六	一一七	二九
江督刘坤一奏还辽偿款三千万可照议完结电	二一	八	二七	一一七	三四
旨著派李鸿章为归还辽旅全权大臣电	二一	八	二八	一一七	三四
全权大臣李鸿章奏与日使会商归还辽旅偿款因三国定议在先未能减少折	二一	九	八	一一八	五
全权大臣李鸿章奏与日使会商交收辽南各款议定条约折　附条约及专条	二一	九	二一	一一八	一三
旨寄张之洞归辽议定著将南洋各船移泊旅顺电　二件	二一	九	二二	一一八	一七
旨寄宋庆辽地归还著带各营前往旅顺分扎电	二一	九	二二	一一八	一七

目　　录	年	月	日	卷数	页数
旨寄许景澄辽费三千万著于伦敦存款内提交龚照瑗转交日使电　二件	二一	九	二三	一一八	一七
旨寄裕禄归辽换约后著接收各州县并整顿税务电	二一	九	二三	一一八	一八
帮办军务宋庆致军务处遵旨带马玉崑十营往营口抚循电	二一	九	二四	一一八	一八
盛京将军裕禄等致军务处遵旨接收辽南各州县电	二一	一〇	四	一一八	一八
黑龙江将军依克唐阿致军务处接收辽地拟分三路弹压以防他变电　附旨	二一	一〇	六	一一八	二〇
帮办军务宋庆致军务处日本交收旅顺金州已派员迅往电	二一	一〇	六	一一八	二一
使俄许景澄致总署请赏给德宰相等宝星电	二一	一〇	九	一一八	二二
署江督张之洞致军务处遵旨派闽兵轮并扎旅顺俟修竣即往电　附旨	二一	一〇	一二	一一八	二三
全权大臣李鸿章奏与日使互换归辽条约事竣折	二一	一〇	一二	一一八	二三
旨寄王文韶辽地次第归还大高岭应即撤防电	二一	一〇	二三	一一八	三四
旨寄王文韶金州旅顺炮台交收著悉心筹度电	二一	一一	三	一一九	一
旨询张之洞南船何日北驶并电复苏沪铁路情形电	二一	一一	三	一一九	一
旨金旅已收著宋庆带队移扎并安辑抚循电	二一	一一	三	一一九	一
署江督张之洞致总署遵旨令兵轮赴旅顺并苏沪铁路已开办电　二件	二一	一一	六	一一九	一
直督王文韶致军务处旅大已收回拟派员履勘炮台局厂再核办电	二一	一一	七	一一九	二
直督王文韶致军务处报接管旅顺并船坞无恙电	二一	一一	一二	一一九	三
帮办军务宋庆致军务处报接收金州大连湾等处电	二一	一一	一二	一一九	三
署江督张之洞致军务处报到旅兵轮前后五艘电	二一	一一	二六	一一九	八

清季外交史料索引卷三终

清季外交史料索引卷四

中日交涉　东三省案

目　　录	年	月	日	卷数	页数
中日全权大臣会议东三省事宜节录第一号　附附件一件	光绪三一	一〇	二一	一九三	一
中日全权大臣会议东三省事宜节录第二号　附正约一件另件暨附件各二件	三一	一〇	二七	一九三	四
中日全权大臣会议东三省事宜节录第三号　附附件一件	三一	一〇	二八	一九三	一四
中日全权大臣会议东三省事宜节录第四号　附附件一件	三一	一〇	二九	一九三	二二
中日全权大臣会议东三省事宜节录第五号	三一	一〇	三〇	一九三	二四
中日全权大臣会议东三省事宜节录第六号	三一	一一	二	一九三	二五
中日全权大臣会议东三省事宜节录第七号　附附件一件	三一	一一	三	一九三	二七
中日全权大臣会议东三省事宜节录第八号　附附件一件	三一	一一	四	一九三	三三
中日全权大臣会议东三省事宜节录第九号　附附件一件	三一	一一	六	一九四	一
中日全权大臣会议东三省事宜节录第十号　附附件四件	三一	一一	七	一九四	三
中日全权大臣会议东三省事宜节录第十一号　附附件一件	三一	一一	八	一九四	七
中日全权大臣会议东三省事宜节录第十二号	三一	一一	一〇	一九四	一〇

目　录	年	月	日	卷数	页数
盛京将军赵尔巽致外部日军撤退已派队填扎电	三三	三	二	二〇二	一
吉林将军达桂奏日人私售枪械济匪并俄军撤后情形折	三三	三	七	二〇二	二
日使林权助致外部高景贤被杀案请速结函　附日外部致林使电	三三	四	九	二〇二	一六
盛京将军赵尔巽致外部高景贤行凶案请从严抗拒函　附照会稿	三三	四	一〇	二〇二	一七
盛京将军赵尔巽致外部日迫收渔税屡议屡罢请由新任严诘函	三三	五	四	二〇三	一
徐世昌唐绍仪致枢垣日本外交狡猾敬陈愚忱电	三三	六	二七	二〇三	一八
东督徐世昌咨外部韩民勾串日人侵占黄草坪苇塘一案请赐复文	三三	七	一二	二〇四	三
外部咨袁世凯中日会订大连设关征税办法暨试办章程文　附章程办法申文暨与税务处来往咨文等	三三	八	二二	二〇五	一五
奉天安东县士民呈外部王化成扰害地方请严惩禀	三三	九	二五	二〇六	一七
徐世昌唐绍仪致枢垣外部请简马廷亮为安东道电	三三	一〇	一八	二〇七	一三
东督徐世昌致枢垣报巡视吉江情形拟切实筹画电	三三	一一	三〇	二〇八	二七
东督徐世昌咨外部日占金州隙地请照约索还文	三四	三	一三	二一三	六
奉抚唐绍仪致外部日人在辽源设机关派人测绘勾结各蒙旗用心叵测函　附东督原电	三四	四	二四	二一四	一六
外部致徐世昌拟与日使商东省案希检卷送部电　二件	三四	一一	二九	二一八	一二
东督徐世昌致外部东省各案已饬司筹度容续呈电	三四	一二	三	二一八	一二
日使伊集院面递外部关于东三省六案事节略	宣统一	一	一六	一	一三
外部尚书梁敦彦与伊集院会议东省路矿及延吉韩人管辖权事语录	宣统一	一	二〇	一	二二

目　录	年	月	日	卷数	页数
外部尚书梁敦彦与伊集院议延吉领土权韩人裁判权及路矿事语录	宣统一	一	二七	一	二九
外部致徐世昌东省路矿及延吉界务等事希筹复电	宣统一	一	二九	一	三五
东督徐世昌复外部东省路矿及韩民征税裁判等事谨陈管见电	宣统一	二	三	一	四〇
外部复徐世昌延吉裁判等事本部意见相同电	宣统一	二	三	一	四二
外部参议曹汝霖与伊集院议延吉韩民裁判事语录 附外部致伊集院节略	宣统一	二	二七	二	三二
日使伊集院来外部言中日交涉六案请约束报纸勿再登载语录	宣统一	闰二	五	二	四六
东督锡良奏遵旨筹商东省事宜请敕合力通筹折	宣统一	三	二〇	三	一七
外部致伊集院东省未定各案请速定期会议照会	宣统一	三	二八	三	二七
使日胡惟德致外部日因东事失欢各国现极力弥缝宜留意电	宣统一	五	一三	四	二六
锡良程德全咨外部日据金州如何设法收回请示文	宣统一	五	一四	四	二七
日使伊集院与外部梁敦彦议东省各案请电程抚速办语录	宣统一	五	二六	四	四四
锡良程德全致外部日人以安东为烟馆逋逃薮请诘日使电	宣统一	五	二六	五	五
外部复锡良等安东我未认为租界仍应施行禁令电	宣统一	五	二七	五	六
外部致胡惟德东省各案希催日政府速议电	宣统一	六	三	五	一六
外部致锡良日使已饬驻安东日领限期禁烟电	宣统一	六	四	五	一七
外部致伊集院订期会议东省未定各案函	宣统一	六	七	五	三九
奉抚程德全致枢垣外部东省为各国视线所集谨贡愚忱电	宣统一	六	二六	七	二
外部致出使欧美各大臣中日交涉六案已让至极步特详达电	宣统一	六	二七	七	九

目　录	年	月	日	卷数	页数
东督锡良致外部奉省日人遇事干涉枪毙民人请主持电	宣统三	二	二四	一九	三六
东督锡良致外部日遣韩人入境调查韩侨请催日使妥定办法电	宣统三	二	二八	一九	三八
外部致锡良闻日运兵械往韩似系假道赴奉希查复电	宣统三	二	二八	一九	三九
东督锡良致外部日本运兵事探系驻满韩各师团期满换防电	宣统三	二	二九	一九	三九
外部右丞施肇基致外部颜股长报赴奉调查日警肇事情形电	宣统三	三	一三	一九	四八
外部致锡良日使云奉天中日冲突各案愿就地处理电	宣统三	三	二〇	一九	五一
东督锡良致外部中日冲突各案请转告日领勿偏执电	宣统三	三	二六	一九	五二
东督锡良致外部抚顺本溪等处中日冲突案请商日使饬日领勿偏执电	宣统三	三	二六	二〇	一四
东督锡良复外部抚顺桥头两案俟日领复到办理电	宣统三	四	一四	二〇	三五
外部致赵尔巽日人占领安东苇滩案希商结电	宣统三	闰六	八	二一	五二

中日交涉　延吉案

目　录	年	月	日	卷数	页数
吉林将军萨保致外部日兵在磐石县测绘并编门牌有东通延吉之势电	光绪三二	八	一二	一九八	一四
徐世昌唐绍仪致外部中韩边界未勘请饬马廷亮派员携图卷到奉电	三三	六	二〇	二〇三	一七
外部致徐世昌陈昭常日派员至间岛保护希相机布置电	三三	七	一三	二〇四	四
徐世昌唐绍仪致外部日人强立间岛名目已派员筹办电	三三	七	一八	二〇四	四
东督徐世昌致外部据朱家宝电延吉平静请商日使撤兵电	三三	七	一八	二〇四	五

目　　录	年	月	日	卷数	页数
外部致胡惟德日在延吉势力愈张请向日外部严词诘问电	三四	八	八	二一六	一
外部致徐世昌日使请惩办夺犯拘官之延吉华官电	三四	八	二二	二一六	一九
东督徐世昌致外部日人在延吉扩张势力及禁挂龙旗电	三四	八	二六	二一六	二〇
外部致徐世昌日小村称间岛未派宪兵千名电	三四	八	二六	二一六	二一
东督徐世昌致外部已派宪兵至百草沟设派办所电	三四	八	二九	二一七	八
东督徐世昌等奏陈筹办延吉边务情形折	三四	九	二〇	二一七	一〇
东督徐世昌致外部日人在茂功社修房不服阻止枪伤我警多名请向日使严诘电	三四	九	二一	二一七	一四
徐世昌陈昭常致外部日人枪伤我警请乘机勘界电	三四	九	二一	二一七	一六
外部致唐绍仪延吉日兵枪毙我巡弁希向日外部严诘电　三件	三四	九	二二	二一七	一七
专使唐绍仪致外部晤日小村商延吉作为自开商埠又吉长路线由我择定电	三四	九	二五	二一七	一九
外部致唐绍仪日兵击毙华人要求五事希商日廷电	三四	九	二六	二一七	二〇
外部致唐绍仪据日使称日兵枪毙我警已电政府电	三四	九	二七	二一七	二一
外部致徐世昌据唐绍仪所拟解决延吉办法极妥希筹复电	三四	九	二八	二一七	二一
东督徐世昌致外部日于图们江设桥请严诘拆毁电	三四	九	二九	二一七	二二
东督徐世昌致外部延吉界务虽可解决日人殖民政策势将实行函　附委员张源翰呈文	三四	一一	四	二一八	一
东督徐世昌致外部日人在火狐狸沟毙我弁兵案兹钞送延吉厅调查续禀函	三四	一一	二八	二一八	六
外部尚书梁敦彦与日使伊集院会议延吉界务语录	宣统一	一	六	一	二
东督徐世昌致外部报日在延吉调查韩人户口编订门牌请催日使速禁函	宣统一	一	一六	一	一七

目　录	年	月	日	卷数	页数
东督徐世昌致外部据陈昭常电与日交涉宜将界务权利划分清楚电	宣统一	二	二	一	三七
日使伊集院致外部禁止调查延吉韩民户口事已转行该管官宪照会	宣统一	二	四	一	四六
日使伊集院来外部言延吉领土权让与中国韩民裁判权请归日本语录	宣统一	二	一〇	一	五一
日使伊集院面递外部请允日本在延吉设领署六处节略	宣统一	二	一〇	一	五二
外部复伊集院中韩国界证据确凿逐节申办节略	宣统一	二	二七	二	一〇
日使馆翻译高尾亨来外部言延吉事不必请他国干涉节略	宣统一	闰二	一五	三	三
使日胡惟德致外部报日人增改间岛派出所官制电	宣统一	闰二	一六	三	三
外部致伊集院延吉无间岛名目请勿增设职官照会	宣统一	闰二	一九	三	六
外部致徐世昌日人枪毙我警一案希详查见复电	宣统一	闰二	一九	三	六
日使伊集院复外部如认延吉为贵国领土须视商议条件如何照会	宣统一	闰二	二四	三	八
东督徐世昌致外部报日增派间岛人员显违现状电	宣统一	三	一	三	一一
外部致徐世昌日使称日设间岛派出所系因事务上必需函	宣统一	三	三	三	一三
东督徐世昌致外部日人在延吉为拓殖政策深为可虑函　二件	宣统一	三	三	三	一四
外部致伊集院延吉日兵伤毙华警希派员会查照会	宣统一	三	二三	三	二四
外部致胡惟德请日政府将延吉事照允余易商结函	宣统一	四	一〇	三	三六
日使伊集院复外部火狐狸沟日兵与华警争斗请会查一节当转达政府照会	宣统一	四	一四	四	二
东督锡良致外部日捕乡约玄德胜提往韩京请严行交涉电	宣统一	四	一七	四	四
外部致胡惟德延吉日兵伤毙华警希告日政府派员会查电	宣统一	四	一八	四	五

目　　录	年	月	日	卷数	页数
外部致锡良玄德胜归化我国有无证据请查复电	宣统一	四	二五	四	九
东督锡良致外部延吉越垦韩民归化有据应与中国人一律看待电	宣统一	四	二九	四	一四
外部致伊集院玄德胜曾充中国乡约应交还处理照会	宣统一	五	一	四	一四
锡良陈昭常致外部日人恃强占地造屋请备案并各项交涉早日解决电	宣统一	五	二二	四	三七
锡良陈昭常致外部日兵在延吉持械轮奸请与日使交涉电	宣统一	五	二二	四	三九
锡良陈昭常致外部日人占地造屋关系至大请严重交涉电	宣统一	五	二三	四	四一
外部致伊集院日兵在三道沟占地盖房请饬斋藤停止照会	宣统一	五	二六	五	二
外部致伊集院延吉日兵枪毙华警仍请办犯惩官偿恤照会	宣统一	五	二六	五	三
外部致伊集院白草沟日兵夜入民室骚扰请按律惩办照会	宣统一	五	二六	五	三
外部致胡惟德请日政府先认我在延吉裁判权再议各案电	宣统一	五	二六	五	五
日使伊集院致外部白草沟日兵骚扰事已申报政府照会	宣统一	六	一	五	一〇
日使伊集院致外部禹迹洞中日兵冲突请惩官恤偿事当为转达照会	宣统一	六	一	五	一一
锡良陈昭常致外部延吉日人添筑警楼实行警政电	宣统一	六	二	五	一三
外部致伊集院日筑六道沟警楼希电斋藤阻止照会	宣统一	六	四	五	三一
日使伊集院复外部斋藤占民房设分遣所已报告政府照会	宣统一	六	五	五	三二
东督锡良致外部日兵闯入和龙峪经历署伤官戕兵请严重交涉电	宣统一	六	五	五	三三
使日胡惟德致外部与日外部议越垦韩民事彼允详复电	宣统一	六	五	五	三五
外部致胡惟德日官兵闯署伤官戕兵请向日廷严重交涉电	宣统一	六	六	五	三六

目　　录	年	月	日	卷数	页数
军咨处致外部据东督电日本添兵驻茂山请示机宜业经酌复录送复电函 附致东督原电	宣统一	六	二八	七	一七
锡良陈昭常致外部延吉日人益肆凶横俄人亦思窥伺珲春请速解决界务电	宣统一	六	三〇	七	二〇
外部致伊集院中国自开延吉商埠后拟订韩民词讼等事办法节略	宣统一	七	二	七	三二
外部致锡良陈昭常日使允电延吉武官不得生事电	宣统一	七	六	七	四一
外部致锡良陈昭常日使谓延吉日警被捉希查复电	宣统一	七	一〇	七	四八
外部致锡良延吉商埠日使拟开六处应减何处希核复电	宣统一	七	一一	七	四八
东督锡良致外部延吉界务已饬坚忍维持日使谓接待骄傲日警被捉已饬查电	宣统一	七	一一	七	四八
延吉督办吴禄贞呈外部日要求延吉开埠有四处不可许电	宣统一	七	一二	七	四九
使日胡惟德致外部报延吉日兵滋事四案与日小村商办情形函 附往来函稿四件	宣统一	七	一二	八	一
东督锡良致外部日使面询各节系斋藤捏造之词乞查察电	宣统一	七	一四	八	一五
东督锡良致外部日要求白草沟等处开埠宜拒绝电	宣统一	七	一四	八	一七
东督锡良致外部日求开埠六处白草沟断不能许电	宣统一	七	一六	八	二五
锡良程德全致外部驻奉各领谓延吉议约失败俄将生心请详示电	宣统一	七	一七	八	二九
锡良程德全致外部日人欲于鸭绿江造桥有无附约乞复电	宣统一	七	二〇	八	三六
外部致各省督抚与日使议结延吉界务情形希查照电	宣统一	七	二〇	八	三六
外部致各出使大臣延吉界务已结如各国政府询及希酌量告知电	宣统一	七	二〇	八	三七
外部致锡良陈昭常图们江界务条款谅筹备就绪希迅复电	宣统一	八	三	九	一一

目　　录	年	月	日	卷数	页数
东督锡良复外部延吉应办事宜已分别筹布俟日宪兵退后节节填扎电	宣统一	八	四	九	一三
东督锡良致外部筹备延吉开埠事宜应请示者四端乞核复电	宣统一	八	六	九	一八
吉抚陈昭常复外部延吉案业已定约谨拟筹办事宜请示遵电	宣统一	八	七	九	二〇
外部致锡良延吉开埠事宜四条分晰具复请转吉抚电	宣统一	八	九	九	二六
锡良陈昭常致枢垣遵旨筹办延吉定界后情形电	宣统一	八	一二	九	二九
外部致锡良陈昭常延吉通商日使请定期开放即电复电	宣统一	八	二〇	九	三四
外部致锡良陈昭常火狐狸沟巡警被戕等案日仅议赔恤容再磋商电	宣统一	八	二六	九	四〇
陈昭常吴禄贞致外部日谕延吉韩户悬挂韩旗可否禁止请示电	宣统一	九	四	一〇	二
吉抚陈昭常致外部谨陈到延吉查勘后筹办各节电	宣统一	九	一七	一〇	一四
东督锡良致外部日领带警察到延吉乞诘日使照约裁撤电	宣统一	九	二〇	一〇	一七
吉抚陈昭常致外部延吉现到日警五十余名请查核电	宣统一	一〇	三	一〇	三三
东督锡良致外部延吉日人购地建屋应收回出租电	宣统一	一〇	二四	一一	八
外部复锡良延吉日宪兵等伤官毙兵案宜商结以不失体为断电	宣统一	一〇	二五	一一	九
吉抚陈昭常奏亲赴吉林东南边境筹办开埠及善后情形折	宣统一	一〇	二九	一一	一四
度支部等会奏遵议密筹延吉善后事宜折	宣统一	一二	九	一二	二六
锡良陈昭常奏遵筹延吉边务情形请仍裁撤督办折	宣统二	一	八	一三	六
锡良陈昭常致外部吴禄真交卸在即火狐狸沟和龙峪玄德胜三案应否准其议结乞示电	宣统二	一	一四	一三	一一

目　　录	年	月	日	卷数	页数
外部复锡良陈昭常火狐狸沟等案希饬吴督办妥商议结电	宣统二	一	一五	一三	一二
吉抚陈昭常致外部与日商延吉各案久未解决请主持电	宣统二	三	五	一三	四七
吉林边务督办吴禄贞呈东督锡良玄得〔德〕胜案遵商日使允予特赦电	宣统二	三	一七	一四	一〇
外部致陈昭常与日使商延吉韩人在商埠外垦地者应由华官裁判电	宣统二	三	二七	一四	一八
吉抚陈昭常致外部日宪兵分遣所失火我警救灭反被砍毙请告日使饬领撤警电　三件	宣统二	四	二	一四	二〇
外部致陈昭常日警肇事彼此报告不同希查复电	宣统二	四	八	一四	二七
吉抚陈昭常致外部日警伤毙华警事日使似自知理屈已饬复查电	宣统二	四	一〇	一四	二九
商部咨外部据安东商务总会电请收回六七道沟文	宣统二	四	一〇	一四	二九
外部复商部六七道沟地现由东督与日人磋商文	宣统二	四	一三	一四	三〇
吉抚陈昭常致外部日使既认日领误解则彼此退让当可定议电	宣统二	四	一七	一四	四三
吉抚陈昭常致外部复查日警伤毙救火华警案实有预谋请力与交涉电	宣统二	五	二	一五	三
驻韩总领事马廷亮呈外部中韩交犯事已复日统监嗣后照约办理函	宣统二	六	八	一五	二六
外部致陈昭常据日使称全成哲在狱几死希查复电	宣统二	七	五	一六	二
吉抚陈昭常致外部请商日使速释玄德胜以便即释全成哲电	宣统二	七	一二	一六	八
外部致陈昭常日使称已奏请特赦玄德胜希即释全成哲电	宣统二	八	四	一六	三六
吉抚陈昭常致外部全成哲已开释并经知照日领电	宣统二	八	一〇	一六	三七
东督锡良致外部请商日使迅释玄德胜并示复电	宣统二	八	一三	一六	四三

中日交涉　天宝山案

中日交涉　二辰丸案

目　　录	年	月	日	卷数	页数
粤督张人骏致外部二辰丸私运军火应按约充公电	光绪三四	一	六	二一〇	一
日使林权助致外部二辰丸被粤扣留奉令抗议希饬速放照会	三四	一	一三	二一〇	一
外部致张人骏二辰丸事日使提出抗议请由粤商结电	三四	一	一四	二一〇	二
粤督张人骏复外部日船确运军火请会讯后定夺电	三四	一	一六	二一〇	三
粤督张人骏致外部二辰丸事请商日使照章会讯电	三四	一	一七	二一〇	四
葡使致外部华船在葡领海捕获日船祈饬速放照会	三四	一	一七	二一〇	五
税务大臣咨外部据拱北关电捕获私运枪械日轮文	三四	一	一九	二一〇	五
粤督张人骏致外部日船在中国海面被获非葡领海电	三四	一	一九	二一〇	六
外部致张人骏据税司赫德条议处置捕获日船办法电	三四	一	二九	二一〇	八
使日李家驹致外部二辰丸事日外部不允会讯电	三四	一	二九	二一〇	一四
粤督张人骏致外部日运枪械确系济匪倘先放船便无质证电	三四	一	三〇	二一〇	一五
粤督张人骏致外部先释日船日领不肯具结不许起械电	三四	二	二	二一〇	一六
日使林权助与外部尚书那桐等会商二辰丸案语录	三四	二	二	二一〇	一六
粤督张人骏致外部条复赫税司论日船事祈核示电	三四	二	三	二一〇	一八
外部致张人骏李家驹二辰丸停泊之所系中国领海电	三四	二	三	二一一	一
外部致张人骏二辰丸案换旗与扣船分别办理电 附照会	三四	二	三	二一一	一

目　录	年	月	日	卷数	页数
粤督张人骏致外部日船运械济匪若失败则约章成废纸电　二件	三四	二	四	二一一	二
日使林权助致外部扣船一案译送日文请答复节略	三四	二	四	二一一	一四
总税司赫德呈外部二辰丸案请商日使以便结案函	三四	二	五	二一一	二三
外部致林权助二辰丸案仍请照章会审秉公商结节略	三四	二	五	二一一	二四
粤督张人骏致外部录呈代日船驳运军火船户梁亚池等供词电	三四	二	七	二一二	一
外部致张人骏日使节略是否相符希妥筹速复电	三四	二	八	二一二	二
外部致葡使日船系在中国领海被获澳门不应发给执照照会	三四	二	八	二一二	三
外部致使俄萨荫图辰丸在中国海停卸军火希与彼邦人士谈及并转驻欧美各使电	三四	二	九	二一二	四
粤督张人骏致外部辰丸军火系澳门华商广和店所购电	三四	二	一〇	二一二	五
外部致张人骏粤商会干预辰丸案希饬属查办电	三四	二	一〇	二一二	六
日使林权助致外部扣留辰丸提议赔偿损害请照允照会	三四	二	一一	二一二	六
粤督张人骏致外部日舰果来夺船可听其所为不可先行释船电	三四	二	一二	二一二	八
外部致林权助辰丸案贵政府愿和平办结足征顾念邦交节略	三四	二	一三	二一二	九
粤督张人骏致外部辰丸案粤绅来函颇具条理呈请采择电	三四	二	一三	二一二	一一
粤督张人骏致外部中国如价买辰丸军火则不能赔价及惩官电	三四	二	一三	二一二	一二
粤督张人骏致外部辰丸案日人屈于公论已渐和平乞坚持电	三四	二	一四	二一二	一三
外部致张人骏日船案领海与禁运均可办到宜速商结电	三四	二	一四	二一二	一三

目　　录	年	月	日	卷数	页数
日使林权助致外部日船案贵部所允办法日政府并无异言照会　二件	三四	二	一五	二一二	一四
粤督张人骏致外部请与日使定章严禁私运军火电	三四	二	一六	二一二	一五
外部致张人骏辰丸案办结情形请晓谕绅民电	三四	二	一八	二一二	一五
外部致葡使请商澳门政厅嗣后勿给军火执照照会	三四	二	一九	二一二	一六
沪道梁如浩呈外部抵制日货查无其事已遵谕妥为消弭电	三四	二	二〇	二一二	一七
粤督张人骏致外部检验辰丸军火数目似有分运电	三四	二	二三	二一二	二〇
外部致林权助商议查禁军火办法六条照会	三四	二	二四	二一二	二〇
粤督张人骏致外部抵制日货事已出示严禁电	三四	三	四	二一三	四
使法刘式训致外部辰丸案法京舆论为日本操持电	三四	三	一八	二一三	一一
葡使柏致外部澳门禁运军火事已转本国照会　附节略	三四	三	二八	二一三	二五
外部尚书那桐与葡森使商议澳门禁运军火事语录	三四	四	九	二一四	三
日代使阿部致外部广东排斥日货请饬镇压节略	三四	四	九	二一四	四
外部致刘式训澳门禁运军火事酌拟三条请商葡外部允办电	三四	四	一七	二一四	五
外部致阿部中日互禁军火事希照允施行照会	三四	四	二一	二一四	一八
粤督张人骏致外部辰丸案日领要求赔偿业允撤销文	三四	一〇	二九	二一七	二三
粤督张人骏致外部香港排斥日货无关内地未便归咎粤省商会电	三四	一一	七	二一八	二

中日交涉　东沙岛案

目　　录	年	月	日	卷数	页数
粤督张人骏致外部蒲拉他士岛系中国地拟立标志电	光绪三四	八	二三	二一六	一九
江督端方致外部请宣布蒲拉他士岛为中国属岛电	三四	八	二九	二一七	七
粤督张人骏致外部查明日商私据东沙岛请与日使交涉电	宣统一	二	二四	二	六
外部复张人骏东沙岛事请询日领俟其答复再办电	宣统一	二	二四	二	七
粤督张人骏致外部日领谓东沙岛原不属日应否与日廷交涉候夺电　二件	宣统一	二	二九	二	三九
外部致张人骏东沙岛经纬度数请觅确据复部电	宣统一	闰二	三	二	四二
粤督张人骏致外部日人侵夺东沙岛证据已足拟商令西泽赔偿损失电	宣统一	闰二	四	二	四四
外部复胡惟德日政府未认东沙岛为日属希酌核提议电	宣统一	闰二	五	二	四五
粤督张人骏复外部东沙岛系我国旧名有各种图记可证电	宣统一	闰二	六	二	四七
外部致胡惟德现正搜求东沙岛证据希持此与争电	宣统一	闰二	九	二	四八
外部致张人骏东沙岛事如商有了结办法希电复电	宣统一	闰二	一七	三	四
粤督张人骏致外部日认东沙岛为我属现正磋磨电	宣统一	三	二六	三	二五
粤督张人骏致外部乞查各使请设东沙岛灯塔文据电	宣统一	四	四	三	三三
外部致张人骏东沙岛灯塔事前有札饬各关文希查照电	宣统一	四	一九	四	五
粤督张人骏致枢垣东沙岛正待勘估请旨饬北洋大臣酌派一舰应用电	宣统一	四	二七	四	一〇

目　　录	年	月	日	卷数	页数
粤督张人骏致外部会勘东沙岛日已派船请催海筹来粤电	宣统一	五	一九	四	三二
署粤督袁树勋致外部与日商磋议收回东沙岛条款已画押互换电	宣统一	八	二六	九	三九

中日交涉　租界事宜

目　　录	年	月	日	卷数	页数
闽督许应骙致总署日本所指厦门鼓浪屿两地无地可拨电	光绪二四	一	一	一二九	一
闽督许应骙致总署可拨鼓浪屿地十二万坪为日租界电	二四	二	一八	一三〇	九
闽督许应骙奏厦门鼓浪屿议作公地一体保护折	二八	一	二六	一五二	一六
外部奏闽省鼓浪屿议作公共租界未便兼护厦门拟将原订章程删除折	二八	一〇	二二	一六七	七
浙抚张曾敭致外部拱宸桥开埠日要求专界未允电	三二	四	一一	一九六	二〇
邮传部咨张之洞处置汉口日本租界办法文　附专约	三二	一二	二九	二〇〇	一九
鄂督赵尔巽致外部日本在租界外买地拟即赎回电	三三	一〇	八	二〇七	八
外部致浙抚增韫日使谓杭州日租界被盗应归会审希查案核办电	宣统一	二	八	一	五〇
江督张人骏致外部芜湖租界事当商皖抚妥筹电	宣统二	二	五	一三	三六
外部致张人骏朱家宝芜湖租界事可由芜道答复日领电	宣统二	二	一八	一三	四〇

中日交涉　矿务

目　　录	年	月	日	卷数	页数
盛京将军增祺等奏日俄觊觎鸭绿江一带矿产请饬议限制片	光绪二九	六	一九	一七三	二〇
日使内田致外部大冶矿局借款合同请饬订定节略	二九	一一	一一	一七九	六
铁路督办盛宣怀致小田切宣城煤矿照约作废照会	三〇	四	二六	一八二	二七
驻沪日领小田切复盛宣怀允废宣城煤矿合同照会	三〇	四	二九	一八二	二八
盛京将军赵尔巽致外部日人强占辽阳等处煤矿请商日使阻止电	三二	六	二三	一九八	八
外部致日使日军据奉天千山台煤矿请速交还照会	三二	一一	一一	一九九	二四
外部致赵尔巽日商私订开矿合同应切实谕禁电	三三	三	二七	二〇二	一二
东督徐世昌致外部抚顺煤矿中日合办请商日使电	三四	六	一三	二一五	一三
东督徐世昌致外部本溪湖煤矿及日本交收电线需款请由汇丰借款内拨付电	三四	九	一二	二一七	九
使日胡惟德致外部日注重抚顺煤矿宜缓其所急电	宣统一	四	三〇	四	一四
锡良程德全致外部抚顺烟台煤矿请于还本外争回税款电	宣统一	七	九	七	四四
东督锡良奏收回本溪湖煤矿作为中日合办及订立合同情形折　附合同	宣统二	五	二	一五	六
东督锡良咨外部日领否认赔俄抚顺煤矿利益并钞呈驳复俄使向我索偿文　附件	宣统二	六	二八	一五	四〇
东督锡良致外部税务处抚顺煤运赴韩国是否照满州〔洲〕里通商章程办理请核示电	宣统二	七	一	一六	一
外部咨税务处抚顺煤斤出口应照何项税率酌核见复文	宣统二	七	五	一六	二
东督锡良致外部抚顺煤税磋商为难并将来鸭江桥成税务如何办理乞示电	宣统二	七	一三	一六	九

目　　录	年	月	日	卷数	页数
吉抚陈昭常致外部报与日领争抚顺煤税情形乞核复电	宣统二	一一	七	一八	一九
税务处咨外部奉省土煤由轮船装运出口应照章完税文	宣统三	四	一二	二〇	二九
东督赵尔巽咨外部报与日员议定抚顺煤矿细则文	宣统三	四	二五	二一	一
东督赵尔巽咨外部呈送中日合办本溪湖煤铁公司合同附加条款文　附条款	宣统三	一一	一〇	二四	三五

中日交涉　电报

目　　录	年	月	日	卷数	页数
直督袁世凯咨外部奉新电线日本请暂立借用合同应由贵部催速交还文　附合同	光绪三二	一	一九	一九六	三
电政大臣袁世凯杨士琦致外部中日电约应由两国外交官提议电	三二	五	二九	一九八	二
外部致李经方请英国劝日本闭歇南满路境外电局电	三三	一一	二〇	二〇八	一〇
邮部奏收回东清路日俄电报订立合同折　附电约暨合同	三四	一二	一五	二一八	一六
邮部致外部中日电约删去胶连别约字样函	三四	一二	一五	二一八	二五
邮部奏接收南满洲日本电线完竣折	宣统一	五	一〇	四	二五

中日交涉　木植

目　　录	年	月	日	卷数	页数
盛京将军增祺致外部日人在鸭绿江两岸烧山木未据报电	光绪二九	三	一六	一七〇	一〇
直督袁世凯咨外部与日官议定鸭浑两江军用木植合同文　附合同	三二	五	一〇	一九八	一

中日交涉　长崎案

目　　录	年	月	日	卷数	页数
直督李鸿章致总署据徐承祖电称崎案难即了电	光绪一二	八	二	六八	一八
使日徐承祖致李鸿章担文办理崎案请支律师费并订铜砖事电　附李鸿章与总署来往电	一二	八	二六	六八	三五
直督李鸿章致总署据徐承祖电崎案日本意存延宕请示电	一二	一〇	二一	六九	一八
总署致李鸿章崎案日本空言搪塞请另筹办法电	一二	一〇	二三	六九	一八
总署致李鸿章崎案悬而不办彼当自作转圜电	一二	一〇	二五	六九	一九
直督李鸿章致总署徐承祖电崎案日人狡逞拟言撤使冀有转圜电	一二	一〇	二六	六九	二〇
直督李鸿章致总署徐承祖电崎案日本狡赖拟移京再核请示电　附旨	一二	一一	一	六九	二四
直督李鸿章致总署徐承祖办结崎案似可准行电　附旨	一三	一	四	七〇	二
旨寄李鸿章转徐承祖著全权办结崎案电　二件　附徐承祖电	一三	一	一八	七〇	九

中日交涉　日僧传教案

目　　录	年	月	日	卷数	页数
外部致江督周馥浙抚聂缉槼日僧游历护照勿写别项字句电	光绪三一	一	五	一八七	一
外部致闽督升允日僧在闽多年未便驱逐希一体保护电	三一	二	一〇	一八七	一九
署江督周馥复外部日僧传佛教恐贻患将来函	三一	七	二一	一九一	一
闽学生会呈外部日僧干涉内政请据约令其撤回电	三三	九	二二	二〇六	一六

中日交涉　其他交涉

目　　录	年	月	日	卷数	页数
直督李鸿章致总署据使日徐承祖转伊藤言英赠贵国皇帝宝星系二等请酌量辞却乞代奏电	光绪一二	三	九	六五	一
粤督张之洞致总署日人以兵轮失踪为词拟派舰来粤寻访电	一二	一二	十三	六九	三五
闽督杨昌濬致总署日领知照不派兵舰到闽寻船电	一二	一二	二二	六九	三六
使日徐承祖致总署日皇赠宝星应否收受请示电	一三	一一	一五	七四	一九
直督李鸿章致总署袁电日兵轮由韩开往海参崴电	一四	八	二五	七七	四
直督李鸿章致总署袁世凯报日本二大臣至崴与俄大将密商电	一四	九	一二	七七	八
使日黎庶昌致总署日廷拟将大婚谢电刻入官报词太简可否另答数言电	一五	二	一八	七九	二六
直督王文韶致总署日本大操应否派员前往校阅电	二三	一〇	四	一二七	一六
外部致增祺日使函称日商为东边道拘捕希查明妥办电	二九	三	六	一七〇	二
外部复阿部书记官中俄条约限满如未商改仍继续有效函	宣统一	闰二	二四	三	八
豫抚吴重熹致外部日使请弛谷米禁令乞拒驳电	宣统一	五	二	四	一五
外部致廷杰日人未知会保护赴热河毙命希饬缉犯惩办电	宣统一	五	四	四	一七
外部致署直督那桐日人高田案热河已获正凶电	宣统一	五	一五	四	二九
热河都统廷杰复外部日人私入内地被戕我已获犯惩官难再认赔电	宣统一	五	一六	四	三〇
外部复廷杰高田案日使已允惩凶结案希办抚恤电	宣统一	五	一九	四	三二
库伦办事大臣咨外部报有日人在内蒙学习蒙语文	宣统一	六	二九	七	二〇

目　　录	年	月	日	卷数	页数
浙抚增韫致外部日人在杭设赌谎骗如日使提及希驳复电	宣统二	二	二三	一三	四一
浙抚增韫致外部拟将私租开店日人护送日领署电	宣统二	三	七	一四	二
浙抚增韫致外部日商即不出城亦应停闭电	宣统二	三	七	一四	二
浙抚增韫致外部迁徙日商拟分两层办法电	宣统二	三	九	一四	三
在籍御史徐定超等呈外部日店停闭并未迁移请电浙抚照约饬迁电	宣统二	三	一〇	一四	四
外部致伊集院准浙抚电日商迁徙事已商允日领一律停闭静候交涉节略	宣统二	三	一一	一四	五
浙抚增韫致外部日商滋事日领推诿请将为难情形详告日使电	宣统一〔二〕	三	一二	一四	七
外部复增韫日商事希再商日领不必多辩条约电	宣统二	三	一三	一四	八
外部致增韫日商事日使否认退租并求偿已驳复希和平商结电	宣统二	三	一七	一四	一一
浙抚增韫复外部日商租屋并非直接请商日使饬领事和平了结电	宣统二	三	一九	一四	一二
外部复增韫日商事已函日使饬领事了结电	宣统二	三	一九	一四	一二
使英李经方致外部日于英国会场陈列南满物产请径与日政府交涉电	宣统二	四	一〇	一四	二八
外部致陈昭常日使请发盐酸护照希电陆军部知照税务处核办电	宣统二	六	六	一五	二四
江督张人骏咨外部日领言高濑等行使伪钞已惩办文	宣统二	七	八	一六	五
外部致汪大燮日本灾重奉旨著往慰问并助赈十万电	宣统二	七	一九	一六	一七
使日汪大燮奏遵旨慰问日本水灾并代奏申谢折	宣统二	九	五	一七	二六
江督张人骏致外部张三宝案请商日使饬领集讯并观审电	宣统二	一一	八	一八	一九
外部致张人骏各国商人被控有无观审成例希复电	宣统三	三	一〇	一九	四四

目　　录	年	月	日	卷数	页数
外部咨农工商部日本邀华商赴东游历改期前往文	宣统三	三	二七	二〇	一六
外部致日使伊集院沪芜俱灾歉运米接济汉口势难办到函	宣统三	八	二九	一二三	一〇
外部致伊集院中久喜信周等损失赔偿俟查明后据复照会	宣统三	九	二六	二三	四三
东督赵尔巽致外部日人枪击海城县令事情重大已驳复电	宣统三	一一	二九	二四	四〇

中法交涉序略

法兰西商船来华，始于明之正德十三年。至清乾隆四十一年，始设广州领事，道光二十四年缔结条约，咸丰六年藉口广西教案启衅，遂有英法联军之役，而《天津条约》以成，于是法国有遣派兵船进泊通商口岸及享受最惠国之例。迨订北京续约，又有准许教堂在各省租买田地、建造自便之规定，是其损害中国主权，不亚于英国矣。兹篇索引，揭示法国侵略中国之实迹，首在并吞越南一事。越之覆亡，始于内乱，致召外侮。咸丰八年，法兵船至越，侵占南圻六省，设西贡总督；同治十二年，复进攻河内，为刘永福所败；十三年乃与越定约，认其有自主权。光绪初，琉球为日本所灭，法人乘势与安南构衅，以为开通富良江之计，会西贡总督属员被杀于越，法廷因决取东京，图占全越。我国为护藩固圉计，当令滇、粤两督相机防御，并援助义军，冀存阮祀，初无与法战争意也。迨交涉破裂，法遽令驻闽兵舰发难。时沿海一带，向无精密之设备，致基隆失守，东南各省，俱为震惊；然关外滇、桂陆军，则尚多胜利。卒以内外隔阂，战虽胜而和议随之；盖边关将帅，方誓犁庭之师，朝议盈廷，竟主和戎之策，委曲迁就，至今论者犹多太息，故于议和及善后诸大端，均详载之，复设海军战况一门，纪其始末。洎越南属法，举凡中越界务会防等事，亦不敢稍略；盖越南华侨，现有四十余万人，贸易最盛，进出口年各数千万。惟商约已于民国十八年期满，新约原则虽于翌年订妥，因悬案未决，税率未定，不能实行，致华侨无条约保护，苛例百出，法政府亦因我增收米税，愿速订互惠之约，此为旅越华侨之命脉，愿我政府设法维持，以资保护。其广州湾之租借，与猛乌、乌得两地之割让，则又我国外交上之失败而无可讳言者也。且法以传教为侵略远东之具，教案最多，应付之难，倍于商务，别立一目，意在斯乎？又如四明公所之案，当时来势汹涌，亦与教案无异，幸迎机善导，复得民气以为后盾，风浪旋平。盖对外交涉，须平日努力建设，临事上下一心，始克有济，四明公所之事，其见端也。

中法交涉　遣使设领

目　录	年	月	日	卷数	页数
使英郭嵩焘奏报兼使法国呈递国书情形折	光绪四	六	三	一三	二九
使英法曾纪泽奏报抵法呈递国书折	五	二	二三	一五	九
总署奏法使呈递国书请照案给予复书折	五	四	七	一五	二八
直督李鸿章致总署据李凤苞电法廷谓新旧使均须国书电	一〇	四	一〇	四〇	二八
总署致李鸿章使法只给照会毋须国书电	一〇	四	一〇	四〇	二八
总署致曾纪泽派李凤苞兼署法使电	一〇	四	一〇	四〇	二九
使法李凤苞致总署已到法京须谢使电方接见电	一〇	四	一二	四〇	二九
总署奏法国使臣到京请饬使法大臣前往驻扎折	一一	六	三	五九	一
直督李鸿章致总署报法使赴京递国书电	一一	九	二三	六一	二一
总署奏张之洞不见法领事致滋藉口请令接见折 附旨	一二	九	六	六九	二
总署奏张之洞粤边开办商务法已派领事电	一三	八	一	七三	一
直督李鸿章致总署据张之洞请转商法使令于领事留粤电	一四	一一	一五	七八	五
直督李鸿章致总署苏元春报法领出关筹办商务电	一五	三	一八	八〇	五
滇督抚岑毓英谭钧培致总署法领事违约遣人至各厂游历请商法使禁止电 二件	一五	四	一七	八〇	二〇
使英龚照瑗致总署请留庆常驻法电	二一	八	二一	一一七	三四
使法庆常致总署报国书呈递法总统电	二一	一二	八	一一九	二一

中法交涉　修约

目　　录	年	月	日	卷数	页数
直督李鸿章奏与法使议订滇粤边界通商章程折 附章程	一二	三	二四	六五	七
使法许景澄致总署法外部言税事俟查看后核减电	一二	四	二八	六六	二三
直督李鸿章致总署云桂通商章程法使欲商改电	一二	八	一〇	六九〔六八〕	二五
桂抚李秉衡致总署预筹桂越通商应在谅山以北之越地电	一二	九	一四	六九	一三
使法许景澄致总署据佛来言与华商改税则新约电 此新约见光绪十三年五月初三日卷七十一第十七页后总署奏中法界务商务续经议定折之附件	一二	一〇	二四	六九	一九
直督李鸿章致总署与法领事私议中法对越事电	一二	一二	一七	六九	三五
粤督张之洞等致总署请勿许法在龙州通商电	一三	四	四	七一	一
总署致桂抚沈秉成恭思当辞越督商约未换俟领事到再办电	一四	三	二七	七五	三八
总署致刘瑞芬中法商约界约须同时互换电	一五	四	一	八〇	一〇
使法刘瑞芬致总署法外部请先换商约再办界约电	一五	四	一二	八〇	一六
粤督张之洞致总署法在越开铁路运货内地苏元春拟来面商办法请代奏电	一五	六	二九	八一	一五
总署奏中法换约事竣折 商务界务专条附章及照会等均见卷一百十四第三页以下	二二	七	三	一二二	五

中法交涉　法越构衅及援越事宜

目　　录	年	月	日	卷数	页数
粤督刘坤一等奏代递越南王阮福时告急疏折 附越南王疏	四	一二	一四	一四	三三
桂抚张树声奏统筹越南剿匪事宜折	五	六	二一	一五	三七
桂抚庆裕奏越南王请代递奏疏沥陈边务情形折 附奏疏	七	一	二八	二五	三

目　　录	年	月	日	卷数	页数
总署奏接曾纪泽电法人谋越通滇拟预筹办法折	七	一〇	一五	二六	一〇
总署奏越南积弱已甚中国为藩篱计不能置之度外片　附上谕	七	一〇	一五	二六	一二
谕张树声等著预防李玉墀为法图越	七	一一	九	二六	一三
桂抚庆裕奏法人谋占越南北境遵旨预筹办法折　附上谕	七	一二	一三	二六	三〇
使法曾纪泽奏法人谋占越南北境拟筹办法折	八	三	三	二七	八
桂抚庆裕奏预防法人侵越事已开导越使转达国王片	八	三	三	二七	一〇
桂抚庆裕奏法人图占越南北圻以侵滇疆折	八	三	一三	二七	一八
谕各省督抚法越兵端已起著妥议复奏	八	三	二五	二七	一九
直督张树声奏法越交兵通筹边备折　附上谕	八	四	一四	二七	二〇
直督张树声奏请命岑疏英经理越南北圻片	八	四	一四	二七	二三
代理粤督裕宽奏越南与法交涉请勿预其事片	八	四	一六	二七	二四
前兵部侍郎郭嵩焘奏法扰越南宜循理处置折	八	七	一八	二八	一七
谕刘长佑等法人拟据北圻著相机因应	八	八	一一	二九	五
桂抚倪文蔚奏防军到越布置情形折	八	九	八	二九	二五
桂抚倪文蔚奏法人增调师船胁越片　附上谕	八	九	八	二九	二六
滇督岑毓英等奏会筹越边防务折	八	一〇	六	三〇	一
滇督岑毓英等奏据藩司唐炯禀越事出境兴师甚非长策据实密陈片　附上谕	八	一〇	六	三〇	二
滇督岑毓英等奏藩司查看边防面商分兵换防情形折	八	一一	四	三〇	二一

目　　录	年	月	日	卷数	页数
桂抚倪文蔚奏越藩横征暴敛民怨甚深片　附上谕	九	二	六	三一	二〇
左庶子张佩纶奏越事趋重粤西请简边材折　附上谕	九	二	一五	三一	二三
侍讲学士何如璋奏越南危急请派统兵大员出关筹办以保属土折	九	二	一九	三一	二五
谕李鸿章著迅往广东督办越南事宜	九	三	九	三二	六
旨寄左宗棠法破南定防务紧要著妥筹具奏	九	三	九	三二	七
桂抚倪文蔚奏遵旨严申边备并陈越南近日军情折　附旨	九	三	二六	三二	七
桂抚倪文蔚奏越南军情日亟藩司遵旨出关折	九	三	二八	三二	八
北洋大臣李鸿章奏预筹越南边防事宜折	九	四	一	三二	一一
北洋大臣李鸿章奏赴粤督军恐启兵端请熟筹饬遵片　附上谕	九	四	一	三二	一三
滇督岑毓英等奏越南南定省失守督饬各镇严防折　附旨	九	四	九	三二	一六
滇督岑毓英等奏遵旨密筹越南防务折　附上谕	九	四	二四	三二	一七
滇督岑毓英奏援越军队扼要防守片	九	四	二四	三二	一九
桂抚倪文蔚奏密陈越南近日军情折	九	四	二七	三二	二〇
粤督曾国荃等奏粤船巡海无益事机折	九	四	二七	三二	二二
滇督岑毓英等奏藩司统率防军扼守越边折　附旨	九	五	二	三三	一
桂抚倪文蔚奏越将力战大捷折	九	五	七	三三	二
北洋大臣李鸿章奏法越交涉统筹全局折	九	五	一七	三三	三
北洋大臣李鸿章奏越事方亟滇粤防务宜责成疆臣备御法廷如有转机请派专使与议片　附上谕	九	五	一七	三三	七

目　　录	年	月	日	卷数	页数
桂藩徐延旭奏法人决堤以淹刘团转以自害片	九	八	二九	三四	四八
桂藩徐延旭奏越南海阳为法人所袭现正防御片	九	八	二九	三四	四九
谕岑毓英等法人迫胁越南著督饬防军严密扼守电	九	九	一	三五	一
桂抚倪文蔚奏越南王遣使赍表由海道进京折 附越南王弟即位禀	九	九	三	三五	二
桂抚倪文蔚奏法越和议有成据报奏陈折 附上谕	九	九	九	三五	五
桂抚倪文蔚奏法越和约已订谨陈详细情形折 附廷寄及越法和约	九	九	九	三五	六
桂藩徐延旭奏法人力扑越军迭被击败退回现拟规复河内折 附上谕	九	九	一〇	三五	一一
桂藩徐延旭奏越人不以议和为是请力图恢复河内片	九	九	一〇	三五	一六
谕唐炯法兵退回河内著赴防所认真筹办	九	九	一七	三五	一八
桂抚倪文蔚奏法越议和防务愈棘折	九	九	二〇	三五	二〇
滇督岑毓英等奏密筹越南边防折	九	七	二〇	三五	二二
桂藩徐延旭奏法越议和已见明文法兵仍向刘团寻衅折 附上谕	九	九	二二	三五	二三
谕彭玉麟法人逼越立约局势已异著妥筹办理	九	九	二四	三五	二六
谕李鸿章左宗棠等法人侵我藩属著力筹防御	九	九	三〇	三五	二七
滇督岑毓英等奏近日法越尚无战事并筹商布置情形折	九	一〇	七	三六	一
粤督张树声奏法越议和北圻人心涣散谨陈愚虑折	九	一〇	七	三六	二
桂藩徐延旭奏越事难与图存北圻必须力保折	九	一〇	一〇	三六	九
桂抚倪文蔚奏徐延旭奉命赴越督师边事当有起色折 附旨	九	一〇	一四	三六	一一

目　　录	年	月	日	卷数	页数
谕张树声等法破越南山西省城著严饬各军不得松懈	九	一一	二一	三七	一六
粤抚倪文蔚奏法人阻越贡使据情上陈折	九	一一	二七	三七	二〇
粤抚倪文蔚奏越南嗣王迟遣贡使恐与法人暗订盟好片	九	一一	二七	三七	二一
粤抚倪文蔚奏法在越南北圻各省设官折　附越南国王咨文	九	一二	一	三八	一
直督李鸿章奏遵旨妥筹法越事宜折　附旨	九	一二	一	三八	二
直督李鸿章奏请责成岑毓英节制前敌各军并由津匀拨枪炮片	九	一二	一	三八	四
谕彭玉麟张树声法攻北宁闻将犯琼州著扼要严守	九	一二	四	三八	一〇
桂抚徐延旭奏出关暂驻谅山并越南义兵得胜折　附旨	九	一二	五	三八	一〇
桂抚徐延旭奏据报各处义民响应遇敌敢战片	九	一二	五	三八	一四
桂抚徐延旭奏法人增兵运械事机日紧拟分路并进使其四面受敌片　附旨	九	一二	五	三八	一六
滇督岑毓英奏带兵出关折　附旨	九	一二	一七	三八	一七
桂抚徐延旭奏法兵攻破越南山西请饬滇粤出兵匡复折	九	一二	二三	三八	一九
桂抚徐延旭奏请饬闽抚及船政大臣派拨大轮船十数艘分扼海口断敌归路片	九	一二	二三	三八	二三
总署奏法人吞越显背公法请筹饷备械以遏外侮折	九	一二	二四	三八	二四
滇抚唐炯奏扼守家喻关以图进取折	九	一二	二七	三八	二六
粤抚倪文蔚奏法陷山西粤军失利当奖率将士力图绥靖折	一〇	一	一〇	三九	一
桂抚徐延旭奏布置北宁各路防军迅图恢复折　附上谕	一〇	一	一三	三九	二
旨寄岑毓英著节制诸军和衷商办	一〇	一	一八	三九	五

清季外交史料索引卷四终

清季外交史料索引卷五

中法交涉　中法战争　各省防务

目　　录	年	月	日	卷数	页数
粤督张树声复奏援越各军情形并催冯子材出关片	一〇	四	二七	四〇	三八
滇督岑毓英奏据险设防力保红江上游折　附上谕	一〇	五	一七	四一	一
粤督张树声致枢垣岑督撤师回守险要并刘团获胜电	一〇	五	二三	四一	三
滇督岑毓英奏严防备战并击退猛罗等处窜匪折　附上谕	一〇	闰五	一	四一	四
兵部尚书彭玉麟奏刘永福忠勇善战请授以武职片　附旨	一〇	闰五	四	四一	七
桂抚潘鼎新致枢垣法兵进谅山不退惟有舍外顾内电	一〇	闰五	五	四一	七
粤督张树声致枢垣据潘鼎新报法人寻衅开炮电	一〇	闰五	五	四一	八
粤督张树声致枢垣报潘鼎新在观音桥大捷电	一〇	闰五	六	四一	八
谕沿海各督抚法人不得志于北圻必扰中原著严密防范电	一〇	闰五	七	四一	八
谕彭玉麟现张树声交卸广东防务著妥筹兼顾电	一〇	闰五	七	四一	九
谕丁宝桢著酌拨川军五营交鲍超带滇与岑毓英和衷会办电	一〇	闰五	七	四一	九
谕张树声转潘鼎新著会商岑毓英规复北圻电	一〇	闰五	七	四一	一〇
旨著曾国荃传知黄少春带营赴越筹办战守事宜电	一〇	闰五	七	四一	一四
谕李鸿章等法如来犯惟有接仗著力筹战备电　二件	一〇	闰五	九	四一	一九
旨寄岑毓英著严饬各军仍扎原处并传知刘永福率部来归电	一〇	闰五	九	四一	一九
旨寄潘鼎新法兵分路图犯著遵前旨竭力防御关外电	一〇	闰五	一〇	四一	二〇
旨寄潘鼎新前敌各营著调回谅山岑毓英军仍扎保胜电	一〇	闰五	一一	四一	二三
桂抚潘鼎新奏请敛兵关外以顾后路而免口实片	一〇	闰五	二〇	四一	二六

目　　录	年	月	日	卷数	页数
军机处奏越南瘴疠盛行拟将各军调回关内折 附上谕	一〇	闰五	二四	四二	四
旨寄黄少春著仍留江南暂勿赴粤电	一〇	闰五	二四	四二	五
桂抚潘鼎新奏法人违约来犯迎击获胜折 附旨	一〇	闰五	二七	四二	九
粤督张之洞致枢垣接岑毓英电已遵旨严备战守电	一〇	六	六	四二	二三
谕岑毓英著扼要严防并接济刘永福一军电	一〇	六	一一	四二	三七
滇督岑毓英奏奉旨调兵入关训练谨陈拟办情形折	一〇	六	一二	四二	三八
滇督岑毓英奏密陈筹办边防情形折 附上谕	一〇	六	一九	四三	一八
彭玉麟张树声张之洞倪文蔚致枢垣华军在越瘴故甚多请封刘永福为越王以资牵制电	一〇	六	二二	四四	六
旨寄彭玉麟等请封刘永福为越王断不可行电	一〇	六	二四	四四	二〇
旨寄李鸿章转黄少春著遴员带兵派旧部赴闽应援电	一〇	六	二五	四四	二〇
全权大臣曾国荃致枢垣请拨王德榜十营由粤入闽助防电	一〇	六	二五	四四	二二
军机处致李鸿章希筹防京东沿海昌黎乐亭等处电	一〇	六	二六	四四	二二
直督李鸿章致枢垣淮军分驻乐亭昌黎可制冲突电	一〇	六	二七	四四	二四
旨著陈士杰在山东举办团练电	一〇	六	二七	四四	二八
旨寄鲍超著赴滇驻扎与岑毓英和衷会办电	一〇	六	二七	四四	二八
懿旨据奕譞奏拟派神机营分防畿东著照议办理	一〇	六	二七	四四	二八
粤督张之洞致枢垣前派粤勇驻防保胜未奉旨调回电	一〇	六	二八	四四	二九
全权大臣曾国荃致枢垣奉旨回宁布置防务电	一〇	六	二八	四四	三〇

中法交涉　中法战争　陆军战况

目　　录	年	月	日	卷数	页数
旨闽口接战船厂被焚著赴越各军尽力攻取电	一〇	七	六	四五	一八
前粤督张树声致枢垣遵旨拨队赴桂边电	一〇	七	七	四五	一九
旨寄张树声闽口军情万紧著督师往援电	一〇	七	七	四五	一九
旨寄杨岳斌战局已开著募军出膺重任电	一〇	七	七	四五	二〇
粤督张之洞致枢垣张树声不宜西行请仍防粤东电	一〇	七	八	四五	二〇
直督李鸿章致枢垣潘鼎新电桂军守关法难逞虐并饷停军心颇惑电　附旨	一〇	七	九	四五	二四
粤督张之洞致枢垣前在晋定购之枪炮请拨粤电	一〇	七	一〇	四五	二七
前粤督张树声致枢垣赴闽无船陆行甚迟留粤援闽请旨电	一〇	七	一一	四五	二八
彭玉麟张之洞倪文蔚致枢垣闽粤戒严请用宿将电	一〇	七	一二	四五	三〇
旨寄曾国荃著拨四营与杨昌濬迅带援闽电	一〇	七	一二	四五	三一
全权大臣曾国荃致枢垣杨漕督援闽遵拨四营电	一〇	七	一二	四五	三一
旨法船有赴粤之说著张树声暂缓赴闽严密布置电	一〇	七	一三	四六	一
旨寄潘鼎新著知照岑毓英速战与粤军竭力攻击电	一〇	七	一四	四六	二
直督李鸿章致枢垣请筹备畿东防务电	一〇	七	一五	四六	二
全权大臣曾国荃致枢垣请令杨昌濬等援闽并拨付行粮电	一〇	七	一七	四六	九
粤督张之洞致枢垣请奏敕彭玉麟勿株守沙角炮台电　附旨	一〇	七	一八	四六	一二
旨闻法将谋威海卫著李鸿章陈士杰实力筹办防务电	一〇	七	二二	四六	一五
直督李鸿章致枢垣据潘鼎新电法调兵至涌球麻介我军饷乏兵弱请设法电	一〇	七	二六	四六	一八

目　　录	年	月	日	卷数	页数
直督李鸿章致枢垣接桂抚电岑毓英克复宣光电	一〇	八	一	四七	四
谕岑毓英著迅赴越南尽心攻取电	一〇	八	一	四七	四
粤督张之洞致枢垣请准刘永福酌保部下将弁电	一〇	八	四	四七	七
直督李鸿章致枢垣潘鼎新电保谅山出力八营人员电	一〇	八	四	四七	七
彭玉麟张之洞致枢垣粤抽防军八营出关应援苏提电	一〇	八	一一	四七	一二
旨寄岑毓英著进规北圻并鲍超迅速赴滇电	一〇	八	一三	四七	一五
旨寄岑毓英潘鼎新等著攻西贡以缓台急电	一〇	八	一六	四七	一七
直督李鸿章致枢垣据岑毓英电已饬刘永福决战电	一〇	八	一七	四七	一七
滇督岑毓英奏进兵牵制敌势克期进发折　附上谕	一〇	八	一七	四七	一八
直督李鸿章致枢垣转岑毓英电法据馆司关即亲到文盘州设法攻取电	一〇	八	一九	四七	二一
旨寄潘鼎新台北紧急著饬王德榜进兵牵制法人电	一〇	八	二三	四七	二三
直督李鸿章致枢垣苏元春连战皆捷惟伤亡多恐难久持电	一〇	八	二五	四七	二五
旨据报越南官军大捷著传旨嘉奖并优恤电	一〇	八	二五	四七	二五
旨寄潘鼎新著催王德榜迅率所部合力攻剿电	一〇	八	二六	四七	二七
旨寄岑毓英苏军连战大捷著迅图攻剿电	一〇	九	一	四八	一
粤督张之洞致枢垣刘永福饷械两缺请拨给晋抚所筹饷十万以资激劝电	一〇	九	四	四八	四
旨赏刘永福军饷五万两著张之洞筹交电	一〇	九	四	四八	五
谕岑毓英据徐承祖奏请饬申明纪律各节著议奏电	一〇	九	四	四八	六

目　　录	年	月	日	卷数	页数
全权大臣曾国荃致枢垣拟令程文炳六营北上拱卫请代奏电	一〇	九	五	四八	六
谕曾国荃如程文炳一军离闽尚远著即北来电	一〇	九	六	四八	八
桂抚潘鼎新奏官军分途前进会合滇粤各军力图进取折　附旨	一〇	九	七	四八	八
直督李鸿章致枢垣潘电桂军将士患疫并苏军乏饷电	一〇	九	一〇	四八	一四
粤督张之洞致枢垣越边军情虽屡胜而损多电	一〇	九	一〇	四八	一四
北洋会办吴大澂致枢垣甘军到直请驻滦乐电	一〇	九	一〇	四八	一五
旨派苏元春帮办潘鼎新军务著速进收复各城电	一〇	九	一一	四八	一五
粤督张之洞致枢垣桂边缺饷潘病而贫请代奏电	一〇	九	一二	四八	一六
粤督张之洞致枢垣法拟结澳扰粤云桂两军皆缺军火请拨款购置乞代奏电　附上谕	一〇	九	一四	四八	一八
直督李鸿章致枢垣岑督来信遵饬刘永福进军电	一〇	九	一六	四八	二〇
直督李鸿章致枢垣桂军拟分四道进攻谅山电	一〇	九	二三	四八	二七
直督李鸿章致枢垣法图谅山现牧马等处空虚请旨电	一〇	九	二五	四八	二八
滇督岑毓英致枢垣刘永福三战小胜云勇亦前进电	一〇	九	二五	四八	二八
桂抚潘鼎新奏官军与法人接仗迭获大胜折　附旨	一〇	九	二九	四九	四
桂抚潘鼎新奏越境法兵窜扰官军堵剿情形片　附旨	一〇	九	二九	四九	八
直督李鸿章致枢垣报桂军应敌情形电	一〇	一〇	一八	四九	一八
旨鲍超军营缺械著曾国荃等查明购买电	一〇	一〇	一八	四九	一九
粤督张之洞致枢垣已购枪械接济鲍军请筹的饷电	一〇	一〇	一九	四九	一九

目　　录	年	月	日	卷数	页数
全权大臣曾国荃致枢垣据报边军败退情形电	一〇	一二	二九	五二	三三
旨谅防吃重著潘鼎新王德榜等痛剿法兵电	一〇	一二	二九	五二	三三
粤督张之洞致枢垣据王德榜报截法军火并战状电	一〇	一二	三〇	五二	三四
直督李鸿章致枢垣接桂抚电谅山大战军情危急电	一一	一	二	五三	二
旨谅山军情紧要著潘鼎新节制越防各军电	一一	一	三	五三	六
直督李鸿章致枢垣王德榜电谅山吃重率军往援电	一一	一	四	五三	七
直督李鸿章致枢垣谅山已失非战不力特敌猛电 附旨	一一	一	四	五三	七
滇督岑毓英奏派军围攻宣光并收复美良县折 附旨	一一	一	六	五三	九
桂抚潘鼎新奏法兵图犯谷松车里已严加戒备折	一一	一	六	五三	一一
粤督张之洞致枢垣报布置粤边防务请旨遵行电	一一	一	六	五三	一四
旨法至巴平有击退之语著潘鼎新通盘筹画力遏敌氛电	一一	一	六	五三	一五
直督李鸿章致枢垣龙州电巴平一带似可无虞电	一一	一	九	五三	一九
直督李鸿章致枢垣潘电粮械不齐越防战败电	一一	一	一二	五三	二〇
岑毓英张之洞致枢垣唐景崧电云粤两军猛攻宣光电	一一	一	一三	五三	二一
直督李鸿章致枢垣潘鼎新电杨玉科阵亡冯王两军飞催不至法入镇南关电 二件	一一	一	一三	五三	二二
旨寄卞宝第庞际云著廖长明统所部赴桂助剿电	一一	一	一四	五三	二三
旨慰潘鼎新受伤著王德榜等奋迅图功电	一一	一	一四	五三	二三
鄂督卞宝第致枢垣遵旨令廖长明赴广州电	一一	一	一六	五三	二三

目　　录	年	月	日	卷数	页数
粤督张之洞致枢垣边事重大请查虚实期得军心电	一一	一	一六	五三	二四
直督李鸿章致枢垣王德榜电与冯子材力防谅山电	一一	一	一七	五三	二八
兵部尚书彭玉麟致枢垣边事危急诸军须稳打电	一一	一	一七	五三	二九
旨著卞宝第转饬廖长明等赴桂电	一一	一	一七	五三	二九
直督李鸿章致枢垣龙州电法兵退文龙电	一一	一	一八	五三	二九
彭玉麟张之洞奏分遣广军大举规越以缓台围折	一一	一	二〇	五三	三一
滇督岑毓英致枢垣报丁槐等轰城破贼情形电	一一	一	二一	五三	三三
直督李鸿章致枢垣潘电伤渐愈并镇南关已复电	一一	一	二二	五四	二
滇督岑毓英奏官军连日血战扫除宣光城外敌人折	一	一	二三	五四	三
张之洞致枢垣拟令鲍军由开化趋保乐相机进取电	一一	一	二四	五四	六
直督李鸿章致枢垣桂电越防各军俟鲍军到齐再进电	一一	一	二五	五四	八
彭玉麟张之洞致枢垣法封北海港廉钦水陆并急电	一一	一	二六	五四	九
旨著岑毓英飞咨鲍超军趋保乐往防牧马电	一一	一	二六	五四	九
直督李鸿章致枢垣龙州电越防失败现设法堵御电	一一	一	二八	五四	一〇
旨著彭玉麟等会防钦廉并催鲍超兼程趋保乐顾牧马电	一一	一	二九	五四	一一
滇督岑毓英致枢垣报越防战事甚亟并请饷电	一一	一	三〇	五四	一五
彭玉麟张之洞致枢垣请调郧阳镇龚继昌等赴防电	一一	二	一	五四	一六
兵部尚书彭玉麟等奏调陈宝箴李兴锐来粤电	一一	二	一	五四	一六

目　　录	年	月	日	卷数	页数
粤督张之洞致枢垣据唐景崧报宣光势难再攻速回牧马助桂为妥电	一一	二	一	五四	一六
岑毓英张之洞致枢垣唐景崧报饷械并缺拟暂退图再举电	一一	二	二	五四	一七
直督李鸿章致枢垣岑电宣光攻正急闻桂军挫败电	一一	二	七	五四	三二
彭玉麟张之洞致枢垣潘鼎新不能驭军请简员督办桂军电	一一	二	七	五四	三三
彭玉麟张之洞致枢垣荐张曜督师李秉衡抚桂请代奏电　附上谕	一一	二	八	五四	三三
谕李秉衡著查冯子材王德榜军情及挫败情形电	一一	二	八	五五	一
直督李鸿章致枢垣潘鼎新电称越防大捷为用兵以来所未有电　附谕旨二件	一一	二	一二	五五	二
办理援台事宜邵友濂致枢垣谅山克复法统领受伤电	一一	二	一五	五五	六
粤督张之洞致枢垣越防大战法人伤毙颇多电	一一	二	一六	五五	六
谕岑毓英著速趋保乐与鲍超相机援剿电　二件	一一	二	一七	五五	七
旨谅山已克著岑毓英等稳扎稳守电	一一	二	一七	五五	七
直督李鸿章致枢垣据潘鼎新报克复谅山电	一一	二	一七	五五	八
粤督张之洞致枢垣王德榜颇勇不可遽罢其兵并战胜情形电　二件	一一	二	一七	五五	八
旨寄苏元春等著确查谅山之役王德榜攻战情形电	一一	二	一八	五五	一九
桂抚潘鼎新奏杨玉科阵亡及克复镇南关折	一一	二	一九	五五	二〇
旨寄苏元春等镇南关之役王德榜是否身在行间著查复电	一一	二	一九	五五	二三
滇督岑毓英奏宣光围师腹背受敌暗发地雷大挫贼锋敛兵回守老营请将失营之游击革职查办折　附上谕	一一	二	二〇	五五	二五

目　　录	年	月	日	卷数	页数
滇督岑毓英奏镇南关失守龙州甚危片	一一	二	二〇	五五	二九
滇督岑毓英奏我军器械不精粮食不足请源源接济片	一一	二	二〇	五五	三〇
直督李鸿章致枢垣据潘鼎新报越防战胜并准备交卸电　附旨	一一	二	二一	五六	一
旨寄岑毓英著设法安插刘永福军电	一一	二	二二	五六	二
旨寄鲍超议和已定著往滇粤边界驻扎勿庸出关电	一一	二	二四	五六	四
粤督张之洞致枢垣苏提电奉旨查王德榜获胜情形电	一一	二	二五	五六	六
粤督张之洞致枢垣报岑毓英大败法兵电	一一	二	二六	五六	七
直督李鸿章致枢垣报淡水及宣泰均获大胜电	一一	二	二六	五六	七
粤督张之洞致枢垣龙州线断停战难速达并我军在临洮大捷电　附旨	一一	二	二六	五六	八
滇督岑毓英致枢垣法犯临洮大败之电　附旨	一一	二	二六	五六	九
桂抚李秉衡致枢垣谨将谅山出力各军据实复陈电	一一	二	二九	五六	一四
滇督岑毓英奏收复缅旺及清水清山两县折	一一	三	一一	五七	一
滇督岑毓英奏已咨鲍超由开化入保乐力顾牧马片	一一	三	一一	五七	四
滇督岑毓英奏南官黄相协等勾贼窜扰解发开化府禁锢片	一一	三	一一	五七	五
滇督岑毓英奏刘永福派员赴桂募勇请兑给路费片	一一	三	一一	五七	六
滇督岑毓英奏法军挫败仓皇失措片	一一	三	一一	五七	六
滇督岑毓英奏收复越南广威府不拔县折　附旨	一一	三	二三	五七	一六
前桂抚潘鼎新奏攻克文渊及谅山省城折	一一	三	二三	五七	一九

目　　录	年	月	日	卷数	页数
彭玉麟张之洞倪文蔚等奏越防各军克敌情形折	一一	四	二	五七	二四
粤督张之洞奏唐景崧一军越境会剿及遵旨撤兵折　附译书报三件	一一	四	二	五七	三一
督办广西军务苏元春等奏官军在关前隘克复一州一府折	一一	四	一二	五七	四一
广西提督苏元春等奏撤兵后边防布置情形折　附旨	一一	四	二八	五八	六
办理广东防务彭玉麟等奏保唐景崧片	一一	四	二八	五八	一〇
滇督岑毓英奏撤兵行抵文盘州布置防务折	一一	五	一二	五八	一九
滇督岑毓英奏陈唐景崧在越战功片	一一	五	一二	五八	二一
滇督岑毓英奏现在防次调度并撤兵回界折	一一	六	四	五九	二
滇督岑毓英奏关外各军一律撤竣折　附旨	一一	七	一	六〇	一
粤督张之洞致枢垣刘永福俟布置妥洽率部来东电	一一	一〇	一〇	六一	三三
粤督张之洞致枢垣法人畏刘永福屡造诡谋电	一一	一一	三	六二	一四

中法交涉　中法战争　海军战况

目　　录	年	月	日	卷数	页数
直督李鸿章致枢垣法提督带兵船八艘过厦门向北开驶电	光绪一〇	三	二六	四〇	一一
谕沿海各督抚法以兵船来华恫喝著督饬将领实力筹防电	一〇	三	二六	四〇	一二
苏抚卫荣光直督李鸿章致枢垣报法船进沪情形电　二件	一〇	四	一	四〇	一四
直督李鸿章致枢垣东来法舰月内保无动静电	一〇	四	六	四〇	二〇

目　　录	年	月	日	卷数	页数
直督李鸿章致总署法将派船来华电　二件	一〇	闰五	八	四一	一七
旨寄李鸿章法以兵船北来意图要挟著竭力筹备电	一〇	闰五	一〇	四一	二一
旨寄沿海各将军督抚等严申警备奋力御法电	一〇	闰五	一〇	四一	二三
闽海疆会办张佩纶致总署法有兵轮进口应否拦阻候示电	一〇	闰五	二二	四一	二七
旨寄李鸿章曾国荃如法开衅著拨船牵制以固闽防电	一〇	闰五	二三	四二	二
旨寄沿海各督抚法有据地为质之说著严防海疆电	一〇	闰五	二四	四二	五
直督李鸿章致枢垣法欲攻马尾为质电	一〇	闰五	二六	四二	六
军机处致李鸿章据探法船雇人引水请转各省暗阻电	一〇	闰五	二六	四二	七
福州将军穆图善致枢垣法人包藏祸心空言难阻电	一〇	闰五	二六	四二	七
旨寄穆图善等法船驶至马尾倘有肆扰即行抵御电	一〇	闰五	二七	四二	一一
直督李鸿章致总署请电各省通告堵口电	一〇	六	一	四二	一七
张佩纶何如璋致枢垣速请南北洋拨船电	一〇	六	二	四二	一九
浙抚刘秉璋致枢垣浙防亦紧轮船碍难调闽电	一〇	六	二	四二	二〇
旨寄彭玉麟张之洞倪文蔚刘秉璋著拨船援闽电	一〇	六	二	四二	二〇
旨寄沿海统兵大员著断绝法人接济电	一〇	六	二	四二	二〇
旨寄李鸿章据张佩伦电请拨船速拨两轮电	一〇	六	三	四二	二〇
闽海疆会办张佩纶致枢垣请饬曾国荃拨两船来闽电	一〇	六	四	四二	二一
直督李鸿章致枢垣防务北重于南北洋无船拨闽电	一〇	六	四	四二	二一

目　　录	年	月	日	卷数	页数
福州将军穆图善致枢垣法船进闽港闽防困难请代奏电	一〇	六	六	四二	二二
总署致张佩纶著统筹全局出奇制胜电	一〇	六	六	四二	二四
闽海疆会办张佩纶致枢垣请旨拨南洋兵船赴闽电	一二〔一〇〕	六	七	四二	三〇
闽督何璟等致枢垣报法大铁甲船停芭蕉口电	一〇	六	七	四二	三〇
福州将军穆图善致枢垣法船环集迫我开衅电	一〇	六	九	四二	三一
闽海疆会办张佩纶致枢垣法兵船注意罗星塔电	一〇	六	九	四二	三一
直督李鸿章致枢垣宜令闽腾空船厂以免轰炸电	一〇	六	一〇	四二	三二
谕曾国荃著派兵船二艘赴闽电	一〇	六	一一	四二	三八
谕曾国荃与法议约未定沿海各省防务不得松懈电	一〇	六	一二	四二	三九
粤督张之洞致枢垣闽省危急请速派船往援电	一〇	六	一三	四三	三
闽海疆会办张佩纶致总署法船入口我宜塞河电	一〇	六	一四	四三	九
南洋会办陈宝琛致枢垣闽若开仗宜电滇粤两军以牵其势电	一〇	六	一四	四三	九
旨寄彭玉麟闽防日紧著预备二万人听候调遣电	一〇	六	一四	四三	九
旨寄李鸿章曾国荃吴大澂等著商制敌之策电	一〇	六	一四	四三	九
直督李鸿章致枢垣拨船赴闽适以饵敌电	一〇	六	一六	四三	一〇
闽海疆会办张佩纶致枢垣闽已失势请代奏电	一〇	六	一六	四三	一一
旨寄张佩纶塞河事须慎重电	一〇	六	一六	四三	一一
彭玉麟张之洞等致枢垣请派勇援闽相机前进电	一〇	六	一八	四三	一四

目　　录	年	月	日	卷数	页数
张佩纶何如璋等致枢垣报马尾塞河系防法援电	一〇	六	一八	四三	一四
旨寄卞宝第著传知程文炳募勇援闽电	一〇	六	二〇	四三	二〇
旨寄穆图善刘铭传张佩纶等著设法御敌不为遥制电	一〇	六	二〇	四三	二一
闽海疆会办张佩纶等奏陈闽防布置情形折　附上谕	一〇	六	二一	四三	二六
闽海疆会办张佩纶等奏请令各省严禁引水片	一〇	六	二一	四三	二七
闽海疆会办张佩纶等奏报厦门布防情形片	一〇	六	二一	四三	二八
督办船政何如璋奏法船聚泊马江请调各省兵船协防折	一〇	六	二一	四三	二八
闽海疆会办张佩纶奏出省防护船局并陈省防情形折	一〇	六	二一	四四	一
总署致张佩纶法如攻我可立轰船厂免以资敌电	一〇	六	二一	四四	四
全权大臣曾国荃致枢垣派船往闽必被法抢去电	一二〔一〇〕	六	二二	四四	六
闽海疆会办张佩纶奏详陈到防布置情形折　附上谕	一〇	六	二二	四四	九
旨寄张佩纶等著就现有兵勇实力固守电	一〇	六	二三	四四	一五
旨寄曾国荃速饬开济轮船往闽电	一〇	六	二三	四四	一六
全权大臣曾国荃致枢垣请告张佩纶勿因调船动曰军前正法以固军心电	一〇	六	二四	四四	一九
闽海疆会办张佩纶致枢垣闽饷械均绌客兵云集为病电	一〇	六	二四	四四	一九
全权大臣曾国荃致枢垣不可饬开济船援闽电	一〇	六	二四	四四	二〇
旨寄张佩纶等拨船于闽无济著妥商筹办电	一〇	六	二四	四四	二一
闽海疆会办张佩纶致枢垣请拨兵轮未曾争论电	一〇	六	二七	四四	二四

目　　录	年	月	日	卷数	页数
旨寄沿海各省督抚如有法船进口立即轰击电	一〇	七	五	四五	一〇
旨寄穆图善张佩纶等著严饬陆军力遏敌氛电 二件	一〇	七	五	四五	一〇
沪道邵友濂致枢垣法出我不意开炮全军复没亦毁法船三艘电 二件	一〇	七	五	四五	一一
南洋会办陈宝琛致枢垣闽败请援并运米接济电	一〇	七	六	四五	一二
直督李鸿章致枢垣报长门接仗轰沉法船电	一〇	七	六	四五	一八
全权大臣曾国荃致枢垣拨船援闽恐有不到不如留以自全电	一〇	七	六	四五	一八
闽抚张兆栋致枢垣马江战败人心涣散益难收拾电	一〇	七	七	四五	一九
懿旨发去内帑十万两交穆图善等奖赏出力将士	一〇	七	八	四五	二一
旨寄张兆栋据称大员于危急时出城究系何人著复奏电	一〇	七	八	四五	二一
闽海疆会办张佩纶致枢垣援船炮械均无望闽恐不支电	一〇	七	九	四五	二三
闽督抚何璟张兆栋致枢垣法军攻闽甚急电	一〇	七	九	四五	二三
全权大臣曾国荃致枢垣勉励将士扼守吴淞江阴等处电	一〇	七	九	四五	二四
鄂督卞宝第致枢垣福州长门战捷请迅图剿洗电	一〇	七	九	四五	二四
漕督杨昌濬致枢垣闽事紧急请准招兵添械以便赴援电	一〇	七	九	四五	二五
闽海疆会办张佩纶致枢垣报并未败退鼓山电	一〇	七	一〇	四五	二六
全权大臣曾国荃致枢垣法船将至吴淞日内必有大战电	一〇	七	一〇	四五	二六
直督李鸿章致枢垣长门炮台门外向不能还击电	一〇	七	一一	四五	二九
旨著张佩纶等仍择要驻扎为省外游击之师电	一〇	七	一一	四五	二九

目　　录	年	月	日	卷数	页数
何如璋张佩纶致枢垣报长门炮台均坏电	一〇	七	一三	四五	三一
闽海疆会办张佩纶致枢垣如有劾方勋者请勿查免寒军心电	一〇	七	一五	四六	二
闽海疆会办张佩纶致枢垣留厂无兵回省违旨请示办法电	一〇	七	一五	四六	二
漕督杨昌濬奏报法船已出闽口片	一〇	七	一五	四六	三
全权大臣曾国荃致枢垣如见法船拟即开炮见法兵即攻打电	一〇	七	一六	四六	五
沪道邵友濂致总署报告法船在各口数目电	一〇	七	一六	四六	五
闽督何璟等致枢垣法船泊口外乞令援军速至电	一〇	七	一六	四六	六
旨闽宜坚守长门著穆图善等与张佩纶互商策应电	一〇	七	一六	四六	六
穆图善何璟何如璋致枢垣法船来攻我军力拒互有伤亡电	一〇	七	一七	四六	九
福州将军穆图善致枢垣报已离长门督师电	一〇	七	一八	四六	一一
谕左宗棠著督办福建军务穆图善杨昌濬帮办军务电	一〇	七	一八	四六	一二
闽海疆会办张佩纶致枢垣军败待罪勉图自赎电	一〇	七	一九	四六	一二
全权大臣曾国荃致枢垣拟买大炮八尊分置吴淞江阴各炮台电　附旨	一〇	七	二二	四六	一四
旨闽防应迅筑炮台著穆图善等设法赶办电	一〇	七	二二	四六	一五
旨寄刘秉璋如有法船驶至宁波即行攻击电	一〇	七	二二	四六	一五
督办船政何如璋奏法船猝发我军船坏厂伤陆军抵御法兵不敢上岸折	一〇	七	二三	四六	一六
旨不准张佩纶辞船政电	一〇	七	二三	四六	一八
闽海疆会办张佩纶奏马尾失利请旨严议治罪折	一〇	七	二七	四六	一九

目　　录	年	月	日	卷数	页数
闽海疆会办张佩纶奏黄超群等保全船厂片	一〇	七	二七	四六	二一
旨著曾国荃援台并堵塞吴淞口电	一〇	七	二九	四六	三〇
闽海疆会办张佩纶奏法人攻击船厂炮台我军抵御登岸法船已出口折	一〇	八	一	四七	一
谕何璟等分别革职交议仍著穆图善等商办战守事宜电	一〇	八	一	四七	五
谕左宗棠杨昌濬马尾一役诸臣讳败捏奏著查复电	一〇	八	七	四七	九
粤督张之洞致枢垣法增兵船窥粤电	一〇	八	一一	四七	一二
闽抚张兆栋致枢垣请令何璟俟杨昌濬到后交卸电	一〇	八	一三	四七	一四
旨寄穆图善等著堵塞闽江各口电	一〇	八	一五	四七	一六
闽海疆会办张佩纶致枢垣闽患兵多力分电	一〇	八	一八	四七	二〇
闽海疆会办张佩纶致枢垣接署船政认真必敛怨电	一〇	八	一八	四七	二〇
闽督何璟致枢垣闽海口因有英美兵船不能堵塞电	一〇	八	一九	四七	二一
闽督何璟致枢垣法若径扑省城各路防兵尚单电	一〇	八	一九	四七	二一
闽海疆会办张佩纶致枢垣何如璋汇款至香港提息归公闽人谓何吞款电	一〇	八	二二	四七	二三
给事中万培因奏闽省船械在事诸臣坐视沉毁折 附旨	一〇	八	二六	四七	二五
全权大臣曾国荃致枢垣报左宗棠率师援闽电	一〇	九	一	四八	二
闽海疆会办张佩纶致枢垣请电属穆图善察看康长庆张成能否胜任电	一〇	九	二	四八	二
谕穆图善厦门兵力甚单著劝捐以为团练经费电	一〇	九	二	四八	三
谕左宗棠到闽后查明能筹饷若干再行募勇电	一〇	九	九	四八	一二

目　　录	年	月	日	卷数	页数
江督曾国荃致枢垣法船在镇口开炮电	一一	一	一八	五三	三〇
粤督张之洞奏镇口炮舰击中法船请调北洋快船南下合击电	一一	一	一九	五三	三〇
旨寄左宗棠杨昌濬法船犯镇口著调兵赴宁助剿电	一一	一	二〇	五三	三三
浙抚刘秉璋致枢垣报浙东沿海防守兵数电	一一	一	二一	五四	一
直督李鸿章致枢垣报法封禁西贡至廉琼口岸并吴续二使抵津电　二件	一一	一	二二	五四	二
浙抚刘秉璋致枢垣请派程文炳来浙防守电	一一	一	二二	五四	二
直督李鸿章致枢垣法船在浙洋游弋请以兵船与炮台依护电	一一	一	二三	五四	二
督办福建军务左宗棠致枢垣遵派刘卓云五营赴浙电	一一	一	二六	五四	九
浙抚刘秉璋致枢垣法毁萧港炮台并程文炳援浙电　附旨	一一	一	二九	五四	一〇
浙抚刘秉璋奏法犯镇海被我军击退情形折　附上谕	一一	二	四	五四	一七
江督曾国荃奏南洋开济南琛南瑞等轮随同浙营抵御法船鏖战情形折　附上谕	一一	二	六	五四	二六
彭玉麟张之洞致枢垣法于北海增舰开炮幸未伤人电	一一	二	一五	五五	四
闽督杨昌濬浙抚刘秉璋奏镇海击败法船情形折　附旨	一一	三	一	五六	一四

中法交涉　中法战争　台澎战况

目　　录	年	月	日	卷数	页数
旨寄刘铭传台北防务吃重著电呈布置情形电	光绪一〇	六	一五	四三	一〇
直督李鸿章致枢垣报法攻基隆甚危电	一〇	六	一九	四三	一八

目　　录	年	月	日	卷数	页数
旨寄左宗棠著迅速赴闽保全台湾电	一〇	八	一五	四七	一六
旨寄曾国荃穆图善等台湾万紧著急筹接济电	一〇	八	一六	四七	一七
全权大臣曾国荃致总署华安轮船系暗买明租电	一〇	八	一六	四七	一七
旨寄李鸿章等台防紧急著南北洋赶筹接济电	一〇	八	一八	四七	二〇
沪道邵友濂呈枢垣报隆基〔基隆〕被占并法攻淡水电	一〇	八	一九	四七	二二
旨著杨岳斌帮办福建军务设计渡台迅图逐法电	一〇	八	二二	四七	二二
旨寄刘铭传法据基隆著联络刘璈攻剿电	一〇	八	二二	四七	二二
旨寄刘铭传基隆要地著劝台北义团助战电	一〇	八	二三	四七	二三
粤督张之洞致枢垣请敕台民起义逐法不吝爵赏电	一〇	八	二三	四七	二三
沪道邵友濂呈枢垣基隆淡水以空炮台诱敌电	一〇	八	二四	四七	二四
旨克复基隆著沿海各省疆臣晓谕居民勿为敌诱电	一〇	八	二五	四七	二四
旨寄刘铭传克复基隆俟奏到降旨颁赏电	一〇	八	二六	四七	二七
旨寄刘铭传法受大创必扰他口著严防电	一〇	八	二七	四七	二七
直督李鸿章致枢垣闽电法船在沪尾被我军战败电	一〇	九	一	四八	一
闽督杨昌濬致枢桓据刘铭传函称沪尾战败法兵电	一〇	九	二	四八	二
直督李鸿章致枢垣法提督封闭台湾各口电	一〇	九	五	四八	七
全权大臣曾国荃致枢垣据刘铭传电法添船封口我军饷绌兵单电	一〇	九	五	四八	七
全权大臣曾国荃致枢垣法封台口遵派周盛波援台电	一〇	九	五	四八	七

目　　录	年	月	日	卷数	页数
粤督张之洞致枢垣筹济台湾饷械请代奏电 附旨	一〇	一〇	一	四九	一一
闽督杨昌濬等致总署洋将到闽遵谕加意看待电	一〇	一〇	二	四九	一二
北洋会办吴大澂致枢垣拟援台十策请代奏电	一〇	一〇	三	四九	一二
旨饬杨昌濬等断接济及派船绕道援台电	一〇	一〇	四	四九	一三
直督李鸿章致枢垣报威利船抵台电	一〇	一〇	八	四九	一四
直督李鸿章致枢垣报台越均战胜法人电	一〇	一〇	八	四九	一四
督办福建军务左宗棠奏台北沪尾大战获胜现筹规复基隆折 附旨	一〇	一〇	一〇	四九	一五
粤督张之洞致枢垣法兵船分赴台越现增兵出关电	一〇	一〇	一一	四九	一七
旨寄刘铭传台饷紧急已严催赶办不得饰词推诿电	一〇	一〇	一六	四九	一七
旨寄曾国荃据奏北洋快船在沪修理著赶修赴闽电	一〇	一〇	一九	四九	二二
全权大臣曾国荃致总署威利船装勇械已立合同电	一〇	一〇	二八	五〇	一〇
旨南洋五船著曾国荃饬赴闽省妥筹援台电	一〇	一一	一	五〇	一二
兵部尚书彭玉麟等致枢垣已派兵渡台需饷向港商暂借请敕拨还电	一〇	一一	三	五〇	一三
旨寄彭玉麟等援台甚是借款奏明由部核办电	一〇	一一	三	五〇	一四
全权大臣曾国荃致枢垣法大举兵我不能敌台北一失台南立亡请速派援电	一〇	一一	四	五〇	一五
闽督杨昌濬致枢垣报吴鸿源自厦带队潜渡台湾电	一〇	一一	六	五〇	一九
旨寄曾国荃杨岳斌著调度五船援台电	一〇	一一	六	五〇	二〇
鸿胪寺卿邓承修奏疆臣阻兵台防危急请派重臣速往调度折 附禀呈各一件	一〇	一一	六	五〇	二〇

目　　录	年	月	日	卷数	页数
直督李鸿章致枢垣刘铭传电称川勇由恒春上岸枪亦到电	一〇	一一	七	五〇	二五
旨著程文炳军由江入闽速复基隆电	一〇	一一	七	五〇	二五
旨龚照瑗交刘铭传差委著邵友濂办理援台事宜电	一〇	一一	八	五〇	二五
台道刘璈奏法违公法封禁台口阻碍通商请咨各国理谕折	一〇	一一	八	五〇	二六
台道刘璈奏请与德国立互助盟约以保全台片	一〇	一一	八	五〇	二九
直督李鸿章致枢垣刘铭传电称法到七轮攻沪尾并刘璈跋扈请转达电	一〇	一一	九	五一	一
闽督杨昌濬致枢垣报由闽汇台银数并文报情形电	一〇	一一	一〇	五一	三
直督李鸿章致枢垣据邵友濂电援台各事亟须秘密请留龚照瑗筹办电　附旨	一〇	一一	一二	五一	三
粤督张之洞致枢垣吴鸿源渡澎募勇拟为力筹饷械电	一〇	一一	一二	五一	四
直督李鸿章致枢垣台道刘璈不肯接济台北电	一〇	一一	一八	五一	五
督办福建军务左宗棠奏抵闽详查台湾现在情形妥筹赴援折　附上谕	一〇	一一	一八	五一	六
直督李鸿章致枢垣台北兵单拟派淮勇往援电	一〇	一一	二三	五一	一〇
旨著杨昌濬与刘铭传通力合筹电	一〇	一一	二六	五一	一一
旨寄左宗棠等法船聚泊基沪著各军迅速援台电	一〇	一一	二七	五一	一三
直督李鸿章致总署据福州电恪靖营渡台电	一〇	一二	一	五一	一六
粤督张之洞致枢垣规越援台饷无所出拟借德款并设廉琼廉钦电线电　二件	一〇	一二	一	五一	一六
直督李鸿章致总署刘铭传电称台北乞援电	一〇	一二	四	五一	一七
旨据杨昌濬电称设道济公栈通台湾文报并刘铭传请调旧部著张之洞筹奏电	一〇	一二	六	五一	二四

目　　录	年	月	日	卷数	页数
直督李鸿章致枢垣据刘铭传电台北紧急请筹援电	一〇	一二	六	五一	二五
左宗棠杨昌濬致枢垣报援军抵澎并拟借洋款以备援台电　二件	一〇	一二	七	五一	二五
旨寄刘铭传台北增勇添饷著迅图进取电	一〇	一二	七	五二	一
旨著刘铭传迅复基隆电	一〇	一二	一四	五二	一〇
直督李鸿章致枢垣威利船载勇械到台请予保奖电	一〇	一二	二〇	五二	一五
闽抚刘铭传奏台北军情紧急请速调劲旅渡台折　附旨	一〇	一二	二三	五二	一八
闽抚刘铭传奏遵旨招抚被胁之越人片　附旨	一〇	一二	二三	五二	二〇
全权大臣曾国荃致枢垣遵查援台各船行程电	一〇	一二	二四	五二	二〇
全权大臣曾国荃致枢垣援台五船在石浦港法船吃水深不能入电	一〇	一二	二五	二五	二一
粤督张之洞致枢垣请调北洋二快船南下电	一〇	一二	三〇	五二	三四
闽抚刘铭传致枢垣法添兵连战请派船速援电	一〇	一二	三〇	五二	三五
江督曾国荃致枢垣报援台五船行踪电	一一	一	一	五三	一
直督李鸿章致枢垣刘铭传电台事危迫请运送饷械电	一一	一	二	五三	一
旨南洋五船仍应东渡并著李鸿章速探澄驭两船电	一一	一	二	五三	二
江督曾国荃致枢垣浙海法船围守我船极形危险电	一一	一	三	五三	六
旨寄曾国荃等台事万紧著接济龚照瑗援台电	一一	一	三	五三	六
江督曾国荃致枢垣南洋五船在石浦被困电　附旨	一一	一	四	五三	八
旨法人添兵思逞著刘铭传等一意进取电	一一	一	八	五三	一八
闽督杨昌濬致枢垣王诗正等援台已分期出发电	一一	一	九	五三	一九

中法战争中之交涉

目　　录	年	月	日	卷数	页数
英使复总署中法倘有启衅请约束刁民以免意外照会	光绪一〇	闰五	三〇	四二	一四
德使复总署法舰进口请中国设法保护各口德人照会	一〇	闰五	三〇	四二	一五
旨寄穆图善等英船调队上岸已由总署请巴夏礼阻止著谕居民安堵无恐电	一〇	六	一五	四三	一〇
直督李鸿章致总署法使照称攻取基隆允赔仍和电	一〇	六	一九	四三	一八
总署致法使阳为会商阴谋据地商民损失惟贵国是问照会	一〇	六	二〇	四三	二一
总署致美使法国甫经回复不允调处即取基隆无以对贵国照会	一〇	六	二〇	四三	二三
总署致各国公使偿款正在会商法辄攫基隆请秉公评论照会	一〇	六	二〇	四三	二三
贺璧理来总署言接赫德电法人谓如增赔款即还基隆语录　二件	一〇	六	二〇	四三	二四
军机处奏请电穆图善等保护各国商民折	一〇	六	二二	四四	九
旨寄穆图善等著保护在闽外侨电	一〇	六	二六	四四	二三
使法李凤苞致总署法议院提议决战当据地挟制电	一〇	六	二七	四四	二三
总署致法使法以兵力从事中国惟有另筹办法照会	一〇	六	二七	四四	二七
直督李鸿章致枢垣据李凤苞电请雇德人助战电　附旨	一〇	七	一	四五	三
沪道邵友濂致枢垣中法业经决裂应否令法人出境电	一〇	七	三	四五	六
直督李鸿章致枢垣中国不允法所请法已送李星使出境电	一〇	七	三	四五	六
总署致曾纪泽闻英法不睦请商英廷以兵挟法电	一〇	七	三	四五	七

目　录	年	月	日	卷数	页数
直督李鸿章致枢垣李凤苞电如法议不行即回德电	一〇	七	四	四五	八
总署致曾纪泽请探法俄有无协以谋我之约电	一〇	七	五	四五	八
使英曾纪泽致总署法先攻我可咨各国勿济煤米电	一〇	七	六	四五	一一
使法李凤苞致总署请以法先开兵布告各国电	一〇	七	六	四五	一二
闽海疆会办张佩纶致枢垣再请援闽并英领事为法内应电　二件	一〇	七	六	四五	一二
闽督何璟致总署法用英美旗似系各国暗通电	一〇	七	六	四五	一二
使英曾纪泽致总署我不可承认先宣战电	一〇	七	七	四五	一八
闽海疆会办张佩纶致枢垣法船用英旗入口电	一〇	七	七	四五	一九
使英曾纪泽致总署报俄不助法电	一〇	七	七	四五	一九
总署奏法事日亟拟将有约各国未结各案赶紧清理折	一〇	七	九	四五	二一
闽督抚何璟张兆栋等致枢垣英暗助法请与交涉电	一〇	七	九	四五	二五
南洋会办陈宝琛致枢垣闻俄拟派舰来保法民宜审拒电	一〇	七	一一	四五	二八
使法李凤苞致总署中国所购军火未运者甚多暂不告德外部勿济法电	一〇	七	一一	四五	二八
使英曾纪泽致总署开战告示未颁不能禁绝挤济电	一〇	七	一一	四五	二九
使美郑藻如致总署法用英美旗帜须速告该两国电	一〇	七	一一	四五	二九
旨寄曾国荃巴谢二人如在沪干预军事著即驱逐或拘禁电	一〇	七	一一	四五	二九
全权大臣曾国荃致枢垣请令法国商民一律出境电	一〇	七	一二	四五	三一
使日黎庶昌致总署日外部谓必得开战上谕始可宣布禁止接济电	一〇	七	一三	四六	一

目　　录	年	月	日	卷数	页数
粤督张之洞致总署法人背约请商德国力助电	一〇	七	一三	四六	一
旨法人违背公约著李凤苞等告德主请设法援助电	一〇	七	一四	四六	二
兵部尚书彭玉麟奏请商暹罗援越并筹越南善后片	一〇	七	一六	四六	三
直督李鸿章致总署德不肯助亦不调停电	一〇	七	一六	四六	五
直督李鸿章致总署请令大东大北公司勿为法军递电报电　二件	一〇	七	一七	四六	一〇
旨闻法与葡约协攻粤垣著彭玉麟等严密侦探电	一〇	七	二一	四六	一三
旨寄曾纪泽闻法与俄约侵我边疆著查复电	一〇	七	二一	四六	一三
闽海疆会办张佩纶致总署法图闽厂乃英领主谋电	一〇	七	二二	四六	一四
总署致何璟误伤英船事希派员慰问并酌予药资电	一〇	七	二二	四六	一五
闽海疆会办张佩纶致总署英济法船煤违背公法电	一〇	七	二三	四六	一七
使英曾纪泽致总署英人献策云力战勿和则各国知警电　附旨	一〇	七	二六	四六	一八
总署奏法使函称在华法人请俄国公使代为保护片　附照会五件	一〇	七	二七	四六	二七
闽海疆会办张佩纶致总署德商可办军火英船助法宜兼虑电	一〇	七	二九	四六	三一
直督李鸿章致总署李凤苞电称雇员驾舰来华实碍公法电	一〇	八	三	四七	六
总署致何璟张兆栋马尾英领事署被抢希查究电	一〇	八	三	四七	六
彭玉麟张之洞致枢垣报英暗助法电	一〇	八	四	四七	七
总署致张之洞闻粤省出示煽感新嘉坡华民希查复电	一〇	八	八	四七	一〇
彭玉麟张之洞致总署英属地新嘉坡粤无派员持示宣布电	一〇	八	九	四七	一〇

中法战争　议和

目　　录	年	月	日	卷数	页数
总署奏法人欲与中国会商越事折　附上谕及条文	光绪八	一二	一〇	三〇	三四
滇督岑毓英等奏法越交涉法愿调停请预筹善法折　附谕	九	二	二	三一	一四
桂抚倪文蔚奏遵筹法越交涉事宜折	九	二	六	三一	一七
桂抚倪文蔚奏法越分界事俟派大臣来粤再行定议片	九	二	六	三一	一九
粤督曾国荃等奏遵旨详议法越交涉事宜折	九	二	二七	三一	三六
总署奏法使请会商越南事宜现有变局亟应筹防折　附谕	九	三	八	三二	五
北洋大臣李鸿章奏定期赴津筹备与法使交涉折　附谕	九	六	一〇	三三	一五
谕李鸿章张树声法使到津著与交涉并严密戒备	九	八	一七	三四	三九
北洋大臣李鸿章奏与法使会议及筹办北洋防务折　附谕	九	八	三〇	三四	五〇
使英法曾纪泽致总署我战虽不利不应赔费请拒法索偿电	一〇	三	二四	四〇	五
总署复曾纪泽请坚持不偿法国兵费电	一〇	三	二五	四〇	五
直督李鸿章致总署中法交涉事宜据德璀琳述法总兵福禄诺意见密函　附福禄诺致李鸿章函及曾纪泽致德国报馆函	一〇	三	二五	四〇	六
谕军机大臣等中法和战事宜著详审陈奏	一〇	四	二	四〇	一四
直督李鸿章致总署调开曾侯已密告福禄诺电	一〇	四	五	四〇	二〇
直督李鸿章奏中法交涉密抒愚悃折	一〇	四	六	四〇	二〇

目　　录	年	月	日	卷数	页数
谕李鸿章著妥筹中法和议电	一〇	四	一〇	四〇	二七
直督李鸿章致总署法外部电云兵费可免但求商务有益电	一〇	四	一三	四〇	三〇
直督李鸿章致总署报法国提出简明条款函 附钞册及简明条款	一〇	四	一三	四〇	三〇
谕李鸿章法人居心叵测务当切实辩论力杜狡谋电	一〇	四	一四	四〇	三五
醇亲王奕譞等奏简明条约意尚明晰无庸询问折	一〇	四	一四	四〇	三五
谕会议诸臣法越事务诸须慎重不应漏泄谕旨电	一〇	四	一五	四〇	三六
谕派李鸿章与法使办理条约事务	一〇	四	一六	四〇	三七
直督李鸿章致总署法外部复电允和电	一〇	四	一八	四〇	三七
谕李鸿章中法议和细目务须详明	一〇	四	一九	四〇	三七
谕李鸿章陈宝琛吴大澂等著预筹中法和议细目	一〇	闰五	四	四一	六
桂抚潘鼎新奏条陈中法和议电	一〇	闰五	四	四一	六
法使致总署请饬华兵回复交界退出北圻全境照会	一〇	闰五	七	四一	一〇
总署复法使请派员来华商议约款照会	一〇	闰五	七	四一	一〇
谕总署著照前日照会与法议和毋出范围	一〇	闰五	七	四一	一一
总署复法使彼此各军均勿前进静候会议照会	一〇	闰五	七	四一	一二
法使致总署请将北圻戍兵撤回华界照会	一〇	闰五	七	四一	一三
军机处奏报总署弈〔奕〕劻等与法使问答情形折	一〇	闰五	八	四一	一四
直督李鸿章致总署与法副将日格密问答节略	一〇	闰五	八	四一	一五

目　　录	年	月	日	卷数	页数
总署吴廷芬张荫桓与赫德谈论谅山交涉语录	一〇	闰五	九	四一	一七
法使致总署请饬越边防兵退回华界照会	一〇	闰五	一〇	四一	二〇
直督李鸿章奏福禄诺以限期退兵为要挟曾辩驳片	一〇	闰五	一六	四一	二四
使法李凤苞致总署法外部欲以兵船北扰请速复电	一〇	闰五	一六	四一	二五
总署致李凤苞奉旨与法交涉不可许者勿擅许电	一〇	闰五	一六	四一	二五
使法李凤苞致总署与法外部商撤兵电	一〇	闰五	二〇	四一	二七
军机处奏照会法使赴烟台会议折　附照会	一〇	闰五	二二	四二	一
直督李鸿章致总署与法议和请言谅山非我咎以免赔费电	一〇	闰五	二三	四二	二
法使致总署撤兵赔款二项请于七日内见复照会	一〇	闰五	二三	四二	三
总署复法使自取押款于约有背请催巴使到津会议照会	一〇	闰五	二四	四二	三
总税司赫德致总署请电沪道言明北圻撤兵日期电	一〇	闰五	二五	四二	五
总署复赫德如法愿和当奏派江督赴沪会商电	一〇	闰五	二五	四二	五
沪道邵友濂致李鸿章赫德嘱濂不必与巴谈请示电	一〇	闰五	二六	四二	六
直督李鸿章致总署李凤苞电法请赔款否则据福州电	一〇	闰五	二六	四二	六
总税司赫德致总署据法使言军费不能请他国议论电	一〇	闰五	二六	四二	七
总税司赫德致总署请照会法使展限七日并略偿恤款电	一〇	闰五	二六	四二	七
沪道邵友濂呈总署法使代拟罢兵照会如允照办展限八日电　附代拟照会稿	一〇	闰五	二六	四二	八
谕曾国荃著充全权大臣赴沪与法使办理和约电	一〇	闰五	二七	四二	八

目　录	年	月	日	卷数	页数
旨授曾国荃议和机宜电	一〇	闰五	二七	四二	一一
江督曾国荃奏辞议和全权电　附旨	一〇	闰五	二八	四二	一一
总税司赫德致总署议和赔款请由有约三国参订电	一〇	闰五	二八	四二	一二
直督李鸿章致总署法使已允知照孤拔不妄动电	一〇	闰五	二九	四二	一二
江督曾国荃致总署定期赴沪议和电	一〇	闰五	二九	四二	一二
总署复法使奉旨派曾国荃为全权大臣赴沪商议和约照会	一〇	闰五	三〇	四二	一三
总署复赫德调处和议极见苦心倘难就绪可即回京电	一〇	闰五	三〇	四二	一三
总署复李凤苞偿恤事希向法外部详剖电	一〇	闰五	三〇	四二	一四
法使致总署若不如期议妥赔款必速进兵照会	一〇	闰五	三〇	四二	一五
总署复法使动兵一节迹近要盟仍望妥议照会	一〇	闰五	三〇	四二	一六
旨寄曾国荃著赴沪与法议和兵费恤款万不能允电	一〇	六	一	四二	一七
江督曾国荃奏赴沪会商议约并布置前路战守事宜折　附上谕	一〇	六	二	四二	一七
总税司赫德致总署偿款议定始克商及条约电	一〇	六	二	四二	一九
江督曾国荃致总署请示和议办法电	一〇	六	三	四二	二一
会办南洋事宜陈宝琛致枢垣请辞议和会办电	一〇	六	四	四二	二一
江督曾国荃奏赴沪议约请添派会办人员折	一〇	六	五	四二	二二
全权大臣曾国荃致总署请电李凤苞商法廷会议不拘期限电	一〇	六	六	四二	二三
直督李鸿章致总署与法议和请予恩恤无伤国体电	一〇	六	六	四二	二三

目　　录	年	月	日	卷数	页数
直督李鸿章致总署复李凤苞云巴使自知理屈愿转圜电	一〇	六	一三	四三	三
全权大臣曾国荃致枢垣议和无人调处空言实难羁縻请示电	一〇	六	一三	四三	三
曾国荃陈宝琛许景澄致枢垣和议不成应否回宁电	一〇	六	一三	四三	三
曾国荃陈宝琛许景澄致总署接巴使照称如不允偿将有举动电	一〇	六	一三	四三	四
法使谢致总署中国拟给恤银为数过少请与巴使议定照会	一〇	六	一三	四三	四
会办南洋事宜陈宝琛致枢垣和议请归李办乞代奏电	一〇	六	一三	四三	五
军机处奏据曾国荃等请派李鸿章议和一节应毋庸议折	一〇	六	一三	四三	五
直督李鸿章致总署巴使意不提兵费限十年内岁给百万电	一〇	六	一四	四三	六
总署奕劻等赴美使馆请调停中法交涉问答语录	一〇	六	一四	四三	六
总署致曾国荃如美使未与巴接议仍当驻沪羁縻电	一〇	六	一四	四三	八
总署致邵友濂催赫德北来电	一〇	六	一四	四三	九
总署致李鸿章和议请美调停较为得体电	一〇	六	一五	四三	一〇
会办南洋事宜陈宝琛致枢垣请派李相议和并曾督不可去沪电	一〇	六	一六	四三	一一
美参赞来总署言法如开仗亦当告知美国语录	一〇	六	一七	四三	一二
军机处致曾国荃李鸿章法既不愿美调处须明订战期电	一〇	六	一八	四三	一三
总署致李凤苞请告法外部公请美主评断电	一〇	六	一八	四三	一四
税司贺璧理来总署言如偿兵费四百万即可了结语录	一〇	六	一八	四三	一五
美参赞何天爵来总署言法国不允美主评断语录	一〇	六	一八	四三	一五

目　录	年	月	日	卷数	页数
总署致各国公使法国有意失和无从再与商议照会	一〇	六	二七	四四	二九
督办船政何如璋致枢垣法使来商有转圜意请勿与决绝电	一〇	七	二	四五	四
总署致李凤苞法如仍议和约可派人来津详议电	一〇	七	二	四五	四
直督李鸿章致枢垣我兵船皆不及法是以屡请议款电	一〇	七	一〇	四五	二五
沪道邵友濂呈总署法领请曾保宫电奏速了一节乞示复电	一〇	七	一〇	四五	二七
总署致邵友濂如法听美调处早当就绪今难作转圜电	一〇	七	一〇	四五	二七
总税司赫德致总署法国愿得英美德各国调停函	一〇	七	一七	四五	一〇
直督李鸿章致总署沪道电法人盼我转圜电	一〇	七	一八	四六	一一
南洋会办陈宝琛致总署法议租基隆及造铁路地段均不可允电	一〇	七	二九	四六	三一
军机处奏美使来议法事公拟办法呈览折	一〇	八	五	四七	八
直督李鸿章致总署美外部转法意欲和须议兵费电	一〇	八	一〇	四七	一一
总署致李鸿章法未悔祸将来归宿办法未可先露电	一〇	八	一二	四七	一三
直督李鸿章致总署转美外部电法若请美居间美甚愿电	一〇	八	一二	四七	一四
使英曾纪泽致总署法外长傲暂难言和电	一〇	八	一三	四七	一五
津海道盛宣怀呈总署据林椿转呈法廷议和条款电	一〇	九	七	四八	一一
直督李鸿章致总署复陈中法和议须速定电	一〇	九	七	四八	一二
谕曾国荃著令马建忠张志钧离开上海电	一〇	九	九	四八	一三
直督李鸿章致总署可否由法领林椿密商和议电	一〇	九	一〇	四八	一五

目　　录	年	月	日	卷数	页数
使英曾纪泽致总署八条法不能允宜力持镇静电	一〇	一〇	二四	四九	二八
使法许景澄致总署报法人示意肯退基隆电	一一	一	一四	五三	二二
使英曾纪泽致总署法外部来问和局可否与商乞示电	一一	一	三〇	五四	一五
谕派李鸿章为全权大臣邓承修等为会办与法使议约	一一	二	六	五四	二八
军机处奏酌复赫德所递法国拟订善后事宜折	一一	二	一四	五四	二
使英曾纪泽致总署谅山克茹相革宜乘机议和电	一一	二	一五	五五	五
直督李鸿章致总署林椿面称法可罢兵惟重在通商电	一一	二	一五	五五	五
使英曾纪泽致总署法新执政到任向我乞和请示电	一一	二	二〇	五五	二五
使法许景澄致总署赫茹所议已在巴黎画押电 二件	一一	二	二〇	五五	二五
上谕中法既议修好各路军营著即定期停战电	一一	二	二一	五五	三一
旨寄各督抚法来请和约定停战惟条款未定之先仍严密整备电	一一	二	二二	五六	二
粤督张之洞致总署关外大胜闻法愿就款伏望详酌电	一一	二	二三	五六	二
粤督张之洞致总署停战则可撤兵则不可电 附旨	一一	二	二四	五六	三
直督李鸿章致总署林椿称法使请发停战撤兵上谕电	一一	二	二五	五六	四
直督李鸿章致总署伦敦电法相宣言须照津约议和电	一一	二	二五	五六	四
兵部尚书彭玉麟致枢垣法狡无信和可许兵不可先撤电 附旨	一一	二	二五	五六	五
直督李鸿章致总署林椿称法已饬停战并启封口岸电	一一	二	二六	五六	六
直督李鸿章致总署议和字样须两面浑含电	一一	二	二六	五六	七

目　　录	年	月	日	卷数	页数
直督李鸿章致总署电线中断停战谕旨难速达电	一一	二	二六	五六	七
左宗棠杨昌濬致总署台湾停战须在法船退出以后电	一一	二	二七	五六	一〇
直督李鸿章致总署探闻法国议和人员电	一一	二	二七	五六	一〇
军机处致杨昌濬张之洞请派员知照台防越防各军停战电　二件	一一	二	二八	五六	一〇
粤督张之洞致枢垣遵旨知照越防各军停战并法添兵攻谅山请转电勿再进电　二件	一一	二	二九	五六	一三
督办福建军务左宗棠奏为要盟宜慎防兵难撤折	一一	三	二	五六	二〇
兵部尚书彭玉麟奏款议虽定敌情叵测仍宜严备折	一一	三	一五	五七	一四
滇督岑毓英奏遵旨停战撤师仍随时严密整备折　附三猛十州州县地名单	一一	四	八	五七	三七
滇督岑毓英奏条约未定之前遵当严防并呈缅越路程单片	一一	四	八	五七	四〇
督办广西军务苏元春等奏遵旨停战撤兵此后边防倍关紧要请饬催各省协饷以济要需折　附旨	一一	四	一五	五八	三
滇督岑毓英奏粤督派员来越咨会停战业已遵办片	一一	四	二二	五八	五
直督李鸿章等奏与法使商议条约画押竣事折　附中法新约	一一	四	二九	五八	一一
使法许景澄致总署法政府盼和议速成以靖众论电	一一	一一	五	六二	一七
总税司赫德呈总署中法宜以诚意谈判和议节略	一一	一一	一一	六二	二七

清季外交史料索引卷五终

清季外交史料索引卷六

中法交涉　善后事宜

目　录	年	月	日	卷数	页数
滇督岑毓英奏越南国王遣使请锡封颁发国印折	光绪一一	一〇	一	六一	二三
滇督岑毓英奏请饬商法使退还北圻以存越祀片　附上谕	一一	一〇	一	六一	二四
勘界大臣邓承修桂抚李秉衡致枢垣报旧越王奔广治电	一一	一一	一	六二	一三
粤督张之洞致总署法政府不愿弃北圻电	一一	一一	九	六二	二五
滇督岑毓英等奏法人改立越君并接越臣禀函据情代奏折　附原禀	一二	二	二	六四	四
勘界大臣周德润等奏法兵已到保胜边境安堵折	一二	三	二六	六六	八
总署致许景澄请力争法征侨越华民重税电	一二	四	一六	六六	一六
直督李鸿章致总署苏元春电越藩举兵高平省颇有杀害已安抚百姓电　二件	一二	九	八	六九	一一
直督李鸿章致总署苏元春电越南游勇败窜电	一二	一〇	一三	六九	一七
粤督张之洞致总署法越相攻越人愿内附请代奏电　二件附上谕	一二	一一	六	六九	二四
粤督张之洞致总署奉旨法越相攻置之不问当恪遵电	一二	一一	一一	六九	二六
直督李鸿章致总署请勿令法工人阅视旅顺炮台电	一三	一	二七	七〇	九

目　　录	年	月	日	卷数	页数
粤督张之洞致总署江黄流民恐将生变派勇弹压电	一三	二	一〇	七〇	一六
直督李鸿章致总署岑毓英电保乐一带并无滇兵电	一三	九	一	七三	一八
直督李鸿章致总署苏元春报越人求抚拟办情形电	一三	九	一三	七三	二三
总署致李鸿章希转苏元春勿收抚游众电	一三	九	一四	七三	二三
广西提督苏元春致枢垣报法兵攻越败归情形电	一四	一	二	七五	一
桂抚沈秉成致总署法国谅山公使函称派文员代武员治民事电	一四	三	二六	七五	三八
总署致沈秉成越废王在华境招兵购械请探复电	一四	九	一六	七七	九
桂抚沈秉成致总署苏元春电越废王招兵系谣言电	一四	九	二〇	七七	一七
粤督张之洞致总署越旧臣因法国税苛构兵电	一四	一一	一二	七八	四
使美崔国因奏公法无灭人国之例请饬于会议时慎为规复地步片	一八	三	二一	八五	四

中法交涉　中越界务

目　　录	年	月	日	卷数	页数
总署奏请派员勘定滇越边界折	光绪一一	七	二〇	六〇	二一
粤督张之洞奏请调唐景崧随办桂界电　附旨	一一	九	一八	六一	一八
使法许景澄致总署报法分界员赴北海会齐电	一一	九	二三	六一	二一
谕周德润邓承修著会同各督抚妥慎分勘越界电	一一	一〇	二	六一	二六
粤督张之洞致枢垣报勘界各员行程电	一一	一〇	二	六一	二六

目　录	年	月	日	卷数	页数
使法许景澄致总署越南勘界请与法议宽留瓯脱以杜争衅函　附译报	一一	一〇	五	六一	二七
使英曾纪泽因中越界务与法人巴吕密谈语录	一一	一〇	一一	六一	三三
旨寄李鸿章中法界务紧要著与岑毓英酌办电	一一	一〇	一一	六一	三五
谕张之洞周德润邓承修中法界务宜妥慎筹办电	一一	一〇	一一	六一	三五
滇督岑毓英奏都竜系云南旧境请于勘界时酌议收回片	一一	一〇	一八	六一	三六
邓承修李秉衡致总署瓯脱事俟法使来遵旨力辩并在交界处所会议电　二件	一一	一一	一	六二	一三
粤督张之洞致总署邓李请催法使勘界似宜缓办电	一一	一一	三	六二	一四
粤督抚张之洞倪文蔚奏中法界务派员先期查勘片	一一	一一	三	六二	一四
粤督张之洞奏桂越分界宜以文渊州为限片	一一	一一	三	六二	一五
粤督张之洞致总署越南义团战胜请暂缓划界电	一一	一一	三	六二	一六
总署致李秉衡北圻越势稍振界务相机办理电	一一	一一	四	六二	一六
使法许景澄致李鸿章越事界务宜争商务不让电	一一	一一	一一	六二	二八
旨寄邓承修滇省勘界需人著唐景崧前往电	一一	一一	一七	六二	二九
旨寄许景澄法退北圻意在多占商利勿与开谈电	一一	一一	二〇	六二	三〇
勘界大臣邓承修致总署法浦使抵谅山未令入关电	一一	一一	二二	六二	三〇
直督李鸿章致总署邓承修电浦使不允护抚与议电	一一	一一	二三	六二	三一
直督李鸿章致总署戈使以谕旨并无桂抚勘界字样欲不承认请疏解电	一一	一一	二四	六二	三一
总署致李鸿章桂抚系奉旨办理界务已函戈使电	一一	一一	二四	六二	三一

目　　录	年	月	日	卷数	页数
直督李鸿章致总署据法使言界务请照新约办理电	一二	一	三	六三	二
总署致邓承修李秉衡请遵旨照约划界勿再拘执贻误电	一二	一	四	六三	三
旨寄邓承修等粤桂滇三省界务著按约办理电	一二	一	四	六三	四
直督李鸿章致总署据邓承修等报划界近状电	一二	一	四	六三	四
总署致邓承修等迅将与法使议界情形电复电	一二	一	五	六三	四
直督李鸿章致总署邓李如遵旨勘界必可相安电	一二	一	五	六三	五
滇督岑毓英等奏履勘云南边界折　附上谕	一二	一	九	六三	一四
勘界大臣邓承修等致总署先勘原界有三难二害电	一二	一	一二	六三	一七
直督李鸿章致总署伦敦电法派大员往越电	一二	一	一四	六三	一八
直督李鸿章致总署法使言北圻有粤兵轮上岸请撤回电　附旨	一二	一	一六	六三	一九
直督李鸿章致总署邓使等电划界事中路可先定电	一二	一	一七	六三	二〇
勘界大臣邓承修等致总署法允文渊海宁保乐归我电	一二	一	一七	六三	二〇
粤督张之洞致总署论钦州九头山形势电	一二	一	一九	六三	二四
粤督张之洞致总署兵轮在钦州九头山捕盗并未据地电	一二	一	一九	六三	二五
总署致李鸿章九头山捕盗案希告法使勿误会电	一二	一	二二	六三	二六
勘界大臣邓承修等致总署浦使议界悔改前说事迄无成遵旨秋末再议电　附旨	一二	一	二五	六三	二八
使法许景澄致总署欲改界议须宕商务以为牵制电	一二	一	二五	六三	二九
直督李鸿章致总署邓李电称法使划界狡展情形电	一二	一	二六	六三	二九

目　　录	年	月	日	卷数	页数
总署致李鸿章请转周德润改界设埠宜互相抵制电	一二	七	一五	六八	一一
勘界大臣周德润致总署报与法使议定勘界办法电	一二	七	二八	六八	一六
勘界大臣周德润等奏陈会议开勘滇越界务折	一二	八	七	六八	一九
勘界大臣周德润致总署法派员会勘龙膊舟行被劫退回电	一二	八	八	六八	二二
直督李鸿章致总署法领来询滇边法兵被戕事电	一二	八	九	六八	二三
直督李鸿章致总署与法使晤谈勘路法兵被戕事电	一二	八	九	六八	二四
勘界大臣周德润致总署游勇攻越并岑督法使皆染病电	一二	八	一五	六八	二五
周德润岑毓英致总署与法使会议界务俟奉旨允准再行画押电　二件附旨	一二	八	二〇	六八	二五
直督李鸿章致总署法使请展限再勘界乞代奏电	一二	八	二三	六八	二七
直督李鸿章致总署法使电称并无侵界之意请告勘界大臣电	一二	八	二九	六八	三六
粤督张之洞奏钦州界务前未划清谨列证据以正幅员折　附证据单	一二	九	六	六九	三
总署致周德润岑毓英中越勘界应通融办理电	一二	九	六	六九	一一
勘界大臣邓承修致总署法使拟穷历粤边请派员偕往电	一二	九	六	六九	一一
勘界大臣周德润致总署滇越界务定议画押电	一二	一〇	四	六九	一七
粤督张之洞致总署法兵攻据东兴之长村请照会法使禁止电	一二	一〇	二一	六九	一七
总署致李鸿章添派分勘员一节俟法使复到再办电	一二	一一	一一	六九	二七
总署致李鸿章狄隆电称定期勘界请转邓承修电　二件	一二	一一	二三	六九	三一
勘界大臣邓承修奏如期赴界会勘折	一二	一二	六	六九	三一

目　　录	年	月	日	卷数	页数
勘界大臣邓承修致总署狄使以江平黄竹为越地电	一二	一二	一二	六九	三五
勘界大臣邓承修致总署狄使不愿据旧图划界电	一二	一二	二四	六九	三六
总署致邓承修询安南沐平是否江平即复电	一二	一二	二五	六九	三七
勘界大臣邓承修致总署力争江平白龙尾地法使意已稍转电　四件	一三	一	八	七〇	三
粤督张之洞致总署江平白龙尾确系华地法虽威胁不能放弃请代奏示遵电　二件附旨二件	一三	一	一〇	七〇	四
总署致张之洞新得法海部越图白龙尾属华电	一三	一	一四	七〇	八
总署致邓承修法使盼界务速了请先勘无争辩处电	一三	二	五	七〇	一二
勘界大臣邓承修致总署与狄使勘钦西界意稍转电	一三	二	五	七〇	一二
勘界大臣邓承修致总署遵旨续勘钦西地界电	一三	二	八	七〇	一五
勘界大臣邓承修致总署边民失业恐致攀辕肇衅电	一三	二	二〇	七〇	一六
总署致邓承修中越未定之界本署当设法力争电	一三	二	二一	七〇	一六
勘界大臣邓承修致总署狄使议划海界请代奏电	一三	二	二三	七〇	一七
勘界大臣邓承修致总署狄使允我展拓钦界电　二件	一三	二	二六	七〇	二二
总署致邓承修海岛划界何故未便画押电	一三	三	二一	七〇	二八
勘界大臣邓承修致总署与法使争议界址电	一三	三	二四	七〇	二八
勘界大臣邓承修致总署桂边疫盛请暂移驻钦廉电	一三	闰四	一九	七一	八
总署奏中法界务商务续经议定折　附界务商务专条及附章各一件照会上谕各二件	一三	五	三	七一	一六
勘界大臣邓承修致总署遵旨与狄隆改正图线电　附旨	一三	五	四	七一	二八

目　　录	年	月	日	卷数	页数
桂抚李秉衡致总署界务竣事派员筹办界牌电	一三	六	二〇	七二	六
滇督岑毓英等奏陈滇省界务商务防务大概情形折	一三	七	五	七二	一五
滇督岑毓英等奏请于蛮耗地方试办防务片	一三	七	五	七二	一七
总署致张之洞法兵退出白龙尾请派员办理善后电	一三	七	一一	七二	二四
桂抚李秉衡致总署法兵船违约至龙州请告法公使理阻电	一三	七	一八	七二	二六
邓承修张之洞吴大澂李秉衡奏粤桂边界已与法国划定折　附界址清单二件	一三	七	二八	七二	二九
总署致张之洞法使照称横模系越地请撤寨希复电	一三	九	一四	七三	二三
粤督张之洞致总署报钦州并无立牌筑寨等事电	一三	九	一七	七三	二四
总署致张之洞法使照称请将越南盘村华兵撤退电	一四	三	二〇	七五	三一
粤督张之洞致总署冯子材报并无华兵越界电	一四	四	一九	七六	三
谕张之洞吴大澂钦州越南交界划定后善后事宜著筹议具奏电	一四	四	二〇	七六	四
总署致张之洞法使言芒街官兵背约庇匪希查复电	一五	一	一	七九	一
粤督张之洞致总署法兵焚杀那沙捏称官兵庇匪电	一五	一	八	七九	五
总署致张之洞法使文称那沙不在中国界内与来电迥殊请查复电	一五	二	一	七九	一六
总署致张之洞法使照会华兵在横模筑垒请查复电	一五	三	六	八〇	一
粤督张之洞致总署板奔确系华境又冯子材电称并未越界扎营电　二件	一五	三	八	八〇	二
粤督张之洞致总署界石备妥请告法使派员办竣电	一五	三	一六	八〇	四
岑毓英谭钧培致总署滇越照图划界并无逾越电	一五	四	一七	八〇	二〇

目　　录	年	月	日	卷数	页数
总署致张之洞法使言华兵仍驻越南板邦希查复电	一五	四	二五	八〇	二六
岑毓英谭钧培致总署法领事请给护照赴保胜电	一五	五	三	八一	四
总署奏滇越界图与督臣现奏不符谨陈当日划界情形及现在办法折	一九	六	一七	八七	一二
总署致王文韶法使称越边黄树皮等处派兵接防电	二〇	一	五	八九	一
粤督李瀚章奏钦州越南界务勘办完竣折　附图约三件	二〇	四	二	九〇	六
滇督王文韶致总署法使欲于临安图界内互让一地请示电	二〇	六	一	九二	二
总署致王文韶滇越事三村得归界内即可定议电	二〇	六	二	九二	三
总署奏中法续议界约商约专条请旨派员画押折　附商务条款界务条款及照会三件	二一	五	二七	一一四	一
中越边界会巡章程　此为前项商务条款之附件，因有关会防，故另列于中越会防门内，以便检查。	二二	六	二八	一一四	一一
滇越界约　此系光绪二十三年九月初八日滇督崧蕃呈送总署之件，因其为《中法续议界约专条》之附件，故置于此。	二二	九	一九	一一四	一五
总署奏中法续议新约画押事竣折　二十二年七月初三日尚有一折，见卷一二二第五一页，另列修约门内，否则该门不能结束也。	二一	闰五	五	一一五	三
滇督崧蕃等致总署呈送滇越界约请查核文　附滇越界约（此约见一百十四卷第十五页）	二三	九	八	一二七	五
滇督崧蕃致总署请法使庆梅缓来候中国派员会同查勘界务电	二四	二	二〇	一三〇	一〇
粤督岑春煊咨外部桂边垢利岭系华地现植石碑法员已允了结文	三二	九	一〇	一九九	三
滇督李经羲致外部越人不遵约章入境滋事请诘法使电	宣统三	六	八	二一	四〇

中法交涉　广州湾及两乌界务

中法交涉　中越会防

目　　录	年	月	日	卷数	页数
粤督张之洞等奏筹防桂边分营扼扎请拨的饷折	光绪一二	三	二六	六六	四
中越边界会巡章程　此件原稿并无议订日期，因章程内声明系照光绪二十一年五月二十八日商务专条附章所立，故附列于此。	二二	六	二八	一一四	一一
外部致粤督德寿法使称东兴芒街日加变乱请速筹办电	二九	二	一	一六九	一四
外部致沈秉堃法使请在独龙水埭相立对泛希复电	宣统一	四	一八	四	五
护滇督沈秉堃复外部遵查独龙水埭设对泛情形电	宣统一	五	六	四	一八
署粤督袁树勋致外部越督拟改对泛俟会商后筹办电	宣统一	一二	八	一二	二四
滇督李经羲致外部边界警察事关三省谨陈办法电	宣统一	一二	一七	一二	三八
粤督袁树勋致外部法使新改泛章条目繁琐请再与商酌电	宣统二	三	一七	一四	九
法使马致外部左丞高而谦译送越督来函电　附节略	宣统三	三	一〇	一九	四五

中法交涉　矿务

目　　录	年	月	日	卷数	页数
滇矿务督办唐炯奏矿务牵涉通商事件敬陈愚虑折	光绪一五	四	一九	八〇	二二
粤督谭钟麟致总署石头埠煤矿事系法领事唆使电	二四	八	二六	一三五	五
总署奏遵议奎俊请招集华洋商人开办川省矿务议定章程折	二五	八	二〇	一四〇	一四

目　录	年	月	日	卷数	页数
川督奎俊奏保富公司招集华洋商人合办金矿议定章程折	二五	一〇	二七	一四一	六
滇督魏光焘奏法员来滇开办矿务现与议定章程折　附章程	二八	二	五	一五三	一
闽督许应骙奏闽省矿务拟由洋商承办现与妥定章程折　附合同	二八	三	一	一五四	一
外部致许应骙闽省开矿合同照所议改缮电	二八	七	二	一六〇	四
外部致奎俊川省油矿合同法商已允照改电	二八	七	二	一六〇	四
闽督许应骙致外部华裕矿股拟华洋各半电	二八	七	一二	一六〇	二一
外部致许应骙矿务合同应声明购地归华员经理电	二八	七	一八	一六一	一三
外部致魏光焘临安锡厂系民间已开旧矿希驳阻电	二八	七	二四	一六二	七
外部致奎俊法商承办巴万油矿如不足另择他处电	二八	七	二八	一六二	一一
外部致许应骙部改矿务合同若置不问未便照准电	二八	七	二九	一六二	一五
滇督魏光焘致外部请照会法使不准开采个旧锡矿电	二八	八	一	一六三	二
外部致魏光焘个旧锡厂未便与法使另立附章电	二八	八	二	一六三	四
外部致奎俊川省巴万油矿合同迭与哈戴磋磨电	二八	八	二七	一六三	二六
署川督岑春煊致外部法领请办路矿乞商法使电	二八	一一	三〇	一六八	一二
外部致李经羲滇省矿章嘱法领电京使请与议权电	二八	一二	二	一六八	一五
川督锡良奏各省矿产应限制私合洋股以杜流弊片	二九	一一	二四	一八〇	一八
外部奏遵议川督锡良请申定矿章添立专条折	二九	一二	一四	一八一	一〇
闽督松寿咨外部商部建邵汀三矿废约请立案文	三三	六	七	二〇三	八

目　　录	年	月	日	卷数	页数
外部致法使马云南运铅暂行章程并非有违条约请允认照会	宣统二	九	二九	一七	四三
外度商三部奏议结滇省隆兴公司矿案取销原订合同折	宣统三	七	一四	二二	三一
外部咨度支部云南隆兴英法公司偿款请拨付文	宣统三	一二	二九	二四	四四

中法交涉　电报

目　　录	年	月	日	卷数	页数
直督李鸿章致总署盛宣怀报法欲电线减价电	光绪一四	八	一二	七七	三
直督李鸿章致总署法国电线条款候核准再签押电	一四	八	二四	七七	四
直督李鸿章致总署法国接线条款核准后再商电	一四	九	四	七七	五
直督李鸿章致总署俄法电线接线条款请先准法约画押电	一四	九	一三	七七	八
总署致李鸿章接线事饬盛宣怀在烟台签押电	一四	九	一八	七七	一〇
直督李鸿章致总署接线事法领事欲在烟台签约电	一四	一〇	一五	七七	二一
粤督张之洞致总署中法接粤边电线有害无利电	一四	一一	一五	七八	五
直督李鸿章奏中法电报接线议定章程折　附章程	一四	一一	一五	七八	六
总署致张之洞钦龙接线已与法领画押并奏准难中止电	一四	一一	二〇	七八	一三
直督李鸿章致总署盛宣怀电英丹接线法领云须奏明方妥请酌复电	一四	一一	二三	七八	一六
粤督张之洞奏两广电线不宜与法线接连请补救折	一五	一	二三	七九	九

中法交涉　教案

目　　录	年	月	日	卷数	页数
闽督杨昌濬等致总署报福安教案办结电	一四	二	九	七五	二三
旨著鹿传霖将法国教案赔款迅速议结电	二一	六	一八	一一六	三七
浙抚廖寿丰致总署建德桐庐教堂案已与法教士商结电	二四	一	一一	一二九	八
直督荣禄致总署办理保定教案议结情形电	二四	六	一	一三三	一
川督恭寿致总署请向法使探商南充教案能否从权办理电　附旨	二四	六	一一	一三三	八
使法庆常奏与法外部订明办理教案就案议结折	二四	六	二〇	一三三	一二
川督恭寿致总署报南充教案已完结电	二四	六	二八	一三三	三二
川藩致总署余蛮违抗抚法已穷请先与法使定议电	二四	一一	二一	一三六	一九
赣抚李兴锐致枢垣江西教堂互斗并非民教为仇祈告法使电	西巡二六	六	一四	九	一二
江督张之洞致外部奉旨查复江令召棠在教堂因伤致死情节请优恤电	三一	四	五	一八九	二四
中法会订江西南昌教案善后合同　附外部致法使照会八件	三二	闰四	二九	一九七	一九

中法交涉　北海渔船案

目　　录	年	月	日	卷数	页数
粤督张之洞致总署法领强华船领照请向法使抗议电	光绪一四	一二	一二	七八	二五
直督李鸿章致总署接刘瑞芬电入越照费事已告法外部革除电	一五	三	一七	八〇	四
总署致张之洞北海渔船护照法已转圜希预筹电	一五	三	二七	八〇	八
使英法刘瑞芬致总署法外部称华船往海防捕鱼抽税另定办法显违条约容再辩论电	一五	四	二〇	八〇	二四

中法交涉　四明公所案　即扩充上海法租界案

中法其他交涉

目　　录	年	月	日	卷数	页数
总署致张之洞法使言粤法领署有武弁窃木请查究电	光绪一二	一二	二八	六九	三七
直督李鸿章致总署伦敦电法举沙的加纳为总统电	一三	一〇	二一	七四	一五
总署致张之洞更换法领署弁兵法使袒护领事电	一四	一	二七	七五	一〇
粤督张之洞致总署法领署殴弁事请商法使速了电　附旨	一四	二	二四	七五	二四
直督李鸿章致总署闻法国将改朝制电	一四	一〇	一五	七七	二一
直督李鸿章致总署法公达银行改为国家银行电	一五	二	二二	七九	二七
直督李鸿章致总署英电美国派驻英驻阿公使及法派员查公达银行电	一五	三	三	八〇	一
粤督张之洞致总署法船救遭风难民已奖赏该船主功牌电	一五	四	一三	八〇	一七
滇督王文韶等奏法人遵约归我逃人折	一六	一一	一二	八三	三二
粤督谭钟麟致总署报越匪掠李约濂眷属至马头山不便逾界往拿电	二一	六	二九	一一六	三九
粤督谭钟麟致总署与法督互商搜捕越匪情形电	二一	七	二六	一一七	三一
桂抚王之春致外部法请船只经过中国河流则我船经越亦应照办电	二九	四	一六	一七一	一〇
外部侍郎邹嘉来与法使议龙州假道运盐事语录	宣统一	一	二六	一	二八
外部致法使潘典质章程应俟规定统一办法施行全国照会	宣统一	三	二四	三	二五
使法刘式训致外部丞参报法首相克雷孟素解职函	宣统一	七	五	七	三七

中俄交涉序略

中俄交通，远在元代。其时俄为成吉思汗所征服，建钦察汗国，威震欧洲，始有黄祸之说。迨清康熙二十八年，缔结《尼布楚条约》，为中国唯一胜利之交涉。咸丰八年，俄人乘英法联军之役，侵略黑龙江北岸及乌苏里江东岸之地，乃订《爱珲条约》；又循优待他国通商之例，议立《天津条约》；同治十年，乘汉回乱起，占我伊犁；而我于光绪元年，命左宗棠督办新疆军务，三年收复天山南北路各城，新疆全平，七年命曾纪泽与俄廷订《交还伊犁条约》，虽割让霍尔果斯以西之地，然争回特克斯河广大流域，亦尚为中国之光荣焉。惟俄国承彼得大帝之雄略，以扩张势力为政策，既不得志于西欧，乃肆力东侵。数十年来，割我东北、西北之地甚广。中日战后，清廷施联俄拒日之谋，因让东清铁路建筑权，嗣俄人以二十年之经营，创造此路，长驱远驭，喧宾夺主；及辛亥革命，外蒙有隙可乘，乃煽惑其独立，于是我国六百二十六万八千余方里之地，遂名存而实亡矣。

是篇首叙修约、遣使，继及归还伊犁，可见光绪初元，中俄交涉尚能保其平等互惠之原则，凡事皆以理论折冲樽俎之间。盖当时我之国势虽衰，声威未隳，司交涉者亦能兼筹并顾，不辱使命也。其后援利益均沾之例，而议租界，而租借旅大，而东省不撤兵，甚至会订密约，其野心乃昭然若揭。若夫议关税，创铁路，办矿务，则又随各国均势主义以侵略我国者也。至日俄战后，始议订松黑两江行船及交涉交还东三省等事。民国十三年，苏俄谓本平等之精神，改订新约，退还中东铁路，放弃庚子赔款及租界、领事裁判权，承认关税自主等事，不可谓非彼国办外交者之善观时势。惟自东北沦胥以来，日本军事布置，著著进逼，而苏俄亦举全国之力以守边疆，一旦大战触发，我为原有地主，将何以应付此非常之时局，斯则当国者所宜深思远虑，预为熟筹者矣。

中俄交涉　遣使设领

目　　录	年	月	日	卷数	页数
谕崇厚派充使俄大臣又谕作为全权大臣便宜行事	光绪四	五	二二	一三	二八
侍讲张佩纶奏请勿给崇厚全权及便宜行事字样折	四	九	七	一四	八
使俄崇厚奏行抵俄京并谒见外部折	五	二	二三	一五	五
总署奏请派邵友濂暂署俄使片	五	八	二四	一六	三〇
谕出使俄国大臣崇厚著革职拿问交刑部治罪	五	一二	六	一八	二二
少詹宝廷奏使事宜慎请饬曾纪泽来京请训折	六	一	一〇	一九	四
庶吉士樊增祥奏崇厚使俄违训越权请亟正典刑折	六	一	一七	一九	五
谕出使俄国大臣崇厚著定为斩监候	六	一	二三	一九	一一
谕曾纪泽到俄后必须力持定见妥慎办理以全大局	六	二	一	一九	一一
总署奏崇厚获罪英法德等国使臣来函请加宽免折	六	五	八	二一	二
少詹黄体芳奏不宜徇各国之请轻释崇厚折	六	五	一一	二一	五
太仆寺少卿钟佩贤奏陈处分崇厚罪名意见折	六	五	一六	二一	六
礼亲王世铎等奏遵议崇厚罪名应徇外使之请予以减免折	六	五	一九	二一	一一
谕崇厚加恩开释著曾纪泽妥议条约	六	七	七	二二	七
使俄曾纪泽奏报赴俄日期折	六	七	二四	二二	一三

目　　录	年	月	日	卷数	页数
右庶子张之洞奏闻崇厚不知杜门悔罪请予防范片	六	七	三〇	二二	一九
总署奏据曾纪泽电称俄外部拒绝交涉另派使赴北京商订折　附来电及上谕	六	八	五	二二	二〇
使俄曾纪泽奏谒见俄皇呈递国书折	六	九	二五	二三	一三
帮办吉林边务吴大澂奏俄苏城沟等处拟设官理事片	七	二	九	二五	九
总署奏遵议设所管理海参崴俄界华民折	八	二	八	二七	七
总署奏俄使布策到任视事片	九	九	一七	三五	一八
旨寄曾纪泽刘瑞芬应否先任俄事俟到后候旨电	一二	三	一七	六五	三
使英曾纪泽致总署陈明交卸赴俄并高丽催英国退安岛电　附旨	一二	三	二二	六五	七
旨寄许景澄派王之春往俄唁贺著先告外部电　二件	二〇	一〇	一四	一〇〇	三
直督李鸿章致总署俄照头等公使备馆派迎王使并许使遵旨偕同赴俄电　附旨	二一	一	一五	一〇五	二四
使俄德许景澄致总署报王之春抵德遵旨偕赴俄国电	二一	一	一八	一〇五	三〇
直督李鸿章致总署报王之春抵俄情形电	二一	一	二四	一〇六	一七
使俄许景澄致总署俄主欲赠王之春宝星是否准佩请速复电	二一	二	九	一〇七	一三
总署奏海参崴应设商务委员请派李家鏊充任片	二三	三	二八	一二五	一八
专使许景澄致总署报定期到俄奉电罢借一层容再陈电	二四	一	一一	一二九	八
直督李鸿章致枢垣驻俄参赞胡惟德报杨儒倾跌昏迷电	西巡二七	二	七	六	三一
直督李鸿章致枢垣俄外部拒绝罗丰禄使俄电	西巡二七	八	二一	一〇	二一
驻俄代办胡惟德致外部报杨子通星使病殁情形函	二八	一	二六	一五二	一七
谕胡惟德著派充出使俄国大臣电	二八	六	八	一五九	四

中俄交涉　修约

目　录	年	月	日	卷数	页数
总署奏准使俄崇厚电称已与俄立约签押折	光绪五	八	二三	一六	二五
总署奏俄约界务商务请饬左宗棠统筹全局片 附上谕	五	八	二三	一六	二八
江督沈葆桢奏议复崇厚丧失国权条约各款万不可行折	五	九	五	一七	六
使俄崇厚奏议结中俄交涉各事宜折	五	九	二一	一七	一二
直督李鸿章奏遵议交收伊犁补救崇厚订约失败事宜折	五	一〇	二	一七	一六
使俄崇厚奏与俄国修约完竣回京复命请派邵友濂代理公使折	五	一〇	一九	一七	一九
使俄崇厚奏与俄国议明交收伊犁修定约章谨陈办理情形折 附照会	五	一〇	一九	一七	二〇
总署奏遵议崇厚与俄定约损失国权折	五	一〇	二七	一七	二五
使俄崇厚奏与俄定约后由南洋回京折	五	一一	三	一八	一
甘督左宗棠奏遵议李鸿章对俄交涉意见折	五	一一	一四	一八	八
翰林院侍读学士黄体芳奏崇厚专擅误国请议罪折	五	一一	二一	一八	九
谕出使俄国大臣崇厚先行交部议处所议条约等件著各臣工妥议具奏	五	一一	二一	一八	一〇
总署奏俄署使凯阳德因议处崇厚谕旨提出抗议折 附节略	五	一一	二七	一八	一〇
司经局洗马张之洞奏要盟不可曲从宜早筹御侮折	五	一二	五	一八	一八
直督李鸿章等奏遵议崇厚所订俄约应准应驳及各条利弊折	五	一二	一〇	一八	二三
司经局洗马张之洞奏驭俄之策宜先备后讲折	五	一二	二六	一八	二五

目　　录	年	月	日	卷数	页数
醇亲王奕譞奏请乘英法调停之际以赦崇厚为条件挽回俄约折	六	五	一六	二一	八
翰林院修撰王仁堪奏崇厚不宜减罪疆臣宜图奋勉折	六	五	一九	二一	一〇
翰林院侍读学士张之洞奏陈经权二策应付俄事折	六	五	一九	二一	一三
旨寄曾纪泽著将崇厚暂免斩罪知照俄国并应修条约妥慎办理	六	五	一九	二一	一五
谕李鸿章等此次宽免崇厚之罪实因海防不足恃嗣后务当各就地方情形预筹备御	六	五	二〇	二一	一六
总署奏探访俄国情形意在启衅折	六	六	二四	二一	二七
总署奏闻俄国将以四铁甲船十余兵船封锁辽海片　附函报及上谕	六	六	二四	二一	二八
少詹宝廷奏外患渐迫乞召知兵重臣入朝以定危疑折	六	七	二	二二	一
总署奏俄国未立新约以前交涉未结各案择要商办完结折	六	七	三	二二	三
总署奏俄国派兵增舰拟赶办车隆等五案与大局不无裨益片	六	七	三	二二	五
谕左宗棠现在时事孔艰俄人启衅著来京陛见以备朝廷顾问	六	七	六	二二	六
谕鲍超俄国派兵来华著募勇成军于天津山海关两处适中之地择要驻扎	六	七	六	二二	六
右庶子张之洞奏解释俄约条文请寄曾纪泽为辩论之助片	六	七	一〇	二二	八
右庶子张之洞奏俄事宜预筹谨陈应防各要地事宜片	六	七	一〇	二二	九
谕李鸿章等闻俄国兵船至大连湾著严防海口边界	六	七	二六	二二	一四
总署奏接曾纪泽电俄以兵船挟华遵照前约请谕曾纪泽与俄交涉要旨折　附来电及上谕	六	七	三〇	二二	一五
右庶子张之洞奏陈与俄议约迫促急图补救折	六	七	三〇	二二	一八
总署奏中俄换约日期已届请饬曾纪泽和衷商办片	六	八	一七	二二	二六

目　　录	年	月	日	卷数	页数
总署奏陈中俄换约日期折　附改订条约陆路通商章程及卡伦单	七	闰七	九	二五	三〇
俄国商税大臣致吕海寰盛宣怀改订税则节略　附清折	二八	九	九	一六四	八
税务司斐式楷申复商约大臣缮呈税则情形节略文　附折	二八	九	一一	一六四	一一
随办商约税务司贺璧理申复商约大臣议驳俄国改订税则文	二八	九	一一	一六四	一六
外部咨锡良中俄陆路通商条约所拟调查纲目已分咨照办文	宣统二	六	六	一五	二三
外部奏预备修改中俄通商条约派员调查折	宣统二	八	二八	一七	二〇
俄使廓致外部商船入俄口不复重量须先立专约兹钞送船牌度量吨数章程照会	宣统二	一〇	一五	一八	一
使俄萨荫图致外部俄开商约六款请示对付宗旨电	宣统三	一	二一	一九	七
外部司员富士英管尚平呈外部丞参查报塔城中俄通商利弊禀　附清折二件	宣统三	二	一三	一九	一七
使俄萨荫图致外部丞参报与陆使征祥商议俄约事函	宣统三	闰六	九	二二	七
科布多办事大臣忠瑞咨外部呈送会议修改俄约调查表文　附界务商务税务杂务表	宣统三	一〇	一	二四	一

中俄交涉　密约

目　　录	年	月	日	卷数	页数
旨派王之春为致贺俄君加冕专使	光绪二一	一一	一三	一一九	四
御史胡孚宸奏俄君加冕宜派重臣前往致贺片　附旨	二一	一二	二七	一一九	二五
旨著张之洞传知邵友濂为致贺俄君加冕副使电	二一	一二	二七	一一九	二五
谕派李鸿章为出使俄英法德美五国亲递国书大臣敕书并著李经述随使前往　三件	二二	一	一〇	一二〇	一

中俄交涉　归还伊犁

目　　录	年	月	日	卷数	页数
总署奏准使俄大臣函述与外部议论交收伊犁事宜折　附复函界说及节略	五	七	一〇	一六	二
总署奏俄国交还伊犁请将边界地方先照旧例通商以便定议折	五	七	一〇	一六	一〇
甘督左宗棠奏遵旨陈复交收伊犁事宜折　附上谕	五	九	一	一七	一
甘督左宗棠奏遵议伊犁交涉应付事宜折　附上谕	五	一一	五	一八	二
塔尔巴哈台参赞锡纶奏统筹办理接收伊犁事宜片	六	二	一四	一九	一九
使俄曾纪泽奏谨就收回伊犁事宜敬陈管见折	六	六	一五	二一	一八
使俄曾纪泽奏缓索伊犁并非退让请照西例交嗜噜太司特公议片　附上谕	六	六	一五	二一	二三
总署奏会同俄国大员接收伊犁折	七	闰七	九	二五	二九
谕刘锦棠等著办理中俄伊犁分界事宜	七	闰七	一〇	二六	一
伊犁将军金顺奏接俄土尔吉斯坦总督回文定期交还伊犁折	七	一一	二〇	二六	二七
伊犁将军金顺奏接收伊犁并分界事宜折　附上谕	七	一二	九	二六	二八
总署奏伊犁交涉俄人案件亟应查办完结以免藉口折	九	二	一〇	三一	二一
伊犁将军金顺等奏俄兵撤回并筹办边防折　附上谕	九	四	九	三二	一四
新抚袁大化咨外部伊犁中俄民籍混杂撮叙户口总数酌拟办法请核复文	宣统三	闰六	一	二一	四六

中俄交涉　界务

目　　录	年	月	日	卷数	页数
谕古尼音布著派员会同俄国委员补立界牌	光绪二	一〇	二八	八	二三
吉林将军铭安玉亮奏宁古塔三姓副统会同俄官补修界牌分别勘立折	三	九	一六	一一	二二

目　　录	年	月	日	卷数	页数
吉林将军铭安等奏会同俄官补修宁古塔珲春界牌一律修立完竣片	三	一〇	三〇	一二	二六
谕刘锦棠等著办理中俄界务	七	五	一六	二五	二六
伊犁将军金顺等奏预筹西北边界分段查勘折	八	一	二二	二七	三
谕金顺等向俄索还索伦右翼四旗等地方	八	四	二〇	二七	二六
科布多办事大臣清安额尔庆额等奏科布多边界复行勘分困难情形折　附廷寄	八	八	三	二九	一
使俄曾纪泽奏陈中俄界务重勘情形折	八	一〇	一四	三〇	一六
使俄曾纪泽奏请变通边疆人随地归之例片　附上谕	八	一〇	一四	三〇	一七
科布多办事大臣清安额尔庆额奏中俄界务重勘情形折	八	一〇	二七	三〇	一八
伊犁将军金顺等奏中俄界务重勘竣事折　附伊犁界约	八	一一	二三	三〇	二五
伊犁将军金顺奏勘分科境边界事宜折	八	一一	二三	三〇	三〇
伊犁将军金顺奏分段勘分伊境界址片	八	一一	二三	三〇	三一
新疆督办刘锦棠奏新疆南界之贡古鲁克地方宜趁划界未定据约索还折　附上谕二件	九	一	一四	三一	四
伊犁将军金顺奏与俄国勘分伊犁南段界务情形折　附喀什噶尔界约	九	一	二八	三一	一一
伊犁将军金顺等奏勘分科界必先安插蒙哈请款抚恤折	九	二	二七	三一	二八
伊犁将军金顺等奏安抚蒙哈并勘分边界情形折　附旨	九	四	二五	三二	二〇
哈密帮办大臣长顺奏中俄勘分贡古鲁克界务折	九	六	一五	三三	一七
哈密帮办大臣长顺奏复勘新疆南界及查明南北路径情形折　附上谕	九	七	八	三四	二
伊犁将军金顺参赞升泰等奏行抵哈巴河与俄使晤商勘界折	九	七	一三	三四	八

目　　录	年	月	日	卷数	页数
使俄曾纪泽奏与俄国外部商议界务折	九	七	二〇	三四	一一
伊犁将军金顺等奏勘分科塔界务议定中俄新界折　附中俄科塔界约二件科布多新界牌博记一件	九	八	一七	三四	二五
伊犁将军金顺等奏会同俄官勘分科塔新界安设牌博折	九	一〇	八	三六	六
伊犁将军金顺等奏塔属西南界段已按图约议定建立牌博并互换条约折　附塔尔巴哈台西南段界约二件	九	一〇	一五	三六	一二
新疆帮办张曜奏喀什噶尔西边界务应照条约现管之界办理折	九	一〇	二二	三六	二七
哈密帮办大臣长顺奏勘分新疆南段界务折	九	一〇	二二	三六	二八
哈密帮办大臣长顺奏中俄南路划界毫无舛错折	九	一一	一二	三七	六
总署奏喀什噶尔西边界务应照现管之界办理折	九	一一	二五	三七	一七
科布多办事大臣清安等奏塔城北段牌博建立完竣并中俄互换条约折　附塔尔巴哈台北段牌博记二件	九	一一	二八	三七	二二
伊犁将军金顺等奏会同俄使勘分新疆南界折	一〇	四	三	四〇	一五
伊犁将军金顺奏查明南路喀什噶尔西边界务情形折	一〇	六	二四	四四	一七
谕吴大澂吉林黑顶子地方被俄侵占如何办结查明复奏电	一〇	七	一一	四五	三〇
北洋会办吴大澂奏俄国定界一事被参复陈折	一〇	七	一七	四六	七
总署奏遵议喀什噶尔西边界务情形折　附续勘喀什噶尔界约	一〇	七	二七	四六	二二
塔尔巴哈台参赞锡纶奏会同俄领事办理哈萨克各部内附外属情形折　附哈萨克归附条约	一一	二	六	五四	一九
总署奏吉林中俄界务舛错请派员复勘据约立界折	一一	三	四	五七	七
北洋会办吴大澂奏吉林东边界牌年久失修请饬总署与俄使商换石牌折	一一	四	一四	五八	一

目　　录	年	月	日	卷数	页数
总署奏据希元咨称俄官定期勘界片	一一	九	二	六一	一
使英曾纪泽致总署俄请派员勘界断不可允电	一二	一	九	六三	一三
中俄勘界大臣吴大澂等奏前赴俄境会商界务日期折	一二	五	四	六七	二
总署致李鸿章请转吴大澂中俄以图们江口为界可照办电	一二	五	二二	六七	一二
直督李鸿章致总署据吴大澂电图们江一段重绘分图电	一二	五	二八	六七	一三
中俄勘界大臣吴大澂致李鸿章转总署中俄界务展拓旧图电 附旨	一二	六	二	六七	一六
总署致吴大澂如不能争到海滩尽处照旧图定界电	一二	六	二	六七	一六
直督李鸿章致总署据吴大澂电报中俄划界立牌电	一二	六	九	六七	二二
中俄勘界大臣吴大澄等奏中俄划界经过情形折 附珲春界约及道路记界牌记九件	一二	六	二三	六七	二八
中俄勘界大臣吴大澂等奏与俄勘界员会商图们江及宁古塔界牌片	一二	六	二三	六七	四二
直督李鸿章致总署吴大澂报中俄境界已测准电	一二	六	二五	六七	四三
直督李鸿章致总署吴大澂报中俄界务勘毕回珲春电	一二	七	一五	六八	一二
直督李鸿章致总署吴大澂报图们江口中国行船事宜电	一二	八	一	六八	一七
总署致李鸿章转吴大澂在津商办图们江行船事电	一二	九	六	六九	二
总署致李鸿章图们江行船事请转吴大澂速办电	一二	九	一六	六九	一五
直督李鸿章致总署据吴大澂报俄准图们江行船电	一二	九	一八	六九	一五
黑龙江将军恭镗等奏黑龙江左岸原设卡伦封堆碍难派兵查放折	一四	八	三	七七	一
总署奏查放黑龙江左岸卡伦应饬熟思审处勿遽迁就折	一四	九	九	七七	六

目　录	年	月	日	卷数	页数
乌里雅苏台办事大臣祥麟等奏俄人占地垦荒请饬库伦办事大臣派员会勘折　附朱批	一五	四	二	八〇	一一
乌里雅苏台办事大臣祥麟等奏派员履勘唐努乌梁海中俄界址请饬商俄使令背约俄人迁回折	一五	一〇	一七	八一	二三
乌里雅苏台办事大臣祥麟等奏乌梁海久隶版图请饬商俄使照约办理片	一五	一〇	一七	八一	二四
塔尔巴哈台参赞额尔庆额奏俄人借巴尔鲁克山年限将满请知照俄使迁移俄属哈萨折	一七	四	三	八四	一五
伊犁将军长庚奏俄国借巴尔鲁克山年限将满派员商办折	一九	四	九	八七	七
塔尔巴哈台参赞富勒铭额奏巴尔鲁克山借给俄国限满拟派员照约收还折	一九	七	一五	八七	一八
伊犁将军长庚奏俄官迁徙俄哈恐有窜逸派兵严防边境以免藉口折	一九	九	二一	八八	七
总署奏俄人归还巴尔鲁克山借地办理情形折　附收回巴尔鲁克山文约及管辖哈萨克条款	一九	一二	一一	八八	一八
伊犁将军长庚等奏俄国原借巴尔鲁克山全境收回业已订约折	二〇	四	一	九〇	一
伊犁将军长庚奏收回俄国借地安设卡伦片	二〇	四	一	九〇	五
黑龙江将军增祺致总署俄员测量兴安岭听阻两难乞示遵电	二〇	九	四	九七	一〇
直督李鸿章致总署李家鏊密探俄情所言似非影响电　附旨	二〇	九	一九	九八	二
伊犁将军长庚致外部与俄领订借特克斯河南牧厂电	二八	一	一	一五二	一
科布多办事大臣瑞洵奏科布多所管边界大半割与俄人情形片	二八	四	二五	一五六	二一
科布多办事大臣瑞洵奏请敕外部照会俄使催勘阿拉克别克河界务折	二九	八	一七	一七五	一七
东督徐世昌咨外部请催俄使会查呼伦贝尔边界文	宣统一	三	一	三	一一
外部咨锡良中俄满洲里界图本部查无底本文	宣统一	六	三	五	一五
定边将军乌里雅苏台参赞咨外部报与俄官会勘中俄界牌并无侵占文	宣统一	八	一四	九	三二

目　　录	年	月	日	卷数	页数
东督锡良致外部据宋道禀陈中俄勘界办法四条请核示电	宣统二	三	一九	一四	一二
东督锡良致外部报中俄界案会勘情形电	宣统二	九	九	一七	三五
外部致使俄萨荫图言萨哈连在黑龙江右岸电	宣统二	一一	二〇	一八	二五
外部致周树模中俄勘界事希面与俄员驳辩电	宣统二	一一	二八	一八	二六
外部致锡良周树模奉旨派周树模充会勘中俄边界大臣电	宣统三	一	三〇	一九	一三
黑抚周树模致外部奉旨会勘中俄边界当妥慎办理电	宣统三	二	三	一九	一五
黑抚周树模致外部勘界俄员难以理喻应否暂缓立案电	宣统三	二	四	一九	一五
东督锡良致外部勘界事俄派全权大员与体制不符电	宣统三	二	一三	一九	二五
外部致乌里雅苏台将军毕桂芳请派员会查俄人焚毁牌博证据电	宣统三	二	一四	一九	二五
外部致锡良周树模勘界事希饬按图确指地名约俄员会勘电	宣统三	二	一四	一九	二五
使俄萨荫图咨外部译送中俄边界地图文	宣统三	二	一四	一九	二六
黑抚周树模致外部勘界事俄员狡执骄横请勿庸在界立案函	宣统三	二	一七	一九	二七
外部复俄使廓黑龙江右岸检验所应归中国自办照会	宣统三	二	二三	一九	三六
黑抚周树模致外部请商俄使饬俄员会勘塔奔托罗海界址电	宣统三	二	二六	一九	三七
使俄萨荫图致外部俄外部搜集乌梁海凭据欲为辩论地步电	宣统三	三	四	一九	四〇
黑抚周树模致外部勘界俄员种种狡执拟随时请示电	宣统三	三	一三	一九	四八
黑抚周树模致内阁奉旨与俄会勘边界陈报开议日期电　附旨	宣统三	五	二二	二一	二六
乌里雅苏台将军毕桂芳致外部派员往乌梁海会同俄员查界电	宣统三	六	二	二一	三八

目　　录	年	月	日	卷数	页数
外部致毕桂芳俄使不承认乌梁海界牌希查复案据电	宣统三	六	一三	二一	四二
定边左副将军咨外部派员查勘中俄交界牌博尚无侵挪文	宣统三	八	二三	二三	八
外部致陆征祥满洲里由我开作商埠各国公认希商俄外部和平勘议电	宣统三	九	六	二三	二一
使俄陆征祥致外部黑省勘界事俄外部称宜和衷商定电	宣统三	九	一一	二三	三二
外部致赵尔巽周树模满洲里似非俄所必争希速结界务电	宣统三	九	一二	二三	三四
外部致陆征祥满洲里为我领土希商俄廷转饬持平议结电	宣统三	九	二一	二三	四一
驻俄代办唐在复呈外部丞参报与俄外部商黑省中俄勘界事函	宣统三	九	二五	二三	四一
外部致陆征祥中俄界务一时难决请商俄政府暂行停议电	宣统三	一〇	三	二四	一四
外部致周树模中俄界务尊意是否重在满洲里车站或附近地希复电	宣统三	一〇	六	二四	一五
黑抚周树模咨外部呈送中俄界务会议录文　附会议录及答辩条文	宣统三	一〇	一一	二四	一七
外部致陆征祥黑抚电称中俄界约本日画押希告俄外部电	宣统三	一〇	一九	二四	二八
外部致周树模俄使称划界条款无须由政府批准电	宣统三	一〇	二八	二四	二九

中俄交涉　租借旅大

目　　录	年	月	日	卷数	页数
旨寄李秉衡俄水师轮船借泊胶澳过冬著饬地方官照料电　二件	光绪二一	一〇	七	一一八	二一
鲁抚李秉衡致军务处遵旨准俄轮借泊胶澳过冬请商退出日期电	二一	一〇	九	一一八	二二
总署致王文韶据裕庚报英谋占大连请饬宋军预备电　附旨	二三	一一	二三	一二七	三二

目　　录	年	月	日	卷数	页数
盛京将军依克唐阿致总署俄队把守金州四门乞告俄使电	二四	二	二〇	一三〇	一〇
专使许景澄致总署俄外部交阅所拟租界图线外有界非止海口电	二四	二	二二	一三〇	一一
专使许景澄致总署俄外部言必须租不冻海口为水师屯地电	二四	二	一三	一三〇	一一
总署致许景澄杨儒前与日议归辽时订明旅大不让别国请俄顾全睦谊电	二四	二	二三	一三〇	一二
盛京将军依克唐阿致总署旅大有英俄兵轮窥探电	二四	二	二四	一三〇	一二
专使许景澄致总署报见俄君递国电并问答情形电	二四	二	二四	一三〇	一二
总署致许景澄杨儒应付要索旅大办法甚中肯希与俄外部磋磨电	二四	二	二五	一三〇	一三
专使许景澄致总署俄派巴代办为商办旅大全权专使电	二四	二	二五	一三〇	一三
许景澄杨儒致总署报与俄外部剖辩租地事电	二四	二	二六	一三〇	一四
总署奏俄国订租旅顺大连湾两口并议接展铁路条款折	二四	三	五	一三〇	一六
盛京将军依克唐阿致总署俄提督在陶湾登岸扎兵张示电　附旨二件	二四	三	八	一三〇	一七
总署致许景澄杨儒俄提督决据金州城希告俄外部饬其勿得卤莽电	二四	三	一九	一三〇	一八
许景澄杨儒致总署俄外部送租地专条拟稿请示电	二四	三	二二	一三〇	一八
许景澄杨儒致总署酌改租地专条各节筹候速核电	四二〔二四〕	三	二三	一三〇	一九
总署致许景澄杨儒请与俄外部磋商金州界事电　二件	二四	三	二三	一三〇	一九
盛京将军依克唐阿奏金州城奉军遵旨一律撤回电	二四	闰三	一	一三一	一
许景澄杨儒致总署报俄外部交复金州案全稿电	二四	闰三	二	一三一	一

目　　录	年	月	日	卷数	页数
盛京将军依克唐阿致总署俄占盐滩并强画诺电	二四	九	二九	一三五	一八
盛京将军依克唐阿致总署俄移界至莫家屯势必滋事电	二四	九	三〇	一三五	一八
总署奏与俄使商定庙群岛不归旅顺租界折	二四	一二	八	一三六	二三
盛京将军依克唐阿致总署报俄员不准华官干预金州钱粮电	二五	二	一	一三七	五
金州副都统福陞致总署俄兵于貔口催逼钱粮斫毙华民请照会俄员电	二五	二	一	一三七	六
总署奏中俄会勘旅大陆地北界事竣照约缮订专条折　附旅大租界专条辽东半岛租地专条暨咨文	二五	三	二四	一三八	一

清季外交史料索引卷六终

清季外交史料索引卷七

中俄交涉　交还东三省

目　　录	年	月	日	卷数	页数
全权大臣李鸿章与日使小村商议俄国驻兵东三省问答	二六	一一	二七	一四五	九
黑龙江将军绰哈布奏陈筹画黑省事宜五条请圣裁折	西巡二六	一一	二七	四	二一
全权大臣奕劻等致枢垣杨儒电晤俄户部谈议和条款殊难就范电	西巡二六	一二	八	四	二五
盛京将军增祺致俄提督商订交收东三省条款照会　附条款二件	二六	一二	一〇	一四五	一三
全权大臣李鸿章奏据杨儒电俄暂约批准已作罢论电	西巡二六	一二	一一	四	三〇
旨寄奕劻李鸿章增祺与俄立交地暂约实属荒谬著严议电	二六	一二	一一	一四五	一六
奕劻李鸿章致总署杨儒晤商俄外部交地仍诿户兵两部电　附旨	二六	一二	一二	一四五	一七
俄提督复增祺商改交还东三省条款照会　附条款	二六	一二	一二	一四五	一七
奕劻李鸿章致枢垣据增祺电补救周冕暂约情形电	西巡二六	一二	一九	四	三四
使日李盛铎致枢垣此次议款万不可割地电	西巡二六	一二	二七	四	四一
大清国皇帝致俄皇请交还东三省国书	二七	一	五	一四六	三
全权大臣李鸿章奏接杨儒电俄约十二款摘要谨陈电	西巡二七	一	五	五	五
全权大臣奕劻等致枢垣东三省事请令杨儒探询俄廷口气再议电	西巡二七	一	七	五	一一
鄂督张之洞致枢垣增祺擅定暂约万不可允电	西巡二七	一	七	五	一三
奕劻李鸿章致枢垣东省事俄使谓各国谗言请置勿理电	西巡二七	一	九	五	一六
商约大臣盛宣怀致枢垣俄约请乘各国牵制竭力减除电	西巡二七	一	九	五	一七
江督刘坤一致枢垣意国外部言不可与俄订借土驻兵之约电	西巡二七	一	一〇	五	一七
俄皇致大清国皇帝声明东三省事件均照原定宗旨办理国书	二七	一	一一	一四六	四

目　　录	年	月	日	卷数	页数
全权大臣李鸿章致枢垣英使请删改俄约末款电	西巡二七	二	一	六	三
奕劻李鸿章致枢垣杨使晤俄外部词气甚决乞训示电	西巡二七	二	一	六	三
商约大臣盛宣怀致枢垣俄约事各国如有意见应迳向俄廷诘问电	西巡二七	二	一	六	四
鄂督张之洞致枢垣开放东省各国当助我并已商英领阻俄约电	西巡二七	二	二	六	五
江督刘坤一致枢垣请日政府速商英国约各国切实告俄宽限电	西巡二七	二	二	六	六
鄂督张之洞致枢垣谨陈俄约救急之策电	西巡二七	二	二	六	七
江督刘坤一等致枢垣俄占东省请借各国通商为牵制电	西巡二七	二	二	六	一〇
江督刘坤一致枢垣统筹全局俄约实万难应允电	西巡二七	二	三	六	一〇
商约大臣盛宣怀致枢垣如不画俄约各国尚可公论电	西巡二七	二	三	六	一一
鄂督张之洞致枢垣日愿与英德美劝中国不签俄约电	西巡二七	二	三	六	一二
江督刘坤一致枢垣日领言若准俄约恐肇瓜分务请坚持拒电	西巡二七	二	四	六	一三
商约大臣盛宣怀致枢垣转杨儒电俄逼画约未知四国能否转圜电	西巡二七	二	四	六	一四
江督刘坤一致枢垣沪日领言拒约之利与照允之害迥异电	西巡二七	二	四	六	一四
商约大臣盛宣怀致枢垣袁世凯电俄约宜牵合各国自不至互诿电	西巡二七	二	四	六	一五
江督刘坤一奏罗使电俄约英允力助恳饬全权万勿画押电	西巡二七	二	四	六	一六
使日李盛铎致枢垣日外部言俄不至因撤约开衅电	西巡二七	二	四	六	一七
皖抚王之春致枢垣请普开东省口岸抵制俄人电	西巡二七	二	四	六	一七
鄂督张之洞致枢垣俄约请饬全权商各国转圜再筹善策电	西巡二七	二	五	六	一九

目　　录	年	月	日	卷数	页数
江督刘坤一致枢垣吕使电德相言德廷办事在保全太平电	西巡二七	二	五	六	二〇
使日李盛铎致枢垣日外部言不画俄约则全局可保电	西巡二七	二	五	六	二〇
奕劻李鸿章致枢垣俄使谓逾期不画永远不还东省电	西巡二七	二	五	六	二一
使日李盛铎致枢垣英因铁路日因韩事皆与俄有违言电	西巡二七	二	五	六	二二
商约大臣盛宣怀致枢垣英美日因德中立故难拒俄电	西巡二七	二	五	六	二二
使日李盛铎致枢垣日外部云如不画押俄虽怒不至决裂电	西巡二七	二	六	六	二三
军机处致全权大臣请商格使先立公约再议专约电	西巡二七	二	六	六	二三
商约大臣盛宣怀致枢垣罗使电俄事英只能持公论不能继以兵力电	西巡二七	二	六	六	二四
商约大臣盛宣怀致枢垣杨使电俄约事请用国书托各国调停电	西巡二七	二	六	六	二五
皖抚王之春致枢垣俄图东省请求助各国电	西巡二七	二	七	六	二六
闽督许应骙致枢垣李盛铎电东省事但求各国联络则俄孤立电	西巡二七	二	七	六	二七
奕劻李鸿章致枢垣俄事与各国无干乞赐乾断电	西巡二七	二	七	六	二七
鄂督张之洞致枢垣请饬李相询格使有何策可杜各国援例电	西巡二七	二	七	六	二八
江督刘坤一等致枢垣不画俄约请各国公断电	西巡二七	二	七	六	二九
商约大臣盛宣怀致枢垣日本请俄将东约交各使公议望俄廷乐从电	西巡二七	二	七	六	三〇
商约大臣盛宣怀致枢垣转李盛铎电陈日政府劝俄废约大意电	西巡二七	二	七	六	三〇
奕劻李鸿章致枢垣日外部电劝俄廷勿损中国主权电	西巡二七	二	八	六	三一
商约大臣盛宣怀致枢垣请商俄廷删去窒碍字句电	西巡二七	二	八	六	三一

目　　录	年	月	日	卷数	页数
奕劻李鸿章致枢垣俄使催画押如决裂患在目前电	西巡二七	二	八	六	三二
江督刘坤一致枢垣俄约请俟英日允许后定议电	西巡二七	二	八	六	三二
全权大臣奕劻奏俄约请权利害轻重审断施行电	西巡二七	二	九	六	三三
江督刘坤一致枢垣俄约无论如何删改须商允各国电	西巡二七	二	九	六	三四
鄂督张之洞致枢垣俄约请俟公约定后再议电	西巡二七	二	一〇	六	三五
江督刘坤一致枢垣俄约归各国公断方为万全电	西巡二七	二	一〇	六	三六
使日李盛铎致枢垣中俄密约俄外部已告日使电	西巡二七	二	一一	六	三六
江督刘坤一致枢垣请将俄约分电我驻使知照各国电	西巡二七	二	一一	六	三七
皖抚王之春奏俄事请抱定听公断从公约两语电	西巡二七	二	一一	六	三八
使日李盛铎致枢垣日廷劝阻俄约俄人逊词以对电	西巡二七	二	一一	六	四〇
鄂督张之洞致枢垣请将国书托英转俄或可转圜电	西巡二七	二	一二	六	四一
使英罗丰禄致枢垣遵商澜侯公约英仍可在京商定电	西巡二七	二	一二	六	四一
江督刘坤一致枢垣俄约请归公断并先宣约电二件	西巡二七	二	一二	六	四二
使日李盛铎致枢垣俄事日廷已备战电	西巡二七	二	一二	六	四二
商约大臣盛宣怀致枢垣俄约谨陈管见四条电	西巡二七	二	一二	六	四三
皖抚王之春致枢垣宣示俄约即决裂亦不致牵动公约电	西巡二七	二	一三	六	四五
商约大臣盛宣怀致枢垣转李盛铎电俄约交各使公断请勿迟疑电	西巡二七	二	一三	六	四五
商约大臣盛宣怀致枢垣闻东省利益俄愿略分与日请预防电	西巡二七	二	一三	六	四六

目　录	年	月	日	卷数	页数
鲁抚袁世凯致枢垣俄欲立专约各国欲与公约相仿谨陈办法电	西巡二七	二	一四	六	四六
奕劻李鸿章致枢垣俄微德电不画俄约以后事更难为电	西巡二七	二	一五	六	四七
鄂督张之洞致枢垣请发国书恳俄勿决裂请各国以公论相助电	西巡二七	二	一五	六	四八
商约大臣盛宣怀致枢垣罗使电俄约请英日代商或请他国调停电	西巡二七	二	一六	六	四九
奕劻李鸿章致枢垣电旨四条交俄使不收亦不拆阅电	西巡二七	二	一六	六	五〇
全权大臣奕劻致枢垣各国不致因俄事延搁公约电	西巡二七	二	一六	六	五〇
使日李盛铎致枢垣日外部云应付俄国词宜决绝语却和平电	西巡二七	二	一六	六	五〇
江督刘坤一致枢垣俄约已分别密致各领电	西巡二七	二	一六	六	五一
江督刘坤一致枢垣俄约舍公评外均非妥策电	西巡二七	二	一七	六	五一
奕劻李鸿章致枢垣法与俄交厚请电裕使赴外部谆托电	西巡二七	二	一九	六	五四
使美伍廷芳致枢垣美外部称俄使云俄约既有责言俟后再商电	西巡二七	二	二〇	六	五五
江督刘坤一致枢垣李使电日俄有兵戎相见之语电	西巡二七	二	二〇	六	五五
使日李盛铎致枢垣日外部言俄使云俄约作罢东省事仍旧电　二件	西巡二七	二	二二	六	五六
江督刘坤一致枢垣日领言俄告各国无逼令签押意仍防术诱电	西巡二七	二	二二	六	五六
江督刘坤一致枢垣如俄国索偿款可告各友邦相助电	西巡二七	二	二四	六	五八
刘坤一张之洞致枢垣俄约罢议请李相遇事知照江鄂电	西巡二七	三	一	七	一
鲁抚袁世凯致枢垣合肥立意联俄必须慎防电	西巡二七	三	一	七	二
驻俄参赞胡惟德呈枢垣俄报载俄廷宣告东省议约停顿文稿电	西巡二七	三	二	七	六

目　　录	年	月	日	卷数	页数
江督刘坤一致枢垣日领谓开通东三省不致激俄人之怒电	西巡二七	三	一三	七	二二
使日李盛铎致枢垣日外部称不必急求俄国还地电	西巡二七	三	一四	七	二五
使日李盛铎致枢垣日外部云东省事宜令各国知我自操主权电	西巡二七	三	一五	七	三一
江督刘坤一致枢垣赔款已有俄款在内德兵将撤俄亦应撤电	西巡二七	四	一九	八	二一
御史黄曾源奏俄于东三省因利乘便必自受其敝片	二七	四	二〇	一四六	二三
盛京将军增祺奏周冕前在旅顺所议暂约已作废折	二七	四	二四	一四六	二六
军机处致李盛铎请谢日本近卫公爵指陈时局书函	西巡二七	四	二四	八	二五
使俄杨儒奏与俄人议约旋又停商谨陈先后办理情形折	西巡二七	五	二	八	二八
军机处致全权大臣请电增祺商俄官缴还军火以便剿匪电	西巡二七	五	一二	八	四五
盛京将军增祺奏寿长构衅奉旨革职应商俄使放回自办折	西巡二七	五	一六	八	四八
江督刘坤一致枢垣日领谓俄索喀什噶尔是否确实乞示电	西巡二七	五	一八	八	五〇
全权大臣李鸿章致枢垣俄约为江鄂所阻无从商令撤兵电	西巡二七	五	二三	八	五二
江督刘坤一致枢垣俄既同索款亦应同撤兵请全权勿再偏执电	西巡二七	五	二五	八	五四
奕劻李鸿章致枢垣俄约不画闻蒙古投诚于俄电	西巡二七	五	二七	八	五五
全权大臣李鸿章致枢垣据胡惟德电藏使赴俄仅为通好电	西巡二七	六	七	九	二
鄂督张之洞致枢垣俄约应乘和议大纲未竣之先提付公断电	西巡二七	六	一二	九	六
奕劻李鸿章致枢垣俄使请先商密约三端然后开议电	西巡二七	六	二八	九	二四
使日李盛铎致外部日内田云暂难劝俄退兵请预筹妥善办法电	二七	七	二	一四九	一〇

目　　录	年	月	日	卷数	页数
黑龙江将军萨保奏俄人限制兵民枪械侵我商民生计请饬力争片	西巡二七	九	二八	一〇	五〇
吉林将军长顺奏东三省和议迟早甚有关系请饬全权大臣从速定约折	西巡二七	一〇	一	一一	一
鄂督张之洞致枢垣如俄专辽东之利恐各国效尤电	二七	一〇	二	一四九	一八
鄂督张之洞致枢垣俄新约仍包藏祸心李相已故尤宜缓订电	西巡二七	一〇	四	一一	一二
鄂督张之洞致枢垣英使来言俄新约万不可许电	二七	一〇	二五	一四九	二三
江督刘坤一致外部英领言俄议东三省矿路归华自办电	二七	一二	二四	一五一	一五
鄂督张之洞致外部华俄合同宜与英日义三国熟商办法电	二七	一二	二四	一五一	一五
外部致刘坤一张之洞东三省矿务如交俄办须由中国批准函	二七	一二	二七	一五一	二〇
使美伍廷芳致外部美外部言东三省通商俄不能专利电	二八	一	一	一五二	一
刘坤一张之洞致枢垣俄约万不可许请各国公断电	二八	一	九	一五二	一〇
江督刘坤一致外部报日本联英美责俄撤兵电	二八	一	一四	一五二	一二
盛京将军增祺奏俄人近又搜索溃兵枪械片	二八	二	一	一五二	二〇
刘坤一张之洞致外部俄使约稿应先商英美各使电	二八	二	三	一五二	二一
刘坤一张之洞致外部东三省事关系甚大请与英日美妥商酌办电	二八	二	一四	一五三	二〇
外部致江鄂督及各星使俄约四条遵旨画押电	二八	三	三	一五四	一二
外部致胡惟德交收东三省条约业经批准应照会俄外部互换札	二八	三	五	一五四	一二
电政大臣盛宣怀致外部东三省线路俄兵未撤俄使不允派员前往接修电	二八	四	一	一五五	三
盛京将军增祺奏遵旨预筹奉天省西南段俄兵撤后办法折	二八	五	一	一五七	一

目　　录	年	月	日	卷数	页数
鄂督张之洞致外部俄人要我东省不许添口岸断不可允电	二九	四	八	一七一	四
使俄胡惟德致外部遵催俄外部照约撤兵据云已授雷使训条电	二九	四	九	一七一	五
商约大臣吕海寰伍廷芳致外部拟乘东省开口邀美使向俄调停交地电	二九	四	一八	一七一	一〇
盛京将军增祺致外部俄人所称复州煤窑拿人案情节支离已确查电	二九	四	二七	一七一	一八
使俄胡惟德致外部俄主宣谕六条殊不利中国电	二九	六	二九	一七三	二一
使俄胡惟德致外部俄主赴奥义东方外交统由阿列定夺电	二九	七	二七	一七四	一六
直督袁世凯致枢垣报东省俄员向将军索收地原文电	二九	九	二六	一七七	一九
使俄胡惟德致外部上书俄皇婉劝速撤东省俄兵电	二九	一〇	一四	一七八	一四
使俄胡惟德致俄外部请照约尽撤东三省俄兵照会	二九	一〇	二二	一七八	一五
俄外部复胡惟德俄实愿与中国克敦友谊会	二九	一〇	二三	一七八	一六
使俄胡惟德致外部报再催俄国践约撤兵电	二九	一一	八	一七九	三
使俄胡惟德致外部觐见俄主已请其将东省驻兵从速撤去电	二九	一一	二七	一八〇	一九
署黑龙江将军程德全奏陈东省中俄交涉善后情形请饬核议厘订折	三一	一一	二〇	一九五	一
户部咨外部准程德全咨请商俄员交还瑷珲城文 附咨	三二	九	一三	一九九	五
黑抚程德全致外部俄请于头道沟设商埠已驳拒电	三四	一	二四	二一〇	七
黑抚周树模致外部俄占瑷珲六十四旗请据理力争函	宣统一	六	六	五	三六

中俄交涉　日俄战争

目　　录	年	月	日	卷数	页数
使俄胡惟德奏日俄战局迟速必出于和中国宜亟筹应付折	光绪二九	一〇	二三	一七八	一七
使日杨枢致外部日俄协约势将决裂顷日已备战电	二九	一一	二	一七九	二
直督袁世凯致外部日俄将决裂闻日舰已往旅顺电	二九	一一	四	一七九	二
使日杨枢致外部日俄协约未议妥日已备战电	二九	一一	八	一七九	三
江督魏光焘致外部日俄交涉势将决裂请示方略电	二九	一一	八	一七九	三
直督袁世凯致外部日俄开仗我应守局外祈核示电	二九	一一	九	一七九	四
使日杨枢致外部小村言日俄万一决裂愿中国中立电	二九	一一	二二	一八〇	一六
滇督抚丁振铎林绍年致枢垣日俄将战中国必受其殃请速变法以挽危局电	二九	一二	四	一八一	一
直督袁世凯奏遵谕统筹布置东北边防情形折	二九	一二	六	一八一	三
皖抚诚勋奏中立难久边防益亟拟请东三省速筹练兵折	二九	一二	七	一八一	五
直督袁世凯致外部报俄船回旅顺或分弋洋面电	二九	一二	二二	一八一	一三
使俄胡惟德致外部日俄已互撤使韩声明守局外电	二九	一二	二三	一八一	一五
直督袁世凯致外部俄兵已赴辽阳东边备战电	二九	一二	二四	一八一	一五
直督袁世凯致外部日俄海军在旅顺口外开战电	二九	一二	二五	一八一	一五
直督袁世凯致外部日舰围旅又烟电沉俄船三艘电	二九	一二	二五	一八一	一五
粤督岑春煊致外部日俄开战宜乘势收回东三省电	二九	一二	二五	一八一	一六

目　　录	年	月	日	卷数	页数
使日杨枢致外部日在仁川旅顺又毁俄舰将颁战例电	二九	一二	二五	一八一	一八
直督袁世凯致外部日已宣战请旨布告中立条规电	二九	一二	二六	一八一	一八
直督袁世凯致外部日拟由青泥洼金州击俄电	二九	一二	二六	一八一	一八
直督袁世凯致外部俄舰沉伤十艘日克旅顺电	二九	一二	二七	一八一	一八
谕各省将军督抚日俄失和著按局外中立例办理并保护各国人民财产　二件	二九	一二	二七	一八一	一九
日俄战争中国严守局外中立条规	二九	一二	二七	一八一	二〇
使日杨枢致日外部日俄开战中国当严守中立照会	二九	一二	二八	一八一	二六
日外部复杨枢日俄战争不敢损害中国主权照会	二九	一二	三〇	一八一	二七
使俄胡惟德致外部俄外部言中国恪守局外俄决不侵越电	二九	一二	三〇	一八一	二七
俄关东总督致增祺战线内有碍军务城塞拟随时拆毁照会	三〇	一	二	一八二	一
沪道袁树勋致日领日俄商船在中国沿海当一律保护照会	三〇	一	三	一八二	一
沪道袁树勋致俄领催俄舰满洲号遵限退出华境照会	三〇	一	三	一八二	二
驻沪日领致袁树勋请准日舰在沪采办煤斤照会	三〇	一	四	一八二	二
使俄胡惟德致外部俄外部云满洲境难认局外电	三〇	一	四	一八二	三
沪道袁树勋呈外部请商俄使令俄舰遵限出口电	三〇	一	五	一八二	三
沪道袁树勋致俄领请将兵舰战具由海关起存照会	三〇	一	五	一八二	四
外部致胡惟德辽西系照约已退兵之地应守局外电	三〇	一	六	一八二	四
使俄胡惟德致外部俄虽言无据东省意然极含糊电	三〇	一	八	一八二	五

目　　录	年	月	日	卷数	页数
盛京将军增祺致外部俄已失守金州扇子山电	三〇	五	二	一八三	一
直督袁世凯致外部熊岳俄军被日截击退回盖州电	三〇	五	二	一八三	一
直督袁世凯致外部俄兵袭凤凰城为日击败电	三〇	五	七	一八三	一
外部致俄使雷萨尔战国兵船不得在中立国领海缉捕商船照会	三〇	五	一〇	一八三	二
直督袁世凯致外部日军占熊岳并直趋辽阳电二件	三〇	五	一一	一八三	三
使日杨枢致外部日派大山岩为司令儿玉为参赞电	三〇	五	一二	一八三	三
东海关道何彦升呈外部日占盖平及三度沟高原电	三〇	五	一四	一八三	三
直督袁世凯致外部俄船由海参崴袭攻韩之元山电	三〇	五	一八	一八三	四
驻沪日领小田切致袁树勋申明封锁辽东半岛照会	三〇	五	一八	一八三	四
直督袁世凯致外部日军三路进攻已占摩天岭电	三〇	五	二二	一八三	四
外部致内田请勿招匪并勿令在局外边界游弋照会	三〇	五	二五	一八三	五
俄使雷萨尔致外部请禁日本招匪编伍照会	三〇	五	二九	一八三	五
日使内田康哉复外部实未招匪编伍并请禁俄兵勒买军需照会	三〇	六	二	一八三	九
外部复俄使雷萨尔已照会日使查禁招匪编伍照会	三〇	六	六	一八三	九
直督袁世凯致外部日攻破大石桥营口俄人均逃电	三〇	六	一三	一八三	一一
东海关道何彦升呈外部日军进距辽阳七十里电	三〇	六	二三	一八三	一八
直督袁世凯致外部海城牛庄俄军败退电	三〇	六	二四	一八三	一八
增祺廷杰致外部俄已退至辽南鞍山站沙河一带电	三〇	六	二六	一八三	一八

目　　录	年	月	日	卷数	页数
外部致袁世凯周馥何彦升俄使称闻日拟击烟台领署应饬严防电	三〇	七	八	一八四	一
沪道袁树勋致沪领袖领事俄舰不守中立规条请转致公会照会	三〇	七	一〇	一八四	一
使日杨枢致外部日小村称俄旅顺舰队恐以烟台为捕逃薮断难认可电	三〇	七	一二	一八四	三
外部致俄使雷萨尔俄泊沪兵舰如不愿出口应令拆卸军装照会	三〇	七	一二	一八四	四
江督魏光焘致外部俄舰末次限满拟令拆卸军装电	三〇	七	一二	一八四	五
俄使雷萨尔致外部沪嘱俄舰停修实利日本照会	三〇	七	一四	一八四	五
日使内田致外部俄船展限出口已达本国政府照会	三〇	七	一四	一八四	六
沪道袁树勋致沪领袖领事起卸俄舰军械机器照会	三〇	七	一四	一八四	六
直督袁世凯奏海军统将于遵守中立之战国船只保护不力请旨惩处折	三〇	七	一四	一八四	七
日使内田致外部酌拟俄舰卸去军装办法六条请切实施行照会	三〇	七	一七	一六四	九
外部致胡惟德俄船无续修之理希商俄外部电	三〇	七	一八	一八四	一〇
外部致内田据沪道电俄舰军火已卸希电知日领函	三〇	七	二二	一八四	一一
外部致内田日船在烟台拖去俄艇前请释回未能照允按公法声明照会	三〇	七	二二	一八四	一二
直督袁世凯致外部日军占安山站及安平等处电	三〇	七	二二	一八四	一四
东海关道何彦升呈外部日军占辽阳电	三〇	七	二六	一八四	一四
直督袁世凯致外部据何彦升电俄艇事日领道歉电	三〇	八	二	一八四	一五
外部致胡惟德请俄皇谕各军官保护陵寝宫殿电	三〇	八	一四	一八四	一七
使日杨枢致外部日君召集元老会议满州〔洲〕事请饬沿边稽查防备严守中立电	三〇	八	二〇	一八四	一八

目　　录	年	月	日	卷数	页数
外部致胡惟德调停日俄战事在觇彼内情希复电	三〇	八	二七	一八四	一九
使俄胡惟德致外部俄派古鲁巴金为统帅电	三〇	九	二一	一八五	二
直督袁世凯致外部俄艇炸沉弁兵摧枪投领署请商俄使交出电	三〇	一〇	一一	一八五	二二
俄使雷萨尔致外部可否将俄艇官兵乘中国巡船送沪照会	三〇	一〇	一三	一八五	二三
直督袁世凯致外部俄艇炸沉中国不能任保护之责请告俄使电	三〇	一〇	一四	一八五	二四
俄使雷萨尔致外部请准因战受伤俄提督回国照会	三〇	一〇	一四	一八五	二四
外部致袁树勋日使称俄提督并无病状应即查复电	三〇	一〇	一九	一八五	二五
直督袁世凯致外部已派船守俄艇请勿认为保护电	三〇	一〇	一九	一八五	二五
直督袁世凯致外部据程璧光电俄艇官兵已抵沪电	三〇	一一	一二	一八六	二
外部致袁世凯周馥魏光焘俄舰将抵黄海恐以三都澳为根据地希筹复电	三〇	一一	一五	一八六	三
外部致雷萨尔俄艇炸沉照关章暂为巡守电	三〇	一一	二一	一八六	四
外部致闽督魏光焘俄舰来踪未定不宜张皇电	三〇	一一	二二	一八六	五
俄使雷萨尔致外部沪俄兵砍毙周生有案请按俄律惩治罪人照会	三〇	一一	二五	一八六	五
使日杨枢致外部日军陷旅顺俄将已降电	三〇	一一	二七	一八六	七
外部致胡惟德俄兵砍毙周生有案希告俄廷交凶电	三〇	一一	二七	一八六	七
直督袁世凯致外部日本炮船到汤河口逾限未去电	三〇	一二	三	一八六	七
外部致胡惟德周案拟设特别公堂会审希商俄廷电	三〇	一二	八	一八六	八
外部致周馥袁树勋周案已电胡使力争拟归公断电	三〇	一二	九	一八六	八

目　录	年	月	日	卷数	页数
使俄胡惟德致外部请嘱奉吉黑将军随时查记民命财产之损失为索偿地步电	三一	三	一〇	一八八	一三
直督袁世凯致外部俄军退法库门之金利屯电	三一	三	一五	一八八	一三
盛京将军增祺等奏报奉天省城等处日俄两军进退情形折	三一	三	二八	一八九	二〇
盛京将军增祺等奏密陈日俄战地情形片	三一	三	二八	一八九	二三
外部致胡惟德俄抵淞六舰不肯拆卸希告俄外部速饬照办电	三一	四	二九	一八九	二七
谕各督抚及各使日俄议和中国应如何因应著各抒所见电	三一	五	二四	一九〇	五
外部致胡惟德日俄议和凡未与中国商定者不能承认电	三一	六	四	一九〇	五
直督袁世凯致外部据日京电日军占萨哈连岛电	三一	六	一五	一九〇	一一
外部致胡惟德日俄直接议和望密探电闻电	三一	六	一八	一九〇	一一
鄂督张之洞致枢垣议复日俄直接议和因应办法电	三一	六	二二	一九〇	一三
日俄朴司茂斯和约　二件	三一	八	九	一九一	一三
外部致胡惟德俄日新约有满州〔洲〕铁路一带驻兵与约不符请俄廷熟筹电	三一	八	二二	一九一	二二
署黑龙江将军程德全咨外部准俄员称日本请撤四平街外交政府俄已允准文	三二	九	一七	一九九	九
俄使璞科第致外部俄让关东半岛于日贵国政府有无异词请核复照会	三二	一〇	二五	一九九	一七
东督徐世昌等奏通事王文渡勾串俄兵伤毙多命已饬正法片	三三	七	二〇	二〇四	一一
使俄胡惟德致外部海参崴赔款现经各部议准电	三三	七	二二	二〇四	一八
使俄胡惟德致外部崴埠赔款俄未允偿电	三三	八	二	二〇五	一
外部咨商部崴商被灾赔款俄未允增应即商结文	宣统一	二	四	一	四六
锡良程德全咨外部日俄战争时华民赔款请询俄使核办文	宣统二	二	二六	一三	四二

中俄交涉　矿务

目　　录	年	月	日	卷数	页数
总署致曾纪泽黑龙江之簇粗鲁海图卡系中国地不准外人开矿电	光绪一二	一	二二	六三	二七
直督李鸿章致总署据漠河金矿局李金镛禀报锅炉机器被扣请照会俄使电伯力验放电	一四	八	二四	七七	四
乌里雅苏台办事大臣祥麟等奏唐努乌梁海边地俄人采金拟清界限固疆圉折	一四	一一	二三	七八	一四
乌里雅苏台办事大臣祥麟等奏查勘金山卡伦并无偷挖情弊折	一四	一一	二三	七八	一六
直督李鸿章致总署俄东海总督复特准漠河挖金机器过卡电	一五	一	三〇	七九	一九
总署奏议复俄据蒙边挖金垦地建房并添建界牌折	一五	二	一〇	七九	一七
使俄洪钧奏闻恰克图边界俄人穴地采金拟处理积案折　附恰克图交界地名及俄国金厂处所名单	一六	四	二〇	八三	六
库伦办事大臣安德那逊绰克图等奏恰克图等处开办矿务窒碍难行折	一六	八	二八	八三	二〇
使俄许景澄奏游历洋人测探新疆和阗金矿折	一九	一〇	二六	八八	一六
旨著长庚会同饶应祺派员勘办和阗金矿电	二二	二	九	一二〇	一二
伊犁将军长庚奏查明中俄界间二水并提封以南五金各矿情形折	二三	六	七	一二六	一一
总署奏遵议饶应祺与俄商商办新疆金矿情形折	二五	二	六	一三七	七
总署奏遵议连顺请开蒙古鄂尔河五处金矿折	二五	三	一六	一三七	一八
黑龙江将军恩泽等奏爱珲商号煤矿因疏通销路改为华俄合股折　附合同	二五	五	一八	一三九	四
总署奏遵议饶应祺派员与俄商伙办金矿合同折	二五	六	二三	一三九	一四
军机处致昆冈俄合办吉林矿务希电长顺从缓办理电	西巡二七	三	九	七	一三

目　　录	年	月	日	卷数	页数
黑龙江将军萨保奏俄员请办黑省各矿谨拟草约十四条折	西巡二七	九	二八	一〇	四六
外部奏蒙古鄂尔河等五处金矿拟请续议开办折	二九	五	二三	一七二	三四

中俄交涉　电报

目　　录	年	月	日	卷数	页数
直督李鸿章致总署盛宣怀电俄人拟订接线条款电	光绪一四	八	二八	七七	四
直督李鸿章致总署俄人商议电报接线电	一四	九	一〇	七七	七
直督李鸿章致总署中俄接线事请仍照前议电	一四	九	二五	七七	一七
直督李鸿章致总署盛电俄使请改烟约与接线已邀俄官来烟会商电	一五	二	六	七九	一六
总署奏俄使商接珲春海兰泡陆路电线请派大员与该使妥议章程折	一八	三	二一	八五	一
总署奏中俄议接陆路电线订定约款折　附条款	一八	闰六	一五	八五	一七
直督李鸿章奏遵旨与俄使订定中俄边界连接陆路电线约款折	一八	七	二〇	八六	四
总署奏中俄接电约款请旨钤用御宝互换折	一九	三	一〇	八七	五
直督李鸿章奏报海兰泡珲春等处水陆电线接线日期片	一九	八	一九	八七	二三
中俄陆路电约续订知照	二二	六	二〇	一二二	四
中俄陆线续约	二三	八	一〇	一二七	一
电政督办盛宣怀奏遵旨筹办张垣至恰克图电报折	二五	二	二六	一三七	一一
外部致俄使由恰克图至北京电报须用丹国电线经费由双方给算已咨盛大臣照会	二八	二	五	一五二	二七

目　　录	年	月	日	卷数	页数
电政大臣盛宣怀致外部旅烟水线俄欲接入领署请勿准电	二八	六	五	一五九	四
商约大臣盛宣怀致外部津沽电线请函俄使交还电	二八	七	三	一六〇	七
外部致盛宣怀俄使口气翻覆勿接收大东电线电	二八	七	一一	一六〇	二一
商约大臣盛宣怀致外部电线交涉请援旧案办理电	二八	七	二二	一六二	二
外部致盛宣怀俄使复催恰线定约希速商定议电	二八	七	二九	一六二	一五
吕海寰盛宣怀致外部请告俄使订期交还京沽借线电	二八	八	二	一六三	三
商约大臣盛宣怀致外部中俄接线展限合同俟借线合同议妥一并核准电	二八	八	一四	一六三	一〇
外部致盛宣怀速议电线事勿因此致误交路之期电	二八	八	一八	一六三	一二
商务大臣盛宣怀咨外部核议中俄接线展限事宜文　附照会二件	二八	八	二六	一六三	二二
商约大臣盛宣怀致外部中俄接线第三款请催俄使照复以便续订电	二八	九	一六	一六五	九
外部致盛宣怀接线展限合同已签押即交还电局电	二八	一〇	一	一六六	一三
商约大臣盛宣怀致外部改定电线展限续约全文电	二八	一〇	二二	一六七	九
外部奏中俄陆路电线相接议订展限条约折　附续约	二八	一〇	二四	一六七	一〇
商约大臣盛宣怀咨外部中俄接线合同请核准文	二八	一〇	二七	一六七	一二
外部奏中俄陆路电线相接续议展限条约遵旨画押折	二八	一一	一	一六七	一四
俄使致外部两国电局结算应改以三月为期照会	二九	一二	一七	一八一	一一

中俄交涉　松花江贸易案

目　录	年	月	日	卷数	页数
吉林将军恩泽致总署报俄员来商松花江通商章程并俄官等迳赴长白山奉天游历电	光绪二一	七	一三	一一七	一一
滨江关道施肇基呈外部与俄人会议松花江贸易试办章程电	宣统一	一一	一七	一一	三七
滨江关道施肇基呈外部俄人所请改贸易试办章程内有关条约之款译呈钧核电	宣统一	一一	一九	一一	三九
滨江关道施肇基呈外部译送商定松花江贸易试办章程文　附章程	宣统一	一一	二三	一一	四四
滨江关道施肇基呈外部黑龙江左岸贸易俄人亦求订专章电	宣统一	一一	二五	一一	四七
东督锡良致外部松花江贸易试办章程请驳拒电	宣统一	一一	二五	一二	三
滨江关道施肇基禀外部译呈俄员所拟税章节略并哈尔滨等关试办章程函　附节略一件章程三件	宣统一	一二	一〇	一二	二九
俄使致外部试办松花江行船章程请商定见复函	宣统二	二	一九	一三	四〇
外部复俄使松花江行船章程俄拟各条实难允从函	宣统二	二	二三	一三	四〇
外部致税务处松花江贸易章程兹酌定宗旨请会函施肇基速议函　附致施道函电稿各一件	宣统二	四	三	一四	二二
东督锡良致外部日本觊觎松花江行船请预防电	宣统二	四	六	一四	二六
外部复锡良瑷珲约所谓松花江系按黑龙江下游而言已复俄使电	宣统二	四	六	一四	二七
滨江关道施肇基禀外部会议哈尔滨三姓拉哈苏苏各关章程缮折呈核文	宣统二	四	一六	一四	三一
外部致俄署使世商议松花江贸易章程字句函	宣统二	六	二四	一五	三六
外部致俄使廓松花江各关发还逾额税之期拟准俄商另展限一月照会	宣统三	三	五	一九	四〇

目　录	年	月	日	卷数	页数
使俄萨荫图致外部丞参俄外部不准华人行船庙街当再磋商函	宣统三	五	二一	二一	二五
俄使廓致外部华商运货请勿路过俄境照会	宣统三	七	五	二二	二六
驻俄代办唐在复致外部丞参报与俄商议庙街黑河两案情形函　二件	宣统三	九	一二	二三	三五

中俄其他交涉

目　录	年	月	日	卷数	页数
总署奏俄国新君嗣位寄到国书片　附国书	光绪七	六	一六	二五	二八
吉林将军希元奏俄人经营伯利海参崴片	一一	三	一	五六	一九
使俄洪钧奏德欲谋俄欧洲大势必至群起争锋片	一六	八	九	八三	一五
旨交总署著商俄使撤回入城保护之兵	二四	八	二一	一三五	三
全权大臣李鸿章奏俄使请以天津河东为俄租界请旨办理折	西巡二六	一一	二二	四	一七
全权大臣李鸿章奏酌定天津俄国租界条款折　附条款	二六	一一	二二	一四五	六
鄂督张之洞致枢垣天津有英德人产业曾否作为俄租界请示电	西巡二七	二	二	六	四
外部奏请饬长顺婉词驳阻俄员在吉林租地折	二八	一一	一	一六七	一七
署黑龙江将军程德全致外部札萨克图郡王向俄人称贷陈明挽救情形函	三二	九	二三	一九九	一〇
外部致胡惟德希向俄廷声明查禁洋商私运枪械电	三三	四	一〇	二〇二	二〇
东督徐世昌吉抚陈昭常咨外部传常胜与俄商互欠款项请商俄使核办文　附字据	三三	六	二九	二〇三	一九
东督徐世昌复外部孟克西里地方向属我境俄人抗不纳税乞主持函	宣统一	二	二八	二	三八
锡良程德全致外部俄请吉江弛运杂粮禁乞主持电	宣统二	一	七	一三	五

目　　录	年	月	日	卷数	页数
驻崴总领事桂芳呈外部丞参俄国道胜银行拟与大比银行合并函	宣统二	八	六	一六	三六
外部致陈昭常俄轮事以缉犯剿匪为要勿启彼干预电	宣统二	八	一三	一六	四二
使俄陆征祥致外部俄外部言库伦事如中国有他法俄决不愿顾问电	宣统三	一一	二三	二四	三九

中德交涉序略

德意志与我国通商，始于清嘉庆年间，迨咸丰十一年，联军之役，缔结商约。同治九年，战败法国后，工商各业，突飞进步，始觊觎欧洲以外之市场。但列强于世界各弱小民族，悉已染指，德虽后起之秀，逐鹿为难，只可另辟途径，力谋发展。于是经营非洲及太平洋等处之外，更于光绪二十三年，派技术团来华调查，以山东胶州湾为最佳，适该处有两教士被戕，辄藉词派舰强占，翌年缔结租借九十九年条约，宣言为自由海口，切实经营，大收物质之酬报。惟英、日两国，深觉德人商务猛进，又有海军根据地，较俄国管理旅顺尤为可虑，即于租借三年后，缔结英日同盟，其计划使日有攻俄之利便，且能相机逐出德国于亚洲。果也欧战突发，德军败绩，我国因加入参战，得以索回胶澳，惟德以日本乘人之危，围攻青岛，深为愤慨。讵自希特勒当国，又思联日以制俄，朝秦暮楚，极甚纵横捭阖之能事。本篇于租借胶澳一案，录其本末，盖深惜德人惟知以帝国主义为进取，未能以外交政策相号召，当其剑拔弩张，志在侵略，更不屑折冲樽俎，轻视中立，迨敌势既集，众怒以成，洎夫兵败国辱，始知铸成大错，噬脐无及，吾愿后之谋国者，有以重视此教训也。致德人经营矿务及萨摩岛招工等案，注重实业之心，显而易见。比者德国属地完全脱离，而于中国商场，极为注意，吾人应利用其科学，发展实业，亦谋国之要图也。

中德交涉　遣使设领

目　　录	年	月	日	卷数	页数
总署奏请赏给德国翻译官阿恩德二等宝星片	光绪三	一〇	一六	一二	一三
使德刘锡鸿奏抵德呈递国书情形折	四	一	三〇	一三	六

目　　录	年	月	日	卷数	页数
总署奏俄日德各使先后出京所有公务均派员署理片	四	五	七	一三	二八
旨著赏德总兵式百龄宝星	一〇	一〇	一四	四九	一七
使俄许景澄致总署请知照德使准赓音泰照代办应有职权办理电	二一	七	一九	一一七	一九
专使李鸿章致总署报抵德法两国递国书电	二二	五	二五	一二一	九
总署致奎俊德亲王来著派聂缉椝迎接随时电奏电	二三	一二	二八	一二八	二二
江督刘坤一致总署拟派藩司款待德亲王电	二四	一	一八	一二九	一二
专使许景澄致总署遵考西礼迎接亲王礼节电	二四	二	七	一二九	二二
直督王文韶致总署报德亲王今日可抵津电	二四	闰三	二六	一三一	一一
外部奏议复使德孙宝琦沥陈外交事宜折	三四	二	二〇	二一二	一八
外部奏请设立德属南洋各岛领事片	宣统一	七	二四	八	四九
旨梁诚补授出使德国大臣	宣统二	二	一一	一三	三九

中德交涉　修约

目　　录	年	月	日	卷数	页数
总署奏德国议修条约未能就绪德使业已出京折	光绪三	五	一二	一〇	一四
总署奏德使巴兰德被劝回京修约情形片　附照会三件	三	六	二	一〇	二一
总署奏议复刘锡鸿奏德国修约可成及时制治保邦折	四	七	一八	一三	三四
总署奏与德国议修条约请旨派全权大臣折	六	二	一四	一九	一六

目　　录	年	月	日	卷数	页数
总署奏德国修约已成谨将前后办理情形专折具陈折　附条约善后章程及照会凭单	六	三	四	二〇	一
总署奏德国续修条约展期互换折	六	七	一九	二二	一三
使德荫昌致外部税金邮局二事德政府请再议电	二九	三	一	一七〇	一
直督袁世凯致外部德约于我有益者请向索增电	三一	六	六	一九〇	六
吕盛李三使致外部德约十五款竭力磋商逐条辨驳业已就绪请赐裁示以便签押电　十六件	三一	九	一二	一九二	八
鄂督张之洞致外部详核德约各条有应改正之处分别电陈乞裁酌电　七件	三一	九	一五	一九二	二二
中德续订通商行船条约	三二	八		一九八	一九
外部致德使雷中德商约请在京续议希见复函	宣统二	八	九	一六	三六
使德梁诚致外部丞参德外部称续议商约事请预订日期同时派员开议函	宣统三	三	二六	二〇	一五

中德交涉　山东教案

目　　录	年	月	日	卷数	页数
鲁抚李秉衡致总署兖州教案遵旨办理德国教士之事已获犯惩处电　三件	光绪二二	三	二一	一二〇	二一
总署致李秉衡兖州教案向德使说亦无济希照前电查办电	二二	三	二六	一二〇	二二
鲁抚李秉衡致总署兖州教案四条均经照办若必尽厌其欲恐激变电	二二	三	二九	一二〇	二七
德使海靖致总署称德教士在山东被劫请严惩照会	二三	一〇	一三	一二七	一六
使德许景澄致总署闻山东杀毙教士应否预告外部稍占先著电	二三	一〇	一四	一二七	一六
旨寄李秉衡曹州教案著速派员根究务获盗惩办电	二三	一〇	一六	一二七	一七

目　　录	年	月	日	卷数	页数
鲁抚李秉衡致枢垣曹州教案遵旨派员澈查严拿凶犯电	二三	一〇	一七	一二七	一七
直督王文韶奏请饬张汝梅赴任将教案从严办结电	二三	一〇	二二	一二七	一九
总署奏山东教案拿获要犯拟定罪名折	二三	一一	八	一二七	二六
总署致张汝梅希速出示保护教民勿虚声贾祸电	二三	一二	六	一二八	五
旨斥张汝梅办理教案颟顸聋聩若再迁延即严惩电	二三	一二	八	一二八	六
总署奏议结曹州教案并商办胶澳租界事宜折 附照会二件	二三	一二	二三	一二八	一三
谕山东钜野教案保护不力李秉衡锡良万本华邵承熙著分别处分	二四	一	一一	一二九	八
使德吕海寰致总署毕鲁在议院称华人仇视洋人若不严办恐与中国不利电	二四	二	二二	一三〇	一一
鲁抚张汝梅致总署报日照教案办结情形电	二四	一二	七	一三六	二〇

中德交涉　租借胶澳

目　　录	年	月	日	卷数	页数
使俄许景澄致总署马沙尔称德助争辽请借地储煤事甚棘手候示电	光绪二一	一一	一五	一一九	五
直督王文韶致枢垣据报德提督率兵于胶州湾上岸意图霸占乞速示电　二件	二三	一〇	二一	一二七	一七
鲁抚李秉衡致枢垣钜野教案办理其速德竟图占胶澳乞敕总署理论电　附旨二件	二三	一〇	二一	一二七	一八
总署致许景澄希询德外部德兵上岸是否海使专擅抑奉训条电	二三	一〇	二一	一二七	一九
直督王文韶致枢垣胶事棘手请饬聂士成速回防电	二三	一〇	二二	一二七	一九
直督王文韶致枢垣章高元报德提督又逼退军电	二三	一〇	二二	一二七	二〇

目　　录	年	月	日	卷数	页数
直督王文韶致总署遵旨往晤德使饰词不见电 附旨	二三	一〇	二三	一二七	二〇
使德许景澄致总署遵旨与德外部理论胶案电 附旨	二三	一〇	二三	一二七	二〇
鲁抚李秉衡致枢垣报敌情益肆后患不堪设想电 附旨	二三	一〇	二四	一二七	二一
直督王文韶致枢垣章高元报德兵整队来营情殊叵测电	二三	一〇	二六	一二七	二二
总署致许景澄德逼我兵远移恐激事端祈告外部电	二三	一〇	二八	一二七	二三
使德许景澄致总署德相言德国须驻兵防护难以即退电	二三	一〇	二九	一二七	二三
使德许景澄致总署德主派王弟带甲船快船赴华电	二三	一一	一	一二七	二三
鲁抚李秉衡致总署德人将章高元留青岛运兵载械至胶州章誓死不从电	二三	一一	四	一二七	二四
使德许景澄致总署拟托巴兰德疏导胶案电	二三	一一	四	一二七	二四
使日裕庚致总署日院聚议德事有攘臂出头之势电	二三	一一	四	一二七	二四
鲁抚张汝梅致枢垣询可否俟德船去后再饬章镇移扎电	二三	一一	四	一二七	二四
直督王文韶致枢垣章高元报德限我军退去女姑请旨电	二三	一一	五	一二七	二五
旨著许景澄广设方法劝德廷毋失邦交电	二三	一一	六	一二七	二五
直督王文韶致枢垣报德兵密布胶州扼堵运道饷械均绝电	二三	一一	八	一二七	二五
使俄杨儒致总署俄外部云德事愿效力但俄貌示交好恐不足恃电	二三	一一	八	一二七	二八
鲁抚张汝梅致枢垣据报德逼章营移扎烟台无束手待毙之理乞示电 附旨	二三	一一	一一	一二七	三一
使德许景澄致总署德外部告议院派兵赴华系保护教士电	二三	一一	一五	一二七	三二
使俄杨儒致总署德外部接巴电所商颇顺手愿得公牍为信电	二三	一一	一八	一二七	三二

目　　录	年	月	日	卷数	页数
直督王文韶致总署报胶澳德兵均撤回围内电	二四	二	一九	一三〇	九
旨著张汝梅确切查明德人勘界情形是否相符电	二四	七	二〇	一三四	一八
胶澳勘界委员彭虞孙李希杰呈总署胶澳租约系以百里为保护范围电	二四	八	一〇	一三五	三
彭虞孙李希杰呈总署青岛拟仿烟台并设洋常两关电　三件	二四	八	二三	一三五	四
使德吕海寰致总署报德议院酌定胶澳每年用款电	二四	九	四	一三五	五
彭虞孙李希杰呈鲁抚会勘胶澳租界事竣禀　附租地合同潮平合同及边界合同	二四	九	一〇	一三五	九
使德吕海寰致总署报胶澳炮械德外部允缴还电	二四	一二	二	一三六	二〇
旨著张汝梅饬夏辛酉带营赴日照弹压电	二五	二	二九	一三七	一三
旨著吕海寰向德外部宣告朝廷保护德人之意勿派兵赴沂电	二五	二	二九	一三七	一四
旨寄毓贤德人在山东居心叵测著加意严防电	二五	二	二二	一三七	二四
鲁抚袁世凯致总署议订中德胶澳交涉章程暨德华矿务章程请核复文　附胶澳交涉章程德华矿务章程	二六	三	二	一四二	一三
鲁抚袁世凯致枢垣胶州探报德又添兵电	二七	四	二四	一四六	二六
直督袁世凯等会奏胶州高密撤退德兵订立善后条款折　附撤兵条款暨工程卖契	三一	一二	二	一九五	一三

中德交涉　矿务

目　　录	年	月	日	卷数	页数
谕李秉衡著督饬李兴锐查勘宁海矿产择要兴办电	光绪二一	一二	二四	一一九	二四

目　　录	年	月	日	卷数	页数
鄂督张之洞奏遵查招商局保借洋款办理萍乡煤矿情形折	二五	七	一〇	一四〇	三
总署奏华洋商人伙开西山煤窑现经付款了结折	二五	一二	一六	一四一	一六
直督袁世凯致总署德领电请订定矿务公司章程电	二七	二	二三	一四六	六
直督袁世凯致总署复德领电声明无议定约章之权请向总署商定电	二七	二	二四	一四六	六
署鲁抚胡廷干致枢垣山东矿务德领坚请先办三处请旨遵行电	西巡二七	一〇	一八	一一	一八
鲁抚袁世凯奏山东煤矿章程业经德员签押折 附咨文、函电	二七	一〇	一六	一四九	一九
外部致张人骏德使索勘鲁省矿务三处勿遽开办电	二七	一二	八	一五〇	一七
鲁抚张人骏致外部已饬杨道与德领事商订矿章电	二七	一二	二四	一五一	一三
外部致张人骏请饬杨道与德领和商矿税电	二七	一二	二九	一五一	二一
驻汉德领事致护湘抚张绍华力争湘矿利权照会	三〇	五	二九	一八三	六
护湘抚张绍华复驻汉德领湘矿不能私相授受照会	三〇	六	一	一八三	八
鲁抚杨士骧奏改订山东五处矿务合同折 附合同暨函稿	三三	八	五	二〇五	三
鲁抚孙宝琦咨外部与德商签订收回五矿合同请查核文 附合同	宣统一	一一	二九	一二	一六
外部致邮部山东沿路矿权关系重要请核复以便照会德使函	宣统二	九	一	一七	二一
鲁抚孙宝琦咨外部拟订收回德商矿权合同请核复文 附照会暨合同	宣统三	闰六	八	二二	一
鲁抚孙宝琦咨外部与华德矿务公司议结收回矿权文	宣统三	闰六	一一	二二	八

中德交涉　萨摩岛招工案

目　　录	年	月	日	卷数	页数
署粤督袁树勋致外部萨摩岛招工合同德人强令押盖指印请驳复电	宣统一	八	二八	九	四一
署粤督增祺致外部萨摩岛招工请商德政府订例与文明各国民人一律看待电	宣统二	一一	二一	一八	二五
外部致萨摩岛领事林润钊萨岛招工能否删除苛例即复电	宣统三	二	二五	一九	三七
使德梁诚致外部德外部称萨岛华工章程日内可定满意办法电	宣统三	五	一四	二一	二四
外部致粤督张鸣岐德外部允改华工苛例请准在粤先招一批电	宣统三	八	三	二二	四一
外部致张鸣岐萨岛招工德使请照前议办法希复电	宣统三	九	四	二三	一五

中德其他交涉

目　　录	年	月	日	卷数	页数
闽督抚文煜丁日昌奏德国安纳船主及大伙被人谋杀获审片	光绪二	四	一三	五	三七
总署奏德国船主在闽洋被戕案业已办结请饬各省照章保护中外船只折	二	五	四	六	三
总署奏德副领事强占汕头官地案酌拟办法片	九	一〇	二〇	三六	二五
总署致张之洞沙面案德款请以宝源借款拨给电	一〇	六	二五	四四	二一
粤督张之洞致总署汕头收地案当与德领妥商电	一〇	一二	六	五一	二五
直督李鸿章致总署伦敦电德皇逝世太子即位电 二件	一四	一	二八	七五	一一
使德俄奥和洪钧致总署德新君又逝新皇维廉第一将赴比得堡电	一四	五	七	七六	七

目　录	年	月	日	卷数	页数
直督李鸿章致总署据伦敦电德奥义攻守同盟电	一四	七	二一	七六	二一
总署致张之洞询汕头德领事所置地是否价买速复电	一四	一一	一七	七八	一三
粤督张之洞致总署德领在汕置地按约无永远字样请裁酌电	一四	一二	六	七八	二四
粤督张之洞致总署洋人置地贻害甚巨请商德使不得私相授受电	一五	三	一五	八〇	四
总署致李鸿章英德商人在沪筑贮油池希饬妥办电	二〇	三	一四	八九	一四
直督李鸿章致总署聂盛道电火油池章程大致已定并与德领事约定两条请示电　二件	二〇	三	一七	八九	一五
鄂督张之洞致总署德商在汉建火油池事请向德使驳阻电	二〇	四	一六	九〇	二五
总署致李鸿章池油改箱装运已完进口税者复进他口时再征半税电	二〇	六	一三	九二	一四
李鸿章刘坤一奏上海浦东地方洋商试办火油池议定防险章程折	二〇	六	一三	九三	一六
鄂督张之洞致总署密陈英俄德相忌相谋情形电	二三	一二	六	一二八	五
鄂督张之洞致总署联英俄仍须联日以戢德焰电	二三	一二	一一	一二八	六
江督刘坤一致总署德商强租引翔港官渡请理论电	二四	一	二四	一二九	一七
直督裕禄奏请拨款为办理天津德国租界之用电	二四	九	六	一三五	八
署鄂督端方致外部德商请在襄河口设立趸船万难照准祈力持电　二件	二九	四	二三	一七一	一三
邮部咨外部德国交还塘沽打靶场请商德使拟定办法文	宣统一	八	五	九	一四
外部致德使雷逸信行运炮弹被芜关扣留皖省未能任偿节略	宣统二	七	一八	一六	一六
代理鲁抚胡建枢致外部德领请撤销运牛限制应俟各议员议决施行函	宣统三	一一	一三	二四	三七

中义交涉序略

义大利为欧洲古国，中世纪以还，即承希腊之遗绪，更发扬为罗马文化，是固文明先进之国也。后汉时即通我国，嗣有马哥波罗者，曾仕元廷，归述东方文化风俗，遐迩传闻，群相艳羡，其书流传至今。明季利马窦东来，输入天文、地理、算学、历法，开我国学术之新纪元。清同治五年，始与我缔约通商。光绪二十五年，欲追随英法之后，租借三门湾，我国坚持不允而罢。庚子之役，随联军以责偿于中国，并有路矿交涉，亦因参加借款而生。民国十七年，缔结《友好通商条约》。比来义相莫索里尼执政，内则修明政治，充实国力，外则纵横捭阖，争握霸权，雄心伟略，迥异等恒。盖自欧战以后，世界经济衰颓，群思向外发展，观于义可知矣。

中义交涉　修约遣使

目　　录	年	月	日	卷数	页数
直督李鸿章致军务处俄意两使馆欲调兵护卫已劝阻请派兵照料电　三件，附旨二件	光绪二〇	一一	一四	一〇二	二
使法庆常致外部义外部请设驻义公使电	二八	四	三	一五五	五
商约大臣吕海寰盛宣怀李经方等致外部义领以订约毫无利益仍坚持电	三一	九	一一	一九二	三
吕盛李三使致外部义领面递约稿已饬税司核校电	三二	六	七	一九八	七
吕盛李三使致外部义约拟略予通融请酌核电	三二	七	二二	一九八	一〇
鄂督张之洞致外部及袁吕盛伍义约窒碍极多祈裁酌电	三二	七	二七	一九八	一二
吕盛李三使致外部义约多方劝导或可就范电	三二	八	二七	一九八	一八
外部奏译呈义国国书并恭拟答复国书折　附来往国书	三三	七	二二	二〇四	一八

中义交涉　三门湾案

目　　录	年	月	日	卷数	页数
旨著刘坤一查议国有若干兵舰在淞严为戒备电　二件	光绪二五	四	六	一三八	二六
谕刘树棠义国强索三门湾应妥密严备倘登陆强占即奋力合击电　二件	二五	四	六	一三八	二六
旨寄裕禄著严防义船预为布置电	二五	七	六	一三九	一九
大理寺卿盛宣怀致总署烟台电闻义国暗调兵舰欲截三门湾电　附旨	二五	九	二八	一四〇	二二
旨寄南洋闽浙督抚等义船窥伺沿海著妥筹万全电	二五	一〇	一八	一四一	二
浙抚刘树棠奏义人要索三门湾敬陈防务情形折　附旨	二五	一二	一三	一四一	一三
江督刘坤一致枢垣闻义国欲占三门湾请整顿海防电	西巡二七	五	一九	八	五〇
直督袁世凯致外部义国又拟索占象山港祈坚拒电	二九	六	二	一七三	一〇
使义钱恂奏浙江三门湾宜为军港根据地片	宣统一	一一	一五	一一	三六

中义其他交涉

目　　录	年	月	日	卷数	页数
使英罗丰禄致总署报义主被刺逝世电	光绪二六	七	八	一四四	三
使义钱恂奏巴尔干半岛争局渐就和平义国政府亦臻安稳折	宣统一	闰二	二	二	四〇
使义钱恂奏调查义国对于中国货物进口征税情形折	宣统一	八	二五	九	三七
使英李经方咨外部华侨余明佑被义人刺死已将义凶按律缢死文	宣统一	一〇	七	一〇	四〇

清季外交史料索引卷七终

清季外交史料索引卷八

中荷交涉序略

自西、葡衰弱，而荷兰倔起。其始通中国，固西班牙之属邦也。明万历九年，尼特兰北部七洲宣布独立，即成今之荷兰。三十三年，创设东印度公司，并得本国之赞许，于殖民地有置兵罢吏及与所在国交战媾和之权，遂逐苏们答拉、爪哇、摩鹿哥诸岛葡人而代之；寻建巴达维亚政府于爪哇，蕲成东洋贸易之重心。天启三年，荷以舰队攻澳门，中国助葡击走之，乃退据澎湖，继退台湾，又逐西人而代之。清世祖入关，荷使入京请互市，许以八年一至。顺治十八年，台湾为郑成功所夺，荷遂失其在中国之贸易根据地。至同治二年，中荷始订约通商，亦获得领事裁判、内河航行及关税协定等权利。其对待华侨，向为酷虐，设领一事，磋商数载，始克就绪，故兹篇亦以护侨为首务。光绪十二年，荷兰反对华人自由前往，继而只允华员游历；宣统三年，订中荷领约；民国四年，复订公断专约。荷兰南洋属地，因密迩闽粤，往者甚众，渐成中介商地位，经济势力，最为雄厚。昔人有云，该处政治属欧人，经济属华人，宗教属土人，曾几何时，竟一落千丈。盖由国家保护未周，复无银行、轮船以为后盾，而华侨又乏经商智识、团体组织及文化事业；比来日人侵入，与土人直接交涉，欲消灭我中介商地位，已成岌岌之势。现侨胞约有二十万人，内半数系侨生，受荷兰教育，于本国语文甚鲜接触，恐日久又被同化。则我国于荷属各岛华侨，亟应尽力保护，设法挽救，诚今日外交之要举也。至护侨事宜，本系一贯，因荷属纠纷较多，故南洋各岛交涉，悉入本门，藉便翚讨。

中荷交涉　修约遣使

目　录	年	月	日	卷数	页数
总署奏驻荷使事拟由驻德使臣兼领奥由使俄兼任片	光绪二三	五	九	一二六	二
外部奏遵议荷兰属地华侨亟宜保护添设领事折	二八	二	二六	一五三	二六
南洋华商呈商约大臣沥陈被虐情形请设立领事禀	二八	九	二六	一六六	一
使德荫昌奏遵旨与荷外部商设领事汇案复陈折	二九	五	一四	一七二	二六
外部奏新设驻荷专馆核定常年经费折	三一	一二	一	一九五	一二
谕陆征祥著充保和会专使钱恂著充出使荷国大臣	三三	三	二五	二〇二	一一
使荷陆征祥奏荷外部侵犯使臣通信已严词诘问片	宣统一	六	四	五	三〇
外部奏照约酌设荷属总领事领事各员缺折	宣统一	六	二六	六	五〇
使荷陆征祥致外部华侨事荷外部词气渐变若过于隐忍难再维持电	宣统一	一〇	二五	一一	九
外部致陆征祥荷使遇有照会必加驳拒希告荷外部电	宣统一	一二	二	一二	二一
使荷陆征祥复外部来电已告荷外部彼责贝使不合电	宣统一	一二	六	一二	二二
外部奏中荷领约磋议已定请派大员画押折 附旨	宣统三	四	三	二〇	一七
外部奏中荷领约以法文为主片	宣统三	四	三	二〇	二〇
使荷陆征祥奏陈中荷领约画押及筹议情形折 附照会二件	宣统三	四	一四	二〇	三一
外部奏中荷领约业已画押请旨批准互换折 附条约	宣统三	四	二六	二一	六
荷使贝致外部准照称陆征祥调使俄国刘镜人使荷已转达文	宣统三	七	一九	二二	三五

中荷交涉　保护华侨

目　录	年	月	日	卷数	页数
外部复陆征祥驻荷领约及国籍事不宜退让电	宣统二	一	一〇	一三	一〇
外部致陆征祥荷外部坚拒国籍法我宁不立约免为束缚电	宣统二	一	二九	一三	三〇
外部致陆征祥荷颁新律勒限华侨入籍已照驳电	宣统二	六	一五	一五	三三
外部致粤闽各督荷使虽云并未强制华侨入籍然仍声明视为荷国人民电	宣统二	六	二四	一五	三七
外部致江督张人骏荷迫华侨入籍应各据各律一力坚持电	宣统二	六	二六	一五	三九
外部致江鄂闽粤各督荷属华侨国籍事请速解决以便订约设领电	宣统二	九	五	一七	二七
外部致驻荷代办唐在复施行领约在荷属内照荷律属外照中律解决电	宣统二	一一	一四	一八	二三
外部致张人骏荷属回国学生如荷领请向彼注册可照驳电	宣统三	一	一八	一九	六
江督张人骏致外部荷兰华侨归国应作为华人电	宣统三	一	二一	一九	七
外部奏陈荷属苛例已电驻荷大臣磋商情形片	宣统三	四	三	二〇	一九
荷使贝致外部荷籍华侨或存或出应听自便照会	宣统三	四	一二	二〇	二九

中荷其他交涉

目　录	年	月	日	卷数	页数
荷使欧登科致外部复州煤窑雷德补于日俄开仗失去财产请转令赔补照会	光绪三二	九	六	一九九	二
外部咨徐世昌荷人雷德补索偿事请核办见复文	三三	五	一〇	二〇三	三
外部致荷使准东督咨雷德补索偿事断难承认照会	三三	六	七	二〇三	八
徐世昌唐绍仪致外部复州五湖嘴煤窑案既经商妥应准续开函	三三	八	二八	二〇五	三三

中比交涉序略　附刚果国交涉

比利时于十八世纪初叶，属奥地利亚；清嘉庆二十年，并于荷兰；与法为同种，得其声援，革命事业，遂克成立。惟比利时国力微弱，无维持实力，复置于法国保护之下，权力仍难平衡。道光十年独立，成立比利时王国。十九年，英、法、俄、德、奥诸邦订约于伦敦，认其为永久中立国。欧战时，德国毁约假道，蹂躏全比，战后得东境由坪、马来司纳德、马尔美的三地，并废永久中立名义，成为完全自主国。比虽弹丸之地，实努力于工业，交通机关尤为完备，铁路之密有如蛛网，以面积比例，长度居世界第一。与我国立约通商，始于同治四年。嗣得铁路建筑权，其时以国小易与，因划给租界，遂俨然与列强抗颜行矣。当美国承办粤汉铁路，其北段即私入比款甚巨，时京汉路已由比人承办，兼营并进，垄断路权，志不在小；且比款之外，尚有法款、俄款，后经觉察，设法取消，然废约赎路，屡经交涉，盖亦大费周章焉。民国十七年，重订《中比友好条约》，其先享有之不平等条件，均已撤废。十八年，收回天津比国租界。中比邦交，益形亲密。至刚果国于光绪季年属比，其时当轴者已了然于各国内情，不复拘于成法，故两国所订专条，颇为言简意赅。

中比交涉

目　录	年	月	日	卷数	页数
总署奏请简派驻比国使臣片	光绪一一	六	三	五九	一
总署奏与刚果国使臣订立条约折　附专章	二四	五	一九	一三二	一三
总署奏请设出使比都分馆额定参赞翻译等员折	二五	五	一〇	一三九	一
直督李鸿章奏与比使议定天津租界章程请旨画押折	西巡二七	九	二二	一〇	四一
外部致张之洞汉口租界比使索地万不能允电	二八	五	一六	一五八	三
外部致张之洞比使称汉口比租界拟迁居希酌商电	二八	七	二三	一六二	五

目　　录	年	月	日	卷数	页数
署江督张之洞致外部与比法日各领磋磨汉口租界电	二八	一〇	二	一六六	一四
直隶临城矿务局与比国公司订立借款合同	三一	五	一五	一九〇	二
旨杨枢著充出使比国大臣	宣统一	三	二二	三	一九
使比李盛铎致枢垣外部报在比京创办远东通信社电	宣统一	七	二	七	三一
使比李国杰致外部译呈比国照会归并刚果文 附条约	宣统一	九	二二	一〇	一八
吏部咨外部奉谕李国杰著出使比国并赏给宝星文	宣统二	一〇	三	一七	四九

中西即日斯巴尼亚国交涉序略

西班牙继葡人之后即来中国，明季西人方济各来华传天主教。弘治五年，遣义大利人哥伦布，开辟西印度群岛，西政府雄心益炽，次第发现美洲新大陆，取墨西哥为殖民地。更欲西进，以期世界回航。正德十四年，加罗一世遣其臣墨哲伦，率舰队自大西洋渡太平洋，发见斐律宾群岛。是为大西、太平两洋航路开通之始。万历二年，闽商李马奔率舟师侵斐，事败遁去。闽督发舰往侦之，西人闻中国官军至，欲乘机结通商条约，乃邀使者至马尼剌，附闽舰谒闽督，求缔商约。是为西班牙遣使中国之始。八年，腓利布二世遣使重申前请，为葡人所间而止。其时华人纷往斐岛，屡被欺凌。清道光以后，常来澳门，招华工往秘鲁、古巴等处开辟，又遭排斥；而西班牙派往中南美之官吏，亦虐待其土人，以致激成民变，纷纷独立，不惟隳其海权，并沦丧其殖民地。同治三年，始订《中西通商条约》，与其他列强，同享关税协定、领事裁判、内河航行等权。民国十七年，中西缔约，所有不平等条件，均经撤废。兹篇纪修约遣使而外，则惟夹板船失事及华人入籍等案而已。嗟乎！自美洲各邦独立后，西之国势，迥非昔比，迨斐律宾为美所夺，古巴自主后，益形不振；回顾其始通中国，挟海上霸权，以称雄于世界之意气，岂可同日语哉！

中西交涉　修约遣使

目　　录	年	月	日	卷数	页数
总署奏西班牙国更换使臣片	光绪一	一二	一〇	四	二九
总署奏西班牙国更换公使已到京接见片	二	闰五	二六	六	一八
使美日秘陈兰彬奏报抵任呈递国书折	五	六	一七	一五	三六
直督李鸿章致总署小吕宋等处请设领事请令张荫桓与西班牙政府妥商电	一二	七	八	六八	五
粤督张之洞致总署小吕宋华人被害请电张荫桓设法保护电　附旨	一二	七	九	六八	六
直督李鸿章致总署据张荫桓称小吕宋设领事无专约电	一二	七	一一	六八	七
使美日秘张荫桓奏兼使西班牙起程日期折	一三	闰四	二〇	七一	九
使美日秘张荫桓奏小吕宋议设领事片	一三	闰四	二〇	七一	九
粤督张之洞奏访查南洋华民情形拟设小吕宋总领事以资保护折	一三	一二	一一	七四	二二
总署奏遵议南洋各埠拟先在小吕宋设立总领事折	一四	二	二	七五	一八
使美崔国因奏小吕宋议设领事西班牙外部径直推辞宜另筹抵制折	一七	一	六	八四	一
使美伍廷芳奏与西班牙办理交涉情形及起程旋美日期折	二五	七	六	一三九	一八

中西交涉　夹板船失事案

目　　录	年	月	日	卷数	页数
闽抚丁日昌奏西班牙因有船在台搁浅破坏调兵来华筹议对付办法片	光绪二	一二	二二	八	三五
总署奏西班牙调兵来华陈明筹办情形折	二	一二	二五	八	三七

目　　录	年	月	日	卷数	页数
闽抚丁日昌奏西班牙将派兵船来台请调兵预防片　附上谕	三	一	二二	九	八
闽抚丁日昌奏陈西班牙窥伺台湾情形片	三	二	二八	九	二〇
西班牙公使致总署因夹板船失事请设法赞助照会	三	三	一一	九	二四
总署复西班牙公使夹板船失事业经切实查办照会	三	三	一四	九	二六
总署奏西班牙商船被抢与古巴换约案同时办结片　附照会二件	三	一〇	一六	一二	八
总署奏西班牙博物院请给与中国兵器以资陈列片	一〇	一〇	二一	四九	二三

中西交涉　华人改籍

目　　录	年	月	日	卷数	页数
沪道瑞澂致西班牙领事请查示改籍华人姓名函	光绪三二	闰四	三	一九七	一
驻沪西班牙领事复沪道华人改籍须归西官管辖函	三二	闰四	一五	一九七	一
沪道瑞澂致西班牙领事华人入西籍仍居本国自须遵守本国法律函	三二	闰四	一九	一九七	一八

中葡交涉序略

欧洲诸国，迈英人之先，操海上贸易大权，沟通远东各大陆，启中外互市之局者，葡人也。明正德间，已来广州、宁波、厦门等处贸易。嘉靖三十六年，租借澳门，不惟创通商口岸之初基，且有永管之权；其时年纳租金五百两，至清道光二十九年后，忽抗而不纳，则中国并此按地课租之权利，亦遭其剥夺矣。光绪十三年，中葡缔结商约，澳门遂非我有，后又欲侵占附近之青洲潭仔路环及大、小横琴各岛，至今交涉未决，吾人亟应注意者也！民国十七年，两国新订商约，尚符平等原则。是篇仍仿各国之例，以修约、遣使开其端，澳门案次之。至铁路交涉，葡乃乘英法之后，请造广澳一路，然款无可贷，视英、法诸国之高掌远蹠者，殆弗如远甚。洎辛丑会议，葡竟反对加税，卒为各国所不许，其不度德量力如此，是其国势之凌替也，固有由来矣。

中葡交涉　修约遣使

目　　录	年	月	日	卷数	页数
直督李鸿章致总署邵友濂电澳门洋药订章须先定约电	光绪一二	六	一〇	六七	二二
粤督张之洞奏澳界轇轕太多澳约宜缓定折　附清单	一三	八	二九	七三	六
总署奏葡约现有成议谨陈办理情形折　附续议详约两款	一三	九	二七	七三	二五
直督李鸿章致总署交犯一节葡廷请另议乞核复电	一三	一〇	一一	七四	一
总署奏葡约现已议成请派员画押折　附通商条款会议草约及洋药缉私专约	一三	一〇	一五	七四	一
直督李鸿章致总署葡使到津换约请将约本发下电	一四	二	二八	七五	二七
总署奏与葡国议定条约请批准折　附旨	一四	三	一二	七五	二九
直督李鸿章奏与葡国换约竣事折　附中葡换约清单	一四	三	二一	七五	三四
外部致陶模葡约十款若一概拒绝恐牵动全局电	二八	五	四	一五七	八
粤督陶模致外部粤省铁路尚无窒碍应否允准葡人利益电	二八	五	八	一五七	一六
外部致陶模葡款惟粤澳铁路一条尚无大碍电	二八	五	二八	一八五	一九
外部致吕盛葡以加税为要挟流弊甚大请详酌电	二八	八	二一	一六三	一六
商约大臣吕海寰盛宣怀致外部已告葡使修改商约不能涉界务及铁路电	二八	八	二二	一六三	一六
外部奏增改中葡条约缕陈商办陈〔情〕形折　附条款照会及分关章程	二八	九	一二	一六五	一
外部奏中葡增改条约遵旨画押折	二八	九	一六	一六五	九

目　　录	年	月	日	卷数	页数
吕海寰盛宣怀致外部葡人悔约另议分关缉私应否叙入请核示电　二件	二九	四	二七	一七一	一八
吕海寰盛宣怀致外部米谷出口葡使争之甚力电	三〇	六	八	一八三	一〇
鄂督张之洞致外部葡约洋药趸船运米事谨拟办法祈裁酌电	三〇	七	二〇	一八四	一〇
吕海寰盛宣怀致外部葡使请运米乞示准运若干电	三〇	七	二九	一八四	一四
吕海寰盛宣怀致外部澳门趸船经费以会定为妥电	三〇	八	三	一八四	一六
外部致袁张吕盛葡约米酒趸船等事酌拟办法电	三〇	八	一四	一八四	一七
吕海寰盛宣怀致外部葡约米酒二事已遵示切商电	三〇	八	一六	一八四	一八
吕海寰盛宣怀致外部葡约运米三十万石已议定电	三〇	八	二三	一八四	一九
商约大臣吕海寰等奏葡国商约定议遵旨画押折　附条约一件、章程二件	三〇	一〇	五	一八五	三
吕海寰盛宣怀致外部准葡使送条约六款请示复电	三一	三	八	一八八	一〇
鄂督张之洞致外部葡约请运米出洋万不可许电	三一	三	二三	一八九	一六
使法刘式训致外部承认葡国政府事俟各大国有承认者随时请示电	宣统二	九	一三	一七	三七
使法刘式训致外部丞参葡外部拟裁驻外使馆以释重累函	宣统三	四	一二	二〇	三〇

中葡交涉　澳门案

目　　录	年	月	日	卷数	页数
彭玉麟张之洞倪文蔚奏澳门闱姓请暂弛禁藉充军饷电　附旨	光绪一〇	一一	二八	五一	一三
直督李鸿章致总署据赫德电澳督欲中国允从葡人居用澳门电	一二	六	二七	六七	四六

目　　录	年	月	日	卷数	页数
使法刘式训致外部与葡外部订期实行派员撤兵撤舰各端并请允认专使电	宣统一	一	二〇	一	二五
军机处致滇督粤督驻法刘使及高交涉使奉旨派高而谦办澳门勘界事宜电	宣统一	一	二一	一	二五
外部致高而谦希迅与粤督商勘澳界事电	宣统一	一	二一	一	二五
粤督张人骏复外部已电葡领澳门勘界请先议撤舰撤兵等事以示和平电	宣统一	一	二三	一	二六
外部致张人骏中葡勘界宜内外协筹希与高而谦妥酌电	宣统一	一	二九	一	三五
粤督张人骏复外部葡欲举澳门环岛而有之应妥酌办理电	宣统一	二	五	一	四七
粤督张人骏致外部报查明葡船名号及寄碇地方电	宣统一	闰二	一二	三	一
外部致张人骏葡使称闻粤自治会预备暗袭澳门电	宣统一	三	一五	三	一七
粤督张人骏复外部自治会系良民无袭击澳门事电	宣统一	三	一七	三	一七
外部复刘式训粤督已饬撤去驻营希告葡外部电	宣统一	四	一一	三	三七
澳门勘界大臣高而谦呈外部澳门附属地应否承认乞裁夺电	宣统一	六	一二	五	四七
外部复高而谦与澳不相连各岛无论已占未占均予力驳电	宣统一	六	一四	五	四八
澳门勘界大臣高而谦呈外部葡使谓久占之地即有主权应调查再议电	宣统一	六	一八	六	六
外部复高而谦葡若藉他国势力强占小岛人心不服希婉劝葡使电	宣统一	六	二六	六	五一
澳门勘界大臣高而谦呈外部葡使悍言占据因有所恃应驳拒电	宣统一	六	二六	七	三
澳门勘界大臣高而谦呈外部澳门事似以延宕为愈电	宣统一	六	二六	七	四
澳门勘界大臣高而谦呈外部海牙判断恐各国袒葡不如自与磋议电	宣统一	六	二七	七	五
外部致高而谦葡人所占潭仔路环可以龙田旺厦抵换电	宣统一	七	二	七	三三

目　　录	年	月	日	卷数	页数
澳门勘界大臣高而谦咨外部差事已毕呈缴关防文	宣统一	一二	一〇	一二	二八
外部致袁树勋葡外部称现无兵舰赴澳希饬晓谕电	宣统一	一二	二四	一二	四六
署粤督袁树勋复外部据澳督云葡舰或来中国电	宣统一	一二	二九	一二	四六
粤督张鸣岐致外部澳门浚河事请电刘使商葡外部停办电	宣统三	六	一二	二一	四一
外部致粤督张鸣岐澳门浚河事葡政府允缓办电	宣统三	闰六	五	二一	五二

中丹交涉序略

丹麦人性情勤俭，富储蓄心。清乾隆年间，来粤通商；同治二年，与我订约；民国十七年，缔结新约，议定最短期内，根据平等原则，另订商约。使事前由俄国代理。其贸易之最著者，为大北公司海底电线一事。同治之末，日本构兵台湾，船政大臣沈葆桢奏请于台海设立电线，丹国遂请由马尾至南台设水线，南台至厦门设陆线。逾年，我即购回自管，是为开办电报之始。光绪二十六年，中、英、丹三公司会订沪烟沽水线及京津沽陆线合同。适拳匪事起，直隶电线全毁，我电局与两公司议明：沪沽水线由两公司代理，以二十五年为限，京沽陆线俟和局告成交回。嗣英国以京恰一线，偏益于大北，不允即交。二十八年，复订沪沽、京恰借线合同，撤去英丹公司招牌，换用中国电报局牌名。二十九年，又因美国太平洋水线公司拟出吕宋接通上海，议订联合递办法。宣统三年，复订预付报费办法，我国电报事业，遂渐见发展矣。惟英国之大东公司电线合同每会同丹国议订，未便割裂，因列入本门，以便查考。

中丹交涉

目　　录	年	月	日	卷数	页数
闽督李鹤年奏福州厦门电报买回自办折	光绪一	一〇	九	四	一〇
闽督文煜等咨呈军机处闽省电线买归自办文	二	五	七	六	四

目　　录	年	月	日	卷数	页数
直督李鸿章致总署大东大北公司接线请归津议电	一三	四	四	七一	一
中丹英三国会订电报齐价摊分详细合同	一三	六	二一	七二	六
总署致李鸿章请转盛宣怀电约订期太久不便遽允电	一三	八	二九	七三	一五
总署致盛宣怀电务合同须缩短年限电	一三	九	一三	七三	二二
总署致使英刘瑞芬大东大北两公司合同可照准惟须输水线上岸税希速复电	一三	一一	七	七四	一七
总署致盛宣怀大东等电线公司应报效全价之半电	一四	二	五	七五	二二
直督李鸿章致总署盛道电与大东大北公司议缴价办法乞示电	一四	三	二五	七五	三七
中丹英会订电报合同	二二	六	一	一二一	九
中丹英续订电报合同	二三	四	一二	一二五	二三
中丹电报合同续约　附声明文件	二五	一	二五	一三七	四
中丹英会订沪沽水线合同	二六	七	一〇	一四四	三
中丹英会订沪沽新水线合同	二六	九	四	一四四	一二
中丹英会订京津沽陆线暂行合同	二六	九	四	一四四	一五
中丹英会订烟沽副水线合同	二六	一二	二一	一四五	二〇
署直督袁世凯致外部和议告成应收回京沽陆线电	二七	一二	一八	一五一	三
商约大臣吕海寰盛宣怀致外部大北愿照约交还津沽电线电	二八	六	一〇	一五九	四
商约大臣盛宣怀致外部京沽电线请复俄使催大北照约办结电	二八	八	二	一六三	三

目　　录	年	月	日	卷数	页数
外部致盛宣怀京沽电线事希饬各公司妥速办结电	二八	八	七	一六三	七
商约大臣盛宣怀致外部与大东大北商议交还京沽借线电	二八	八	九	一六三	八
中国电报局与大北公司修订沽津京恰借线合同	二八	九	二一	一六五	一九
商约大臣盛宣怀致外部丹英两公司借线合同已订妥乞示电	二八	一〇	三	一六七	一
商约大臣盛宣怀致外部大东大北代办京津沽电线已收回电	二八	一一	四	一六七	一八
商约大臣盛宣怀咨外部京沽借线合同请核准文	二八	一一	一〇	一六八	三
中丹英续订联合齐价摊分合同	三一	三	二	一八八	五
邮部等奏拟订大东大北两电报公司预付报费合同折	宣统三	三	八	一九	四一

中国瑞典那威交涉序略

瑞典在中世纪时即崭然露头角。那威昔为海寇巢穴，第八世纪始有国家组织。十一世纪后，丹麦势盛，瑞那同联合于丹麦。清顺治十七年，瑞典独立。嘉庆十九年，维也纳会议后，那威亦独立，共戴瑞典王为君。光绪三十一年，瑞、那分离，至今仅三十余载耳。瑞典与中国通商始于清雍正十年，迨道光二十七年，来粤订约。那威分立后，亦与我另订商约，以彼此均照最优待之宗旨办理。辛丑和约，中国许给赔款。民国十七年，缔结条约，承认我关税自主。此外交涉甚简，盖两国远在北欧，华人尚鲜前往经商；惟其政治修明，有道不拾遗之概，而人民朴厚耐劳，注重体育，富有冒险性，探险家辈出，如瑞典人斯文赫定探险西藏，那威人阿摩生发现南极，均见称于世。又善于航海，今那威为世界主要海运国之一，即沿海妇女，亦多操舟之业。其北部拉伯兰人且系黄种，从事游牧，颇与我国蒙古相近。乃者瑞、那、丹三国知非协力不足御侮，互订和平处理之约，故欧战期内，此三国毫未波及，亦欧洲之乐土也。

中国瑞典那威交涉

目　录	年	月	日	卷数	页数
外部致吕伍两使税则画押应嘱驻沪瑞那领事转达该国政府电	光绪二九	二	二一	一六九	二六
外部奏中瑞修改通商条约请旨派员画押折　附条约	三四	六	二	二一五	一
外部复瑞典使倭瑞典赔款准由汇理银行拨交照会	宣统二	二	二三	一三	四一

中奥交涉序略

奥国人种复杂，而地非险巇，故盛可跻于列强，衰则易于崩溃。欧战以前，政治修明，国势丕振，为欧洲六大强国之一；乃遭惨败，北面乞和，因协约国以民族自决、交通自由、尊重历史三主义为前提，奥国人民或宣言独立，或归附祖国，而义大利又乘机攫去海滨之地，于是由二十六万余方里之面积，缩小至三万二千方里，富源尽失，工商凋敝，财政破产，国步艰难，有非意料所及者矣。其与我国通商远在清康熙二十三年，嗣于同治八年缔结商约。庚子之役，八国联军入京，奥亦与焉。民国六年，我国加入协约，与之宣战；八年巴黎和会，奥乃放弃在华之领事裁判权及天津租界。现中奥贸易，进出口总数每年尚不及百万圆，盖其分裂后工业亦式微也。夫奥人长于科学思想，精于制造技巧，乃以纵横捭阖，演成大战，一世喧赫，顿为瓦解，诚有不胜今昔之感者矣！

中奥交涉

目　录	年	月	日	卷数	页数
使俄德奥荷洪钧奏赴奥呈递国书并唁德皇折	光绪一四	四	八	七六	二
总署奏请准奥亲王瞻仰天坛以敦睦谊折	一四	一〇	二五	七七	二六

目　　录	年	月	日	卷数	页数
外部奏请旨简派驻奥义比三国使臣折	二八	四	一二	一五五	二三
外部致各国公使奉旨沈瑞麟补授驻奥大臣照会	宣统二	七	二六	一六	二七
使奥沈瑞麟致外部丞参奥外部称纳使来华当力求辑睦电	宣统三	六	一九	二一	四五

中暹交涉序略

南洋诸邦惟暹罗为独立国，其民族来自我国南部。隋唐以降，世为藩属，明郑和曾征服其地。清乾隆四十三年，为缅甸所灭，华侨郑昭起而复国，遂王暹罗，晚年为其婿所弑，继其位，是为拉玛第一，今王系第七世也。因国势稍振，不认华族，今全国商业，泰半在华侨掌握。光绪三十四年，杨士琦考察南洋归，请与暹订约。宣统二年，复议立约，迄未实行。民国七年，暹罗颁布教育条例，取缔华侨学校。十三年，参加欧战，收回领事裁判权。十六年，订新移民律，限制华人入口。二十一年，改政体为君主立宪，不流血而革命以成。比来日本高唱南进主义，暹罗内政、外交渐受牵制，盖该国介于英、法两大之间，其政府欲倚日以自固，观国联会议日本占据东北事，暹罗袒日，可见一斑。且南洋华侨，以暹为最多，似应从速修约遣使，免致苛例再出，复遭虐待，愿国人勉力图之。

中暹交涉

目　　录	年	月	日	卷数	页数
农工商部侍郎杨士琦奏遵核暹罗订约通使事宜折	光绪三四	三	四	二一三	一
外部致刘式训请商驻法暹使转暹政府除华侨苛禁电	宣统二	五	二五	一五	一七
使法刘式训复外部暹使云华侨身税与他国一律电	宣统二	六	一四	一五	三二
使法刘式训致外部中暹立约事暹使允转政府电	宣统二	九	二〇	一七	三八

中韩交涉序略

朝鲜隶中国数千年，与越南、缅甸诸藩服无异，乃独编一门，若与国然者，讥抚驭之失策也！诚以朝鲜对于中国素奉正朔、修贡献，凡遇大事辄来请命。迨光绪十二年，中法战争告竣，我之弱点渐露，致启日人觊觎，暗谋甚亟；唯时韩国朝臣，分新旧二党，争哄不已，日本见有机可乘，乃怂恿其政变，于是对我有界务之争，遣使各国之举，日人并邀我与之订立平等遣使通商条约。中日战后，更脱离中华为独立国，日本乘虚而入，遂底于亡。此固彼邦措置乖方，卒归撕灭；然我既认之为属国，又任其与他国直接缔约，进退失据，实启戎机，此昧于国际法所致，读史至此，深太息当事者之梦梦也。是篇所载俄韩密约及绝影、巨文两岛之争，一以见日本图韩未亟之际，韩几为俄所牢笼；一以见抗俄图韩者，除日本外，尚有英国焉。迨日本归并朝鲜后，与我陆地相接，始则有延吉交涉，继则以韩为图谋东四省之根据地。故自三韩云亡，日本于奉吉等处努力布置铁道网、森林区、矿产地，卒造成九一八之局，覆霜坚冰，盖深慨夫始谋之不臧也！

中韩交涉　遣使设领

目　　录	年	月	日	卷数	页数
总署致唐绍仪日使代韩请订约派使约可订使不可派电	光绪二四	四	二四	一三一	二一
总署致唐绍仪韩如再求派使可与商明当遣四等公使电	二四	五	二一	一三二	二二
驻韩总领事唐绍仪呈总署遵议我国先派四等使到韩酌议商约电　附旨	二四	六	一一	一三三	七
总署致唐绍仪准由韩先派使来华再与议约电	二四	六	一二	一三三	一〇
驻韩总领事唐绍仪呈总署韩询何时派使议约电	二四	六	二二	一三三	一四
总署奏拟请简派出使朝鲜国大臣折　附旨	二四	六	二四	一三三	三〇
总署致唐绍仪询各国致韩君国书如何称谓电	二四	七	九	一三四	六

目　　录	年	月	日	卷数	页数
使韩徐寿朋奏酌设驻汉城仁川领事折	二五	二	一五	一三七	九
使韩徐寿朋奏华民在韩归韩官管辖之议万不可允片	二五	二	一五	一三七	一〇
使韩徐寿朋奏照约添设领事保护寓韩华民折	二五	一〇	二八	一四一	七
外部奏韩国元山埠华商日增请设副领事折	二八	一一	一	一六七	一四
谕曾广铨充出使韩国大臣	三〇	一一	一	一八六	一

中韩交涉　修约

目　　录	年	月	日	卷数	页数
直督李鸿章奏妥议朝鲜通商章程折　附章程	光绪八	九	一	二九	一五
总署奏议复朝鲜通商章程折	八	九	一二	二九	二七
盛京将军崇绮等奏朝鲜边民交易严定限制折　附上谕	八	一一	一四	三〇	二二
总署奏议复朝鲜商务委员章程折	九	七	二〇	三四	一〇
直督李鸿章奏会商奉天与朝鲜边民交易章程折　附章程	九	七	二二	三四	一二
总署奏议复朝鲜边民交易章程折	九	一〇	二〇	三六	二四
吉林将军希元奏会议朝鲜贸易章程折　附章程	九	一二	一	三八	四
直督李鸿章奏改订朝鲜贸易章程折　附朝鲜国王咨文	一〇	二	一九	三九	一一
李鸿章希元奏吉林与朝鲜通商派员督理商务折	一一	四	一	五七	二三
总署奏朝鲜咨称派朴齐纯为驻津通商大员片	一二	四	二六	六六	二二

目　　录	年	月	日	卷数	页数
总署致李鸿章据袁世凯电拟允韩水陆税则一律电	一二	一〇	二三	六九	一九
总署奏预筹朝鲜通商办法以存体制折	二二	六	一八	一二二	三
总署奏遵议徐寿朋所拟中韩通商约稿折	二四	四	一四	一三一	一五
旨著徐寿朋作为全权大臣与韩外部酌议条约电	二四	九	一	一三五	五
总署奏遵议中韩通商条约折	二五	一	二〇	一三七	三
使韩徐寿朋奏中韩通商条约业经议定折　附条约、章程暨照会	二五	七	一〇	一三九	一九
使韩徐寿朋奏与韩所订条约比各国较为优异片	二五	七	一〇	一四〇	一
使韩徐寿朋奏派员赍送约本请用御宝折	二五	八	二四	一四〇	一六

中韩交涉　界务

目　　录	年	月	日	卷数	页数
谕礼部奉天沙河子地方逼近朝鲜边境现在筑城建署著崇厚等严禁越界	光绪二	一二	六	八	三〇
盛京将军崇厚等奏遵筹奉边与朝鲜交界处所严禁越垦折	三	一	一一	九	六
吉林将军铭安等奏朝鲜贫民占种吉林边地妥议复陈折	八	二	六	二七	五
北洋大臣李鸿章奏朝鲜国王咨请派员勘界折　附咨文二件	八	一二	一〇	三〇	三一
礼部奏朝鲜国王咨请查勘图们江界务折　附原咨	一一	七	六	六〇	五
总署奏议复朝鲜请查勘图们江拟会同指明确证折	一一	七	二〇	六〇	二二
总署奏吉林图们江边界履勘未定请派员复勘折　附咨	一二	三	二五	六五	一九

目　录	年	月	日	卷数	页数
直督李鸿章致总署据袁世凯电图们江界韩廷自知有误电	一二	九	二七	六九	一六
直督李鸿章致总署中韩划界已各派员确勘江源电	一三	闰四	四	七一	七
直督李鸿章致总署袁世凯电韩派李金夏勘吉林界电	一四	三	一〇	七五	二九
礼部奏朝鲜国王请将在吉林越垦韩民划还本国折	一五	一二	一	八一	二五
总署奏遵议珲春境内朝鲜越垦流民断难划还折	一六	二	一八	八二	四
总署奏议复珲春越垦韩民地亩收还后办法折	二〇	四	二四	九〇	二七
盛京将军依克唐阿致总署怀仁安东之韩人迁避我境如何办理请示遵电	二二	一	一八	一二〇	三
使韩徐寿朋奏处置奉吉两省越垦韩民片	二五	七	一〇	一四〇	一
外部致枢垣吉林边界韩官越疆生事案据韩廷复俟商定详陈电	西巡二七	一一	二六	一一	三七
盛京将军增祺等致外部韩兵弁越界烧掠请告韩使撤兵究办电	二九	一〇	八	一七八	四
谕外部韩人过江逞凶著传谕许台身照会韩廷严禁	二九	一一	二	一七九	二

本门以中韩勘界结束之时为断，嗣后延吉交涉，本属另起，是以编入中日交涉范围内，请阅者注意。至界事则以图们江源红丹水为定，越垦韩民，中国亦已令其人我版图，而以断难刷还咨复朝鲜矣。是划界与越垦，并未混为一谈，且均已办结之案。特当时未照国际公法通告之手续办理，致授日本以口实，酿成延吉交涉耳。

中韩交涉　中国在韩租界

目　录	年	月	日	卷数	页数
驻韩领事马廷亮呈外部报与日员会议中国在韩租界章程文	宣统一	闰二	一一	二	五二
外部致马廷亮中国在韩租界警察交通两条有碍自治权宜坚拒余已电胡使磋议电　二件	宣统一	闰二	二〇	三	七

中韩交涉　借款

韩与欧美各国交涉

目　　录	年	月	日	卷数	页数
总署奏朝鲜宜联络外交变通旧制折	七	一	二五	二五	一
直督李鸿章奏朝鲜委员来津请示斟酌答复折	七	二	四	二五	五
直督李鸿章奏朝鲜陪臣金允植密陈该国王议商外交情形相机开导折　附密书语录及上谕	七	一二	四	二六	一四
直督李鸿章奏筹办朝鲜与美国议定约稿请派员会办折　附条约	八	三	八	二七	一一
礼部奏朝鲜与英国订立修好通商条规折　附咨文、约章及照会	八	四	二四	二七	二六
直督张树声奏朝鲜与美国立约事竣折	八	四	二六	二七	四二
直督张树声奏朝鲜与英德议约事竣折	八	五	一〇	二八	一一
北洋大臣李鸿章等奏美韩换约折　附咨文二件	九	五	二五	三三	一〇
礼部奏朝鲜与俄国订通商章程据咨转奏折	一〇	六	二四	四四	二一
礼部奏据朝鲜国王咨与德国重订通商条约折　附咨文	一〇	一二	五	五一	二三
直督李鸿章致总署袁世凯报朝鲜与俄国换商约电	一一	九	一七	六一	一六
直督李鸿章致总署袁世凯电法使逼韩先允传教再议通商电	一二	四	一	六六	一三
总署致李鸿章韩与他国立约未许传教不能允法电	一二	四	一	六六	一四
直督李鸿章致总署韩习教人多未易禁止电	一二	四	二	六六	一四
直督李鸿章致总署法韩定约声明中国属邦电	一二	五	二三	六七	一二
礼部奏朝鲜与法国立约情形折　附咨文	一二	七	四	六八	三
直督李鸿章致总署袁电俄韩近议陆路通商章程电	一三	四	二六	七一	二
礼部奏朝鲜与法国订约折　附咨文	一三	五	三〇	七一	三二

目　录	年	月	日	卷数	页数
直督李鸿章致总署韩违约遣使欧洲酌拟办法函	一四	五	六	七六	六
直督李鸿章致总署袁报俄韩议陆路通商约款电	一四	七	二	七六	二〇
直督李鸿章致总署袁电法与韩无交界不能援俄国例并韩外部拒法派教士济荒电 二件	一五	三	二〇	八〇	五
直督李鸿章致总署韩违章遣使经袁世凯严诘已饬照办电	一五	四	一	八〇	一〇
直督李鸿章致总署韩俄陆约尚未许以定期交换电	一五	四	二四	八〇	二五
直督李鸿章致总署韩派人索拿法佣经袁世凯调停法使不肯交犯电 二件	一五	五	一六	八一	六
直督李鸿章致总署袁世凯报韩俄图们江行船议约拟文询韩政府电	一五	六	二	八一	九
直督李鸿章致总署袁商韩外部请俄使于图们江两国沿岸注明里数电	一五	六	五	八一	一一
总署致李鸿章图们江事韩已堕俄诡计希令袁世凯勿孟浪电	一五	六	六	八一	一一
直督李鸿章致总署袁世凯报韩政府照复图们江行船事电	一五	六	一三	八一	一二
直督李鸿章致总署袁电俄韩订约违例未咨礼部电	一五	六	一六	八一	一三
直督李鸿章致总署袁电瑞士国拟与韩议约电	二〇	四	二五	九〇	二八
使韩徐寿朋奏德国亲王穹利来韩游历片	二五	七	一〇	一四〇	二
使韩许台身致外部俄注意鸭绿江英日恳韩在义州开埠电	二九	闰五	一九	一七三	八

俄韩密约

目　录	年	月	日	卷数	页数
直督李鸿章致总署韩求俄保护宜静以待动电 附懿旨	光绪一二	七	二六	六八	一五

目　　录	年	月	日	卷数	页数
直督李鸿章致总署朝鲜请俄保护寻出实据与徐相雨笔谈并劝该国王书　附函咨及笔谈	一二	八	二五	六八	二八
谕总署朝鲜致书通俄系奸人捏造著照会各使作为废纸	一二	九	二	六九	一
直督李鸿章致总署袁世凯电俄员至韩议边务电	一四	七	一五	七六	二一
总署致刘瑞芬俄拟与华订约同保韩请探英人议论电	一四	九	六	七七	五
总署致洪钧保韩约俟接本署函再议电	一四	九	一二	七七	八
使英刘瑞芬致总署英不愿俄得志东方并俄与韩立约电　二件	一四	九	一八	七七	一〇
使俄洪钧致总署俄报力辩未与韩订保护新约电	一四	一一	二三	七八	一七
直督李鸿章致总署洪钧报俄君守和约韩约缓议电	一四	一二	二三	七八	二五

中韩交涉　巨文岛及绝影岛案

目　　录	年	月	日	卷数	页数
使英曾纪泽致总署英据朝鲜济州俄必不服电	光绪一一	二	二〇	五五	二五
直督李鸿章致枢垣俄垂涎朝鲜永兴湾英派船伺截俄船电	一一	二	二四	五六	四
直督李鸿章致枢垣英据朝鲜哈米敦岛防俄船电	一一	二	二七	五六	一〇
直督李鸿章致总署据德璀琳报俄人阴谋电	一一	一一	二六	六二	三四
直督李鸿章致总署袁世凯电英如不退巨文岛或议租地电	一一	一二	一〇	六二	四四
使英曾纪泽致总署英人谓如各国不占韩地英还巨文岛电	一二	三	一四	六五	二
直督李鸿章致总署报俄船窥伺永兴湾丁汝昌等已乘铁舰赴韩电	一二	六	一三	六七	二三

目　　录	年	月	日	卷数	页数
直督李鸿章致总署俄使言中俄永不取朝鲜土地电	一二	八	二	六八	一八
直督李鸿章致总署据吴大澂报俄无占巨文岛意电	一二	八	九	六八	二四
总署致李鸿章英议将巨文岛作为商埠请劝还朝鲜电	一二	九	三	六九	二
直督李鸿章致总署报与俄使英领商巨文岛事函	一二	九	一一	六九	一二
直督李鸿章致总署韩事照会俄使不肯改稿电 附旨及懿旨	一二	九	一四	六九	一四
直督李鸿章致总署与俄使商不占据朝鲜土地函	一二	九	二五	六九	一五
直督李鸿章致总署俄允不占韩地并催英退巨文岛电	一二	九	二八	六九	一六
直督李鸿章致总署俄使拟定永远不占韩地照会电	一二	一一	一一	六九	二七
总署奏英人退还朝鲜巨文岛片 附照会稿	一二	一二	一〇	六九	三三
直督李鸿章致总署袁世凯电日使来探巨文岛事告以英退还华不代守电	一二	一二	二八	六九	三七
礼部奏朝鲜因英国还巨文岛奉表称谢并贺亲政折	一三	五	三〇	七一	三三
直督李鸿章致总署俄拟在韩元山釜山划地储煤电	一五	二	一三	七九	二五
直督李鸿章致总署袁电韩拒俄租绝影岛又拒法在韩传教电 二件	一五	二	一五	七九	二六
直督李鸿章致总署驻韩日使与袁世凯谈俄欲在韩据地储煤并韩拒俄索绝影岛事电 二件	一五	六	二	八一	九

中韩交涉　日韩立约

目　　录	年	月	日	卷数	页数
日使复总署朝鲜虽中国属邦其地不隶中国照会	光绪一	一二	一九	四	二九

目　录	年	月	日	卷数	页数
总署奏日本使臣来称欲与朝鲜修好折　附节略	一	一二	二一	四	三二
总署奏与日本交涉朝鲜事情片	一	一二	二一	四	三三
总署复日使声明朝鲜为我属国照会	一	一二	二二	四	三五
日使复总署朝鲜虽中国属邦徒系空名照会	一	一二	二三	四	三五
总署奏日使因朝鲜事辩论拟请将照会咨送礼部续行该国折　附照会及节略	二	一	三〇	五	一
朝鲜国王咨礼部谢与日本国使臣交涉事宜文	二	二	二九	五	一四
朝鲜国王咨礼部报遣使日本修好文	二	三	二九	五	三三
总署奏日本已与朝鲜换约折	二	四	六	五	三四
礼部奏朝鲜与日本商办开埠通商据咨转奏折　附咨文二件	二	九	二	八	一
总署奏日本欲由朝鲜来往中国与日使面论情形请饬转行朝鲜折	二	九	一二	八	八
总署奏据鲜朝〔朝鲜〕王咨日本不认朝鲜为中国属国请由朝鲜自行酌复折	五	一	一八	一五	一
礼部奏朝鲜国王咨报与日本商订开港事竣折　附咨文	五	一〇	二	一七	一五
礼部奏朝鲜国王咨明遣使驻日本折　附咨文	六	八	二七	二二	三一
朝鲜国王致礼部遣使日本咨请转奏文	七	三	一五	二五	二一
北洋大臣李鸿章奏朝鲜与日本续订约款折　附条约	八	八	二四	二九	一三
礼部奏朝鲜国王咨派员前往日本修好事竣折　附咨文	一一	五	二一	五八	二八

中韩交涉　朝鲜政变

目　　录	年	月	日	卷数	页数
谕李鸿章张树声朝鲜乱党滋事著派员前往相机办理电　三件	光绪八	六	一五	二八	一二
直督张树声奏朝鲜援师起程并查探情形驰报折	八	七	一〇	二八	一三
直督张树声奏接朝鲜国王咨文乘机答复冀引就范围折　附咨文	八	七	一三	二八	一五
直督张树声奏陆师抵韩登陆情形片	八	七	一六	二八	一六
前兵部侍郎郭嵩焘奏请振励人心奠安朝鲜片	八	七	一八	二八	二〇
直督张树声奏获致朝鲜乱首解送来津折　附上谕	八	七	二三	二八	二一
盛京将军崇绮奏探明朝鲜情形折	八	七	二六	二八	二三
北洋大臣李鸿章奏官军捕治朝鲜乱党及该国派员抵津妥商善后折	八	七	二八	二八	二五
北洋大臣李鸿章等奏究问朝鲜乱首李昰应情形折	八	八	一〇	二九	五
北洋大臣李鸿章等奏朝鲜派员筹商善后片　附咨文及上谕各二件	八	八	一二	二九	八
北洋大臣李鸿章奏议复朝鲜事宜折	八	一〇	七	三〇	五
北洋大臣李鸿章奏与朝鲜陪臣妥议善后片	八	一〇	七	三〇	一一
北洋大臣李鸿章奏接朝鲜王咨文酌量答复折　附咨文等共六件	八	一〇	一四	三〇	一一
直督张树声奏驻韩官军请缓撤退以顺藩情折　附上谕	九	二	二七	三一	三五
广东提督吴长庆奏留防朝鲜难于措置请陛见折　附上谕	九	九	一八	三五	一九
直督李鸿章奏请抽撤驻韩防营并委袁世凯会办朝鲜防务片	一〇	四	六	四〇	二四

目　　录	年	月	日	卷数	页数
直督李鸿章致总署据黎使电日本二舰赴韩电	一〇	一〇	二八	五〇	一〇
谕李鸿章办理韩事勿与日生衅电	一〇	一〇	二八	五〇	一〇
直督李鸿章致枢垣报赴韩日船系铁甲须防备电	一〇	一〇	二九	五〇	一一
旨寄吴大澂著赴韩查办乱民电	一〇	一〇	二九	五〇	一一
直督李鸿章致枢垣已令式百龄赴旅顺电	一〇	一一	二	五〇	一三
粤督张之洞致枢垣请派劲兵赴韩如能胜日法人之气自夺电	一〇	一一	二	五〇	一三
直督李鸿章致总署竹添率兵入韩宫杀大臣六人电	一〇	一一	四	五〇	一六
直督李鸿章致总署日领问中国派兵意答往韩查办乱党电	一〇	一一	四	五〇	一六
直督李鸿章致枢垣丁汝昌会同式百龄带轮赴韩其留旅顺之鱼雷交刘含芳代管电	一〇	一一	五	五〇	一七
李鸿章吴大澂奏查办朝鲜事宜折　附上谕	一〇	一一	五	五〇	一八
总署致黎庶昌吴续二使起程带兵弹压请告井上电	一〇	一一	六	五〇	一九
直督李鸿章致枢垣日韩相斗我若为谋必须越俎电	一〇	一一	七	五〇	二五
军机处奏朝鲜乱事据李鸿章来信录呈御览折　附信稟及节略	一〇	一一	八	五〇	三一
总署致黎庶昌朝鲜事以定乱弭衅为主电	一〇	一一	九	五一	一
使日黎庶昌致总署日备兵数千待发宜防电	一〇	一一	九	五一	二
直督李鸿章致总署井上愿和平议办韩事电	一〇	一一	一三	五一	四
总署致黎庶昌中国先派钦差正欲速了之意电	一〇	一一	一五	五一	五

目　录	年	月	日	卷数	页数
使日黎庶昌徐承祖致总署请嘱韩王向日本索交金玉均电	一〇	一一	二七	五一	一一
直督李鸿章致总署据井上电日廷谓韩事如愿以偿电	一〇	一一	二八	五一	一三
直督李鸿章致总署据丁汝昌函韩日已定约电	一〇	一一	二九	五一	一四
旨著吴大澂等确查韩日定约有无关碍电	一〇	一一	二九	五一	一五
北洋会办吴大澂奏确查朝鲜乱党详情折　附上谕及节略	一〇	一二	四	五一	一七
直督李鸿章致总署日使井上竹添回国电	一〇	一二	六	五一	二四
旨寄徐承祖韩王请留兵驻防著与日廷据理辩论电	一〇	一二	一〇	五二	四
直督李鸿章致总署日人执公法不交金玉均电	一〇	一二	一二	五二	五
北洋会办吴大澂奏日韩议增续约现与朝鲜商办善后折　附上谕	一〇	一二	一二	五二	六
北洋会办吴大澂致李鸿章办理朝鲜善后情形电	一〇	一二	一五	五二	一一
直督李鸿章致总署韩王遣员送谢表电	一〇	一二	二〇	五二	一五
礼部奏朝鲜国王咨送韩乱原委文呈请御览折　附事实册	一一	一	三	五三	二
直督李鸿章致总署日本派伊藤等来议朝鲜事电	一一	一	六	五三	一三
旨寄吴大澂著来京复命电	一一	一	一六	五三	二五
使日徐承祖致总署朝鲜乱事系日人串通开议在津为妥电	一一	一	二四	五四	六
直督李鸿章致总署韩使进京乞咨礼部电	一一	一	二五	五四	七
直督李鸿章致总署日使伊藤赴京会议并与法使密商互助电　附谕旨二件	一一	一	二五	五四	八

目　　录	年	月	日	卷数	页数
礼部奏朝鲜派员恭赍奏本乞代转奏折　附奏稿呈文及上谕	一一	一	三〇	五四	一一
总署奏照录李鸿章等因日韩事来函呈览折　附函禀五件及韩王咨文并上笔谈	一一	二	一七	五五	九
直督李鸿章致总署徐使电日派伊藤来华全权议事函	一一	二	二五	五六	五
全权大臣李鸿章致总署与伊藤商订朝鲜撤兵条款函　附旨及条款	一一	二	二八	五六	一一
全权大臣李鸿章致总署与伊藤订立朝鲜撤兵条约函　附条约照会及条议	一一	三	三	五六	二二
全权大臣李鸿章奏与日使商议朝鲜撤兵条约画押互换折　附上谕	一一	三	七	五六	二七
直督李鸿章奏撤回朝鲜驻兵调扎旅顺以作声援折　附旨	一一	五	二一	五八	二五
直督李鸿章奏请派张曜会同庆裕妥筹东边防务片	一一	五	二一	五八	二七
直督李鸿章致总署筹议朝鲜善后函　附函件并密议	一一	六	六	五九	四
直督李鸿章与朝鲜大院君李昰应问答语录	一一	六	二一	五九	二〇
朝鲜大院君李昰应与许钤身笔谈语录	一一	六	二三	五九	二四
朝鲜大院君李昰应与周馥笔谈语录	一一	六	二四	五九	二五
直督李鸿章致总署论朝鲜事宜函　二件附函稿并笔谈	一一	七	一五	六〇	一二
军机处奏添兵驻边筹护朝鲜片	一一	七	二〇	六〇	二四
礼部奏朝鲜国王咨请放李昰应回国折　附上谕	一一	八	一二	六〇	三〇
礼部奏朝鲜国王咨吴兆有等驻韩劳苦备至恳加奖赏折　附上谕	一一	八	一二	六〇	三一
直督李鸿章奏遵旨派员护送李昰应归国折	一一	八	一七	六〇	三二

目　录	年	月	日	卷数	页数
直督李鸿章致总署据王永胜等禀报护送李昰应回韩情形录请鉴核函　附禀稿三件	一一	九	一一	六一	一一
直督李鸿章奏请派袁世凯总办朝鲜交涉事宜折	一一	九	二三	六一	一八
直督李鸿章奏袁世凯足智多谋请优予奖擢片　附旨	一一	九	二三	六一	一九
直督李鸿章致枢垣朝鲜请兵拟照约知照日本电	一一	九	二七	六一	二二
谕李鸿章著派兵防卫朝鲜电	一一	一〇	一	六一	二三
直督李鸿章致总署徐使承祖电韩乱党欲在日起事俟查明办理电　二件	一一	一一	九	六二	二五
直督李鸿章致总署据袁世凯报日本乱党前往朝鲜电　附旨	一一	一一	一〇	六二	二六
直督李鸿章致总署日人谓朝鲜乱事袁世凯据谣言电闻致惊人心电	一一	一一	一六	六二	二八
旨寄李鸿章著筹备派兵往朝鲜电	一一	一一	一六	六二	二九
直督李鸿章致总署报韩乱首朴泳孝赴香港电	一一	一一	二二	六二	三〇
谕李鸿章著确查朝鲜乱党勿堕诡谋电　二件	一一	一一	二五	六二	三三
直督李鸿章致总署徐使电井上允诱金玉均至沪电	一一	一二	三	六二	三九
直督李鸿章致总署据袁世凯报朝鲜群小持政电	一一	一二	一七	六二	五一
总署致李鸿章韩事棼乱饬袁世凯确探随时电达电	一一	一二	二〇	六二	五一
直督李鸿章致总署袁世凯报朝鲜混乱情形电	一一	一二	二二	六二	五四
军机处代递徐承祖论韩事函　附日人密探各事清册	一二	一	九	六三	一〇
直督李鸿章致总署袁世凯电日欲逐金玉均至美电	一二	一	二五	六三	二八

目　　录	年	月	日	卷数	页数
直督李鸿章致总署朝鲜诸闵乱政李昰应求来津电	一二	二	一	六四	一
直督李鸿章致总署韩群小自主斥华情形电 附旨	一二	五	一四	六七	四
直督李鸿章致总署韩闵党挑拨各国制华电	一二	五	一九	六七	一一
直督李鸿章致总署徐承祖报金玉均被押小笠原电	一二	七	一五	六八	一一
懿旨寄李鸿章著整军严备朝鲜事变电	一二	七	一八	六八	一二
江督曾国荃致总署李鸿章商请派船往韩已照办电	一二	七	二四	六八	一四
直督李鸿章致总署袁世凯劝韩王仍隶中朝电	一二	九	一四	六九	一三
直督李鸿章致总署据袁世凯报韩闵咏翊逃沪电 二件	一三	六	一三	七二	一
总署致李鸿章闵咏翊潜逃事希确探并令袁谨慎电	一三	六	一四	七二	二
直督李鸿章致总署据盛宣怀报韩闵咏翊来烟台电 二件	一三	六	一五	七二	二
总署致李鸿章请召闵咏翊来津详询电	一三	六	一六	七二	二
直督李鸿章致总署闻德尼劝韩自主电	一四	六	六	七六	一三
直督李鸿章致总署韩王拟更外部督办及左右相电	一四	七	二	七六	二〇
直督李鸿章致总署韩调朴定阳回外部督办任电	一四	七	二五	七六	二二
直督李鸿章致总署袁世凯电韩王病痰昰应署理国王之谣甚盛电	一五	四	一	八〇	一一
总署奏韩政紊乱筹商办法请旨遵行折 附函及问答	一六	闰二	一	八二	九
军机处奏遵旨复陈朝鲜练兵铁路事宜折	一六	闰二	二〇	八二	一八
总署奏前议朝鲜要件六条遵旨再行妥筹折	一六	闰二	二一	八二	一九

中韩交涉　日韩合并

目　　录	年	月	日	卷数	页数
驻韩总领事唐绍仪呈总署韩党人谋变民心惊惶电	光绪二四	六	一一	一三三	七
驻韩总领事马廷亮呈外部日韩订协约用人行政权归统监电	三三	六	一七	二〇三	一五
东督徐世昌致外部李范允等在珲春招兵已严禁电	三四	三	二七	二一三	二四
东督徐世昌致外部日人连战皆败闻庆源府已失已派兵防范韩人电	三四	六	一九	二一五	一四
外部致日代使阿部韩李党如窜入华界当极力处置毋庸疑虑照会	三四	六	二四	二一五	一五
外部致徐世昌请严防日人增兵添械以杜后患电	三四	七	一七	二一五	一七
东督徐世昌致外部日于临江县对岸添兵已饬预防函　附临江县条陈	三四	七	一八	二一五	一八
东督徐世昌致外部报日人在韩军事举动函	宣统一	一	一三	一	一〇
使日胡惟德致外部日韩交换觉书本日宣布电	宣统一	六	八	五	四一
驻日代办吴振麟呈外部日欲并朝鲜雄心未已函	宣统二	六	一	一五	一八
考察海军大臣戴〔载〕洵致枢垣外部日并韩国将有不利于我举动亟应改革庶政电	宣统二	七	二三	一六	一八
驻韩总领事马延亮呈外部报日韩合邦条约并宣言书电　附条约暨宣言书	宣统二	七	二四	一六	二二
外部致马廷亮日使面交合并条约各国如何应付我亦照办希详复电	宣统二	七	二五	一六	二六
朝鲜国会致外部日本吞并朝鲜求伸公理电	宣统二	七	二七	一六	二七
吉抚陈昭常致外部日韩合并请与日使妥商韩民越垦问题函	宣统二	八	二一	一七	一五
东督锡良致外部报日韩合并后日本举动情形函　附折	宣统二	八	二四	一七	一七

目　　录	年	月	日	卷数	页数
东督锡良致外部日韩合并后日以急进为主义录呈探报各节请垂察函　附清折四件	宣统二	九	一一	一七	二八
使日汪大燮致外部各国驻韩领事将隶属驻日使署拟赴韩察视电	宣统二	一〇	一〇	一七	五二
外部致汪大燮希查日人对待在韩华侨情形电	宣统二	一〇	一一	一七	五二
吉抚陈昭常致外部韩民到珲春营业者如有词讼应各照自国法律办理电	宣统三	二	一	一九	一四
驻韩总领事马廷亮呈外部丞参日人联络韩王并于仁川修筑船坞函	宣统三	五	二四	二一	二八

中韩其他交涉

目　　录	年	月	日	卷数	页数
朝鲜国王咨礼部与俄国尚无战事文	光绪二	三	二九	五	三三
总署奏法使请行令朝鲜将被拿教士理若望释放折	四	四	一五	一三	二〇
总署奏朝鲜拿禁法国教士请饬查明释放折	五	七	四	一六	一
直督李鸿章奏朝鲜讲求武备恳准该国工匠来津学造器械折　附函	六	九	六	二三	一
直督李鸿章奏议复朝鲜派匠来学制造事宜折　附上谕	六	九	二九	二三	二三
直督李鸿章奏朝鲜学员令其自备资斧暂从海道来津不得多派从人片　附章程笔谈清折	六	九	二九	二三	二五
直督李鸿章奏朝鲜匠徒学习制器情形折　附咨文二件及名单	七	一二	四	二六	二五
谕礼部朝鲜贸易事宜应由总署核办至请派使驻京著不准行	八	四	二九	二七	四五
礼部奏朝鲜变更衣冠折	一〇	九	二九	四九	九
直督李鸿章奏请拨款筹办朝鲜至奉天电线折	一一	五	一二	五八	一七

清季外交史料索引卷八终

清季外交史料索引卷九

中墨交涉序略

墨西哥为西半球古国，五世纪以降，已文化灿烂，国势隆盛。明正德十六年，为西班牙所征服。清道光元年，独立为王国。越三年，改制共和。二十六年，被美国战败，割去上加利福尼亚及新墨西哥等地，国势顿衰。自后内则农田分配不匀，操戈同室，外则毗连强美，攘夺富源，政潮起伏，迄无宁岁。近其政府知内忧外患之亟，乃颁布均田法令，号召拉丁美洲同盟，虽未必即能转弱为强，要亦其振作之策略也。我国人前往者，盖始于明季，其时即有墨银输运来华，比其境内，掘得镌有汉字之古碣、古砖、古钱、古装及偶像等品，则知吾民族之往新大陆，远在哥伦布以前，惜竟湮没无闻，不能与定远博望相媲美也。墨之棉司加利州市廛，初系华侨所辟，近已渐臻繁庶，是中墨关系诚非寻常可比。惟缔结商约则甚迟，至清光绪二十年，使臣杨儒派员调查，方知华侨于通商一事盼望綦殷。两国议约已有端倪，适值中日言和之际，墨政府由踊跃而迁延，至二十六年始行订定；于民国十七年期满，尚未改立新约。惟墨侨所享领事裁判权，已于翌年撤消。华侨初系从事农矿，嗣营杂货、餐馆、洗衣、植棉等业。两国人民，初本辑睦。宣统三年，莱苑华侨忽被害三百余名，当经议订赔偿证明书，及今尚未办结。民国二十年，北部诸州又起排华举动，商店、住宅捣毁殆尽，旋且蔓延于各州。我公使与之交涉，亦不得要领，因之被迫回国者踵趾相接。数载以来，由二万余人降至数千人，若不力图挽救，恐数百年之成绩，愈趋愈下矣。

中墨交涉

中古交涉序略

古巴为西印度群岛中最大之岛，土质膏腴，物产丰饶，砂糖产额，称全球第一。哈瓦那烟草，亦世界闻名。原系西班牙领地。清道光年间，西国招致华工，待遇极苛。同治三年，缔结招工条约后，仍遭虐待。十三年，派员调查，与西使会议保护华工条款，适光绪元年滇省有戕毙英员马嘉里一案，事遂中止。至三年始行订定，遴派领事，前往保护，并于出口各埠派员检验，禁止诱拐，积弊既除，华侨往者益众，且渐弃工而商。二十四年，美西战争结局，改为美之保护国。二十八年，又建独立共和国；然与美缔结特别条约，仍不啻受其保护。本篇初系中西交涉，嗣则美国代办，古巴内政始终被人支配也。

中古交涉

目　　录	年	月	日	卷数	页数
总署奏与西班牙公使订定古巴华工条款折　附条款	光绪三	一〇	一六	一二	一
总署奏与西班牙公使换约缮写全权大臣字样片	三	一〇	一六	一二	八
西使致总署中国驻古巴领事等官请派中国人照会	四	一〇	一二	一四	一七
总署复西使古巴设领事等官当专派中国人照会	四	一〇	一三	一四	一七
总署致西使赴古巴华工如有临时不往者借垫款项由关道取保俾得有著照会	四	一〇	一三	一四	一八
西使复总署华工赴古巴如有船主垫款由关道取保于条款易于得手照会	四	一〇	一三	一四	一八
总署奏与西使互换华民赴古巴条约折	四	一一	一一	一四	二三
总署奏与西使通融互换古巴条款片　附条款正文	四	一一	一一	一四	二四
使美张荫桓奏筹设古巴各埠学堂折	一三	二	二	七〇	一〇

中国巴拿马交涉序略

巴拿马本可仑比亚国之一州。清光绪七年，法人李西蒲曾筹款开凿运河，施工未半，经济告匮，可伦比亚政府复时时掣其肘，失败而止。美国知其然也，乃以四千万美金收买半成之运河。于二十九年，助巴拿马独立；复以千万美金取得运河两岸广五哩地之永租权，并解除其陆军，维持其治安，夷之为保护国。三十二年运河开工，至民国三年告成，于是沟通太平、大西两洋，蔚成重镇，而美人之宿愿偿矣。华侨前往者初系作工，嗣经营商业、农业、渔业，经济上渐占势力，致招土人之忌，屡施排斥。清宣统元年，我政府议于巴国先设领事，徐订商约，藉资保护。现华侨在中美各邦者，以巴拿马为最多云。

中国巴拿马交涉

目　　录	年	月	日	卷数	页数
使美梁诚致外部美法已认巴拿马独立我宜照办电	光绪二九	一〇	三	一七八	三
使美伍廷芳复外部巴拿马华侨被虐宜通约派员电	宣统一	三	一三	三	一六
使美伍廷芳致外部请与巴拿马国立约设领函	宣统一	八	五	九	一七
外部奏拟设巴拿马总领事各官员缺拣员派充折	宣统一	一二	六	一二	二二

中秘交涉序略

秘鲁古为印加帝国，文化夙著，其都城利马公园内有华文之太岁碑，可见国人至南美者，殆犹早于哥伦布也。明嘉靖十二年，为西班牙征服。清嘉庆季年，招华工由帆船前往。道光元年独立，行共和政体。然革命政变，循环不息，致国库空虚，借债度日，财权操于美国顾问之手。迨光绪五年间，败于智利，割地请成，国势益形不振。民国十八年，收回大克那地，边境问题得以解决。侨胞于光绪季年设立中华航业公司，嗣亏折停歇，日本继组航运，移民日众，我国已成之局，徒为他人导其先河，良可慨也！夫中秘之遣使订约，实以华工为其主因，惟华工出洋每被诱拐，视同商品，性复好赌，债累终身，不能自拔，政府为侨民谋解脱，又无一贯之精神，进步恒多迟滞。计自同治十三年，议约遣使，至宣统元年，始得废除苛例，亦云久矣。是年五月，伍使廷芳赴秘谈判，因中秘条约之英文、西文所载，有此约赓续履行十年字样，秘外部即据谓期满作废，幸伍使引证汉文条款及国际公法力争；并允自动限制工人赴秘，经十二次之往复，始允撤销苛例，得以安居乐业，亦可见当日交涉之艰难矣。

中秘交涉

目　　录	年	月	日	卷数	页数
直督李鸿章奏秘鲁国公使抵津请将议定通商和约并查办华工专条及时互换折　附秘鲁国总统令稿三件	光绪一	六	一三	一	三〇
直督李鸿章奏请派丁日昌互换秘鲁条约片　附上谕	一	六	一三	一	三二
前苏抚丁日昌咨呈总署遵办秘鲁国换约事竣缴还谕旨文　附凭单及照会二件	一	七	八	二	八
直督李鸿章等奏秘鲁国换约事竣折	一	七	一〇	二	一五
直督李鸿章等奏请设驻秘鲁使臣保护华工片	一	七	一〇	二	一七
直督李鸿章等奏请保护秘鲁华工谨防诱拐片　附上谕	一	七	一〇	二	一八
粤督英翰奏秘鲁换约事竣闽粤拐卖人口应按约严禁片	一	九	二九	四	五
总署奏秘鲁国呈递国书请予复书折　附国书及照会	三	一	二七	九	一二
使美日秘陈兰彬奏由西班牙起程赴秘鲁日期折	六	五	四	二一	一
使美日秘郑藻如奏报赴秘日期折	一〇	七	二〇	四六	一二
使美日秘张荫桓奏陈兼使秘鲁所至情形折	一四	五	二五	七六	一二
使美日秘伍廷芳致外部旅秘华侨请派兵轮赴南美洲电	宣统一	四	一	三	三二
使美日秘伍廷芳致外部抵秘面驳苛例前约照旧履行电	宣统一	六	八	五	四二
外部复伍廷芳秘鲁华工若嫌过多应自行限制电	宣统一	六	八	五	四三
使美日秘伍廷芳奏行抵秘都呈递国书情形折	宣统一	七	一二	八	五
使美日秘伍廷芳致外部秘鲁华侨被虐曾谒总统晤外部驳论苛例情形函　附往来照会五件	宣统一	七	一二	八	七

目　　录	年	月	日	卷数	页数
使美日秘伍廷芳致外部秘鲁应办事件已磋商就绪译呈证明书电　附证明书二件	宣统一	七	一六	八	二〇
使美日秘伍廷芳致外部报行抵秘都呈递国书各情形函	宣统一	八	五	九	一五
使美日秘伍廷芳奏由秘起程旋美日期及在秘办理交涉情形折	宣统一	一〇	五	一〇	三八
使美日秘伍廷芳奏秘国工党焚掠华商已列单索偿片	宣统一	一〇	五	一〇	三九
署粤督增祺致外部华商赴秘营业秘领不允签字与约不符请电张大臣与秘外部交涉电	宣统二	一一	九	一八	二〇
使美日秘张荫棠致外部报秘外部送华人入境新例已驳辩电	宣统三	三	三	一九	三九

中阿交涉序略

阿根廷于清嘉庆二十一年，离西班牙独立，在南美三大国中，为最平稳进步之国；曾发起阿根廷、巴西、智利同盟，近又提倡拉丁美洲同盟，俨然有执牛耳之概。其土著中之巴他峨拿人，为世界最高之人种。国内农业繁盛，交通利便，为南美最；牧业发达，且称世界三大牧场之一焉。宣统元年八月，阿根廷政府派总领事来华，函呈证书，请给文凭，我国以尚未立约，改称为驻沪商务委员。该国地旷人稀，日本于民国初元，始设直达航路，移民前往，吾国倘能仿行，于殖民大有裨益也。

中国阿根廷交涉

目　　录	年	月	日	卷数	页数
外部复阿根廷国外部柏所派驻沪领事拟改为商务委员照会	宣统一	八	二七	九	四〇
阿根廷国驻沪总领事林布鹿致外部请订商约照会	宣统一	一〇	一〇	一〇	四一
外部复阿根廷国外部驻沪商务委员已饬接待函	宣统二	二	三	一三	三四

中国巴西交涉序略

巴西在南美东北部，全洲诸国除智利、厄瓜多两国外，悉与接壤。明弘治十三年，为葡人发现，殖民其地。清嘉庆十五年，葡人拟移植华茶招工，为华侨至巴西之始。道光二年，戴葡之王族，改建独立国，现中南美诸邦悉用西班牙文，惟巴西用葡文，盖因此故。光绪六年，巴西遣使换约，朝命李鸿章为全权大臣，议订条约。我国鉴于前此立约未妥，流弊滋多，欲藉巴西议约，渐收自主之权，因本互惠宗旨，反复辩论，挽回权利颇多。如：领事到任，由我认准给凭，则以防专横积习也；游历须领执照，则以示尊重主权也；遵守报酬专章，则以杜利益均沾之弊也；犯罪归华讯断，及将来应守新律，则以收领事裁判之权也；凡此诸事，均经认可，是能于邦交中独辟町畦者。十五年，巴西革命，改建联邦共和国。宣统元年，与我订立公断专约，益敦和好之忱。且巴西为南美第一大国，各邦纷纷移民前往，尤以日本、德国为最多，有人种博览会之称。比该国政府恐成喧宾夺主之势，公布新宪法，确认产业统治，不得集团移民。然新大陆诸国，惟巴西待华侨最优，并无排斥举动，诚宜善为运用，以期有进无退，亦外交之要务也。

中国巴西交涉

目　　录	年	月	日	卷数	页数
外部奏中巴拟订公断专约请旨办理折　附条约	宣统一	六	一四	六	一
使法刘式训致外部丞参请于巴西设馆遣使函	宣统一	一一	二	一一	二五
巴西代办吉致外部请示知中国领海管理权专律照会　附节略	宣统一	一一	二七	一二	八
外部丞参呈堂宪研究外国船只在中国领海内应如何施行司法权事缮单呈核文	宣统一	一一	二八	一二	一〇
驻法代办戴陈霖呈外部中巴公断条约本日互换电	宣统三	一〇	二五	二四	二九

中智交涉序略

智利亦西班牙属地，于清嘉庆十五年独立，血战八载，始克告成。嗣后战胜秘鲁及玻利维亚，开疆拓土，遂为南美强国。因地狭而海岸线长，努力建造军舰，硝石出产，世界无匹。惟秘鲁因战败沦丧两省，坚持数十年不让，智利扩张军备，以致国库空虚。现界务解决，国运亦渐平稳。民国十四年，中智始缔结商约，华侨经商秘鲁者设分店于智利，统计侨胞，现仅千余人，亦遭工党攻击，盖其地远而狭，是以不易展布耳。

中智交涉

目　　录	年	月	日	卷数	页数
外部致伍廷芳旅智华人无业失所请设法保护电	宣统一	五	六	四	一七

各国共同交涉　各国协约

目　　录	年	月	日	卷数	页数
使英罗丰禄致外部报英日联约六款内容电	光绪二八	一	五	一五二	六

目　　录	年	月	日	卷数	页数
外部致各省督抚本部照会驻京各使日俄协约重视中国在东省主权自应按约实行电	宣统二	六	一五	一五	三三
使俄萨荫图致外部俄外部谓俄日协约于中国主权无碍电	宣统二	六	二二	一五	三四
义使巴致外部中国声明日俄协约已转达本国照会	宣统二	六	二四	一五	三八
直督陈夔龙致外部闻俄日协约有附约四条确否示复电	宣统二	六	二五	一五	三八
使德梁诚致外部觐见德皇谓中国答日俄协约文为外交界文件特色电	宣统二	七	二	一六	一
使美张荫棠致外部美谓日俄协约大碍中国主权美须早自为谋电	宣统二	七	三	一六	二
东督锡良致外部报日俄近日举动情形函	宣统二	一〇	一〇	一七	五〇
外部致汪大燮报载俄德日三国联盟希探复电	宣统二	一二	一八	一八	三四
使日汪大燮复外部俄德新有协约德日交情渐亲电	宣统二	一二	一九	一八	四七
使俄萨荫图致外部日俄协商一节俄报公布辩讹电	宣统三	四	一六	二〇	三五
使俄萨荫图致外部闻俄日在东京议商标事电	宣统三	四	一八	二〇	三五
使俄萨荫图致外部丞参英日第三次修改同盟约条〔条约〕已在伦敦画押函	宣统三	闰六	二七	二二	一六

各国共同交涉　中外使领往来礼节　附奖赠事宜及游历办法

目　　录	年	月	日	卷数	页数
总署奏驻京使臣与部院大臣往来礼节未便置之不议片	光绪一	八	一	三	一六
总署奏陈中外交际往来情形请旨明白宣示折	一	八	二九	三	二四
总署奏各国驻京使臣新年拟与各部院大臣互相道贺片	一	一二	一〇	四	二八

目　　录	年	月	日	卷数	页数
总署致各国公使往来礼节条款请会商见复照会	二	八	九	七	三六
粤督张树声奏拟订中外交涉行文仪式以资遵守片	七	三	一五	二五	二〇
总署奏厘订奖给洋员宝星章程折　附章程	七	一二	一九	二六	三三
总署奏遵议发给洋人游历内地护照请仍照旧章片	八	八	二〇	二九	一二
总署奏各国使臣来署贺年片	一一	二	一一	五五	一
总署致卞宝第各省长官到任与领事交际办法电	一四	九	二八	七七	一七
闽督卞宝第致总署大宪先拜领事有亵国体电	一四	九	三〇	七七	一八
直督李鸿章致总署袁世凯报皇上大婚庆典韩王及西人均来贺宴电	一五	一	二七	七九	一五
总署致驻外各使各国国主致贺大婚请传旨致谢电	一五	二	二〇	七九	二六
总署致岐元俄使函称将军后到先拜领事希查闽省办法示复电	一五	四	一	八〇	一〇
闽将军岐元致总署将军不应先拜领事祈酌夺电　二件	一五	四	四	八〇	一三
总署致直鄂粤各督抚将军询先拜领事抑先来谒电	一五	四	一一	八〇	一三
直督李鸿章致总署领事差帖往还后来谒始答拜电	一五	四	一一	八〇	一四
粤督张之洞致总署督抚将军例不先拜领事电	一五	四	一三	八〇	一六
总署奏使臣觐见恳求另定处所据实代陈折	一七	九	一八	八四	三二
总署奏酌定宝星式样请旨遵行折	二三	二	一一	一二五	一二
总署奏遵议款接外宾参酌中西体制详定章程折	二四	五	一三	一三二	九
谕奉懿旨定期觐见各国公使及公使夫人	二七	一一	二二	一五〇	七

各国共同交涉　出席保和会及红十字会

目　　录	年	月	日	卷数	页数
旨寄杨儒著奏明减兵保和会宗旨并届时赴会电　二件	光绪二五	二	一四	一三七	九
使俄杨儒奏遵赴荷都保和会蒇事返俄情形折	二五	九	一一	一四〇	一七
总署奏遵议杨儒赴保和会参酌情形以便画押折　附旨	二五	九	二八	一四〇	二〇
总署奏遵查保和会各款并红十字会章程尚无窒碍折　附旨	二五	一〇	二二	一四一	四
总署奏保和会章内公断一条遵旨再行妥议折	二五	一一	五	一四一	九
使俄杨儒奏遵赴荷兰画押请补签日来弗原议并筹办救生善会折	二五	一二	二八	一四一	二〇
外部致陆征祥等奉旨添派刘式训胡惟德充海牙公断员电	宣统二	三	一一	一四	六
外部等奏保和会条约前画押三件现补画五件请旨批准折	宣统三	九	五	二三	一九

内政　请求约章

目　　录	年	月	日	卷数	页数
总署奏请申明各国条约饬令各省照办折　附上谕	光绪一	九	一二	四	一
直督李鸿章奏请饬各省请求条约倘遇文〔交〕涉事件勒限办结片	二	七	三〇	七	二五
总署奏请将条约发交州县各官以凭交涉折　附上谕	三	五	七	一〇	一三
粤督张之洞奏派员兼理洋务并据理依约办理交涉片　附旨	一一	四	二八	五八	七
使英薛福成奏察看英法交涉事宜谨陈梗概折	一六	九	一〇	八三	二一

目　　录	年	月	日	卷数	页数
使英薛福成奏外交之事宜厚于交际严于交涉片	一六	一二	二五	八三	三八
使英薛福成奏请申明新章豁除旧禁以护商民折	一九	七	一〇	八七	一四
总署奏遵议薛福成请申明新章豁除海禁旧例折	一九	八	四	八七	二一
总署奏请派专员与各国商订商务教务界务条约片	二四	二	一〇	一二九	二八
总署奏遵旨编辑约章通行给领折　附谕	二四	八	四	一三五	一
江督刘坤一致外部请电各使编译各国律例条约电	二八	一	六	一五二	六

内政　变通政治　附考察宪政

目　　录	年	月	日	卷数	页数
宗人府主事陈懋鼎奏请降旨召见日本伊藤博文折	光绪二四	七	二九	一三四	一九
粤督陶模奏新政请以革除宦官为自强之本折	西巡二七	三	一五	七	三〇
刘坤一张之洞奏条陈变通政治四端恳决意施行折	二七	六	一一	一四七	四
刘坤一张之洞奏遵旨筹议变法谨拟整顿中法十二条折	二七	六	一八	一四八	一
使俄杨儒奏请变通成法补救时艰谨拟六策折	二七	七	一	一四九	一
使日李盛铎奏变法宜定宗旨请派员出洋考察折	西巡二七	七	一二	九	四四
谕载泽戴鸿慈徐世昌等分赴东西洋各国考求政治	三一	六	一四	一九〇	一一
专使陆征祥使荷钱恂致外部请宣布立宪宗旨电	三三	六	二一	二〇三	一七
外部奏请颁给赴英日德等国考察宪政大臣国书折	三三	八	一六	二〇五	一三

目　　录	年	月	日	卷数	页数
使义钱恂奏外交政策宜遵谕旨公之舆论折	宣统一	一一	一五	一一	三〇
专使唐绍仪奏报考查各国财政情形折	宣统一	一二	二一	一二	三九
考察宪政大臣李家驹奏考查日本财政编译成书折	宣统二	一二	一九	一八	三四

内政　革命运动

目　　录	年	月	日	卷数	页数
使英龚照瑗致总署报告孙文到英应即扣留电	光绪二二	九	六	一二三	一三
鄂督端方致枢垣遵旨查禁长江一带革命邪说电	二九	五	二九	一七二	三八
江督魏光焘鄂督端方致枢垣查禁上海爱国会并拿办邹容等电	二九	闰五	一八	一七三	五
军机处致各督抚请查禁寄售革命书籍电	三一	三	二七	一八九	二〇
谕载泽等乘坐火车出京炸弹猝发著查拿从重惩办	三一	八	二七	一九一	二三
外部咨粤督滇督桂抚越匪勾结党羽已与法使商禁文	三四	一二	一三	二一八	一四
使美伍廷芳致外部闻革党由美运炸约来华举事已饬各领严防电	宣统一	一	七	一	五
外部致沿江沿海各督抚闻革党抵大阪请饬严防电	宣统一	一	二〇	一	二四
鄂督陈夔龙致枢垣外部革党散布伪照伪函请商日廷访拿电	宣统一	一	二四	一	二七
外部致沈秉堃法使诘辩滇案希示以证据电	宣统一	一	二四	一	二七
护滇督沈秉堃复外部匪确由越来请与法使辩驳电	宣统一	二	五	一	四七
外部致胡惟德闻革党尚居日本希商外部令出境电	宣统一	二	六	一	四八

目　　录	年	月	日	卷数	页数
谕各省督抚冯国璋克复汉阳著赏给男爵电	宣统三	一〇	八	二四	一六
外部致伊集院东督电称日人有本等与王国柱有意扰乱请严行取缔函	宣统三	一〇	一三	二四	二一
外部致各国公使奉旨准监国摄政王辞退归邸照会	宣统三	一〇	一七	二四	二七
东督赵尔巽致外部日廷不赞成革党及胡匪举动函	宣统三	一〇	二二	二四	二九
南京民政府致各国领事推倒清朝保护外人生命财产通告译文	宣统三	一一	二一	二四	三八
外部致各国公使闻张謇为革军商借洋款请阻止函	宣统三	一一	二一	二四	三八
法使马复外部南军与洋商借款未闻商人议及照会	宣统三	一一	二九	二四	四〇
旨寄各督抚将军都统著严饬所属保护外人电	宣统三	一二	一	二四	四〇
内阁致外部日兵出关保护桥梁与约不符请商日使撤回函	宣统三	一二	一八	二四	四〇
外部致伊集院民军以招商局产业向日本抵押借款请阻止节略	宣统三	一二	二〇	二四	四一
邮部致外部各国派兵保护京榆铁路章程分别准驳函　附章程	宣统三	一二	二七	二四	四二

内政　职官进退

目　　录	年	月	日	卷数	页数
使英郭嵩焘奏举使才片	光绪二	一〇	二七	八	二〇
总署奏定出使日德等国大臣薪俸片	三	六	五	一〇	二五
使英郭嵩焘奏请派员赴万国刑罚监牢会片	三	八	二七	一一	一五
总署奏议复郭嵩焘奏请派员赴万国刑罚监牢会片	三	九	二五	一一	三二

目　　录	年	月	日	卷数	页数
谕李鸿章著查明李凤苞能否胜出使之任	三	一〇	三	一二	一
使英郭嵩焘奏办理洋务横被构陷折	三	一〇	三〇	一二	二七
谕派曾纪泽李凤苞充出使英法德等国大臣 四件	四	七	二七	一三	三九
总署奏酌议出使大臣崇厚曾纪泽薪俸折	四	八	二三	一四	七
旨寄曾纪泽郑藻如出使期满著留任半年电	一〇	一二	一〇	五二	四
总署奏出使人员薪俸酌量裁减片	一三	二	二	七〇	一一
总署奏出使兼驻之国宜令附近分隶折	一三	四	二六	七一	三
谕洪钧刘瑞芬充出使欧洲各国使臣	一三	五	三	七一	二八
总署奏请添设俄英法德文翻译官片	一四	六	二三	七六	一八
总署致洪钧刘瑞芬张荫桓黎庶昌奉旨派陈钦铭使英崔国因使美电	一五	三	六	八〇	一
谕薛福成著派充英法义比等国钦差大臣	一五	四	一一	八〇	一四
使英薛福成奏英法两馆事务日繁酌补缺额各员片	一八	八	一〇	八六	一〇
懿旨著恭亲王奕䜣管理各国事务衙门兼会办军务	二〇	九	一	九七	三
旨著刘坤一回任后实力筹办铁路商务及陆军电	二一	一一	一八	一一九	七
专使李鸿章致总署报由坎拿大回国电	二二	八	六	一二二	一八
旨派杨儒罗丰禄黄遵宪伍廷芳充出使欧美各国钦差大臣	二二	一〇	一二	一二四	五
江督刘坤一致总署沪道蔡钧既奉旨开缺应催李光久速赴任电	二四	二	一	一二九	一九
奕劻李鸿章奏按照和议总纲拟改总署为外务部折	西巡二七	四	八	八	七
军机处致全权大臣奉旨设立政务处电	西巡二七	四	九	八	九

目　　录	年	月	日	卷数	页数
奕劻等奏奉旨改设外部请以徐寿朋联芳补侍郎折	西巡二七	六	三	九	一
奕劻等奏请以荫昌使德许台身使韩片	西巡二七	六	三	九	一
上谕总署改为外部派奕劻总理王文韶会办并各将军督抚毋庸兼总署衔　二件	西巡二七	六	九	一四七	二
政务处大臣奕劻等奏遵议外务部应设司员缺额俸给章程折　附章程	二七	六	二九	一四八	二六
直潘〔藩〕周馥禀枢垣李鸿章本日出缺电	西巡二七	九	二七	一〇	四六
全权大臣李鸿章奏病势危笃自知不起口占遗疏仰求圣鉴折	西巡二七	一〇	三	一一	一一
谕梁敦彦邹嘉来著补授外务部尚书侍郎	宣统一	一	二	一	一
外部致伍廷芳奉旨派往各国呈递国书电	宣统一	四	二	三	三三
使美伍廷芳奏南美无约各国宜订约遣使以保华侨片	宣统一	一一	一五	一一	二九
谕邹嘉来胡惟德著补授外务部左右侍郎	宣统三	四	一六	一四	三一
外部致各国公使奉谕庆亲王仍管理外务部照会	宣统三	四	一一	二〇	二二
外部奏拟请于欧美改设驻使并酌设兼使折	宣统三	八	二〇	二三	一
外部奏厘订改设驻使兼使员缺经费片	宣统三	八	二〇	二三	三

内政　审判事宜

目　　录	年	月	日	卷数	页数
江督魏光焘致枢垣报租界拿犯历来最为棘手电	光绪二九	闰五	一九	一七三	六
吕海寰伍廷芳奏沪会审公廨情形黑暗请定章程片	二九	六	四	一七三	一〇

内政　藩封覲贡

目　　录	年	月	日	卷数	页数
礼部奏遵旨密查朝鲜行贿免使情形折	一五	一	二三	七九	一二
直督李鸿章奏查明朝鲜并无行贿免使各情折	一五	二	一〇	七九	一九
直督李鸿章致总署袁电有韩员寄书韩廷称红参免税经礼部诘查电	一五	三	一一	八〇	三
直督李鸿章致礼部报韩王查办李应浚电	一五	四	三	八〇	一三
直督李鸿章致总署袁世凯报韩函复纳贿免使事颇狡已斥还嘱另照复电	一五	四	二六	八〇	二七
礼部奏准朝鲜国告讣并请免赐奠据呈代奏折 附呈文	一六	八	二四	八三	一八
驻藏大臣有泰奏廓尔喀远道输诚遣使朝贡折	三二	闰四	二九	一九七	二三

内政　教案

目　　录	年	月	日	卷数	页数
江督沈葆桢奏研讯皖南教案分别示惩折	光绪三	一	六	九	一
江督沈葆桢奏皖南教民滋事立予正法以安良善片	三	一	六	九	四
使英郭嵩焘等奏请饬总署会商驻京公使严订神甫资格以免发生教案片	三	四	八	一〇	四
直督李鸿章致总署已遵旨饬敦约翰往罗马电	一一	九	二九	六一	二二
直督李鸿章致总署罗马电传教事愿照中国之意办理电	一二	一	三	六三	三
直督李鸿章致总署伦敦电教皇派员赴京议教务电	一三	一	二六	七〇	九
总署奏各省教案迭出请旨饬各省督抚迅速筹办折	一七	五	七	八四	二三
使英薛福成奏英法教案牵涉既广谨陈治本治标之计折	一七	一一	二六	八四	三七

目　　录	年	月	日	卷数	页数
总署奏遵议江苏教案完结折	一八	一一	一六	八六	一八
鄂督张之洞致总署麻城县揭帖已严禁断难传教电	二〇	五	二	九一	一
旨寄各省督抚著加意保护教堂电	二〇	九	一四	九七	二一
署江督张之洞奏教堂买地不先报官流弊太大拟请照约由地方官查明方准税契折	二一	七	六	一一七	三
总署奏代递英美两国教士条陈中国教务折　附李提摩太等奏折	二一	一〇	一四	一一八	二五
总署奏遵旨议复陈其璋请定教案章程折	二二	三	二八	一二〇	二二
使美伍廷芳奏教案迭起内治无权请变通成法折	二四	一	二〇	一二九	一三
谕各省大吏实力保护传教西人不准再有教案	二四	六	一	一三三	一
总署奏遵议瞿鸿机〔禨〕请饬各省册报教堂教民数目折	二四	七	一六	一三四	一七
懿旨著各直省大吏实力保护教堂教士	二四	七	二一	一三四	一八
总署奏拟订地方官接待教士事宜以便保护折	二五	二	四	一三七	六
外部致湘抚岑春蓂瑙威教会购地案希就地商结电	宣统三	三	二六	二〇	一五

内政　长沙案

目　　录	年	月	日	卷数	页数
外部致张荫棠萨荫图胡惟德转各使馆湘省饥民滋事并非仇洋已换抚臣如询及希详告电	宣统二	三	八	一四	三
外部致署湘抚杨文鼎希饬保护日本商民电	宣统二	三	九	一四	三
外部致鄂督瑞澂希派员详查湖南各国教堂商民损失数目并妥结电	宣统二	三	一〇	一四	四

目　　录	年	月	日	卷数	页数
署湘抚杨文鼎复外部湘省变乱俟到任后再查复电	宣统二	三	一二	一四	七
外部致鄂督瑞澂湘抚杨文鼎准各国公使照复议结长沙各案办法希查照电	宣统二	五	一	一五	二
湘抚杨文鼎复外部与英美日领事商办湘案情形电	宣统二	五	一一	一五	一四
外部致瑞澂杨文鼎日德皆允就地议结湘案电	宣统二	五	一四	一五	一六
湘抚杨文鼎致外部湘案日本赔款大致就绪请商日使留村山领事办结电	宣统二	六	一九	一五	三四
外部复杨文鼎湘案赔款经日外部核定派参赞赴湘办结电	宣统二	六	二一	一五	三四

内政　沙市案

目　　录	年	月	日	卷数	页数
鄂督张之洞致总署沙市变起仓猝防不及防幸领事无恙电	光绪二四	闰三	二六	一三一	一一
鄂督张之洞奏遵旨回鄂查办沙市案电　附旨	二四	闰三	二八	一三一	一二
鄂督抚张之洞谭继洵奏湖北沙市客民细故肇衅焚毁关局延烧华洋房屋获犯审结折　附谕	二四	七	八	一三四	一
鄂督张之洞致总署沙市案税司各员赔款拟照广东河南成案办理电	二四	九	七	一三五	九

内政　其他事宜

目　　录	年	月	日	卷数	页数
鲁抚丁宝桢奏日俄窥伺情形片	光绪一	一	五	一	一
苏抚吴元炳奏请防俄片	一	一	六	一	二

目　　录	年	月	日	卷数	页数
使英郭嵩焘奏办理洋务宜以理势情三者持平处理折　附乾隆四十一年上谕	二	一〇	二七	八	一五
直督李鸿章奏查明天津英法租界占用内务府差地租项分别津贴豁征折	二	一二	二二	八	三四
谕禁止外人入内地放赈及贩买灾民妇女	四	四	二四	一三	二五
晋抚奎斌奏土达两旗争界谨陈查办情形折	一〇	一二	一〇	五二	二
吉林将军希元奏俄人日肆侵占不若以兵屯田折	一一	三	一	五六	一七
总署致龚照瑗询上海发给洋人租照是否有永租字样	一四	一一	一四	七八	五
沪道龚照瑗致总署外人租沪地均有永租字样电	一四	一一	一五	七八	一二
使美张荫桓奏请定国旗形式片	一五	四	二七	八〇	二九
吉林将军长顺奏三姓珲春等处炮台亟宜整顿片	一七	一二	二六	八四	四〇
使美崔国因奏外洋藉口会匪恫喝要求谨拟防患之法折	一八	三	二一	八五	二
吉林将军长顺奏查看富克锦兵民疾苦黑河口内外形势及俄界情形片	一九	九	九	八八	五
旨寄李秉衡所筹征酒税裁兵额两节著照所请电	二一	一一	二八	一一九	八
署江督张之洞奏严禁租界以外洋人任意侵占以收地利而维政权折	二三	一	二五	一二五	九
谕各省将军督抚比来交涉棘手著激发天良练兵筹饷	二三	一一	二六	一二七	三四
浙抚廖寿丰致总署论对付各国方法并请召洋将琅威理回华整顿海军电	二四	一	一三	一二九	一一
使美伍廷芳奏朝廷借材异地当以美国为宜片	二四	一	二〇	一二九	一六
给事中张仲炘奏众敌环伺祸机迫切敬陈管见折	二四	二	七	一三〇	一

目　录	年	月	日	卷数	页数
谕各省督抚倘遇各国事变惟有同心协力不得预梗和议	二五	一〇	一九	一四一	三
江督刘坤一致外部东三省改设行省事祈迅筹复电	二八	六	三	一五九	三
使义钱恂奏外交应付宜合各国而统筹全局谨陈各国外交情形折	宣统一	九	一五	一〇	一〇
东督锡良奏东省大局益危密陈管见折	宣统二	七	一五	一六	一〇
度支部外务部奏遵旨妥筹东三省请借外债二千万两兴办实业拟请照准折　实行借款者数件列于借款门内	宣统二	八	二	一六	三二
邮部奏遵章胪陈第四届筹备路电成绩折	宣统二	一〇	二	一七	四七
东督锡良奏遵旨密陈东三省大局应行分别筹办情形折	宣统二	一〇	二〇	一八	一
鄂督瑞瀓咨外部洋商在租界以外违约经商请照会各驻使禁止文　附湖北谘议局议决办法	宣统二	一〇	二五	一八	五
资政院总裁溥伦奏照约速定裁厘加税一案议决情形折	宣统二	一一	一	一八	一三
外部等奏遵议锡良奏陈东三省大局应行分别筹办情形折	宣统二	一二	一五	一八	三一
使日汪大燮致外部闻俄调兵赴伊犁英议有事滇边诸宜直接交涉电	宣统三	一	二一	一九	七
外部致汪大燮中俄悬案本持认真商定之旨电	宣统三	一	二一	一九	九
署库伦办事大臣三多致枢垣蒙地首在路权请饬派工师勘路并调军队扼要分布电	宣统三	二	一九	一九	二八
外部致新抚联魁中外结婚并无不准明文希妥办电	宣统三	三	一	一九	三九
使奥沈瑞麟奏嗣后公布各国文牍请选精法文谙交涉者译成定稿片	宣统三	六	一五	二一	四二

教育

财政　币制

目　录	年	月	日	卷数	页数
滇督刘长佑等奏借款开矿购器铸钱折	光绪三	四	一二	一〇	七
使英法曾纪泽奏法国新铸银圆甚愿通行中国据情上陈折　附咨文	五	六	二四	一五	三九
使日徐承祖致总署报向日商订购铜砖价目电　二件	一二	八	七	六八	二一
总署致徐承祖准照价订购铜砖电	一二	八	二四	六八	二八
直督李鸿章致总署伦敦电英议行用金银钱币电	一四	一〇	八	七七	二一
使俄洪钧奏各国趋重金币片	一六	四	二〇	八三	一二
张之洞谭继洵致总署鄂省拟铸铜钱以济急需电	二二	三	二五	一二〇	二二
会办商务大臣盛宣怀致枢垣复议划一币制请改铸一两银元电	西巡二六	六	一〇	九	三
刘坤一张之洞致枢垣新币宜铸七钱二分电	西巡二六	六	一三	九	一一
鄂督张之洞致枢垣铸造银元须江鄂粤三局合造方可整顿电	西巡二七	八	六	一〇	三
江督刘坤一致枢垣三省合铸银元只抵外币必须另设京局电	西巡二七	八	一〇	一〇	五
修订法律大臣沈家本等奏请设立专条惩治伪造外国银币罪犯折	三三	四	二	一九六	一六
专使美国唐绍仪奏请实行商约速定币制折	三四	六	二九	二一五	一六
外部致英使麻俟新币发行渐次收回旧币节略	宣统二	八	四	一六	三五

财政　关税

目　　录	年	月	日	卷数	页数
总署奏英法美三国迭次照会夔关扣留货船索取赔偿谨陈大概折　附上谕	光绪一	二	四	一	五
粤督刘坤一等奏请于小马溜洲地方设关征税折	二	六	二四	六	二九
鄂督翁同爵奏宜昌开作通商口岸应设关监督折	三	一	一〇	九	五
总署议复鄂督翁同爵奏宜昌添开通商口岸请将荆宜施道移扎兼办折	三	一	二七	九	一〇
总署奏议复新疆俄商课税章程片	三	二	二四	九	一七
浙抚谭钟麟奏温州通商征收事宜已遵章办理片	三	四	八	一〇	七
总署奏新疆开埠中俄一律免税折	八	四	一八	二七	二五
德使致总署请将粤海关议订土货三联单及洋货入内地税单章程酌量核改照会　附照会六件章程二件	八	五	四	二八	一
总署奏议复中外税厘各事折	八	九	一二	二九	二八
粤督张之洞奏领事包庇走私漏税请知照英国设法约禁折	一二	四	二六	六六	一七
粤督张之洞致总署请饬粤关并总税司缓抽半税电	一二	五	一一	六七	三
总署致李鸿章英使所请通商税则可否允行希复电	一三	四	一四	七一	一
直督李鸿章致总署通商税则似可允行电	一三	四	一四	七一	一
台抚刘铭传奏洋商应完子口半税申明约章折	一四	三	二一	七五	三二
总署致李鸿章天津洋税办法请告知台抚参酌电	一四	三	二五	七五	三七

目　　录	年	月	日	卷数	页数
滇督岑毓英奏蒙自设关已预筹妥备折	一五	三	二五	八〇	七
直督李鸿章致总署袁世凯报韩灾运米入口可否援案免税已复准电	一五	四	二六	八〇	二六
总署致李鸿章请查洋商运韩货入内地税则电	一五	六	八	八一	一一
户部尚书熙敬等奏整顿洋税逐渐收回利权片	二一	六	四	一一六	二
浙抚廖寿丰致枢垣拟就苏杭设洋关置税司厘税并征电	二一	七	一九	一一七	一三
署甘督陶模致总署报俄领在省过年明春赴吐电	二一	一一	一五	一一九	六
总署奏拟增进口洋税酌筹办法请饬相机办理折	二二	一	一一	一二〇	一
总署奏遵旨议复张仲炘请商俄人改订税额折	二二	四	二五	一二一	三
专使李鸿章致总署报与英沙侯会议照磅〔镑〕加税电	二二	七	六	一二二	一三
专使李鸿章致总署报抵美晤外部商磅〔镑〕价加税事电	二二	七	二〇	一二二	一八
鄂督张之洞奏华商用机器制造货物请从缓加税并改存储关栈章程折	二二	九	一三	一二三	一七
总署奏各关税项递增暨添设洋关拟加税司经费折	二二	一〇	三	一二四	四
旨寄张荫桓使事竣后著即讲论加税及免厘事电	二三	五	五	一二六	一
使英张荫桓致总署英外长未返加税难遽议电	二三	六	七	一二六	一一
总署奏议复台货改照洋货收税事宜折　附征税办法四条	二三	六	二二	一二六	二三
使英张荫桓致总署英外部允加税未索免厘电	二三	七	三	一二六	二五
总署奏遵议陈其璋请与各国开议酌加进口税折	二四	五	一六	一三二	一一
俄外部致许景澄等南满支路俟大连湾开埠设立税关函	二四	五	一八	一三二	一三

目　　录	年	月	日	卷数	页数
盛京将军依克唐阿致总署旅顺附近俄不准华官收税请示电	二四	八	二七	一三五	五
中德会订青岛设关征税办法	二五	二	八	一三七	一六
滇督崧蕃奏英使照称拟照约于腾越设领事请设关征税片	二五	一二	二七	一四一	二〇
粤督陶模致外部粤海关报澳门设关无益于中国电	二七	六	一一	一四七	四
鄂督张之洞致外部武昌常关不归江汉关管请令赫德勿揽办电	二七	一一	二	一五〇	一
江督刘坤一致枢垣赫德欲包揽常关请照约声明电	二七	一一	五	一五〇	六
外部致粤关监督陈村等四口大关仍归监督管理电	二八	三	二六	一五四	二九
吕海寰盛宣怀致外部修改税则请照会俄葡日瑞各使电	二八	七	九	一六〇	一七
外部致吕海寰盛宣怀修改税则应否知照葡瑞两使电	二八	七	一一	一六〇	二一
商约大臣吕海寰等奏会同各国议税使臣估定进口税则折	二八	七	一五	一六〇	二三
鄂督张之洞致外部请趁俄人挑剔速议收回关税邮政电	二八	八	一	一六三	一
外部致各关监督新定值百抽五税则定期开办电	二八	九	一三	一六五	八
外部致赣抚李兴锐赣关量移省城应妥筹奏明办理电	二八	九	一七	一六五	一〇
使俄胡惟德致外部俄设关江省边境我国应仿办电	二八	一〇	一一	一六七	四
鲁抚周馥致外部闻俄拟商中国代收西伯利亚铁路税乞勿允电	二八	一一	一〇	一六七	一九
鄂督张之洞致枢垣东三省关税应归中国自主电	二八	一一	一三	一六八	四
外部致胡惟德请照东省铁路合同要求设关征税电	二八	一一	一八	一六八	五
署江督张之洞致枢垣东三省铁路关卡权请力争电	二八	一一	三〇	一六八	一四

目　　录	年	月	日	卷数	页数
使法孙宝琦致外部已告法外部助我广湾设关电	二九	二	二五	一六九	二六
吕海寰伍廷芳致外部俄义税则定期开办请饬知各关电	二九	三	三	一七〇	二
总税司赫德呈税务处青岛设关征税修改办法请裁酌函　附条款附件暨章程	三一	三	二三	一八八	一三
直督袁世凯奏秦皇岛口岸增设常关以杜绕越折	三一	一二	二三	一九五	二一
直督袁世凯等奏奉省筹办开埠拟于安东县大东沟设立海关以东边道兼充监督折	三二	七	一〇	一九八	九
外部致胡惟德现择定满洲里绥芬河设税关希商俄外部电	三二	七	二六	一九八	一二
使俄胡惟德致外部俄户部面允中国照约设关电	三二	八	一九	一九八	一五
直督袁世凯等奏报日本交还营口关税余款折	三二	一一	一七	一九九	二五
署黑龙江将军程德全奏请设满洲里税关片	三二	一二	一	二〇〇	三
外部咨袁世凯改订青岛制成货物征税新章希查照文　附续立附件	三三	三	二八	二〇二	一二
外部致俄使订定北满洲税关章程照会　二件附章程	三三	五	二六	二〇三	四
俄使复外部北满设立税关已转知哈尔滨领事照会	三三	五	二八	二〇三	六
外部咨南北洋大臣北满洲税关定期开关文	三三	六	一	二〇三	七
税务处札总税司东省开埠免重征专照章程文　附章程	三三	一二	二四	二〇九	一九
美使致外部请嘱东督遵约勿重征已纳进口税之洋货照会	三四	一一	一六	二一八	四
外部致税务处及东督奉抚东省麦粉复出口应否免税请核复文	宣统一	四	七	三	三五
税务处咨外部东海关拟在宁海州各口设立分卡应准试办文	宣统一	四	二七	四	一一
外部复英使朱迩典考验各船吨数新例允照办照会	宣统一	五	二一	四	三六

财政　加税

目　　录	年	月	日	卷数	页数
刘坤一致枢垣罗使电澜侯云洋货税厘并征深合事理电	西巡二七	三	一三	七	二一
军机处致张之洞以金镑完关税即以抵付洋债可免折耗电	西巡二七	三	一九	七	三六
奕劻李鸿章致枢垣赔款事各使请指明如何清还拟将洋货加税电	西巡二七	三	二六	七	三九
张之洞致枢垣杰弥逊谓洋货按时价加抽可增千余万电	西巡二七	四	一四	八	一六
盛宣怀致枢垣如各国愿关税估足值百抽五可暂不裁厘电	西巡二七	六	二七	九	二三

财政　洋药税附禁烟

目　　录	年	月	日	卷数	页数
使英郭嵩焘等奏请禁止鸦片折　附上谕	光绪三	四	二	一〇	一
使英郭嵩焘奏续陈禁止鸦片事宜折　附上谕	三	八	一三	一一	六
直督张树声奏英商包揽洋药章程请饬总署核议折　附章程	八	四	二二	二七	三三
总署奏议复英商揽办洋药事宜折	八	四	二六	二七	三八
总署奏洋药厘税并征载在会议条款请饬驻英使臣与英外部商办折　附上谕	九	一	一二	三一	一
使英曾纪泽致总署洋药税厘现增五两可否定议电	一〇	一二	九	五二	二
总署致曾纪泽希力争洋药税电	一〇	一二	三〇	五二	三四
使德许景澄致总署英人包办洋药税各国亦要求电	一一	八	一二	六〇	三二
总署致曾纪泽议洋药税事希照会俄国取其复据电	一一	八	一二	六〇	三三
使德许景澄致总署洋药事咨法德劼侯谓不可作商量语澄见相同电	一一	九	三	六一	一

目　录	年	月	日	卷数	页数
直督李鸿章致总署邵友濂报办理洋药税情形电 附旨	一二	六	一七	六七	二七
总税司赫德致李鸿章澳门愿办洋药税电	一二	六	二四	六七	四三
直督李鸿章致总署据邵友濂转赫德电港澳洋药税须一体办理电	一二	六	二六	六七	四五
总署致李鸿章请询邵友濂澳门洋药税事有无防弊办法电	一二	六	二七	六七	四五
臬司邵友濂致李鸿章洋药税事港督拟回国请示电	一二	六	二八	六七	四六
直督李鸿章致总署赫德电洋药税事澳人要求自身利益电	一二	六	二九	六七	四六
直督李鸿章致总署据赫德称洋药事澳督提出三节待商电	一二	七	六	六八	四
总署致赫德澳门办洋药税事应从长计议电	一二	七	一〇	六八	六
总署致许景澄澳门洋药税事可援西例辩驳电	一二	七	一四	六八	九
芜湖道致总署华人求领事包庇运烟电	一二	七	一七	六八	一二
总署致芜湖道查封私运烟土之洋行须见机妥办电	一二	七	一九	六八	一二
税司赫德致总署澳督所拟洋药税办法请示复电 二件	一二	七	二四	六八	一五
芜湖道致总署私土事领事若转圜可迁就电	一二	八	八	六八	二一
总署致各省督抚通告洋药税开办日期电	一二	一二	二二	六九	三六
总署致许景澄洋药税事请知照比廷电	一三	一	一	七〇	一
直督李鸿章致总署请厘定洋药税缉私办法电	一三	一	三	七〇	一
总署致张之洞赫德申称派定港澳税司电	一三	二	二一	七〇	一七
总署奏澳门屡经议约未成拟办洋药税以一事权折	一三	二	二三	七〇	一九

目　　录	年	月	日	卷数	页数
粤督陶模致外部粤办膏捐土药加抽之税过于洋药于专条无碍祈核准电	二八	三	六	一五四	一三
鄂督张之洞致外部法德商人拟包办烟膏请勿允电	二八	四	七	一五五	一二
外部奏遵议使义许珏条陈加征洋药税并订章程折	二九	一二	一四	一八一	八
外部奏复陈筹议禁烟与各国商定办法折　附上谕暨英使照会	三三	七	一八	二〇四	五
外部奏与各国议允定期禁止贩运莫啡鸦办法折	三四	三	二八	二一三	二六
外部奏各国在沪会议禁烟请派员督率开会折	三四	一二	八	二一八	一三
会议禁烟专员刘玉麟致外部译呈各国禁烟条款函	宣统一	二	一五	二	一
外部复美使嘉禁运高根事已准各国驻使允认函	宣统二	一一	一二	一八	二一
外部奏各国禁烟会展期开会请另派员会议折　附敕谕暨公约	宣统三	三	二一	二〇	一
英使朱迩典致外部暂贴印花之印药应照新章征税照会	宣统三	四	一〇	二〇	二一
外部致朱迩典中国土药与印烟新税同时起征照会	宣统三	四	一〇	二〇	二一
外部奏与英使续订禁烟条件以期从速禁绝折　附上谕	宣统三	四	一一	二〇	二三
度支部奏各省土药拟请比例洋药酌量加税折　附旨	宣统三	四	一一	二〇	二六
谕各省督抚著遵照禁烟条件切实奉行以期禁绝	宣统三	六	三〇	二一	四五
外部奏分省禁运印度洋药先择成效最著数省与英使商定办理折　附条件附件并照会三件	宣统三	七	二	二二	二〇
外部等奏万国禁烟会改期开会请添派赴会人员折	宣统三	九	一三	二三	三七
外部致伊集院吉林日人贩卖吗啡既经驱逐华警亦已处分照会	宣统三	一一	一九	二四	三七

清季外交史料索引卷九终

清季外交史料索引卷十

财政　捐税

目　录	年	月	日	卷数	页数
粤督张之洞致总署六厂已交税司接办电	一三	三	五	七〇	二六
总署致粤关监督增润六厂常税希交税司接办电 二件	一三	闰四	九	七一	八
总署致张之洞据赫德言六厂税则与新章不符电	一三	六	一六	七二	三
粤督张之洞致总署六厂征税重费累民请代奏电	一三	六	一六	七二	三
总署致张之洞据赫德言六厂征税不致累商电	一三	六	一八	七二	四
粤督张之洞等致总署新税恐牵动通省全局电	一三	六	二〇	七二	五
总署奏议复张之洞新香六厂补抽税厘预防流弊折	一三	七	一〇	七二	一九
总署奏六厂收税应于凭单注明银数免致偷漏片	一三	七	一〇	七二	二二
总署致李鸿章英德法等使言台湾系通商口岸希停收洋厘电	一四	二	二二	七五	二三
总署奏台湾抽收洋商厘金与约不符请旨遵办折 附旨	一四	二	二五	七五	二五
直督李鸿章致总署据刘铭传电台湾洋商完税请补叙府城口并半税二节电 二件	一四	二	二六	七五	二六
总署致李鸿章请转刘铭传洋商入内地如不领单则抽厘电	一四	二	二八	七五	二七
总署致李鸿章请转刘铭传通商口岸无论城镇皆为口岸电	一四	三	二	七五	二七
直督李鸿章致总署台湾府城口字样本属牵混电	一四	三	二	七五	二八
直督李鸿章致总署刘铭传电台湾无租界可免电 二件	一四	三	四	七五	二八
直督李鸿章致总署刘电免厘事请辨明约章口字电	一四	三	一二	七五	三〇
台抚刘铭传奏辨明内地土货厘金片	一四	三	二一	七五	三四
总署致张之洞据德使照称广东违约抽厘电	一四	六	七	七六	一四

目　　录	年	月	日	卷数	页数
直督陈蘷龙东督锡良奉抚程德全咨外部英使请停纸烟运出东三省厘金碍难照办请查核文	宣统一	九	二四	一〇	二〇
英使朱迩典致外部土货由东省经天津等埠出口请按海关现行章程纳税希核复照会	宣统一	一〇	二〇	一〇	四七
外部咨税务处英使请停纸烟运出东省厘金案希妥筹办法见复文	宣统一	一〇	二七	一一	一一
外部致浙抚增韫日使请停日商烟草捐棉花捐希查复电	宣统二	三	五	一三	四九
浙抚增韫致外部日商棉花捐已同烟叶捐开呈现另查详咨电	宣统二	三	七	一四	三
外部复使美张荫棠东省因洋商违章运货饬局收税实非重征希告美政府函	宣统二	五	四	一五	一二
吉林道孟宪彝呈外部长春营业税拟根据法理改正章程文	宣统二	一一	一二	一八	二一
镇江关道林景贤呈外部日领请发桐木联单乞拒驳电	宣统三	三	二二	一九	五二
外部复英使朱迩典拟电滇督派员与英领商议腾越骡马捐照会	宣统三	五	二六	二一	二九
英使朱迩典致外部缮送中英在奉议订英美烟公司纳税办法照会　附照会暨章程	宣统三	八	六	二二	四五

财政　借款

目　　录	年	月	日	卷数	页数
谕沈葆桢著派员密查道员许厚如有无在沪议借洋款招摇撞骗情事	光绪三	二	四	九	一四
总署奏福建前借洋款未成原立用印议单并未收回应由原办各员理处赔偿折	三	二	二四	九	一五
甘督左宗棠奏借定洋款请饬总署分别知照折	三	六	一一	一〇	二四
甘督左宗棠奏道员胡光墉息借汇丰银行款项请饬知照英使折　附函及文稿	三	九	二	一一	一七
粤督张之洞致总署报向英商借款电	一〇	六	七	四二	三〇

目　录	年	月	日	卷数	页数
总署致杨儒请将订借洋款厘定抽本数目咨署具奏电	二〇	一〇	一一	九九	一六
使美杨儒致总署科回银行借款折扣视战事为低昂电	二〇	一〇	一二	九九	一七
总署奏向汇丰银行借一千万两奏明请旨折	二〇	一〇	一二	九九	一九
旨寄李鸿章前与英伦所议借款著电龚照瑗详立合同电	二〇	一一	五	一〇一	一二
署江督张之洞致总署需饷万急上海借款事请饬沪税司签字赶办电	二〇	一一	一一	一〇一	一九
署江督张之洞致总署拟借炽大洋行款一百万镑电	二一	一	一二	一〇四	二二
总署奏息借汇丰洋行一千万两及三百万镑订立合同折　附合同清单各二件	二一	一	一二	一〇五	一
闽督杨昌濬致军务处闽省饷绌恳饬拨百万济急电	二一	一	一三	一〇五	二一
署江督张之洞致总署请借洋款饬由各省认还电　附旨	二一	二	二	一〇七	三
署江督张之洞致总署报炽大借款无著拟向他行商借电　附旨	二一	三	二	一〇八	六
署江督张之洞致军务处请借英商克隆行款并调琅威理来华整顿水师电　附旨二件	二一	三	二三	一〇九	二
署江督张之洞致总署奉谕准借洋款断不敢縻费电	二一	三	二七	一〇九	二一
署江督张之洞致总署请借德商瑞记款一百五十万镑电　附旨	二一	四	一六	一一二	一
署江督张之洞奏恳将瑞记借款留为裁勇练兵设枪炮厂之用电　附旨	二一	五	一五	一一三	一六
使英龚照瑗致总署克款借款合同已遵示改订电	二一	闰五	五	一一五	三
总署致许景澄询俄款折扣数目是否载入合同电	二一	六	二六	一一六	三八
使俄许景澄奏俄国经办借款遵旨订定合同折	二一	七	二〇	一一七	二四
使法庆常致总署法外部称借款失信拟援允德借山东土地案派舰重办电	二四	三	三	一三〇	一四

目　　录	年	月	日	卷数	页数
度支部奏遵议广东筹借洋债由粤自行筹还办法折	三三	三	二六	二〇二	一一
东督锡良致外部查报奉省与吉省奏借之款系属两案电	宣统二	八	二二	一七	一七
度支部奏议借美款先订草合同请旨核遵折　附草合同	宣统二	九	二七	一七	四一
度支部奏核议江督奏请以轻息借款还重息借款应由该督先行交该省谘议局议决折	宣统三	闰六	二八	二二	一七
粤督张鸣岐奏详陈广东息借洋款情形折	宣统三	八	一一	二二	四八
度支部奏军需紧急拟向法国息借九千万法郎折　附旨及合同、咨文	宣统三	九	六	二三	二二
度支部奏拟向法国续借六千万法郎以济要需折　附咨外部文	宣统三	九	一〇	二三	三〇
度支部等奏江督奏请息借洋款应俟部借定酌量拨济折	宣统三	九	一九	二三	四〇
外部致法署使裴续借洋款业经资政院议决照会	宣统三	一〇	一二	二四	二一
外部致日使伊集院大仓洋行付款展期契约已由部签押照会	宣统三	一二	二七	二四	四四

财政　还债

目　　录	年	月	日	卷数	页数
北洋大臣李鸿章奏查明常胜军旧欠美商洋行帐〔账〕目筹款议结折	光绪九	一	二二	三一	九
总署奏报结清赔偿美国商亏银两片	一一	三	一四	五七	一〇
粤督张之洞致总署粤借洋款应还请饬税司赶办电	一三	闰四	一九	七一	八
署江督张之洞奏报江南息借洋款收银实数并分饬司局认还折	二一	一二	六	一一九	二〇
户部奏常年应还俄法英德两项借款数巨期促亟应预筹办法折	二二	八	二三	一二二	一九

目　　录	年	月	日	卷数	页数
户部奏摊还洋款请旨饬各省赶紧设法片	二二	八	二三	一二二	二三
闽督边宝泉奏借款数巨势难持久宜亟图补救以济时艰折	二二	一〇	一	一二四	一

军事　陆军及军械

目　　录	年	月	日	卷数	页数
使英曾纪泽致总署中国所购火药不合用请慎之电	光绪一〇	一〇	二	四九	一二
旨寄李鸿章著饬采办委员慎购军火抽查试验电	一〇	一〇	四	四九	一三
粤督张之洞致枢垣报购买军械运滇边电	一〇	一〇	一七	四九	一八
旨寄李鸿章枪弹价宜急交著就近挪借汇往电	一〇	一一	三	五〇	一四
粤督张之洞致枢垣云桂台湾饷械均经分别筹运电	一一	一	六	五三	一三
直督李鸿章致总署已电曾纪泽往阅英机厂电	一二	四	八	六六	一五
使英薛福成奏拟请申明律例条约严禁私购军火以杜隐患折	一八	六	一六	八五	九
总署奏遵议严禁私购外洋军火以杜隐患折	一八	闰六	四	八五	一六
旨寄李鸿章著将许景澄所购枪炮价款汇付电	二〇	八	一四	九五	一二
使俄许景澄致总署购定枪弹即起运电	二〇	八	一六	九五	一二
旨寄李鸿章营口紧要置办军火著准提关税电	二〇	九	一	九七	二
旨寄吴大澂著订购奥国快枪款由湖北划汇电	二〇	九	一三	九七	二〇
旨寄张之洞著定购比奥两国枪械并募勇驻岳州训练备调电　二件	二〇	一〇	五	九九	八

目　　录	年	月	日	卷数	页数
旨寄李秉衡著查明平炮式样交神机营试造电	二一	一	二一	一〇六	一二
旨寄李鸿章著查验许景澄现购来复枪有无旧物电	二一	一	二一	一〇六	一二
署江督张之洞奏创练新军须选乡民责成洋将管带操练折　附旨二件	二一	一二	三	一一九	一〇
总署奏遵议王文韶筹修旅顺大连炮台请拨购炮经费折	二二	一二	二三	一二四	二〇
谕张之洞刘坤一英国议绅请用英人充军务处参谋一节断不可行电	二四	一一	一七	一三六	一九
外部致陶模据荫昌电德政府不阻挠购运军火电	二八	七	一三	一六〇	二三

军事　海军及船政

目　　录	年	月	日	卷数	页数
直督李鸿章奏在英订购兵轮派员管带来华片	光绪六	一一	二九	二四	二七
北洋大臣李鸿章奏自强要图宜先练水师再图东征折	八	九	二	二九	二二
旨寄许景澄著勘验李凤苞定造铁甲船电	一〇	九	九	四八	一三
使德许景澄奏勘验在德订购定远镇远铁甲船折　附旨	一一	一	一七	五三	二五
使德许景澄奏点收济远钢舰片	一一	一	一七	五三	二八
粤督张之洞奏拦截省河情形片	一一	七	二五	六〇	二七
使英曾纪泽致总署定造快船应否加用铁甲请代奏电	一一	九	一八	六一	一七
使法许景澄致总署询新式快船应否照定乞示电　附旨	一一	九	二三	六一	二一
直督李鸿章致总署许景澄所定快船尚为周密请代奏拨款电　附旨	一一	九	二七	六一	二一

目　　录	年	月	日	卷数	页数
粤督张之洞奏沙面塞河关系海防不宜复开折	一二	三	二五	六六	一
奕谖李鸿章善庆奏校阅黄金山等处南北水操电	一二	四	一八	六六	一六
奕谖李鸿章善庆奏巡视威海烟台大沽炮台电	一二	四	二一	六六	一六
直督李鸿章奏前在英德定造快船派员驾驶回华折	一三	二	八	七〇	一三
直督李鸿章致总署刘铭传报快船已到台电	一四	七	二四	七六	二二
总署致张之洞封口事非万不得已不松口电	一五	四	二八	八〇	三〇
江督刘坤一奏南洋海防江防应分别筹办及考核兵轮变通水师学堂折	一七	六	二〇	八四	二五
直督李鸿章奏报洋人包建旅顺口船坞船澳厂库各工并铁路电灯各机器动用银两折	一七	九	二七	八四	三三
旨寄李鸿章智利售船事著电催龚照瑗详复电	二〇	七	二七	九四	二〇
旨寄李鸿章龚使所购阿摩士船著照议办理电	二〇	八	三	九五	七
旨寄许景澄闻德国猎船价廉而成期速著订购电	二〇	八	二四	九六	一三
直督李鸿章致总署龚照瑗电怡和行有兵轮七只可购乞请旨电　附旨二件	二〇	九	一二	九七	一九
旨寄杨儒著派员赴巴西查验带甲艟艨并迅复电	二〇	九	二八	九八	一三
旨著李鸿章知照龚照瑗准购快船何时可到即复电	二〇	一〇	一〇	九九	一五
旨著胡燏棻令汉纳根照所开节略购船练军电	二〇	一〇	一九	一〇〇	七
桂臬胡燏棻致军务处报款未齐不能与汉纳根订立购械募将合同电	二〇	一〇	二九	一〇〇	一八
桂臬胡燏棻奏统筹洋员汉纳根呈请召募洋将练兵添船购械各节折	二〇	一一	二	一〇一	六
桂臬胡燏棻奏奉旨办理练兵购械请饬筹拨经费片	二〇	一一	二	一〇一	九

交通　沪宁铁路

目　　录	年	月	日	卷数	页数
署江督张之洞致总署拟派员测勘沪宁路线电	光绪二一	六	一〇	一一六	八
署江督张之洞致总署报苏绅等拟办沪宁铁路俟估工筹款后请旨电	二一	九	一二	一一八	九
署江督张之洞奏筹办沪宁铁路已派洋员测勘分段兴造折	二一	一二	三	一一九	一四
鄂督张之洞致枢垣请许德国揽办沪宁铁路借款电	二四	一	三	一二九	三
铁路督办盛宣怀致外部英派员来沪接议沪宁铁路合同电	二八	九	一七	一六五	一〇
外部致盛宣怀沪宁铁路合同请改照粤汉办法电	二八	九	一九	一六五	一五
外部奏遵议沪宁铁路筹借英款订立合同折　附合同暨附件	二九	五	一四	一七二	二
邮部奏报沪宁铁路全路工程完竣情形折	三四	一一	二〇	二一八	五

交通　淞沪铁路

目　　录	年	月	日	卷数	页数
总署致英使英商在上海筑路请细核条约照会	光绪二	二	二七	五	一二
总署致英使上海筑路请转领事与关道商酌照会	二	三	一三	五	一五
总署奏上海英商就旧租马路擅筑铁路拟论辩禁阻折　附上谕	二	三	一九	五	一六
总署奏上海吴淞铁路须妥筹归宿之法片	二	三	一九	五	一九
直督李鸿章奏上海铁路拟由关道及中外官员妥定办法片	二	七	三〇	七	二四
直督李鸿章等奏上海铁路会议买断谨陈办理情形折	二	一二	五	八	二五

交通　苏杭甬铁路

目　　录	年	月	日	卷数	页数
浙抚廖寿丰致总署浙人集股筑杭州铁路请作为商办电	光绪二三	六	二七	一二六	二五
铁路督办盛宣怀致外部钱锦孙请办沪杭铁路已咨驳电	二九	四	二九	一七一	二〇
外部咨浙抚聂缉椝钞送苏杭甬铁路草约文	三一	四	一	一八九	二三
铁路督办盛宣怀奏与英公司商废苏杭甬草合同折	三二	二	二六	一九六	六
外部奏苏杭甬铁路历年商论情形及现议借款办法折　附上谕	三三	九	一四	二〇六	一〇
江浙铁路公司咨呈江督端方路工已成无须借款文	三三	九	一八	二〇六	一三
外部奏复陈苏杭甬铁路借款磋商为难情形折	三三	一〇	二四	二〇七	一四
外部邮部会奏苏杭甬铁路改苏为沪与中英公司订立借款合同折　附合同	三四	二	四	二一一	四
江督张人骏苏抚程德全奏查明苏路公司并无私借外债并筹预防方法折	宣统二	一一	一	一八	一五
外部咨邮部苏省铁路公司请借款造徐通铁路指驳各节与本部意见相同文	宣统三	五	一三	二一	二三

交通　津浦铁路

目　　录	年	月	日	卷数	页数
鄂督张之洞致总署容闳请造津镇铁路必有洋款万不可允电	光绪二四	一	九	一二九	六
江督刘坤一致总署容闳请造津镇铁路决不可准电	二四	一	一一	一二九	九
工部侍郎许景澄候补京堂张翼奏订立津镇铁路英德两国银行借款合同折	二五	四	一三	一三八	二九

目　　录	年	月	日	卷数	页数
许景澄张翼奏修造津镇铁路仍照总署原奏办理片	二五	四	一三	一三八	三〇
外部致张人骏津镇铁路峄县以北借德款以南借英款电	二八	三	一二	一五四	一五
德使穆默致外部请咨直督将建造津镇枝路叙入合同电	二九	闰五	一三	一七三	三
外部等会奏津镇铁路改为津浦与德英两公司改定借款合同折	三三	一二	一〇	二〇九	一
外部等会奏津浦借款合同业经画押请派员督办折　附合同	三三	一二	一八	二〇九	四
津浦铁路督办徐世昌奏津浦铁路续借洋款与德英两公司议订合同折　附借款合同暨分期摊还本利表	宣统二	八	一九	一七	一

交通　芦汉铁路

目　　录	年	月	日	卷数	页数
懿旨著海军衙门筹办铁路	光绪一五	四	六	八〇	一三
旨寄张之洞铁路重要著奏保廉明者数员以备简用电	二一	闰五	二一	一一五	二二
署江督张之洞致总署遵旨筹办芦汉铁路拟并勘沪宁粤汉京张陇海等路电	二一	七	一九	一一七	一六
旨著督办军务王大臣传知中外集股筹办芦汉干路	二一	一〇	二〇	一一八	三三
王文韶张之洞致总署遵旨令华商承办芦汉铁路电	二二	三	二八	一二〇	二七
总署奏统筹南北铁路请设总公司折　附盛宣怀说帖	二二	九	一四	一二三	六
王文韶张之洞盛宣怀致枢垣借款造路请以铁路为抵保电	二三	三	二二	一二五	一七
王文韶张之洞盛宣怀奏芦汉铁路借款请由国家担保以维大局电	二三	四	四	一二五	二〇

目　　录	年	月	日	卷数	页数
王文韶张之洞盛宣怀奏遵旨商借比款办法已立草约即可画押电　附旨	二三	四	七	一二五	二一
王文韶张之洞盛宣怀奏复与比公司先立草合同电	二三	四	一〇	一二五	二二
王文韶张之洞盛宣怀奏筹办芦汉铁路情形并钞呈议借比款草合同折　附合同	二三	四	二四	一二五	二八
谕盛宣怀著赶办芦汉铁路并速办粤汉沪宁各路	二四	五	八	一三二	六
荣禄张之洞盛宣怀奏芦汉铁路比国借款续定合同折　附合同三件凭信一件	二四	六	二四	一三三	一五
总署奏遵旨复陈盛宣怀督办芦汉铁路借定比款折	二四	七	一六	一三四	一六
总署致英俄两使承办铁路不得以他国所议作为中国允许之据照会	二五	四	三	一三八	二五
铁路督办盛宣怀致枢垣芦汉借比款必须全权画押否则难成电	西巡二七	三	一七	七	三六
奕劻李鸿章奏比使请饬地方官保护芦汉铁路电	西巡二七	四	二二	八	二三
奕劻李鸿章奏请饬各省保护芦汉铁路电线折　附旨	二七	四	二四	一四六	二四
外部致张之洞英使照称汉口车站利益不当偏于某国电	二八	二	二八	一五三	二九
铁路督办盛宣怀致外部临城煤矿与芦汉铁路相依为命未可轻易签字电	二八	四	八	一五五	一四
署江督张之洞致外部盛宣怀丁忧芦汉粤汉铁路请责成经理电　附旨	二八	九	二八	一六六	一〇
豫抚陈夔龙等奏芦汉铁路展造开封河南两府枝路与比国公司议订合同折　附合同三件章程二件	二九	八	二〇	一七六	三
外部奏复展造汴洛铁路支路与比公司议订合同折	二九	九	一〇	一七七	七
邮部奏汴洛铁路工款不敷拟续借比款折	三三	二	一八	二〇一	一七
邮部奏注销京汉铁路借款行车各合同并接收情形折	三四	一二	一五	二八	二五
邮外度三部会奏京汉铁路需还官款拟订正金银行借款一千万元合同折　附上谕暨合同	宣统三	二	二三	一九	三〇

交通　津保铁路

目　　录	年	月	日	卷数	页数
驻比参赞呈外部比人谓津保铁路不能许给英人电	光绪二八	四	二	一五五	三
铁路督办盛宣怀致外部请准比国接造津保支路电	二八	五	四	一五七	九

交通　津榆铁路

目　　录	年	月	日	卷数	页数
军机处奏试办天津等处铁路以便商贾而利军用折	光绪一三	二	二三	七〇	一七
旨寄王文韶津榆铁路用款过巨著查奏电	二一	一〇	二六	一一八	三四
津榆铁路督办胡燏棻奏展造大凌河营口等处铁路息借洋款折	二四	九	三〇	一三五	一八
总署奏遵议息借洋款展造大凌河营口等处铁路折	二四	一〇	一四	一三五	二〇
津榆铁路督办胡燏棻奏接收津榆铁路移交各款截清界限折	二四	一〇	二三	一三六	一〇
路矿督办张翼奏查明秦皇岛接修铁路谨拟办法折	二五	七	一二	一四〇	七
路矿督办张翼奏津芦铁路暂交李鸿章管理并直热各矿缓办情形片	西巡二六	六	一三	九	一一
奕劻李鸿章奏请派胡燏棻为关内外铁路大臣电	西巡二七	九	六	一〇	三〇
外部奏英使展修津榆支路之议请饬续行厘订折	二八	四	三	一五五	四
外部奏请饬袁世凯等与英使妥商关外铁路章程折	二八	四	一〇	一五五	一七

目　　录	年	月	日	卷数	页数
袁世凯胡燏棻致外部晤英萨使商定将全路交接电	二八	八	二七	一六三	二六
北洋大臣袁世凯等奏报接收关内外铁路折 附章程二件	二八	九	一八	一六五	一〇
署直督袁世凯致外部报黄新庄支路限期完竣电	二八	一〇	四	一六七	二
督办关内外铁路袁世凯等奏天津车站接修西沽岔道商拨借款折	二九	七	二五	一七四	一五

交通　京奉铁路

目　　录	年	月	日	卷数	页数
邮部奏接收新奉铁路及增改工程筹拨款项折	光绪三三	一〇	四	二〇七	六
外部致林权助京奉建桥无损南满请饬公司派员会勘照会	三三	一一	七	二〇八	七
邮部奏拟订新奉吉长铁路借款续约折 附续约合同暨条款	三四	二	五	二一一	一六
邮部奏酌拟京奉与南满铁路接联营业办法折 附合同	宣统一	闰二	一〇	二	四九
东督锡良致外部京奉展线及联络营业事以速结为宜函	宣统二	一〇	二	一七	四六
邮部复外部京奉展线并无条件日领所求实属枝节函	宣统二	一〇	三	一七	四九
东督锡良致外部京奉修筑直线架设天桥本与日领议妥请商定示遵文	宣统三	四	九	二〇	二〇
东督赵尔巽致外部中日议定京奉铁路协约文 附协约	宣统三	八	二	二二	三七
邮部奏展筑京奉路线磋商就绪议定办法折	宣统三	八	六	二二	四二

交通　川粤汉铁路

目　　录	年	月	日	卷数	页数
铁路督办盛宣怀致外部美廷催办粤汉铁路请速核准电	光绪二八	六	一	一五九	二
铁路督办盛宣怀致外部湘鄂铁路废约筹拟办法电	二九	四	二六	一七一	一四
湘抚赵尔巽致外部湘绅请电盛宣怀驳诘美公司将合同私售比国电	二九	四	二六	一七一	一四
署川督锡良奏自设川汉铁路公司以辟利源而保主权折	二九	闰五	一七	一七三	四
驻重庆法领事安致川督锡良请商办川汉铁路事宜照会	二九	七	二九	一七四	一八
鄂督张之洞鄂抚端方湘抚赵尔巽致外部粤汉铁路北段美售于比请照合同作废电	三〇	四	二	一八二	一四
英使萨道义致外部预定川汉铁路公司借款照会	三〇	八	一二	一八四	一六
张之洞盛宣怀致外部粤汉借款遵拟作废办法电	三〇	一一	一六	一八六	四
鄂督张之洞致外部合兴抵抗粤汉铁路废约事请坚持电	三一	五	五	一九〇	一
鄂督张之洞致枢垣粤汉铁路合同美如食言惟有废约电　三件	三一	七	一三	一九〇	一六
鄂督张之洞致枢垣赎回粤汉合同请旨画押电　附合同	三一	八	四	一九一	七
鄂督张之洞致枢垣粤汉赎路款已向英国商借电	三一	八	六	一九一	一〇
鄂督张之洞致外部川粤汉铁路俟诸绅议定再达并款巨工艰必须借款电　二件	三一	九	二七	一九二	二五
鄂督张之洞奏沥陈粤汉铁路借款事据实复奏折　附合同暨还款清单	三二	闰四	一五	一九七	二
鄂督张之洞致邮部英商愿借款修路请由部借鄂还电	三三	二	一八	二〇一	一八
大学士张之洞与德华汇丰汇理等银行订立湘鄂境内粤汉铁路鄂境川汉铁路借款合同　附件	宣统一	四	一二	三	四〇

目　　录	年	月	日	卷数	页数
英美法德各使致外部鄂境粤汉川汉铁路中国资本家请准商办有碍借款合同照会　七件	宣统二	一	三	一三	一
英美法德各使致外部催办川粤汉铁路借款合同请旨批准画押照会　四件	宣统二	六	二八	一五	四五
英美法德各使致外部催议粤汉川汉铁路借款照会	宣统二	八	一二	一六	三九
英美法德各使致外各银行代表仍请按照湖广铁路原合同办理照会	宣统二	九	二〇	一七	三八
英美法德各使致外部请催邮部速与各银行商结湖广铁路借款照会　附节略	宣统二	一〇	二五	一八	九
外部咨邮部四国公使照催湖广铁路借款事请速核复文	宣统三	四	一〇	二〇	二二
邮部奏请取销商办以便四国铁路借款签字片　附咨文	宣统三	四	一一	二〇	二七
邮部等奏粤汉川汉铁路借款合同磋商定议请旨签字盖印折　附上谕合同暨付息表	宣统三	四	二二	二〇	三六
度支部等奏遵旨筹画收回川粤汉干路详细办法折　附上谕	宣统三	五	二六	二一	三〇
湘抚杨文鼎致邮部报查明湘路收支各款实数电	宣统三	闰六	二〇	二二	一五
邮部奏查明湘鄂路工暨股捐各款情形折	宣统三	八	六	二二	四四

交通　山东铁路

目　　录	年	月	日	卷数	页数
谕崧骏等阿城临清一带试办铁路著派员查看有无妨碍电	绪光二	九	七	六一	二
直督王文韶致总署德办山东铁路英法艳羡粤汉路请归中国自办电	二三	一二	二三	一二八	一二
鄂督张之洞致枢垣德干预山东铁路事大碍北省地利拟以沪宁南段抵换电	二四	一	五	一二九	四
使德吕海寰致总署德外部述德主意请将胶澳路展至沂州电	二四	一	九	一二九	七

目　　录	年	月	日	卷数	页数
使德吕海寰致总署报与德外部辩论兖案沂路电	二四	一	一二	一二九	一〇
使德吕海寰致总署报与德外部辩论沂济展路事电	二四	一	二六	一二九	一八
使德吕海寰致总署晤德外部论拓路开矿抵兵费电	二四	一	二八	一二九	一九
使德吕海寰致总署请示沂济干路经过里数电	二四	二	四	一二九	二一
使德吕海寰致总署与德外部辩论山东拓路事电	二四	二	二〇	一三〇	一〇
鲁抚袁世凯奏陈办理高密民人阻修铁路情形暨进呈铁路章程折	二六	三	一九	一四二	二二
总署奏遵议办理高密民人阻修铁路及胶济铁路章程缘由折　附章程	二六	四	四	一四三	一
鲁抚杨士骧咨外部中德会订小清河义路合同文　附合同	三一	三	二三	一八八	二六
鲁抚胡廷干咨外部胶济铁路接修小清河叉路拨款归垫已批准文	三四	二	一二	二一二	七
津浦铁路大臣孙宝琦等咨鲁抚杨士骧德筑山东铁路如何办理希查复文	三四	三	二〇	二一三	一一
鲁抚孙宝琦奏建筑胶沂铁路款巨期迫谨陈派员测勘并筹办内地捐抵借公债情形折	宣统二	一〇	二七	一八	一〇
直督陈夔龙等奏烟潍铁路关系紧要请收归官办折	宣统三	闰六	三	二一	四九

交通　正太铁路

目　　录	年	月	日	卷数	页数
谕晋抚胡聘之著将兴办山西铁路矿务情形一并具奏电	光绪二四	二	四	一二九	二〇
晋抚岑春煊奏柳太铁路亟宜兴办改订合同尚须详议折	二八	七	三	一六〇	八
外部奏议复晋抚岑春煊奏柳太铁路商改合同折	二八	八	六	一六三	五
外部致盛宣怀正太铁路材料进口免税事希酌办电	二八	八	二四	一六三	二〇

目　　录	年	月	日	卷数	页数
铁路督办盛宣怀奏山西正太铁路遵旨归并总公司借款兴造折	二八	九	二	一六四	一
外部奏核议盛宣怀奏正太铁路另订合同折　附合同二件	二八	九	一二	一六四	一九
铁路督办盛宣怀致外部正太铁路合同已画押盖印请照会俄使电	二八	九	一五	一六五	九
铁路督办盛宣怀致外部驳复道胜沪行请将正太路暂用窄轨电	二九	一	一五	一六九	四
外部致盛宣怀正太路轨璞科第亦谓宜用窄轨电	二九	一	二四	一六九	一三

交通　萍渌铁路

目　　录	年	月	日	卷数	页数
铁路督办盛宣怀致枢垣萍醴铁路关系鄂钢厂甚巨请饬沿途保护电	西巡二七	三	二八	七	四四
铁路督办盛宣怀致外部萍渌枝路美逾期未造拟自办电　二件	二八	一	二四	一五二	一六
外部致盛宣怀萍乡至渌口枝路美使称犹未失应造之权电	二八	二	八	一五三	一四
外部致鄂督端方湘抚俞廉三醴湘路即系萍乡至长沙运煤铁路应弹压保护电	二九	一	二四	一六九	一三

交通　泽浦铁路

目　　录	年	月	日	卷数	页数
铁路督办盛宣怀致外部福公司拟造铁路与芦汉铁路有碍宜俟工竣再议电	光绪二八	一	二〇	一五二	一四
豫抚锡良致外部福公司造运矿枝路与奏章未符电	二八	四	一	一五五	三
外部致锡良运矿枝路道口既有碍拟改至杨树湾电	二八	四	三	一五五	四

目　　录	年	月	日	卷数	页数
铁路督办盛宣怀致外部怀浦铁路请令福公司与芦汉总公司妥商电	二八	四	二一	一五六	一三
豫抚锡良致外部福公司枝路搭客载货为合同所无电	二八	五	五	一五七	一〇
外部致锡良福公司枝路专供运矿应载入章程电	二八	五	八	一五七	一六
外部致盛宣怀福公司请修怀浦铁路愿归芦汉公司订定合同电	二八	一〇	一	一六六	一三
铁路督办盛宣怀致外部福公司请修怀浦铁路当执定互得利益和商电	二八	一〇	八	一六七	三
铁路督办盛宣怀致外部泽浦路运煤费重拟函致怡和从速测勘电	二九	二	三	一六九	一五
铁路督办盛宣怀致外部泽浦改路英使送交节略三条均须斟酌电	二九	五	二二	一七二	三二
铁路督办盛宣怀致外部福公司因开矿索造长路实属无理请坚持电	二九	五	二三	一七二	三三
铁路督办盛宣怀致外部泽道铁路改订合同已另约三端乞派员会商电	二九	一二	二二	一八一	一四
铁路督办盛宣怀奏与福公司订立泽道铁路条款折　附合同暨附件咨文	三一	三	一九	一八九	一

交通　广九铁路

目　　录	年	月	日	卷数	页数
大理寺卿盛宣怀奏遵旨体察广九铁路情形折	光绪二五	一〇	一七	一四一	一
鄂督张之洞致外部广九路事请勿顾虑借款稍涉迁就电	三一	六	二五	一九〇	一六
外部致张之洞广九路事现正坚持并无迁就电	三一	六	二九	一九〇	一六
外部奏与中英公司订定广九铁路借款合同折　附合同暨表	三二	一二	二五	二〇〇	四
税务大臣那桐咨外部广九铁路原拟稽征章程录请查照文　附章程	宣统三	八	三〇	二三	一〇

交通　广澳铁路

目　　录	年	月	日	卷数	页数
外部致盛宣怀拟准葡国由澳门造铁路至粤垣电	光绪二八	六	三	一五九	三
铁路督办盛宣怀致外部葡路只可作为中国枝路电	二八	六	五	一五九	三
外部致盛宣怀葡索铁路不若订明由两国公司集股办理电	二八	八	一四	一六三	九
吕海寰盛宣怀致外部葡藉税则请造香澳铁路恐他国效尤不必入约电　二件	二八	八	一八	一六三	一二
铁路督办盛宣怀奏中葡会订商办广澳铁路合同折　附合同	三一	一	七	一八七	一
督办闽粤农工路矿张振勋咨外部华商自办广澳铁路拟订章程请奏明立案文　附清折	三三	一〇	二	二〇七	一

交通　广西铁路

目　　录	年	月	日	卷数	页数
总署奏广西龙州边境拟开办铁路请旨饬行折	光绪二二	二	七	一二〇	一一
总署奏广西龙州至越南同登与法国接造铁路片　附合同	二二	五	二一	一二一	六
总署致法使粤桂滇边界路矿两事照前定约章办理照会	二三	五	一九	一二六	九
总署奏龙州铁路现时筹办情形折	二五	七	二〇	一四〇	九
总署奏龙州铁路商定减省办法另立合同折　附合同	二五	八	二〇	一四〇	一〇
外部咨桂抚张鸣岐广西官绅筹筑铁路勘路时须不背法使商允之案以免藉口文	三三	一一	一一	一九九	二三

交通　广梧铁路

目　　录	年	月	日	卷数	页数
粤督陶模致外部法比公司请办之路已函法领商盛大臣电	光绪二八	一	一八	一五	一三
外部致盛宣怀法比公司请办三水至梧州铁路宜缓议电	二八	二	三	一五二	二一

交通　云南铁路

目　　录	年	月	日	卷数	页数
使法庆常致总署哈外部云铁路不伤中国利权已电法使和商电	光绪二一	九	一	一一八	一
使英龚照瑗致总署已劝英外部电公司罢铁路议电	二一	九	二八	一一八	一八
滇督崧蕃奏法员来滇议修铁路谨陈商办情形折	二四	九	五	一三五	六
滇督崧蕃奏英法各员同时查勘铁路缕陈窒碍情形请饬设法补救折	二五	五	一九	一三九	九
使法庆常致总署法拟建筑滇越铁路密陈梗概函	二五	一二	一八	一四一	一七
滇督崧蕃奏中法会勘铁路需费孔巨请拨款备用折	二五	一二	二七	一四一	一八
滇督魏光焘等致外部滇路请商法使电询法廷指明划一办法电	西巡二七	六	二九	九	二四
滇督魏光焘致外部与法使筹商接路俟通章议定方许勘办电	二七	一二	一八	一五一	三
外部奏遵议魏光焘勘办滇省铁路请由该抚与法员妥议折	二八	三	一五	一五四	一七
外部致魏光焘通章路章本系一事无庸分议电	二八	三	六	一五四	二〇
滇督魏光焘致外方领草章首议修路兼及行车电	二八	五	一四	一五七	一九

目　　录	年	月	日	卷数	页数
外部致魏光焘滇路铁轨照龙州宽窄改为一迈当电	二八	五	一四	一五七	二一
外部致魏光焘滇路材料未便免税请与法领妥议电	二八	七	一一	一六〇	二〇
滇督抚魏光焘李经羲致外部请汇滇越铁路经费电	二八	一二	二	一六八	一五
外部致滇抚林绍年滇路收回年限应视俄路酌减电	二九	三	一	一七〇	一
外部奏订中法滇越铁路章程折　附章程及照会	二九	九	一〇	一七七	八
外部致英使朱迩典英拟修新腾铁路与约不符照会	三二	一二	一一	二〇〇	三
滇督李经羲咨外部滇越铁路设警事法领业已认可拟订试办章程文　附章程	宣统一	一〇	二二	一一	二
滇督李经羲致枢垣拟派龚心湛督办滇越路巡警电	宣统一	一〇	二九	一一	一三
滇督李经羲咨外部滇越铁路公司阻挠蒙自壁虱塞〔寨〕海关管辖火车货物权请商法使照章办理文　附节略	宣统三	三	一四	一九	四九
邮部致外部钞送滇督李经义请办滇桂滇蜀两路向四国公借二千万元来电请查阅函　附钞电三件	宣统三	五	三	二一	一五
滇督李经羲呈内阁滇路收归国有请旨饬下迅议电	宣统三	闰六	一七	二二	一三

交通　宫内铁路

目　　录	年	月	日	卷数	页数
津电局呈总署宫内南海装安铁道俟坐车到运京电	光绪一四	二	八	七五	二三

交通　安奉铁路

目　　录	年	月	日	卷数	页数
东督徐世昌致外部安东铁路不能任日本驻兵电	光绪三三	六	一九	二〇三	一六
徐世昌唐绍仪致外部安东铁路中日条约并无免税明文电	三三	七	四	二〇四	一
徐世昌唐绍仪致外部商定安奉铁路不改路线及沿路矿业办法五款电	三三	八	四	二〇五	二
徐世昌唐绍仪致外部日拟于安东修桥过江使京义安奉相接于我商务界务均有关碍请酌核电 附原呈	三三	一二	一八	二〇九	一七
东督徐世昌致外部日于鸭绿江建桥倘著著进行恐行政权随之以去请筹抵制函	三四	六	二三	二一五	一五
日使伊集院致外部拟修筑安奉路请派员会同商办照会	宣统一	一	一〇	一	六
外部致徐世昌希照会日领会同勘估安奉路电	宣统一	一	一〇	一	七
东督徐世昌致外部请藉安奉事与日商京奉沈站电	宣统一	一	一一	一	九
东督徐世昌致外部报韩王偕伊藤巡阅鸭绿江另有用意电	宣统一	一	一二	一	九
外部复伊集院安奉路未按期改筑本应作废现通融照办照会	宣统一	一	一四	一	一二
外部咨邮部请派员会勘安奉铁路并见复文	宣统一	一	一四	一	一二
邮部致外部安奉路工程应由部遴选工程司赴奉会勘文	宣统一	一	二〇	一	二〇
外部尚书梁敦彦等与伊集院会议安奉路事语录	宣统一	四	一七	四	三
东督锡良致外部安奉路日拟改用宽轨于我不利谨拟办法八条祈与日使磋商文	宣统一	四	二一	四	六
东督锡良致外部日领催议安奉路改良事请详复电	宣统一	四	二八	四	一三

目　　录	年	月	日	卷数	页数
锡良程德全致外部安奉事拟先议九条再议改轨电	宣统一	六	一六	六	四
外部复伊集院安奉事奉省督抚与日领事并无龃龉照会	宣统一	六	一六	六	五
日使伊集院致外部日政府拟自行改筑安奉路照会	宣统一	六	二一	六	二八
外部复锡良程德全安奉路事应照约妥商希与日领速商电	宣统一	六	二二	六	三五
外部复伊集院安奉路改线照约由中日派员妥商不容任意更改照会	宣统一	六	二二	六	三五
外部致胡惟德安奉路改良事请日廷饬日领照约议定再行开工电	宣统一	六	二二	六	四一
日使伊集院致外部安奉路事俟接有回训再告照会	宣统一	六	二三	六	四三
使日胡惟德致外部安奉改筑日拟先行开工当驳以背约乞钧裁电	宣统一	六	二三	六	四三
外部致锡良程德全安奉路改筑以绕线设站占地为最要希相机争持函	宣统一	六	二三	六	四四
使日胡惟德致外部据小村称安奉轨道可照办电	宣统一	六	二四	六	四五
外部致胡惟德安奉事日本登报宣布已电各使声辩电	宣统一	六	二四	六	四五
锡良程德全致外部安奉路事如晤日使请将奉议让步告知电	宣统一	六	二四	六	四六
外部致使俄萨荫图安奉路事日本恃强蔑理希告各国电	宣统一	六	二四	六	四六
日使伊集院复外部安奉改筑问题请速承认照会	宣统一	六	二五	六	四七
锡良程德全致外部安奉事闻日人照会各使先行开工请将议过情形布告各国电	宣统一	六	二五	六	四八
外部复锡良程德全日使谓安奉路事中国认为妥当果何所据希询复电	宣统一	六	二五	六	四九
闽督松寿致外部据驻福州日领通告安奉铁路案电	宣统一	六	二六	六	五一
外部复松寿请告日领疆臣无参预安奉路之权电	宣统一	六	二六	六	五一

目　　录	年	月	日	卷数	页数
锡良程德全致枢垣外部安奉事日允定两层办法电	宣统一	六	二六	七	一
锡良程德全复外部安奉路线日领已允不绕苏家屯电	宣统一	六	二四	七	一
外部致直督那桐江督张人骏鄂督瑞澂粤督胡湘林如接安奉事照会应复以疆臣不便与闻电	宣统一	六	二六	七	四
外部复锡良程德全安奉设车站事希与日领熟商电	宣统一	六	二七	七	四
使英李经方致外部英报云安奉路若允日设兵难望俄兵撤退电	宣统一	六	二七	七	五
外部致伊集院安奉路改线既为技术上所必需应由东督会同指定照会	宣统一	六	二八	七	一八
日使伊集院致外部安奉路改筑事已电达政府照会	宣统一	六	二九	七	一八
锡良程德全致外部安奉路事日领递到节略五条电	宣统一	六	二九	七	一九
江督端方致外部安奉事已电日领劝其政府和平商办电	宣统一	七	一	七	三一
外部致出使欧美日本各大臣及直江鄂粤闽各督安奉护路权必当力争电	宣统一	七	二	七	三一
锡良程德全致外部日人于王士屯一带改宽轨道乞示电	宣统一	七	二	七	三二
外部致锡良程德全王士屯若非安奉正线应商令停工电	宣统一	七	二	七	三四
使日胡惟德致外部日报讥评安奉事请示情形电	宣统一	七	二	七	三四
锡良程德全致外部日领言不愿将不得在苏家屯绕越一语入约电	宣统一	七	三	七	三四
外部复锡良程德全路线须握定安奉字样为宗旨电	宣统一	七	三	七	三五
中日议定安奉铁路节略	宣统一	七	四	七	三五
邮部致东省督抚安奉改线应由日人绘图送核后兴工电	宣统一	七	五	七	三八
锡良程德全致外部与日领议安奉路改筑事已签印交换电	宣统一	七	五	七	三九

目　　录	年	月	日	卷数	页数
锡良程德全致外部日于安奉抚顺行联络之实拟默与坚持函	宣统一	七	六	七	四〇
锡良程德全致外部邮部安奉非南满枝路应撤兵警日领允商彼政府电	宣统一	七	七	七	四二
使俄萨荫图致外部俄报登载安奉路事有误处已更正电	宣统一	七	二五	八	四九
外部复锡良程德全日人在鸭绿江造桥并无附约电	宣绪一	七	二五	八	五〇
外部致锡良程德全日使照称鸭绿江造桥系经理人误会电	宣统一	七	二七	九	四
外部致锡良请将与日订定安奉路沿线矿业全案咨部电	宣统一	八	一一	九	二九
东督锡良咨外部安东海关码头中日合资修桥文	宣统一	八	一三	九	三一
邮部致锡良程德全安奉路撤兵警各节以办到为主电	宣统一	八	一四	九	三二
锡良程德全复外部安奉路沿线矿业并未商及办法电	宣统一	八	一七	九	三三
锡良程德全致外部安奉路地税可否援东清路豁免乞示电	宣统一	九	一	一〇	一
外部致锡良程德全安奉与东清不同不能豁免地税电	宣统一	九	二	一〇	二
美署使费致外部安奉沿线矿务是否只准中日两国开办照会	宣统一	一〇	四	一〇	三七
锡良程德全致外部安奉路造桥事请仍归京议电	宣统一	一〇	一三	一〇	四四
锡良程德全致外部日人猛速兴筑安奉路于撤兵警等事一味延宕函	宣统一	一〇	一五	一〇	四四
外部致日使伊集院安奉路相关各事请饬一律议结照会	宣统一	一〇	一七	一〇	四六
日使伊集院复外部安奉路相关各事敝政府不久有回示照会	宣统一	一〇	一九	一〇	四六
外部咨锡良程德全安奉路事请饬司催日领速商电	宣统一	一〇	二二	一一	一
东督锡良致外部安奉铁路改良应援东省合同由中国派员经理函	宣统一	一〇	二五	一一	八

目　　录	年	月	日	卷数	页数
外部致锡良闻日人对于安奉华警意极叵测希通融迅结电	宣统三	四	一三	二〇	三〇
奉天交涉使许鼎霖呈外部丞参日人在鸭绿江造桥日领援满洲里办法应否照准请示函	宣统三	八	八	二二	四七
东督赵尔巽咨外部会议安奉国境通车并送协约印本文　附协约章程暨照会	宣统三	九	三〇	二三	四四

交通　奉海铁路

目　　录	年	月	日	卷数	页数
外部致邮部日使抗议修筑由海龙至铁岭铁路函	宣统一	六	二九	七	一九
外部致邮部日使询海龙至铁岭筑路事希见复函	宣统二	六	二九	一五	四八
东督锡良致外部谘议局呈请催办奉海铁路祈核复电	宣统二	一一	七	一八	一八
邮部咨外部东省拟筑奉海线于外交有无阻碍请见复文	宣统二	一二	二〇	一八	五〇

交通　新法铁路

目　　录	年	月	日	卷数	页数
外部致日代使阿部东省延长关外路线系便利我国交通与南满铁路无涉照会	光绪三三	八	三	二〇五	一
外部致日代使阿部关外铁路敷设新线距离南满干路总不减于欧美惯例照会	三三	九	一一	二〇六	三
徐世昌唐绍仪致外部拟与保龄公司订立建筑新法铁路协定节略函　附节略及草合同	三三	一〇	一五	二〇七	九
徐世昌唐绍仪咨外部关外延长路线不能因日人干涉停止电	三三	一〇	二五	二〇七	一九
东督徐世昌咨外部接展关外铁路系我内政外人不得干预请据理力争文	三三	一一	八	二〇八	八

目　　录	年	月	日	卷数	页数
外部致日使林权助接展新法铁路系为发达地方不能作为附近并行线照会	三四	四	七	二一四	一
外部致使英李经方新法距南满路甚远希告英廷电	三四	四	八	二一四	二
外部致阿部希将附近并行线之义详明解释照会	三四	五	六	二一四	一七
日代使阿部致外部新法铁路于南满线影响甚大请容纳劝告照会	三四	五	二九	二一四	二〇
外致〔部〕致徐世昌日使请造郑家屯支路万难商办惟出彰武台门往西筑造有无利益希查复电	宣统一	一	七	一	五
东督徐世昌复外部日使商办铁岭至郑家屯铁路万难允准至彰武台门往西筑路无益电	宣统一	一	九	一	五
外部致邮部日使抗议修筑新法锦洮铁路请查核函	宣统一	七	一〇	七	四七

交通　吉长铁路

目　　录	年	月	日	卷数	页数
吉林将军长顺等奏吉长枝路筹款不易仍归公司修造折　附合同	光绪二九	七	二三	一七四	九
吉林将军达桂致外部自办吉长路日领并无异言电	三三	二	二六	二〇一	二〇
外部奏收回新奉添造吉长等铁路与日使议订条款会同画押折	三三	三	一一	二〇二	四
外部致日使林权助吉长铁路派员会勘俟日本工程师派定知照本部照会	三三	一〇	一一	二〇七	八
邮部奏派员会勘吉长铁路估计工需以便兴筑折	三三	一一	一八	二〇八	九
邮部奏拟定吉长新奉铁路借款细目合同折　附合同凭据偿还表暨章程	宣统一	七	一	七	二二
邮部奏吉长铁路借款如数收讫从速兴工片　附新奉合同及凭据还付表	宣统一	一〇	二	一〇	二六

目　　录	年	月	日	卷数	页数
外部咨锡良陈昭常法使言吉省添修铁路占用教堂地亩请查复文	宣统二	一〇	二四	一八	四
外部致法使马吉长铁路圈用教堂地亩系照章办理希饬持票领价照会	宣统二	一二	四	一八	二七

交通　吉会铁路

目　　录	年	月	日	卷数	页数
东督锡良致外部闻日人拟修延吉路乞坚持勿允电	宣统一	七	一三	八	一五
吉抚陈昭常致外部闻部议许日人修吉会路沥陈利害及日俄相谋情形电	宣统一	七	一七	八	二九
外部致锡良陈昭常吉会铁路条款仿照吉长办法电	宣统一	七	二〇	八	三四
吉林绅民呈外部请勿允日人修吉会路以救危亡电	宣统一	七	二二	八	四七

清季外交史料索引卷十终

清季外交史料索引卷十一

交通　锦瑷铁路

目　　录	年	月	日	卷数	页数
东督锡良等致外部锦瑷路事请部核示后再行订定电	宣统二	二	三	一三	三四
外部复锡良等锦瑷路事关系重大希饬司缓议电	宣统二	二	四	一三	三五
锡良程德全复外部锦瑷路事日俄抗议乞主持电	宣统二	二	五	一三	三五
东督锡良致枢垣外度邮等部锦瑷路事美财团将在俄开议借款包工合同准否恳速核示电	宣统二	五	一六	一五	一六
外部复锡良锦瑷路事日俄如不干预其借款包工合同可由尊处核办函	宣统二	五	二〇	一五	一七
东督锡良致枢垣俄人胁制中国请提前议定锦瑷张恰二路电	宣统二	六	一	一五	一八
黑抚周树模致外部俄人私测齐瑷路线有修筑意函	宣统二	七	八	一六	七
使美张荫棠致外部锦瑷路借款美国尽力协助惟盼中国早断电	宣统二	七	一七	一六	一六
俄使廓致外部法文报载有中俄两国锦齐铁路公文请慎密节略	宣统二	九	二	一七	二五
外部复俄使廓法文报载锦齐铁路文件殊难根究节略	宣统二	九	五	一七	二七

交通　孤庄铁路

目　　录	年	月	日	卷数	页数
锡良程德全致外部日人拟从孤山筑路达金州电	宣统一	五	二三	四	四二
外部致邮部据东省督抚电日本拟修孤庄铁路希查复函	宣统一	五	二九	五	九
邮部复外部密查日人计划奉天孤庄铁路及南隈子海口情形函　附钞件	宣统一	七	二六	八	五〇
邮部咨外部派员查明大孤山至庄河不宜筑路文	宣统一	八	二五	九	三五

交通　黑龙江铁路

目　　录	年	月	日	卷数	页数
黑龙江将军萨保奏重设铁路交涉总局增改章程折	光绪二八	三	一九	一五四	二一
黑龙江将军萨保奏铁路两旁地亩俄商私购之地从权改买为租片	二八	三	一九	一五四	二三
黑龙江将军萨保奏铁路公司需煤查照吉林原订合同议立踩煤章程折	二八	三	一九	一五四	二三
署黑龙江将军程德全奏本省生计将绝拟展拓铁路折	三一	三	一	一八八	一
署黑龙江将军程德全奏江省创修铁路藉固边防折	三二	一二	一	二〇〇	一
黑抚周树模致外部请修筑哈海铁路拯此危疆函	宣统二	七	八	一六	六

交通　南满铁路

目　　录	年	月	日	卷数	页数
直督袁世凯致外部铁岭奉天两处护路兵请商令在路界内屯扎电	光绪三三	二	三〇	二〇一	二〇
外部致赵尔巽护路兵警有无区别希密察电达电	三三	二	三〇	二〇一	二一
盛京将军赵尔巽致外部日设护路警队请照会撤废电	三三	三	一	二〇二	一
吉林将军达桂致外部日欲在头道沟东头设站请力争电	三三	三	七	二〇二	三
外部致达桂日使不愿变更头道沟车站希筹复电	三三	三	一七	二〇二	七
盛京将军赵尔巽致外部日在奉天设警署请商日使撤废电	三三	四	一〇	二〇二	二一
日俄满洲铁路条约　附草约暨附件	三三	六	一七	二〇三	一〇

目　　录	年	月	日	卷数	页数
专使唐绍怡致外部日谓南满路接通沈阳应先商明里数电	三四	一二	七	二一八	一三
外部致徐世昌拟照合同选派南满路总办电	宣统一	一	五	一	一
东督徐世昌致外部请派大员综理东清南满路务电	宣统一	一	七	一	四

交通　中东铁路

目　　录	年	月	日	卷数	页数
总署奏俄国派员分往东三省查勘修接铁路事宜折	光绪二一	九	二	一一八	一
总署奏俄人在东三省借地造路关系甚大应自行查勘兴办片　附旨及照会	二一	九	二	一一八	二
使俄许景澄致总署俄谋借地修路若先允自造转少退步电	二一	九	四	一一八	四
使俄许景澄致总署晤罗拔说明中国愿造铁路与俄路相接彼深称谢电	二一	九	一四	一一八	一三
旨寄张之洞俄修铁路通大连湾与其彼来莫如我接著勿与商借款电	二一	一〇	二八	一一八	三四
专使李鸿章致总署晤俄外部会议接修东省铁路电	二二	四	二九	一二一	六
中俄合办东省铁路公司合同章程　附函暨合同	二二	七	二五	一二二	一三
旨寄恩泽延茂俄人请改设路线著通盘筹画并速复电	二三	五	八	一二六	二
黑龙江将军恩泽致总署密陈俄人改设路线居心叵测电	二三	五	一〇	一二六	八
总署致延茂恩泽俄人改路希集各盟长切实开导电	二三	五	二二	一二六	九
黑龙江将军恩泽致总署铁路改线请由绰尔河至省城再经伯都讷电	二三	五	二四	一二六	一〇
吉林将军延茂致总署俄路改线已咨盟长惟蒙民顽蠢无从开导电　二件	二三	五	二四	一二六	一〇

目　　录	年	月	日	卷数	页数
吉林将军长顺副都统成勋奏重设哈尔滨铁路交涉总局增改章程折	西巡二七	一〇	二五	一一	二〇
黑龙江将军萨保奏俄人布置铁路前后不同并筹办情形折	西巡二七	一一	二七	一一	三八
外部致江鄂两督东省铁路事已与英美日使晤谈均无异言电	二八	二	八	一五三	一四
外部奏遵议俄铁路监工开采奉天煤矿订立合同折	二八	四	一二	一五六	一
外部奏俄国交还关外铁路请派大员画押接收折	二八	八	一九	一六三	一四
外部致袁世凯奉旨派令接收关外铁路电	二八	八	二〇	一六三	一四
署直督袁世凯致外部俄人迫增祺收路已往接收电	二八	八	二〇	一六三	一五
外部奏俄国交还关外铁路条款画押事竣折	二八	八	二三	一六三	一九
署直督袁世凯致外部赴榆关与俄员会签交路总册电	二八	九	二	一六四	一
署直督袁世凯致外部报榆锦铁路俄人一律退尽电	二八	九	三	一六四	四
署直督袁世凯致外部报抵榆关接收全路竣事电	二八	九	七	一六四	五
署直督袁世凯咨外部与俄提督订交还关外铁路条约文　附条约	二八	九	六	一六四	五
置直督袁世凯奏报接收关外铁路情形折	二八	九	一八	一六五	一四
盛京将军增祺致外部请商俄使禁招华匪保护铁路电	二九	三	一六	一七〇	九
吉林将军长顺等奏哈尔滨铁路公司划还地基请归交涉局勘放折	二九	六	一〇	一七三	一二
外部札东省铁路公司现已开车应照约交纳银两文	二九	七	六	一七四	一
东省铁路公司呈外部应缴中国五百万两俟全路告竣再缴文	二九	一〇	六	一七八	三
使俄胡惟德奏俄人建造东三省铁路竣工绘图列单呈览折　附单	二九	一〇	一三	一七八	五

目　　录	年	月	日	卷数	页数
外部札东省铁路公司铁路既经开车仍应照合同办理文	二九	一〇	一六	一七八	一四
外部致俄使开矿伐木合同已电东督签字照会 附合同二件	三三	七	二二	二〇四	一二
东督徐世昌咨外部铁路界内俄使请勿驻兵一节恐匪势复燃同受其害文	三三	九	七	二〇六	一
黑抚程德全奏改订东省铁路公司购地伐木合同折 附合同三件	三四	三	二六	二一三	一三
外部致俄使廓东省铁路轇轕不清拟赎回自办照会	宣统一	一	一一	一	八
外部致萨荫图拟赎回东省铁路希商俄外部照允电	宣统一	一	一三	一	一一
使俄萨荫图复外部赎路事俄外部称俟各部会议后定夺电	宣统一	一	一四	一	一一
使俄萨荫图致外部俄允赎路请示应付之法电	宣统一	一	一七	一	一八
外部致俄使廓东省铁路界内华商捐款铁路公司无索证之权照会	宣统一	闰二	三	二	四三
外部奏东省铁路界内设立公议会经理地方自治与俄使商定大纲办法折 附条款	宣统一	三	二八	三	二八
外部通告各国政府东清路界内行政权全属中国文 附照会	宣统一	四	一一	三	三七
外部咨锡良准德使称东清租地合同有背德人应享利益文	宣统一	五	二九	五	九
使俄萨荫图致外部德报谓俄户部赴东考察铁路拟将东清路售归日本特无确证函	宣统一	九	一〇	一〇	三
外部致英美德奥各使钞送中俄东省铁路公议会大纲照会 附公议会大纲	宣统一	一〇	三	一〇	三四
外部致驻华各使东三省为中国境界议驳俄政府传单文义照会	宣统一	一一	一	一一	二二
外部致俄署使世东省铁路转运护路兵军需品拟定办法两端希照复照会	宣统二	八	一一	一六	三七

交通　西比利亚铁路

目　　录	年	月	日	卷数	页数
吉林将军依克唐阿奏俄勘造伯力铁路片	光绪一五	七	二六	八一	一八
使俄洪钧奏俄造东方铁路我有东顾之忧片	一六	四	二〇	八三	一一
使俄许景澄奏查访俄国东境铁路情形折　附图说	一七	四	二五	八四	二〇
署江督张之洞致总署俄造西伯利亚铁路意在网罗亚洲东方贸易利权电	二一	七	八	一一七	六
俄人在亚西亚洲建筑铁路节略　二件	二二	一二	二六	一二四	二二
使俄胡惟德奏陈西伯利亚铁路里数片	二九	一〇	一三	一七八	一三

交通　邮电

目　　录	年	月	日	卷数	页数
闽抚丁日昌奏拟将省城电线移至台湾片	光绪三	四	一四	一〇	一二
直督李鸿章致枢垣淞江法船南去并闽台海线由我收买电	一〇	七	一	四五	三
总署致李鸿章营口旅顺烟台三处希设旱线电	一〇	七	五	四五	八
直督李鸿章致枢垣请赶办营口等处陆线电	一〇	七	六	四五	一一
旨寄张之洞转岑毓英著安设滇桂电线电	一〇	七	二九	四六	三一
津海关道盛宣怀致总署福浦电线均断请通饬保护电	一一	一	二五	五四	七
粤督张之洞致总署厦泉线阻请由大东大北传达电旨电	一二	二	二三	五六	三

目　　录	年	月	日	卷数	页数
谕李鸿章著续设三姓及黑龙江陆路电线电	一一	一二	二	六二	三九
吉林将军长顺致军务处请饬电报局派员接线电　附旨	二一	一	四	一〇四	八
署江督张之洞致军务处请饬北洋大臣添办电线以通军报电　附旨	二一	二	一〇	一〇七	一五
谕王文韶盛宣怀速办由沪至西安电线并著谭继洵鹿传霖刘树堂通饬保护电	二一	二	一一	一〇七	一六
署江督张之洞奏拟请饬办邮政片	二一	一二	三	一一九	一六
外部致盛宣怀德使称广九电线动辄拆断希设法电	二八	七	二五	一六二	七
外部致张之洞据税司申称邮政加费希出示晓谕电	二八	一二	二	一六八	一五
电政大臣袁世凯等奏外国拟在中国倡行无线电报请防禁私设折	三〇	一二	二五	一八六	一八
电政大臣袁世凯等奏中国境内电话准归电局经办外人不准擅设片	三〇	一二	二五	一八六	一九
邮部奏筹办分年收回邮政折　附清单	宣统二	九	二	一七	二二
邮部等奏定期接管邮政以归统一而符名实折	宣统三	四	二八	二一	一三

交通　航政

目　　录	年	月	日	卷数	页数
江督沈葆桢奏美国旗昌公司愿并归招商局折　附上谕	光绪二	一二	五	八	二六
御史董俊翰奏轮船招商局关系紧要急须实力整顿折　附上谕	三	九	一八	一一	二四
总署奏洋商船只在不通商地方起卸照约禁阻片	三	一二	二二	一二	三五
总署奏定内港江河行船免碰及救护赔偿审断章程	五	一一	二七	一八	一五

目　　录	年	月	日	卷数	页数
直督李鸿章致总署川督刘电川江行轮绅民阻止拟由领事曲达公使电	一五	二	二九	七九	二七
总署致刘秉璋川江行轮事难阻止希饬议速复电	一五	四	一五	八〇	一六
直督李鸿章致总署川督刘电英使悬旗之议系以虚言欺哄电	一五	四	一五	八〇	一七
直督李鸿章致总署川督刘电民船被碰只可全赔请与英使辩难电	一五	四	一七	八〇	二〇
川督刘秉璋致总署宜昌船栈之议英使不愿俟伦敦复到再陈电	一五	四	二四	八〇	二五
总署致刘秉璋川江行轮英使谓当再商希酌复电	一五	五	一一	八一	四
直督李鸿章致总署川督电称川江到处险隘如行轮民船被碰须赔偿电　二件	一五	五	一四	八一	四
使英法刘瑞芬致总署川江行轮民船停让二日英外部未允乞示再商电	一五	五	一四	八一	五
总署致刘瑞芬川江行轮英廷如难婉商可访绅商开解并复电	一五	五	一七	八一	六
使英法刘瑞芬致总署川江行轮川督允一月让二日英外部未复电	一五	六	一九	八一	一四
总署致李鸿章川江行轮英注意重庆通商如用华船似可转圜希商川督电	一五	六	二一	八一	一四
使英法刘瑞芬致总署报英外部复川江行轮被碰赔偿办法电	一五	六	二三	八一	一四
直督李鸿章致总署川江行轮专用华船亦多周折电	一五	六	二三	八一	一五
总署致李鸿章请将川江行轮让赔办法转川督电	一五	六	二九	八一	一六
总署致刘瑞芬川江行轮停止十年可徐图转圜电	一五	六	三〇	八一	一六
总署奏重庆开办通商停止轮船上驶续议条款请派员画押折　附朱批	一六	二	二四	八二	六
署江督张之洞致枢垣有人集股承办内河小轮船电	二一	七	一九	一一七	一三
旨寄王文韶著查盛宣怀所管招商等局被参一案并保员任使电　二件	二一	一一	一八	一一九	六

目　　录	年	月	日	卷数	页数
总署奏请准内河各埠行驶小轮船片	二四	三	三	一三〇	一五
总署致刘坤一通海崇太等处行轮应归河道管辖电	二四	四	二五	一三一	二二
江督刘坤一致总署陈内河行轮章程利病乞主持电	二四	六	九	一三三	五
江督刘坤一致总署税厘办法华洋商船请一律待遇电	二四	六	二一	一三三	一三
镇江关道陶森甲呈外部据日商禀赴镇江运木筏电	三二	四	八	一九六	二〇
外部咨邮商两部英日拟派轮行走嘉兴等处碍难照准文	宣统一	三	二六	三	二六
外部致英使麻钞送华洋商雇用民船往来长岳章程照会	宣统二	三	三	一三	四五
税务处咨外部英使请将长江通商章程展行湘河利商甚微损厘甚巨请婉复文	宣统二	四	二二	一四	四五
外部复伊集院日商戴生昌拟行轮不通商口岸与约未符照会	宣统二	五	一	一五	一
外部复英使麻汉口至岳州已有常川轮船载运请勿再议推广长江民船章程照会	宣统二	五	一一	一五	一五
邮部咨外部日商戴生昌请添展清江浦至正阳关航路与约不符文	宣统二	六	五	一五	二〇
日使伊集院致外部川江行轮免碰章程请与驻重庆各领商妥再行承认照会	宣统二	一二	七	一八	二九
外部致英使朱迩典雇用民船往来湘河有碍厘捐请毋庸再议节略	宣统二	一二	二九	一九	四
英署使麻致外部请展行洋商在长岳等处雇用民船之长江通商章程照会	宣统三	二	一四	一九	二六
吉抚陈昭常奏招商附股筹办图们江航路以固国防而兴商业折	宣统三	三	一〇	一九	四五
税务处致外部中美轮船公司应照旧纳税文	宣统三	六	一一	二一	四〇
外部咨税务处日使请勘瓜州至清江浦水标希饬会勘文	宣统三	八	一八	二二	五一

交通　河务

目　　录	年	月	日	卷数	页数
修治上海黄浦河道局条款	光绪二七	四	一四	一四六	一六
江督刘坤一致全权大臣德领送浚吴淞办法喧宾夺主请力争电	西巡二七	六	二六	九	二二
军机处致全权大臣浚河工程不在原约之内请妥商电	西巡二七	六	二六	九	二三
江督刘坤一致枢垣英德各领借浚河要挟已商全权电	西巡二七	七	一	九	二六
江督刘坤一致枢垣各国请疏浚吴淞若允其派官商会办恐失主权请熟商电	二七	七	五	一四九	一一
江督刘坤一致枢垣浚河事未声明主持之人恐失主权电	西巡二七	七	五	九	三二
江督刘坤一致全权大臣浚淤设局恐自治权为各国攘夺乞设法挽回电	西巡二七	七	一九	九	四九
江督刘坤一致外部开浚淞江事经袁道设法联络挽回利权电	二八	二	八	一五三	八
江汉关税务司贺璧理呈江督刘坤一拟修浚黄浦节略	二八	二	八	一五三	八
江海关道致驻沪领袖领事述开浚黄浦为难情形函	二八	二	一九	一五三	二一
江督刘坤一致外部开浚淤河以筹款为要义电	二八	二	二八	一五三	二九
江督刘坤一致驻沪领袖领事查询黄浦税租照会	二八	三	二〇	一五四	二五
江督刘坤一致外部报各国对我浚河所持态度电	二八	八	一四	一六三	一〇
外部致张之洞修改黄浦派员系公约所允希派定电	二八	一〇	一	一六六	一三
江督魏光焘致外部黄浦事沪道所拟商改办法尚妥电	二九	八	二一	一七七	四

目　　录	年	月	日	卷数	页数
江督魏光焘致外部浚浦事前督刘张皆主不派员电	二九	八	二六	一七七	六
署江督张之洞致枢垣修浚黄浦江为害中国太巨电	二九	一二	二八	一八一	二四
沪道袁树勋呈外部浚浦一事所议附件大失主权电	三〇	四	四	一八二	一五
江督魏光焘致外部浚浦事我认全费船可畅行电	三〇	四	四	一八二	一六
外部奏修浚黄浦河道议归中国自办改订条款会同画押折　附条款	三一	九	一二	一九二	四
锡良程德全咨外部开浚辽河请复英美德日各使文	宣统二	七	九	七	四五
江督张人骏等奏浚浦江工程已饬商税司照约办理片	宣统二	三	二九	一四	一九

商务　会议商约

目　　录	年	月	日	卷数	页数
庆亲王奕劻等奏请调盛宣怀徐寿朋随办各国税则条约折	西巡二六	一一	一七	四	一六
刘坤一张之洞盛宣怀致总署通商行船事应详思力筹拟具说帖以备修约电	二六	一二	一	一四五	一一
刘坤一张之洞盛宣怀致枢垣预筹修改通商行船章程以备参酌电	西巡二六	一二	二	四	二三
商约大臣吕海寰奏奉旨会议商约谢恩折	二八	二	三	一五二	二二
旨寄吕海寰盛宣怀等商约一事财政攸关著会商妥筹电	二八	四	九	一五五	一五
旨授张之洞为商务大臣著吕海寰等赴鄂会议电	二八	六	二三	一五九	二八
署江督张之洞致枢垣请旨派袁世凯伍廷芳会议各国商约电　附旨	二八	九	二四	一六五	二三
商约大臣吕海寰致外部请催伍使回国会议商约电	二八	一〇	一	一六六	一一

目　　录	年	月	日	卷数	页数
商约大臣吕海寰致外部美日两使不肯俟伍使到后方议商约电	二八	一〇	一五	一六七	六
外部致盛宣怀奉旨伍廷芳会办商务大臣电	二八	一一	一〇	一六七	一九
吕海寰伍廷芳致外部税则俟丹法葡瑞那五国画齐再奏电	二九	三	一	一七〇	二
使法孙宝琦致外部美墨在法集议代我筹圜法已向声明未奉训条故不置可否电	二九	闰五	二三	一七三	八
吕海寰盛宣怀致外部报与德法葡丹瑞各国议约情形电	二九	九	二八	一七七	一九
商约大臣吕海寰等奏新订值百抽五税则并善后章程片　附章程二件	三一	一	七	一八七	一〇
商约大臣盛宣怀致外部奉旨在沪续议商约仍会商袁张二督筹议电	三三	五	一五	二〇三	四

商务　通商

目　　录	年	月	日	卷数	页数
滇督岑毓英奏滇省地瘠民贫暂难通商请慎之于始片　附上谕	光绪一	五	一七	一	二三
总署致英使请派员往滇会查通商事宜照会	一	九	八	四	一
总署奏酌定开办琼州通商日期折	二	二	一五	五	一〇
直督李鸿章奏滇边通商请饬妥订章程片	二	七	三〇	七	二六
总署致各国公使送优待通商条款函	二	八	六	七	三〇
谕滇督刘长佑等著将滇省通商事宜妥为筹画	二	一二	二〇	八	三三
总署奏宜昌等关新开口岸拟订开办日期片	三	一	二七	九	一一
粤督刘坤一等奏报北海地方添开通商口岸谨陈办理情形折	三	六	二二	一〇	二六

目　　录	年	月	日	卷数	页数
使英郭嵩焘奏请纂成通商则例折	三	八	二七	一一	一〇
总署奏拟纂通商则例以资信守折	三	九	二五	一一	二六
总署奏据使英郭嵩焘咨太古洋行趸船移泊情形片	四	三	一七	一三	一八
总署奏据桂抚杨重雅奏伏莽未净洋人遽难通商片	五	三	一三	一五	一〇
总署奏酌议滇省设立关道筹办通商折	一三	七	一〇	七二	二三
桂抚沈秉成致总署越人截法款恐商务骤难开办电	一四	一	一八	七五	八
桂抚沈秉成奏龙州设洋务局办理通商事宜折	一四	三	一一	七五	三〇
粤督张之洞致总署驳复英德两使要求免税各节电	一五	四	一三	八〇	一八
总署奏俄商由科布多运货回国拟照约开办折	一六	三	二六	八二	二七
署江督张之洞致枢垣拟调熟悉洋务人员来苏电	二一	七	一九	一一七	一五
旨著张之洞等筹办商务须于兴利之中先筹防弊电	二一	七	二〇	一一七	二〇
川督鹿传霖致总署拟委张华奎署川东道以重商务电	二一	九	五	一一八	四
浙抚廖寿丰致总署日界勘定开办商务需人请饬温州道袁世凯赴任电	二一	九	九	一一八	七
使英龚照瑗致总署晤英外部侍郎商开广东西江电	二一	一一	八	一一九	三
总署奏拟准英国通商西江并野人山事仍与磋磨折	二一	一一	一五	一一九	四
使英龚照瑗致总署报与英商开西江为商埠电	二一	一一	三〇	一一九	九
总署奏请开岳州及三都澳为通商口岸折	二四	三	三	一三〇	一四
总署奏请将直隶秦皇岛地方开为通商口岸片	二四	三	五	一三〇	一六

目　　录	年	月	日	卷数	页数
谕寄沿海沿江沿边各将军督抚著展拓商埠电	二四	六	二四	一三三	三一
总署咨刘坤一王文韶改定长江通商章程文　附章程	二四	一〇	一四	一三六	一
总署奏遵议广西南宁作为中国自设口岸折	二四	一二	一九	一三六	二四
鄂督张之洞致枢垣请将武昌城北作为自开口岸电	西巡二六	一〇	八	三	三一
桂抚黄槐森致枢垣勘定南宁开埠地点并筹款办法电	西巡二七	五	二二	八	五二
外部致张之洞奉省尚未归还大东沟开口岸恐别生枝节电	二八	八	二四	一六三	一九
外部致吕海寰盛宣怀澳门对面岛请开商埠断不可允电	二八	八	二四	一六三	一九
福州将军崇善闽督许应骙致外部三都系自开口岸有收码头捐之权电	二九	一	四	一六九	一
吕盛伍三使致外部盛京大东沟开埠通商仿照岳州办理电	二九	七	九	一七四	一
直督袁世凯鲁抚周馥会奏查明山东内地情形请添开商埠折	三〇	三	一九	一八二	一三
外部奏遵议济南周村两处自开商埠拟请照准折	三〇	四	一〇	一八二	一七
商部咨外部开办商标注册请转税司劄津沪两关文	三〇	八	二九	一八四	二〇
湘抚赵尔巽奏长沙开设通商口岸谨陈筹办情形折	三一	三	二六	一八九	一七
户部奏奉天安东大东沟开埠经费由奉省筹措俟开关征税归还片	三二	八	三〇	一九八	一八
湘抚岑春蓂致外部日商如抗缴认定之捐前许留船码头地段亦拟作废电	三三	二	二一	二〇一	一九
东督徐世昌奉抚唐绍仪致外部辽阳凤凰城两处请从缓开埠电	三三	五	九	二〇三	二
奉天省各商埠租地简章	三四	三	一四	二一三	八
外部奏议复察哈尔都统诚勋奏请开辟张垣商埠折	三四	六	二	二一五	一〇

目　　录	年	月	日	卷数	页数
外部咨度支部税务处江孜亚东噶大克三处既开商埠派员监督文	宣统一	二	三	一	三九
川督赵尔巽复枢垣后藏开埠宜以大臣分驻管理电	宣统一	闰二	一六	三	四
外部奏议复驻藏大臣奏亚东江孜噶大克三处开埠设关折	宣统一	三	二二	三	一九
粤督张人骏奏陈香山县绅商择地自开商埠情形折	宣统一	四	六	三	三三
驻藏大臣联豫温宗尧奏江孜亚东开埠宜设巡警以固主权折	宣统一	五	一〇	四	二三
东督锡良等奏筹办吉林长春自开商埠恳饬部借拨的款折	宣统一	五	二八	五	六
税务处咨外部钞送东省督抚筹办开埠事宜电请查核文　附电稿三件	宣统一	一一	二七	一二	五
湘抚岑春蓂奏长沙租界附近已浚河开码头以免觊觎片	宣统二	一	二〇	一三	二七
东督锡良奏奉省葫芦岛商埠工程重要请筹款开办折	宣统二	七	二七	一六	二八
黑抚周树模奏改订齐齐哈尔商埠区域谨陈现在办法折	宣统二	七	二八	一六	二九
度支部奏议复滇督奏请拨省城开埠经费拟照准折	宣统二	一〇	一	一七	四五
东督锡良奏葫芦岛建筑海堤派员筹办购地开工情形折	宣统二	一二	四	一八	二八
税务处等奏议复粤督增祺奏香洲自辟商埠请暂准作为无税口岸折	宣统三	一	三〇	一九	一一

实业

目　　录	年	月	日	卷数	页数
滇督刘长佑等奏滇省办矿雇用矿师有五可虑片	光绪三	四	一二	一〇	一〇
祭酒王先谦奏俄人在华购茶自运茶商多歇业请以轮船运货出洋片	六	一〇	二六	二四	一四

目　　录	年	月	日	卷数	页数
总署致李鸿章请转刘铭传准洋商采买樟脑电	一四	三	一九	七五	三一
直督李鸿章致总署刘铭传电称洋商采买樟脑不得深入番社电	一四	三	二三	七五	三七
台抚刘铭传致总署德商樟脑事不肯在台商办请知照德使电	一四	一二	二四	七八	二六
总署致李鸿章外商运纺纱榨油机器来沪设厂已照会英使万难迁就电	二〇	三	一七	八九	一五
鄂督张之洞湘抚吴大澂奏购办红茶运俄试销以维商务折	二〇	八	二七	九六	二一
旨寄张之洞著通筹湖北铁政局毋蹈前失电	二一	八	八	一一七	三二
旨寄张之洞著回任后加意举办炼钢轨制快枪电	二一	一一	一八	一一九	六
旨寄张之洞著速将湖北铁厂现办情形复奏电	二一	一二	一一	一一九	二一
闽督边宝泉粤督谭钟麟奏遵旨派员赴新旧金山集股创办船械等厂电	二一	一二	一六	一一九	二一
新抚饶应祺等奏会勘科布多属宝尔吉银矿畅旺请试办折	二三	八	二六	一二七	三
总署会同矿务铁路总局奏核定四川矿务章程折	二五	三	五	一三七	一四
商务大臣盛宣怀奏请准湖北铁厂免税期限再展五年折	西巡二七	一〇	二	一一	八
闽督许应骙致外部请阻英商要求采办樟脑报单电	二八	一	二	一五二	一
闽督许应骙致外部樟脑仅产闽地他国在别省似难援办电	二八	一	一八	一五二	一三
外部致许应骙樟脑合同技师携闽请与详商电	二八	二	二八	一五三	三〇
外部致许应骙闽脑章程由尊处自办务断葛藤电	二八	四	二	一五五	四
外部致许应骙脑局如官本难筹希向日本银行商借电	二八	四	九	一五五	一六
江督刘坤一致外部矿章系内政请速改颁行电	二八	四	一〇	一五五	一八

目　　录	年	月	日	卷数	页数
鄂督张之洞致外部拟缓减茶税恳商赫德补救电	二八	四	一九	一五六	一二
外部致张之洞茶叶减税已奉旨允准未便展缓电	二八	四	二〇	一五六	一二
户部致吕海寰盛宣怀茶税照时价值百抽五电	二八	四	二五	一五六	一七
鄂督张之洞致外部户部茶税骤短巨款请筹抵补电	二八	四	二五	一五六	二四
外部致许应骙樟脑局合同载不论年限让人殊不可解希速复电	二八	五	一五	一五八	二
闽督许应骙致外部此次改定脑务章程有利无弊电	二八	五	二〇	一五八	八
闽督许应骙致外部脑务合同权在中国电	二八	五	二五	一五八	一六
汉冶萍督办盛宣怀致枢垣拟将通商银行商股改作萍矿股本以济铁厂之急电	二九	二	一〇	一六九	一六
赣抚柯逢时奏开办景德镇瓷器公司以振工艺折	二九	五	二四	一七二	三六
盛京将军增祺等奏华洋合办矿务遵照部议奏明办理折　附章程条规	二九	六	一九	一七三	一三
外部奏申明矿务定章请旨饬各省不得擅立合同折	二九	一一	二三	一八〇	一七
闽督李兴锐致外部福建脑务谬误已深非禁止私脑即赔款自办电	二九	一二	二七	一八一	一八
汉冶萍督办盛宣怀咨外部拟借日本银行款扩充汉阳铁厂文　附合同一件附件三件	三〇	六	二二	一八三	一一
外部致闽督魏光焘希派员与日领议收脑局电	三一	一	二〇	一八七	一五
外部致署闽督崇善日领因俄舰东来回厦稍缓议脑税电	三一	五	一	一九〇	一
外商部奏议复华洋合办热河霍家地金矿合同折	三二	六	五	一九八	四
署闽督崇善致外部闽省脑务由官设局请与英使辩明电	三二	七	一四	一九八	一〇
外部致浙抚张曾敭日商在衢租栈买脑应不准悬牌电	三三	一	二八	二〇一	二

目　　录	年	月	日	卷数	页数
汉冶萍督办盛宣怀奏商办汉冶萍煤矿渐著成效亟应扩充股本合并公司折	三三	九	一二	二〇六	四
汉冶萍督办盛宣怀奏众股商请改督办为总理片	三三	九	一二	二〇六	八
汉冶萍督办盛宣怀奏拟派李维格充汉冶萍公司协理片	三三	九	一二	二〇六	九
外部致东督徐世昌请于满洲劝农种麦推销面粉函	宣统一	闰二	一七	三	五
外部致萨荫图俄加重茶税希商俄廷酌减并见复函	宣统一	五	九	四	二三
使俄萨荫图复外部俄加茶税请议商约以图抵制函	宣统一	五	二三	四	四三
吉抚陈昭常致外部英商怡德洋行向农产公司购买豆石欠价情形电	宣统二	三	二二	一四	一六
外部致英使麻英商如派华伙在福州内地照约办茶当一律保护节略	宣统二	六	一五	一五	三二
晋抚宝棻奏遵议晋省矿产现在办理情形折	宣统二	七	二四	一六	一八
商部咨外部陕西延长油矿所订傭聘日本技师合同是否妥协请核复文	宣统二	八	二	一六	三一
英使朱迩典致外部钞送英国华茶商董致伦贝子函	宣统三	闰六	一三	二二	九

边防　新疆

目　　录	年	月	日	卷数	页数
甘督左宗棠奏俄员过境察看情形无他折	光绪一	七	九	二	一二
甘督左宗棠奏俄新交涉请暂由新疆主办片	二	九	三〇	八	一二
总署奏请派左宗棠专办新疆中俄交涉片　附上谕	三	七	三	一〇	二七
甘督左宗棠等奏白逆彦虎等逃入俄境请交涉引渡折	四	二	一二	一三	一〇

目　　录	年	月	日	卷数	页数
总署奏与俄国交涉引渡逆回白彦虎情形折　附照会二件	四	二	二二	一三	一一
总署奏议复左宗棠奏查办伊犁俄人交涉各案折	四	二	二二	一三	一五
总署致俄使请勿发给白彦虎伙党路票照会	五	二	二三	一五	六
总署奏俄使照复安集延纠众扰边事已设法禁止片	五	二	二三	一五	八
使俄崇厚奏俄国允将越界滋事之人听中国惩办折　附廷寄	五	闰三	二四	一五	二五
甘督左宗棠奏俄国哈萨克人来著勒土斯山游牧陈明办法片	五	四	一二	一五	二九
谕金顺据奏拟诱致白彦虎一节不可轻率从事	六	七	八	二二	七
新疆督办刘锦棠奏向俄索交白彦虎折　附上谕	七	四	一七	二五	二三
使俄曾纪泽奏白彦虎窜入俄境俄国允加禁锢折	八	一	一八	二七	二
新疆督办刘锦棠奏俄商来新贸易应遵章查验不得行销中国土货折	八	一	二七	二七	四
新疆督办刘锦棠奏安集延商人赴新贸易恐开衅端并汉缠各回越界滋事亟应阻止折	九	三	二	三二	一
哈密帮办大臣长顺奏伊犁著勒土斯山设卡防守片	九	七	八	三四	四
总署奏请饬刘锦棠查办伊犁俄侨被戕案并速议结片	一〇	七	九	四五	二二
使英曾纪泽致总署俄哈萨逃入华地请酌示办法电	一〇	一二	一四	五二	一〇
伊犁将军金顺奏俄国情形叵测请缓裁客兵折　附旨	一一	一	八	五三	一六
伊犁将军长庚奏陈西北蒙回及俄边情形折	一二	三	一九	六五	三
伊犁将军长庚奏哈萨克诚心向化应编为佐领片	一二	三	一九	六五	六
总署奏据使俄洪钧电称俄欲在新疆贩卖土货反谓苛待请饬抚臣按约迅办折　附照会	一四	六	二三	七六	一六

目　　录	年	月	日	卷数	页数
伊犁将军色楞额奏俄人殴毙中国兵民并陈时局窒碍情形折	一四	二一	五	七八	一九
新抚刘锦棠奏报清结中俄积案并陈交涉情形折	一五	一	七	七九	一
总署奏遵查延茂奏称新疆边事掣肘由于洪钧绘图错误各节核与事实不符折	一八	九	二二	八六	一二
使俄许景澄奏新疆南路边境情形危急请饬疆臣增缮守备折	一八	一二	一二	八六	一九
新抚陶模奏俄人增兵情形叵测亟应筹备战守折	一八	一二	一七	八六	二〇
伊犁将军长庚致总署报俄派兵往吐鲁番应否照准乞示电	二一	七	一四	一一七	一二
新抚潘效苏致外部俄领以保护信差在色勒库派兵数名拟租与民房电	二九	一	二〇	一六九	五
新抚潘效苏致外部报由新疆至俄之路有四电	二九	七	二九	一七四	一七
新抚联魁致外部新省于俄防不胜防请饬萨使侦察电	宣统一	闰二	一九	三	七
伊犁将军长庚复枢垣报俄由新疆赴藏路程地名电	宣统一	闰二	二六	三	九

边防　西藏

目　　录	年	月	日	卷数	页数
驻藏大臣松溎等奏办理边防联络哲孟雄廓尔喀部落折	光绪四	四	二四	一三	三二
谕寄驻藏大臣凡中外人等领照由藏行走著依约保护不得拦阻	四	一二	二四	一四	三六
驻藏大臣松溎等奏办理哲孟雄边界事务完结折 附信字	五	二	七	一五	三
川督丁宝桢等奏会筹藏中应办事宜折 附廷寄	五	闰三	二三	一五	一九
川督丁宝桢奏保护马加国游历官入藏情形片	五	七	二〇	一六	一七

目　　录	年	月	日	卷数	页数
驻藏大臣赵尔丰致枢垣拟规复三瞻以固边圉电	宣统一	一	二七	一	三二
军机处致赵尔巽联豫藏地介在强邻须设法经营电	宣统一	一	二七	一	三四
驻藏大臣赵尔丰致枢垣藏番挑战惟有委曲隐忍电	宣统一	二	四	一	四二
军机处致甘督升允驻藏办事大臣联豫西宁办事大臣庆恕据电番兵到西宁迎接达赖奉旨著商阻前进电	宣统一	闰二	一〇	二	四八
川督赵尔巽致枢垣闻达赖聘俄教习购军火请不准回藏电	宣统一	闰二	一三	三	一
川督赵尔巽等复枢垣川兵进藏自筹转运如抗违拟严惩电	宣统一	闰二	一四	三	二
驻藏大臣联豫温宗尧致外部闻俄皇接见达赖专使电	宣统一	闰二	一五	三	二
驻藏大臣联豫温宗尧致枢垣闻班禅赴印度请派员防范电	宣统一	闰二	二六	三	一〇
川督赵尔巽致外部闻俄皇接见达赖使臣请防范电	宣统一	三	一二	三	一六
川滇边务大臣赵尔丰致枢垣报瞻对又调兵背川附藏电	宣统一	四	一三	四	一
川滇边务大臣赵尔丰致枢垣乍了事请饬联豫等善为开导电	宣统一	六	一〇	五	四三
川督赵尔巽致枢垣川兵进藏倘阻抗恐有战事电	宣统一	六	一四	五	四八
赵尔巽赵尔丰致枢垣外部报川兵已赴藏电	宣统一	七	三	七	三五
川滇边务大臣赵尔丰致枢垣藏番倘径据察台请示办法电	宣统一	八	九	九	二五
驻藏大臣联豫致枢垣请饬川边拨兵接应入藏之兵电	宣统一	九	一	一〇	一
川督赵尔丰致枢垣藏事请商英俄两使勿干预电	宣统一	九	一一	一〇	三
赵尔巽赵尔丰致枢垣藏番调兵拦阻恳示机宜并请派员面谕达赖诚附中朝电　附旨	宣统一	九	三〇	一〇	二三

目　　录	年	月	日	卷数	页数
驻藏大臣联豫温宗尧致外部达赖调兵抗阻开导无效已饬钟颖从速前进电	宣统一	一〇	九	一〇	四〇
川督赵尔巽致外部川军已到察台藏番调兵设警万难开导电	宣统一	一〇	二〇	一一	一
西藏公会呈外部请辅助佛教撤回联赵否则藏众必将反叛电	宣统一	一〇	二七	一一	一〇
军机处外部致赵尔巽联豫赵尔丰据西藏公会电称烧毁杀戮是何情节即查复电	宣统一	一〇	二八	一一	一二
川督赵尔巽致外部藏人聚兵抗阻如理谕不从只得遵旨驱剿电	宣统一	一〇	三〇	一一	二一
外部致联豫英人在印设佛教会西藏派人驻印希切实开导电	宣统一	一一	一	一一	二五
驻藏大臣联豫温宗尧致枢垣达赖欲图自立遂至积不相能电	宣统一	一一	一〇	一一	二七
驻藏大臣联豫温宗尧致外部抗拒川军非藏众同意惟有痛剿电	宣统一	一一	一二	一一	一二
驻藏帮办大臣温宗尧致枢垣请旨申明川兵进藏专为保护黄教电	宣统一	一一	一三	一一	二八
川督赵尔巽致枢垣喇嘛赴藏布施念经道路梗阻拟驿递敕书赴藏电	宣统一	一一	一九	一一	三九
联豫温宗尧致枢垣遵旨未向班禅查询陛见电	宣统一	一一	二三	一一	四七
西藏公会呈外部请将联大臣及兵队撤回查办电	宣统一	一二	一二	一二	三七
川督赵尔巽致枢垣达赖逃亡请旨饬劝回藏电 附旨	宣统二	一	一三	一三	一〇
旨寄赵尔巽等达赖已抵印度前旨办法自应暂缓听候电谕电	宣统二	一	一五	一三	一二
谕革去达赖喇嘛名号应即掣定真正呼毕勒罕以重教务电	宣统二	一	一六	一三	二四
外部致李经方希将达赖潜逃被革及西藏并无更动情形详告英外部电	宣统二	一	一六	一三	二五
使英李经方致外部报英议院议达赖离藏事电	宣统二	一	一七	一三	二六
外部致赵尔巽联豫我国重视条约不以达赖去留有所改动已请英使转达政府电	宣统二	一	一九	一三	二六

目　　录	年	月	日	卷数	页数
驻藏大臣联豫致枢垣达赖抵大吉岭已派员侦其动静电　附旨	宣统二	一	二九	一三	三一
川滇边务大臣赵尔丰致枢垣军谘处报川军入藏及藏中安静情形请旨另立达赖电	宣统二	二	六	一三	三六
军机处复赵尔丰藏中内政遵守条约维持黄教不改办法电	宣统二	二	七	一三	三八
英使麻致外部西藏如有变更请勿妨碍廓尔喀等国照会	宣统二	三	二	一三	四四
川滇边务大臣赵尔丰奏报边藏情形时殊势异亟宜将紧要地方收回以固疆域折	宣统二	四	二四	一四	四六
卸任驻藏帮办温宗尧咨川督赵尔巽请代奏维持西藏大局折	宣统二	六	一二	一五	二九
外部致赵尔巽赵尔丰联豫英政府请劝达赖回藏并川兵不必派往边界希会商密复电	宣统二	六	二二	一五	三五
驻藏大臣联豫致外部达赖去后藏地复安英使所言与事实相反拟派罗长裿赴印交涉电	宣统二	七	五	一六	三
外部复联豫罗道赴印可照办并请开导布丹电	宣统二	七	六	一六	四
外部致李经方藏中安谧英恐达赖留印生事拟派罗长裿赴印劝回电	宣统二	七	七	一六	五
外部致赵尔巽藏事关系边境安危希与联豫会商慎筹电	宣统二	七	一一	一六	八
川督赵尔巽致枢垣外部请勿令达赖回藏布如犯藏宜严兵以待电	宣统二	七	一三	一六	九
外部复赵尔巽布如称兵英既不干预我亦不必揭明且英尚未认为彼属电	宣统二	七	一三	一六	一〇
外部致赵尔巽如布兵犯藏宜善为劝谕不必用兵穷边电	宣统二	七	一五	一六	一三
英使麻致外部罗道长裿赴印当照章接待至达赖行止毫不介意照会	宣统二	七	二〇	一六	一八
外部致联豫查明俄属有无赴藏拜佛情事希见复电	宣统二	七	二七	一六	二七
军机处外部致赵尔巽并转联豫赵尔丰英使云达赖宜令回藏希熟察情势会商办理电	宣统二	八	二	一六	三四
外部致赵尔巽布丹系中国属邦英人有无秘密举动希查复电	宣统二	九	二五	一七	四一

目　　录	年	月	日	卷数	页数
外部致联豫英不认布廓两部为我属国希查复英人举动电	宣统三	四	一四	二〇	三一
驻藏大臣联豫致外部英人干涉廓布两部请驳复电	宣统三	四	二四	二〇	五三

边防　帕米尔

目　　录	年	月	日	卷数	页数
使英曾纪泽致总署英兵赴阿富汗俄兵集波斯电	光绪一一	二	一五	五五	六
直督李鸿章致总署西电俄兵击败阿富汗军电	一一	二	二六	五六	七
甘督杨昌濬奏英俄觊觎帕米尔坎巨提请派员督办防务折	一八	闰六	二四	八五	二二
总署奏陈筹办新疆西南边外情形折	一八	七	一八	八六	一
总署奏帕米尔介于中英俄三国边境应于乌孜别里往南划分片	一八	七	一八	八六	三
使英薛福成奏中英两国会立坎巨提回部头目折	一八	八	一〇	八六	六
使英薛福成奏英俄垂涎帕米尔请设法勘界片	一八	八	一〇	八六	八
总署奏新疆派员会立坎巨提头目事竣折	一八	一一	一六	八六	一六
总署奏复陈帕米尔全地情形并呈进地图折	一九	一	二一	八七	一
总署奏葱岭设防及苏满设卡有碍约章片	一九	一	二一	八七	三
总署奏俄欲夺我塔哈尔满等处拟择要增戍以伐狡谋片	一九	一	二一	八七	四
使俄许景澄致总署小帕米尔划界俄欲太奢争议棘手应否磋磨请示电　二件	二〇	一	一七	八九	三
总署致许景澄小帕米尔界务希与俄磋商又英使云俄已备兵以速了为妙电　二件	二〇	二	一七	八九	四

目　录	年	月	日	卷数	页数
总署奏详陈帕米尔界务现办情形折	二〇	二	二〇	八九	五
直督李鸿章致总署据许景澄报与俄商论界事电	二〇	三	四	八九	一〇
使俄许景澄致总署界议俄主以地势紧要不允让舍相持无他策电	二〇	三	一一	八九	一二
总署致许景澄界事俄已通融两不进兵之议请与俄切实订定电	二〇	三	一二	八九	一二
直督李鸿章致总署俄使派参赞来言俄廷电帕米尔事请缓商电	二〇	三	一二	八九	一三
总署致许景澄俄使所云界址地名错误勿为朦混电	二〇	三	一五	八九	一四
使俄许景澄奏与俄廷商办帕米尔界务折	二〇	五	二九	九一	二〇
总署致许景澄外报传俄派兵至帕米尔著探复电	二一	五	一八	一一三	一六
使俄许景澄致总署报俄谋迁哈萨克往帕代守兵电	二一	五	二三	一一三	一九

边防　塔尔巴哈台

目　录	年	月	日	卷数	页数
伊犁将军荣全奏塔尔巴哈台蒙民被俄勒索设法拯救折	光绪一	七	一	二	一
总署奏塔城讯办俄属哈萨克办理未协请饬妥筹折　附上谕	三	六	二	一〇	一八
总署奏议复左宗棠奏派员确查处治行劫哈萨克片	三	七	二六	一〇	三五
总署奏俄国官员迭被喇嘛库伦地方人民欺侮请饬甘督查究办理折　附俄员日记及上谕	三	一〇	二七	一二	一九
甘督左宗棠奏遵查塔尔巴哈台中俄交涉情形折　附清单	四	一	二六	一三	一
塔尔巴哈台参赞锡纶奏密陈边事并俄人寻衅情形折　附上谕	四	四	一九	一三	二一

目　　录	年	月	日	卷数	页数
塔尔巴哈台参赞锡纶奏查结喇嘛库伦欺凌俄国使臣一案折　附上谕	四	六	一一	一三	三一
侍讲张佩纶奏棍楚札楞参俄人所惮请假以事权片	四	九	七	一四	一〇
中俄议定塔城俄属商人贸易地址条约	九	二	二七	三一	三二
中俄议定管理塔城各属缠头商民条款	九	二	二七	三一	三三
伊犁将军金顺等奏择地安插蒙哈以资游牧片	九	一〇	八	三六	八
伊犁将军锡纶等奏议复承化寺僧众迁回塔城折	一三	五	一二	七一	二九
伊犁将军锡纶奏俄人严惮棍噶札拉参请准照旧住居于疆务有益片	一三	五	一二	七一	三二
塔尔巴哈台办事大臣安成致使俄胡惟德唐古忒属哈户逃俄请商俄外部转饬送回电	三二	八	七	一九八	一三
塔尔巴哈台办事大臣安成致胡惟德请商俄外部饬领事送回逃哈电	三二	一〇	一六	一九九	一四
塔尔巴哈台办事大臣安成致外部塔哈逃俄已陆续回牧电	三三	三	二一	二〇二	七

边防　科布多

目　　录	年	月	日	卷数	页数
甘督左宗棠奏请饬科布多库伦大臣禁阻俄商擅往巴里坤哈密贸易片	光绪四	一二	二〇	一四	三五
总署奏议复定边将军春福拟设科布多卡伦折	六	七	一九	二二	一一
科布多办事大臣清安额尔庆额奏俄兵入科先事筹备折	八	四	二六	二七	三九
伊犁将军金顺等奏请收回乌梁海属之阿勒泰山一带游牧地片	九	二	二七	三一	三一
科布多参赞沙克都林札布等奏棍噶札拉参借占乌梁海境内地分隶塔尔巴哈台收管民情不合折	一七	三	二六	八四	一一

目　　录	年	月	日	卷数	页数
科布多参赞沙克都林札布等奏遵议哈巴河一带借地暂难收还请展限交割折	一八	闰六	四	八五	一三
科布多办事大臣瑞洵奏乌梁海游牧之哈萨克四出纷扰妥筹安插折	二八	四	二五	一五六	一七
科布多办事大臣瑞洵奏塔尔巴哈台割据阿尔泰山地段万不可行折	二八	一一	二五	一六八	五
伊犁将军长庚致枢垣阿勒台山本属科地拟商瑞洵再奏电	二九	三	二四	一七〇	一四
科布多办事大臣锡恒奏布伦托海拟设委员以资佐理折	三四	三	二六	二一三	一二
科布多办事大臣锡恒奏陈俄商违约私盖房屋已商令拆去恳饬部立案折	宣统一	七	二七	九	一

边防　喀什噶尔

目　　录	年	月	日	卷数	页数
总署奏英国与喀什噶尔互相遣使折　附照会	光绪三	七	二六	一〇	三三
使英郭嵩焘奏英外相调处喀什噶尔情形折	三	八	一三	一一	一
使英郭嵩焘奏喀什噶尔剿抚事宜请饬左宗棠斟酌核办片　附上谕	三	八	一三	一一	五
甘督左宗棠奏英人以保护安集延为词图占边疆万不可许折	三	九	一六	一一	二〇
总署奏议复郭嵩焘奏英外相调处喀什噶尔片	三	九	二九	一一	三二
甘督左宗棠奏查明俄民寄居喀什噶尔并无驱逐出境情事片	五	九	一七	一七	一〇
甘督杨昌濬致枢垣陶抚报俄人修路添兵已严防电	二〇	七	一七	九四	一六
使俄许景澄致总署俄外部称俄兵不越界请勿疑电	二〇	七	二一	九四	一七
新抚饶应祺致总署报喀什无派兵赴塞事电	二四	一	一五	一二九	一一

边防　廓尔喀

目　录	年	月	日	卷数	页数
川督丁宝桢奏廓尔喀为西藏屏蔽请予嘉奖片	光绪一二	二	一四	六四	一六
川督鹿传霖致总署询廓藏因何失和请示机宜电 附旨	二二	三	三	一二〇	一九
川督鹿传霖致总署廓藏失和已派员由海道驶往查看并请修川藏电线电 二件附旨	二二	三	一四	一二〇	二〇
川督鹿传霖奏遵旨派员查办廓藏失和要案折	二二	四	四	一二一	一
旨寄鹿传霖廓藏界案著即派员会勘迅速完结电	二二	五	二五	一二一	九

清季外交史料索引卷十一终

清季外交史料索引卷十二

庚子拳乱　联军之役

目　　录	年	月	日	卷数	页数
直督裕禄奏商阻续进洋兵办理情形折	光绪二六	五	一九	一四三	七
太常寺卿袁昶奏局势危迫亟图补救以弭巨患折	二六	五	二二	一四三	八
太常寺卿袁昶奏内讧外侮祸乱日急请维持大局折	二六	六	一六	一四三	一二
直督裕禄四川提督宋庆奏连日鏖战力不能支天津郡城失陷折	二六	六	二一	一四三	一五
裕禄宋庆奏退守北仓以遏洋兵北窜片	二六	六	二一	一四三	一六
粤督李鸿章江督刘坤一鄂督张之洞等奏拳匪肇祸敬陈管见折	二六	六	二一	一四三	一七
吉林将军长顺奏外洋开衅中国势成孤立拟请暂事笼络俄国折	二六	六	二二	一四三	一八
粤督李鸿章鲁抚袁世凯奏吁恳救护各国使臣以保危局折	二六	六	二二	一四三	一九
李鸿章袁世凯奏据许应骙电请保护各国使臣片	二六	六	二二	一四三	二〇
李鸿章刘坤一奏奉谕暂行停还洋款谨据实核计请旨遵行折	二六	六	二三	一四三	二一
太常寺卿袁昶奏大臣信崇邪术请严惩祸首折	二六	六	二六	一四三	二二
江海关道呈总署杨使电称俄皇谓须在京各使无恙方有词排解电	二六	七	五	一四四	一

目　　录	年	月	日	卷数	页数
大学士荣禄奏户部尚书崇绮殉节片	西巡二六	八	一三	一	三六
直督李鸿章等奏添设电线并请早日回銮片	西巡二六	八	一四	一	四二
吏部尚书徐郙等奏陈洋兵入城后情形折	西巡二六	八	一五	一	四六
直藩廷雍奏拳教相仇现复各聚请旨严饬一律解散折	西巡二六	八	二一	一	五三
荣禄廷雍奏遵旨严防保定并布置情形折	西巡二六	闰八	二	二	一三
庆亲王奕劻等奏请降旨表明惋惜被戕德使及日本书记生片	西巡二六	闰八	三	二	二〇
大清国皇帝致日本天皇惋惜书记生杉山彬并派那桐致祭国书	西巡二六	闰八	三	二	二一
刘坤一张之洞奏密陈大计以救危亡折	二六	闰八	六	一四四	八
直督李鸿章奏津局库银枪炮被洋人掳掠罄尽片	西巡二六	闰八	一四	二	三一
江督刘坤一等致枢垣拟请各领电各外部劝联军毋往鲁境电	西巡二六	闰八	一五	二	三一
庆亲王奕劻奏各国陆续撤兵及京城近日情形折	西巡二六	闰八	二〇	二	三八
使德吕海寰奏德皇复书昭雪钦差颇为欣慰惟须惩办祸首电	西巡二六	闰八	二〇	二	四四
使日李盛铎奏日本复书劝早定和局停幸陕西电	西巡二六	闰八	二〇	二	四四
顺天府尹王培佑奏陈京城内外近日情形折	西巡二六	闰八	二二	二	四五
使日李盛铎奏谨陈款局办法五端电	西巡二六	闰八	二四	二	四七
直藩廷雍呈枢垣法兵到保定迫令悉插法旗应付术穷请示禀	西巡二六	闰八	二六	二	四九
晋抚锡良致枢垣法兵到保定情形愈紧已婉劝折回电	西巡二六	九	三	三	二
直藩廷雍呈枢垣联军约万人拟来保定禀	西巡二六	九	三	三	三

目　　录	年	月	日	卷数	页数
晋藩升允奏洋兵西窜请留武卫中军并力守御电	西巡二六	九	一二	三	一一
直督李鸿章奏直隶藩臬廷雍沈家本均被洋兵拘系电	西巡二六	九	一五	三	一三
翰林院侍讲朱祖谋等奏洋兵西趋势将入晋乞早定大计折	西巡二六	九	一七	三	一四
太常寺卿盛宣怀奏洋兵杀害廷雍等并索犒师十万电	西巡二六	九	一八	三	一四
直督李鸿章致枢垣廷雍等被害瓦帅不肯接晤无从与商电	西巡二六	九	一八	三	一五
鲁抚袁世凯奏洋兵到德州乐陵旋即退去电	西巡二六	九	一八	三	一五
奕劻李鸿章致枢垣报与联军统帅瓦德西晤谈语录电	西巡二六	九	二五	三	二〇
守护陵寝大臣寿全堃岫奏报洋兵入境巡查现均退出折	西巡二六	一〇	二	三	二五
晋抚锡良四川提督宋庆直隶提督马玉崑致枢垣洋兵纷进请电全权商令撤回电　三件	西巡二六	一〇	三	三	二六
晋抚锡良奏请饬全权商法使止入晋之兵电	西巡二六	一〇	七	三	三〇
晋抚锡良奏查明洋兵夺据紫荆关及升允退守情形折	西巡二六	一〇	二四	三	三七
使日李盛铎致枢垣日外部云各国深愿皇上专政电	西巡二六	一一	一	四	一
守护陵寝大臣奕模〔谟〕溥植准良等奏各国联兵盘据山陵情形折	二六	一一	二	一四五	一
晋抚锡良致总署据升允禀请转致法使撤兵以全和局电	二六	一二	八	一四五	一二
山海关都统富顺奏报各国洋人到山海关大概情形折	西巡二六	一二	一〇	四	二八
奕劻李鸿章致枢垣法兵进广昌系欲逐退防兵并非深入电	西巡二六	一二	一三	四	三〇
谕内外各大臣拳匪构乱罪在朕躬现和议将定其各懔遵训诰激发忠忱	二六	一二	二五	一四五	二一
刘坤一张之洞致枢垣联军南行和局将溃电	西巡二七	一	二	五	一

目　　录	年	月	日	卷数	页数
晋抚锡良致枢垣洋兵据广昌等处自请惩处电	西巡二七	一	六	五	九
宋庆马玉崑锡良致枢垣德兵占鞍子岭自请严议电	西巡二七	一	七	五	一三
使日李盛铎致枢垣日参谋部言德兵来华志在攘地电	西巡二七	一	二〇	五	二七
军机处致奕劻李鸿章袁世凯德犯山东阴谋祈确查电	西巡二七	一	二〇	五	二八
提督宋庆等致枢垣长城岭失守请饬迅商德使撤兵电	西巡二七	一	二一	五	二八
提督宋庆等致枢垣德法汹汹晋省防不胜防拟按兵以维和局电	西巡二七	一	二五	五	三六
提督宋庆致枢垣晋省防务与锡良等和衷会商电	西巡二七	一	二七	五	三八
军机处致全权大臣据宋庆电德愿和好法图西犯祈力阻电	西巡二七	二	一	六	二
庆亲王奕劻等致枢垣闻德法合兵非徒扰晋恐牵动保定电	西巡二七	二	二六	六	五九
晋抚岑春煊致枢垣洋兵西进请饬驻晋客军移防电	西巡二七	三	二	七	四
晋抚岑春煊致枢桓洋兵抵晋已电全权阻止电	西巡二七	三	六	七	九
晋抚岑春煊致枢垣洋兵进逼守将张皇并教案已切实清理电	西巡二七	三	七	七	一〇
晋抚岑春煊致枢垣报娘子关被洋兵攻据电	西巡二七	三	七	七	一一
晋抚岑春煊致枢垣晋事战守两难请饬全权阻洋兵电	西巡二七	三	九	七	一三
晋抚岑春煊致枢垣洋兵进逼电线已断已设马拨电	西巡二七	三	九	七	一四
晋抚岑春煊致枢垣德法两国兵已进固关电	西巡二七	三	一〇	七	一四
晋抚岑春煊致枢垣查明德法兵已退出娘子关电	西巡二七	三	一一	七	一七
直督李鸿章等奏报皇史宬尊藏实录圣训遗失情形折	西巡二七	七	一〇	九	三六

目　　录	年	月	日	卷数	页数
直督李鸿章等奏皇史宬石门内旧存银印全行失去片	西巡二七	七	一〇	九	三七
谕各将军督抚切实保护外国人生命财产及各教堂	三二	二	一三	一九六	五

庚子拳乱　西巡

目　　录	年	月	日	卷数	页数
江督刘坤一等奏商派大员率队扈跸并节制各援军折	西巡二六	八	一一	一	二八
江督刘坤一奏闻驾西巡敬陈下悃折	西巡二六	八	一一	一	二九
陕督抚魏光焘端方奏请乘舆移幸西安以远寇氛折	西巡二六	八	一二	一	三〇
直藩廷雍奏闻銮舆西巡专折敬慰折	西巡二六	八	一二	一	三三
御史何乃莹奏就晋省现在情形预筹布置办法折	西巡二六	八	二九	二	八
江督刘坤一等奏请收回幸陕成命以安人心电	二六	闰八	一九	一四四	九
江督刘坤一等奏接杨儒电称移跸陪京此非其时电	二六	闰八	一九	一四四	一一
江督刘坤一等奏偏安必不可成请降旨事定回京以安大局折	西巡二六	闰八	一九	二	三四
江督刘坤一等奏陕省拒敌甚难不宜迁都电	西巡二六	闰八	一九	二	三七
江督刘坤一等奏恐各国分占要地停战无日仍请明降谕旨片	西巡二六	闰八	一九	二	三八
署滇督丁振铎奏乞建都长安谨拟十条折　附条陈	西巡二六	一一	二三	四	一八
鄂督张之洞致枢垣汉口日商因西幸呈献物品请赏收电	西巡二七	三	四	七	八

庚子拳乱　议和

目　　录	年	月	日	卷数	页数
全权大臣李鸿章致总署据李盛铎电须派重臣与联军总统言和电	光绪二六	七	二二	一四四	五
大学士崑冈等奏时局危迫请饬庆亲王回京与各使速定大计折	西巡二六	八	二	一	一〇
军机处咨护晋抚李廷箫奉谕命赫德借船接李鸿章来京文	西巡二六	八	六	一	一九
全权大臣李鸿章奏陈时局变迁急筹补救折	西巡二六	八	七	一	一九
大学士荣禄奏复陈布置直晋防务未能参与和议折	西巡二六	八	一三	一	三五
全权大臣李鸿章等奏款局亟宜挽救不可失事机折	西巡二六	八	一四	一	三八
全权大臣李鸿章等奏请下诏罪己并添派王大臣主持和议片	西巡二六	八	一四	一	四〇
大学士荣禄奏遵旨驰回保定会办议款折	西巡二六	八	一八	一	四九
全权大臣李鸿章奏款局须速开议迟则生变电	西巡二六	八	一九	一	五一
全权大臣李鸿章奏遵旨北上会议恭报起程日期折	西巡二六	八	二四	二	一
庆亲王奕劻奏陈接晤各国公使情形折	西巡二六	八	二五	二	三
使日李盛铎奏拳匪开衅和战两难请颁国书委曲迁就折	西巡二六	闰八	一	二	一一
全权大臣李鸿章奏报遵旨在津接印日期折	西巡二六	闰八	一四	二	三〇
大学士荣禄奏久驻保定于大局有碍拟赴行在折	西巡二六	闰八	一七	二	三二
庆亲王奕劻奏致俄德日国电已分别知照英法等国请并予国电片	西巡二六	闰八	二〇	二	三九
庆亲王奕劻奏请畀刘坤一张之洞全权之任以便电商和议片	西巡二六	闰八	二〇	二	四二

目　　录	年	月	日	卷数	页数
使日李盛铎致枢垣中国所派议和大臣日廷无异言电	西巡二六	闰八	二六	二	四九
庆亲王奕劻奏拟向汇丰借二百万两以济要需电	西巡二六	九	三	三	五
全权大臣李鸿章奏各使云如易江鄂两督则和议难成电	西巡二六	九	三	三	五
庆亲王奕劻等奏已嘱赫德与各使通意约期会商电　二件	西巡二六	九	七	三	八
使日李盛铎致枢垣东报载驻京各使会议拟索各款电　二件	西巡二六	九	二七	三	二三
江督刘坤一等致枢垣据李盛铎电日外部密告德议各条情形电	西巡二六	一〇	一一	三	三三
鄂督张之洞致枢垣英法德提督同聚吴淞如不和必断接济电	西巡二六	一〇	一五	三	三四
全权大臣李鸿章奏全权大臣敕书拟由京拟谕旨并在大内请用御宝电	西巡二六	一〇	二〇	三	三七
鸿胪寺卿裴维侒奏和议即开宜将有关大局各条亟图补救折	西巡二六	一〇	二五	三	四〇
全权大臣奕劻等致枢垣各使照会请将徐用仪等五员开复原官电	西巡二六	一〇	三〇	三	四五
顺天府丞陈夔龙致荣禄报各使公议和约十一款电	西巡二六	一一	二	四	一
太常寺卿盛宣怀致枢垣闻李相病须静养和议如重办祸首撤兵可速电	西巡二六	一一	三	四	二
奕劻李鸿章致枢垣各国使臣会商十二条译请查阅电	西巡二六	一一	四	四	四
军机大臣荣禄等奏遵拟庆亲王等来电公约各条应向磋磨大略片	西巡二六	一一	五	四	七
奕劻李鸿章致枢垣议款事非敷衍能了请旨俞允电	西巡二六	一一	七	四	八
鄂督张之洞致枢垣及奕李议和各款谨抒管见请商各使电	西巡二六	一一	八	四	九
全权大臣李鸿章致枢垣各使议款略有转圜视前约较和平电	西巡二六	一一	一〇	四	一〇
鄂督张之洞致枢垣议款大纲必不能改请妥商细目电	西巡二六	一一	一〇	四	一〇

目　　录	年	月	日	卷数	页数
鄂督张之洞致枢垣和款颇多危险已托英德两领婉商各使电	西巡二六	一一	一〇	四	一一
奕劻李鸿章致枢垣张督所言删改议款各节窒碍难行电	西巡二六	一一	一六	四	一四
奕劻李鸿章致各使议和条款遵旨画押请撤驻兵照会　附条款暨索赔章程	二六	一一	二〇	一四五	二
商约大臣盛宣怀致枢垣奉邸相电草约十二条遵旨画押电	西巡二六	一一	二五	四	二〇
奕劻李鸿章奏遵旨拟就德使克林德碑文电	二六	一二	一〇	一四五	一五
商约大臣盛宣怀致枢垣如惩祸首给兵费各国始可撤兵电	西巡二六	一二	一六	四	三三
各使致全权大臣奕劻李鸿章请昭雪被祸诸臣照会	二七	一	五	一四六	二
全权大臣李鸿章致枢垣请将保护洋人谕旨字句略为增减电	西巡二七	一	八	五	一五
奕劻李鸿章致枢垣开复徐用仪等谕旨各使谓词涉隐括电	西巡二七	一	一二	五	二〇
使德吕海寰致枢垣公约宜速结庶兵撤而费省电　二件	西巡二七	一	一七	五	二三
鲁抚袁世凯致枢垣已商德领待公约定后再订私约电	西巡二七	二	四	六	一七
江督刘坤一致枢垣中国所需军火已由吕罗两使商英德准购电	西巡二七	二	二三	六	五七
军机处致李盛铎俄约承日助暂停仍请邀同英国相助电	西巡二七	三	四	七	八
奕劻李鸿章致枢垣领衔公使照送扩充使馆界图电	西巡二七	三	一一	七	一五
军机处致全权大臣使馆扩界占地太多希商办电	西巡二七	三	一三	七	二〇
使馆界线说帖	二七	四	一二	一四六	一五
奕劻李鸿章奏德使照会如派醇王使德当优礼接待电	西巡二七	四	一八	八	二一
奕劻李鸿章致枢垣京城各使馆留护兵未设炮台电	西巡二七	四	二四	八	二四

目　录	年	月	日	卷数	页数
商约大臣盛宣怀致枢垣各国觊觎矿路请饬筹抵制电	西巡二七	五	七	八	四一
奕劻李鸿章致枢垣商约未必利我至箝制教焰亦无把握电	西巡二七	五	七	八	四二
刘坤一张之洞致枢垣各使觐见请阻用黄轿电	西巡二七	五	一八	八	四九
奕劻李鸿章致枢垣各使觐见允用绿轿黄襻 电	西巡二七	五	二〇	八	五一
军机处奏盖造洋房供各使觐见须另备皇太后燕息之所片	西巡二七	五	二二	八	五二
总署致德使树立克林德被害碑志照会	二七	六	七	一四七	二
各国使臣觐见礼节说帖	二七	六	七	一四七	三
奕劻李鸿章致枢垣和议总纲赔款祸从两端大致就绪电	西巡二七	六	一一	九	六
鲁抚袁世凯致总署各使条款较各武官原议轻减甚多电	二七	六	一二	一四七	二〇
增改扩充北京各国使馆界址章程　附专条	二七	四	一三	一四七	二二
奕劻李鸿章奏与各使议定觐见礼节折	西巡二七	六	一九	九	一六
商约大臣盛宣怀致枢垣报各国办理末次和约电	西巡二七	六	二二	九	二〇
奕劻李鸿章致枢垣与各使会议和议大纲电	西巡二七	六	二五	九	二一
领袖全权日国葛使致外部议定京海畅道驻兵地点及管辖权限照会	二七	六	二六	一四八	二五
奕劻李鸿章致枢垣禁运军火各使请以两年为期电	西巡二七	七	三	九	二八
奕劻李鸿章奏各国使馆所占民房议定给价请饬拨的款折	西巡二七	七	五	九	三〇
皖抚王之春奏预筹和约抵制办法折	二七	七	六	一四九	一三
奕劻李鸿章致枢垣各使送到总结约款请降旨以便画押电	西巡二七	七	九	九	三五

目　　录	年	月	日	卷数	页数
使德吕海寰致枢垣醇王觐见德拟令参随叩首力争不允请旨电	西巡二七	七	九	九	三五
奕劻李鸿章致枢垣译呈各使送来总约底稿候旨遵行电	西巡二七	七	一一	九	三八
军机处致全权大臣德皇接见醇王不以通例相待请力争电	西巡二七	七	一三	九	四四
奕劻李鸿章致枢垣谨拟禁运军火上谕请旨电	西巡二七	七	一三	九	四五
奕劻李鸿章致枢垣日使言据美使云和议事各国尚有隐谋请旨速准画押电	西巡二七	七	一三	九	四六
奕劻李鸿章致枢垣醇邸已赴德礼节能否更改尚无回音电	西巡二七	七	一七	九	四八
军机处致全权大臣觐见德皇礼节姑通融酌允电	西巡二七	七	一八	九	四九
奕劻李鸿章致枢垣醇王赴德谢过已电达从权酌办电	西巡二七	七	二〇	九	五〇
奕劻李鸿章致醇王吕使德国礼节碍难照允希设法转圜电	西巡二七	七	二一	九	五〇
商约大臣盛宣怀致全权大臣据吕海寰电德皇允免跪拜礼节电	西巡二七	七	二二	九	五〇
奕劻李鸿章致枢垣各使商定画约即撤兵电	西巡二七	七	二六	九	五二
奕劻李鸿章致枢垣德廷不愿醇王转使他国请旨电	西巡二七	八	五	一〇	三
刘坤一张之洞致枢垣闻英人有驻兵长江之说全权曾否奏明电	西巡二七	八	九	一〇	五
奕劻李鸿章致枢垣未闻长江驻英兵之说请确实考证电	西巡二七	八	一一	一〇	六
奕劻李鸿章奏照录画押条款全文缮单呈览折 附条约	西巡二七	八	一八	一〇	八
侍郎那桐奏赴日齐送杉山彬祭葬银两并赐祭情形片	西巡二七	九	二	一〇	二七
商约大臣盛宣怀致枢垣报李相吐血电	西巡二七	九	二二	一〇	四三
全权大臣李鸿章奏病势危笃请饬庆亲王回京电	西巡二七	九	二六	一〇	四五

庚子拳乱　惩凶

目　　录	年	月	日	卷数	页数
刘坤一张之洞致奕劻李鸿章请体察外情惩办祸首电	西巡二六	一〇	一〇	三	三二
太常寺卿盛宣怀奏请诛豪将董福祥谨拟办法电	二六	一二	八	一四五	一二
军机处致刘张惩办祸首事请商英德领事分电各国剖辩电	西巡二六	一二	二六	四	四〇
军机大臣奏商定惩办祸首罪状恭请圣裁片	西巡二六	一二	二七	四	四一
军机处致奕劻李鸿章惩办祸首一节请向各使解释电	西巡二六	一二	二七	四	四二
商约大臣盛宣怀奏赵舒翘天下称冤请将英启二人赐死以救赵电	西巡二六	一二	二八	四	四二
江督刘坤一致枢垣惩办祸首各使要挟甚坚电	西巡二七	一	一	五	一
全权大臣李鸿章致枢垣英赵赐死可通融启徐拟索回自行正法电	西巡二七	一	三	五	二
各使致全权大臣奕劻李鸿章请旨惩办罪魁照会	二七	一	四	一四六	一
全权大臣李鸿章致枢垣拟讽启徐自尽日使不允电　二件	西巡二七	一	四	五	五
各使致全权大臣奕劻李鸿章续请惩办外省获咎官员照会	二七	二	一二	一四六	五
奕劻李鸿章致枢垣各国拟议应惩各员办法电	西巡二七	三	一一	七	一五
鄂督张之洞奏英领云锡良抚鄂各国必商阻电	西巡二七	三	一五	七	二七
奕劻李鸿章奏与各使商停试地方并不允在京会试片	西巡二七	六	一九	九	一八
谕各省督抚学政据奕劻李鸿章奏滋事地方停止考试五年著遵办电	二七	七	六	一四九	一二
庆亲王奕劻等奏酌拟会试变通事宜请旨遵行折	西巡二七	九	二〇	一〇	四〇
鄂督张之洞致鹿传霖德使因端王已获罪于大阿哥深致不满谨以密陈电	西巡二七	一〇	一四	一一	一五
甘督崧蕃致外部请留邓军俾董福祥不敢妄动电	二八	一	一四	一五二	一二

庚子拳乱　赔款

目　录	年	月	日	卷数	页数
太常寺卿盛宣怀致枢垣请饬查明进出两数明示各国以便议和电	西巡二六	一〇	一七	三	三五
商约大臣盛宣怀致枢垣英领云发国书请各国减让赔款电	西巡二六	一二	二二	四	三五
商约大臣盛宣怀致枢垣拟致各国国书酌减赔款电	西巡二六	一二	二三	四	三六
商约大臣盛宣怀致枢垣盐务若归官办即敷赔款电	西巡二七	一	一三	五	二一
总署与各使会议赔款事宜述略	二七	三	一	一四六	七
鄂督张之洞致枢垣赔款本利与赫德所论相同惟颇费解电	西巡二七	三	一	七	三
署浙抚余联沅奏详述浙省民穷财尽摊派赔款为难情形电	二七	三	六	一四六	一一
江督刘坤一致枢垣已电英日驻使商各政府勿索现银并减赔款电	西巡二七	三	八	七	一二
鄂督张之洞致枢垣如以现有收入抵洋债另筹国用万不可行电	西巡二七	三	一二	七	一八
军机处致奕劻等赔款索现银所关甚巨希切实磋磨电	西巡二七	三	一二	七	一九
军机处致全权大臣赔款请商勿索现银并减数宽期电	西巡二七	三	一三	七	二三
鄂督张之洞致枢垣吕使电与德政府议赔款总数当可商减电	西巡二七	三	一三	七	二三
奕劻李鸿章致枢垣赔款须借债九百兆各使不肯让电	西巡二七	三	一三	七	二五
江督刘坤一致枢垣伍使电美外部称各国如减赔款美亦当减电	西巡二七	三	一四	七	二七
奕劻李鸿章致枢垣报与各使商赔款办法意见不一请饬各省预筹电	西巡二七	三	一五	七	二七
军机处致奕劻等现拟以各海关半税抵赔款希筹复电	西巡二七	三	一五	七	三〇

目　　录	年	月	日	卷数	页数
军机处致奕劻等户部称洋税已抵尽拟以盐漕常税备抵电	西巡二七	三	一七	七	三二
江督刘坤一致枢垣赔款事详加审度其要有三请商各国电	西巡二七	三	一七	七	三三
商约大臣盛宣怀致枢垣赫德不肯以一年盈余遽定岁收之数电	西巡二七	三	一七	七	三五
军机处奏与各国筹议偿款情形撮要呈览片	西巡二七	三	二三	七	三七
军机处致全权大臣请商各使赔款无论有无息银每年只能分偿一千五百万电	西巡二七	三	二七	七	四〇
署浙抚余联沅致枢垣赔款过巨浙省力有未逮请行印花及丁税电	西巡二七	三	二七	七	四一
鄂督张之洞致枢垣吕使询赔款办法已复以拟办丁捐电	西巡二七	三	二七	七	四二
署浙抚余联沅致枢垣鄂督请办丁捐必须租界一律认捐电	西巡二七	三	二七	七	四三
江督刘坤一致枢垣盐务不可议抵洋债电	西巡二七	三	二七	七	四四
鄂督张之洞致枢垣美允减赔款请全权向各国关说电	西巡二七	三	二八	七	四四
使德吕海寰致枢垣德外部云减数展限各国公议势难减少电	西巡二七	三	二八	七	四四
鄂督张之洞致枢垣盐漕常税不可作抵宜另筹新款电	西巡二七	三	二九	七	四五
全权大臣李鸿章致枢垣与各使议赔款总期付利抵本年限略宽电	西巡二七	四	六	八	二
赣抚李兴锐致枢垣赣省财匮赔款不能遽定请办印花税电	西巡二七	四	六	八	三
闽督许应骙致总署闽省裁兵筹款亦无济于事电	二七	四	七	一四六	一二
全权大臣李鸿章致枢垣丁税有碍主权且摇动人心万不可行电	西巡二七	四	七	八	四
江督刘坤一致枢垣丁捐恐生事端请试办串票并印花税电	西巡二七	四	七	八	四
鲁抚袁世凯致枢垣鲁省整顿盐课岁可得七十万俟议妥奏闻电	西巡二七	四	七	八	五

目　　录	年	月	日	卷数	页数
鄂督张之洞致枢垣英参赞询赔款办法答以须减数减息宽期电	西巡二七	四	八	八	五
军机处致全权大臣英允劝各国减息并外洋食用物纳税电	西巡二七	四	八	八	八
奕劻李鸿章致枢垣各使不允减数请迅定赔款可速撤兵电	西巡二七	四	九	八	九
商约大臣盛宣怀致枢垣赔款事请全权力持定见电	西巡二七	四	一〇	八	一〇
鄂督张之洞致枢垣赔款以商恳减息为要义电	西巡二七	四	一一	八	一二
鄂督张之洞致枢垣英使云赔款不可令各国公保恐干预财政电	西巡二七	四	一一	八	一三
商约大臣盛宣怀致枢垣俄谓赔款尚有暗亏电	西巡二七	四	一一	八	一三
总署致各使债款四百五十兆按四厘息照会 附表	二七	四	一二	一四六	一二
鄂督张之洞致枢垣若户口清警察设则印花税可行电	西巡二七	四	一二	八	一三
江督刘坤一致枢垣杰弥逊所言赔款数目请质萨使电	西巡二七	四	一三	八	一四
奕劻李鸿章致枢垣赔款递年还本便可减息电	西巡二七	四	一三	八	一五
商约大臣盛宣怀致枢垣赔款谕旨但允总数余由枢电商酌较活动电	西巡二七	四	一四	八	一六
军机处致盛宣怀常税厘金若归关收恐启干预须斟酌电	西巡二七	四	一四	八	一七
奕劻李鸿章致枢垣各国谓赔款定即撤兵请速断电	西巡二七	四	一五	八	一七
军机处致全权大臣偿款照允四厘息三十年摊还电	西巡二七	四	一五	八	一七
全权大臣李鸿章致枢垣德允认息四厘即撤兵英美法均不愿再减电	西巡二七	四	一六	八	一八
商约大臣盛宣怀致枢垣赔款确数已饬向各使馆查明电	西巡二七	四	一九	八	二二
江督刘坤一致总署筹款若办印花税岁可得千万电	二七	五	一	一四七	一

目　　录	年	月	日	卷数	页数
全权大臣李鸿章致总署据德使言如允赔款即可撤兵电	二七	五	二	一四七	一
奕劻李鸿章致枢垣德馆送来赔款表请核示电 附表	西巡二七	五	四	八	三四
鄂督张之洞致枢垣赔款每年带还本银方为合算请勿遽允电	西巡二七	五	六	八	四〇
军机处致全权大臣赔款受亏实甚请先商抵款电	西巡二七	五	六	八	四一
刘坤一张之洞致枢垣赔款如每年多筹四兆所省实多电	西巡二七	五	一〇	八	四三
奕劻李鸿章致枢垣请询江鄂所拟多还四兆办法拟指何款作抵电	西巡二七	五	一三	八	四六
军机处致全权大臣赔款如每年多还数兆似不至多勒抵款请婉商电	西巡二七	五	一四	八	四六
奕劻李鸿章致枢垣赔款各国视同岁收倘拖欠彼必索抵电	西巡二七	五	一七	八	四八
军机处奏递各省督抚筹画赔款开单呈览折	西巡二七	五	二三	八	五二
商约大臣盛宣怀致奕劻李鸿章转伍廷芳电赔款事美商各国还银未允可请公评电	二七	六	一二	一四七	一九
奕劻李鸿章咨枢垣盐课关税两事应由户部酌定请旨饬遵文	西巡二七	七	二三	九	五一
鄂督张之洞致枢垣各省分摊赔款请一视同仁勿令鄂省偏枯电	西巡二七	七	三〇	九	五四
江督刘坤一奏筹款莫如盐斤加价请饬各省一律照加电	西巡二七	八	一三	一〇	七
户部奏新定赔款数巨期迫亟宜合力通筹折	西巡二七	八	二一	一〇	一八
鄂督张之洞致枢垣筹款为难惟有盐斤加价电	西巡二七	九	一三	一〇	三六
鄂督张之洞致枢垣赔款紧急拟在宜昌加抽土药税二成电	西巡二七	九	二二	一〇	四三
各省督抚张之洞等致枢垣各省分派赔款为数过巨请减免四成以纾民力电	二七	一〇	二	一四九	一五
鲁抚袁世凯奏整顿山东财政以供赔款而图自强折	西巡二七	一〇	二	一一	九

目　录	年	月	日	卷数	页数
江督刘坤一苏抚聂缉槼奏江苏赔款数甲他省拟整顿课厘裁军节饷电	西巡二七	一〇	一一	一一	一三
湘抚俞廉三致枢垣赔款湘摊七十万惟有加税抵补电	西巡二七	一〇	二五	一一	二四
江督刘坤一致枢垣及户部赔款用金或用银请详复电	西巡二七	一一	二四	一一	三五
军机处致各督抚赔款照约每期筹足不能再减三成电	西巡二七	一一	二四	一一	三六
军机处致全权大臣据江督电询赔款用金镑或还银请径复江督电	西巡二七	一一	二五	一一	三六
谕各省将军督抚著将赔款按期拨解不准短欠	二七	一二	一	一五〇	一一
外部致各省督抚摊还新约赔款银数按期汇沪电	二七	一二	一	一五〇	一一
外部致刘坤一沪道欲将赔款改按银数洵有见地希饬遵电	二七	一二	二六	一五一	一八
江督刘坤一致外部赔款约本银数请与葛使妥商电	二七	一二	二八	一五一	二一
江督刘坤一致外部赔款还银应由全权力争电 二件	二八	一	二四	一五二	一四
江督刘坤一致外部赔款总数约载还银若还金何以不载金数电	二八	二	一二	一五三	一六
江督刘坤一致外部请坚持约票所载以银易金为算付之据电	二八	三	二二	一五四	二六
外部奏遵核刘坤一奏请照约辩明应还赔款镑价折	二八	四	一	一五五	一
江督刘坤一致外部报载英议员宣言中国因摊派赔款激成变乱请商各使转圜商约电	二八	四	一七	一五六	八
江督刘坤一致外部请坚持还款完税二者求允其一否则暂照沪议电	二八	五	一	一五七	四
商约大臣盛宣怀致外部债款改金改银统计得失三四百兆必贾全力与争电	二八	五	二	一五七	五
直督袁世凯致枢垣赔款还银如外部与公使切商不成再发国书电	二八	五	二	一五七	八
外部致驻各国使臣希向各国声明赔款还银电	二八	五	三	一五七	八

目　　录	年	月	日	卷数	页数
江督刘坤一致外部赔款还银事请发国书并由疆臣公电使臣电	二八	五	五	一五七	一〇
江督刘坤一致枢垣约载有易为金款字样就管见再为申辩电	二八	五	六	一五七	一二
鄂督张之洞致外部及刘坤一等赔款无还金之理有确据三事电	二八	五	六	一五七	一四
外部致刘坤一赔款事请婉商照定约时金价算付电	二八	五	八	一五七	一五
驻俄代办胡惟德致外部与布加利王切商赔款电	二八	五	八	一五七	一六
使日蔡钧致外部赔款照约还银已商日外部据云若英有允意日亦易商电	二八	五	一一	一五七	一七
驻俄代办胡惟德致刘坤一庚子赔款照约应还银电	二八	五	一四	一五七	二一
江督刘坤一致外部请电张德彝恳英澜侯允照约还银并代劝各国照办电	二八	五	一六	一五八	二
江督刘坤一致枢垣赔款照约还银请外部坚忍与商不为所动电	二八	五	一六	一五八	三
江督刘坤一致外部已电裕使再商法外部请照约表银数归还电	二八	五	一八	一五八	四
商约大臣盛宣怀致外部伍使电美于还银事甚愿助我请坚持电　三件	二八	五	一八	一五八	四
刘坤一张之洞致外部已电蔡使向日廷关说改银电	二八	五	一九	一五八	七
江督刘坤一致外部据伍使称美甚仗义届期不必急违约咎在彼电	二八	五	一九	一五八	七
江督刘坤一致外部伍使电称俄使来询赔款事已托其达本国电	二八	五	一九	一五八	七
使英张德彝致外部赔款事晤商澜侯允竭力主持电	二八	五	二二	一五八	九
江督刘坤一致外部蔡使称赔款事切商日廷未允电	二八	五	二三	一五八	一〇
江督刘坤一致外部请电伍使托美外部转请澜侯协助赔款用银电	二八	五	二三	一五八	一〇
江督刘坤一致外部美国力主赔款四百五十兆年息四厘劝各国照办电	二八	五	二三	一五八	一〇

目　　录	年	月	日	卷数	页数
商约大臣盛宣怀致外部与小田切论偿款事愿劝日廷走先著电	二八	五	二四	一五八	一一
刘坤一张之洞致外部接裕使电与法外部商请照允赔款还银电	二八	五	二四	一五八	一五
沪道袁树勋呈外部第六期赔款今虽照收仍恐执金价争论电	二八	五	二五	一五八	一六
商约大臣盛宣怀致外部德荷两国于用银虽未确定似易转圜电	二八	五	二五	一五八	一六
商约大臣盛宣怀致外部偿款到期与江督商定仍照银数找足电	二八	五	二六	一五八	一七
鄂督张之洞致外部萨使称英只允八年以内还银电	二八	五	二七	一五八	一八
驻俄代办胡惟德致刘坤一张之洞赔款俄主还金不肯通融电	二八	五	二八	一五八	一九
商约大臣盛宣怀致外部伍使称赔款还银英继美先允姑看俄德法如何电	二八	五	二九	一五八	一九
使英张德彝致外部赔款事英愿八年以内收银电	二八	五	二九	一五八	二〇
江督刘坤一致张之洞等赔款还银事拟电伍使商美力助电	二八	六	一	一五九	一
鄂督张之洞致外部请江督会电伍使恳美廷力助电	二八	六	二	一五九	三
商约大臣盛宣怀致外部伍使电美廷谓照表还银我理长电	二八	六	一五	一五九	一二
江督刘坤一致外部蔡使商日外部可望照允还银电	二八	六	一六	一五九	一八
刘坤一张之洞奏赔款事赖伍廷芳力辩请留使美电	二八	七	二	一六〇	四
江督刘坤一致外部伍使询去年各国索款有无开列金款电	二八	七	三〇	一六二	一五
外部致刘坤一希转伍廷芳别无照会全权之案电	二八	八	一	一六三	二
商约大臣盛宣怀致外部伍廷芳称零票内倘注金数或还金字样万勿允押电	二八	九	二四	一六五	二四
外部致张之洞赔款保票分作零票奏派贵督签字电	二八	一〇	二	一六六	一三

目　　录	年	月	日	卷数	页数
沪道袁树勋呈外部蒲参赞言赔款事当答以照约还四百五十兆两零票分算电	二八	一〇	三	一六七	二
使俄胡惟德致外部海关税金俄可允许电	二八	一二	二六	一六八	二〇
外部致伍廷芳税金按镑数折银望详筹辩论电	二九	一	一四	一六九	三
使英张德彝致外部澜侯言关税照金价申算万难允从电	二九	一	一四	一六九	四
外部致蔡钧荫昌赔款关税均照金镑核算幸申辩电	二九	一	二〇	一六九	五
外部致张德彝税金系抵补赔款务向英廷婉劝电	二九	一	二〇	一六九	六
沪道袁树勋呈外部八国赔款请给零票容再催询电	二九	一	二一	一六九	一三
署江督张之洞致外部各国用金我独用银自多吃亏请筹示电	二九	一	二六	一六九	一四
外部致魏光焘各使催索赔款分票希饬沪道速办电	二九	三	一一	一七〇	三
沪道袁树勋呈外部已将美票送请伍大臣转致美员改换电	二九	三	一三	一七〇	七
江督魏光焘致外部分票签字是允还金更难补救应缓办电	二九	三	一四	一七〇	七
外部致伍廷芳袁树勋俟美国刊印分票送到即行画押电	二九	三	一五	一七〇	八
江督魏光焘致外部赔款分票应俟各票到齐再妥商电	二九	三	一七	一七〇	一一
沪道袁树勋呈外部请转美使赔款俟各国总数到齐签交电	二九	三	二〇	一七〇	一一
使美伍廷芳致外部零票事请告各国约内所无者勿添字句电	二九	三	二一	一七〇	一二
江督魏光焘致外部赔款照约不应还金请主持电	二九	三	二五	一七〇	一五
直督袁世凯致外部赔款还金还银关系甚巨请调伍大臣赴京切商各国电	二九	四	九	一七一	五
外部户部致各省督抚各国不允还银应由各省移缓就急免借巨款电	三〇	九	一一	一八五	一

目　　录	年	月	日	卷数	页数
直督袁世凯致外部赔款还银请商英使加洋药税或办印花税电	三〇	九	一四	一八五	一
鄂督张之洞致各督抚赔款还银拟以洋常关二成增税抵拨电	三〇	九	一七	一八五	二
外部奏各国赔款不允还银谨陈先后磋议情形折	三〇	一〇	二一	一八五	二六
外部致胡惟德赔款还金近拟办法三端希转驻英法德义奥比各使电	三〇	一一	一一	一八六	一
外部致袁树勋已询各国择定赔款办法复到再达电	三一	六	六	一九〇	七
外部奏议定付还赔款办法与各使互换照会折 附清单	三一	六	一一	一九〇	七
谕唐绍仪著使美致谢减收赔款事	三四	六	二〇	二一五	一四
度支部致外部美国退还赔款已接济兵饷俟筹妥归还片	宣统三	一一	一	二四	二九

庚子拳乱　交还占地

目　　录	年	月	日	卷数	页数
全权大臣奕劻李鸿章奏和议将成预筹调拨劲旅弹压京畿折	西巡二七	一	二七	五	三九
大学士崑冈等奏京城洋兵将撤预筹保卫片	西巡二七	四	九	八	一〇
奕劻李鸿章致枢垣各国已交京师地面回銮早则撤兵速电	西巡二七	六	一二	九	八
外部奏照录各使交还天津照会进呈御览折	二七	六	一三	一四七	二〇
候补侍郎胡燏棻奏收回京师地面办理防营情形折	西巡二七	六	一四	九	一三
江督刘坤一致外部德兵由津撤沪各国效尤请商各使电	二八	一	一九	一五二	一四
直督袁世凯致外部各国会议天津事均允交还电	二八	二	五	一五三	七

目　　录	年	月	日	卷数	页数
外部致袁世凯交还天津事尚有数款未妥协电	二八	二	八	一五三	一四
外部致荫昌蔡钧张德彝裕庚胡惟德恳各国通饬武官遵照原约交还天津电	二八	五	二九	一五八	二〇
直督袁世凯致外部德据天津虽刁难必交还电	二八	六	一	一五九	一
直督袁世凯致外部交还天津一事俄未必力赞电	二八	六	二	一五九	二
各国公使致外部请示天津交与何项官员接收照会	二八	六	一〇	一五九	五
外部复各国公使天津请交北洋大臣接收照会	二八	六	一四	一五九	七
江督刘坤一致外部请商各使即撤沪兵电	二八	六	一五	一五九	一二
直督袁世凯致外部天津一带均已接收电	二八	七	一三	一六〇	二二
直督袁世凯奏报接收天津地方情形折	二八	七	一五	一六〇	二五
外部致刘坤一英使言现约各国同撤驻沪洋兵电	二八	七	一四	一六一	一
署江督张之洞致外部德使言中国各要隘请勿任一国独占权利即转达政府撤沪兵电	二八	九	一二	一六五	七
外部致张之洞中国自有权利不让与他国已复德法两使电	二八	九	一四	一六五	八
驻沪德领事致张之洞声明撤回驻沪兵队照会	二八	九	二三	一六五	二二
署江督张之洞复德领中国不肯自弃主权请无过虑照会	二八	九	二五	一六五	二四
署江督张之洞致外部报告复驻沪德领照会中国自保主权不偏袒他国电	二八	一〇	一	一六六	一一
署江督张之洞致外部请照会德使言中国以保自主之权为主电	二八	一〇	二	一六六	一四
外部致张之洞已复德法两使声明中国自主之权不能让与他国电	二八	一〇	三	一六七	一
直督袁世凯奏报派员接收津沽机厂船坞日期折	二八	一二	一五	一六八	一九
鲁抚杨士骧等奏德兵全行撤退暨筹办善后情形折	三二	四	三	一九六	一七

庚子拳乱　回銮

目　　录	年	月	日	卷数	页数
护理陕抚端方致枢垣缮呈李鸿章奏请两宫回銮电	西巡二六	八	一四	一	四五
护理陕抚端方致枢垣缮呈李鸿章报据使俄杨儒奏请回銮电	西巡二六	八	一九	一	五二
护理陕抚端方致枢垣译呈李鸿章奏请降旨俟外兵全撤即行还宫电	西巡二六	八	二四	二	二
庆亲王奕劻等奏合词吁恳回銮以固根本折	西巡二六	闰八	三	二	一五
庆亲王奕劻等奏录呈各国使臣请早回銮来函片	西巡二六	闰八	三	二	一七
使俄杨儒奏俄外部言如真心和好必须回銮电	西巡二六	闰八	一一	二	二八
全权大臣李鸿章奏美允开议仍请回銮俄无占地之意电	西巡二六	闰八	一二	二	二九
全权大臣奕劻奏德义法驻使一并函请回銮录呈来函片	西巡二六	闰八	二〇	二	四〇
使法裕庚致枢垣法廷谓若不回銮和议万不能成电	西巡二六	九	一〇	三	一〇
奕劻李鸿章致枢垣杨使电俄主复书请速回銮电	西巡二六	一〇	一	三	二五
北京商民呈礼部请据情奏恳回銮禀	西巡二六	一〇	一八	三	三五
云南提督冯子材闻和局有请回銮之议顾虑实深折	西巡二七	一	七	五	一二
大学士徐郙等奏请速回銮以期固结人心折	西巡二七	四	一八	八	一九
御史黄曾源奏请定期回銮以维大局折	二七	四	二〇	一四六	二一
奕劻李鸿章奏奉旨定期回銮预筹跸路所经请旨折	二七	四	二六	一四六	三〇
直藩周馥呈枢垣赶造跸路及赈捐教款费用请部速拨电	西巡二七	六	二〇	九	一九
直督袁世凯致枢垣中外舆论甚望銮舆回京电	西巡二七	一一	一	一一	二七
使日蔡钧致外部代日本国民贺回銮并请收回东省电	二七	一二	一	一五〇	一一

庚子拳乱　结束教案

目　　录	年	月	日	卷数	页数
皖抚王之春奏洋教关系邦交亟宜乘机议约以弭巨患折	西巡二六	一一	四	四	二
豫抚于荫霖致枢垣遵旨妥速议办豫省教案电	西巡二七	一	三	五	三
军机处致全权大臣报李抚查复江西教案情形电	西巡二七	三	一二	七	一八
晋抚岑春煊致全权大臣口外七厅教案请商美使派员代办电	西巡二七	六	八	九	三
全权大臣李鸿章致枢垣筹款议结顺直教案情形电	西巡二七	七	二	九	二七
全权大臣及户部致沪道指拨教款甚迫催各处速解电	西巡二七	七	四	九	二九
晋抚岑春煊致全权大臣报赔偿晋省教堂各款电	西巡二七	七	二八	九	五三
外部奏核销办结京内教案收支各款数目折　附清单	二七	一一	二七	一五〇	七
鄂督张之洞致外部已电各星使商各国政府约束教士电	二八	一	九	一五二	九
江督刘坤一致外部约束教士教民宜先与英商电	二八	一	九	一五二	一〇
上谕教民犯案须由中国官听断与平民一律办理	二八	三	三	一五四	一〇
陕抚升允奏报蒙洋议和情形请旨撤回神木部员折	二八	四	二三	一五六	一三
外部致裕庚请达教皇给樊国樑议民教章程之权电	二八	七	一	一六〇	一
护理晋抚赵尔巽奏议结晋省耶稣天主两教教案折	二八	一一	二九	一六八	九

清季外交史料索引卷十二终

清光宣两朝条约一览表

按前外部编印之光、宣两朝条约，皆为最后所定，凡研究外交者所宜深考。鄙人年来复加意搜访，所集之稿，间有为两书所无者；兹为力求赅备起见，因合各约，编列成表，用便检览。其一事而两次议订者，部编条约，并为一卷，此书则分列之，以时期不同，未便合并也。至成立条约，须经签字批准盖印互换之手续，是以有正约草约之别，本书则以正约为准，其重要之草约，亦酌量编入，藉资考证。若约稿仅有年月而无日期，或附于奏稿而遗漏议订时日者，悉仍原文之旧，不敢擅增。顾时移世易，档案丛残，补阙拾遗，深望来哲。

王亮谨识。

中英条约

订约年序		约名	立约地	见本史料某卷某页①
中历	西历			
光绪二年七月二十六日	一八七六年九月十三日	滇案条款三端专条一款	烟台	七卷七页至十三页
光绪九年二月二十三日	一八八三年三月三十日	上海至香港电报办法合同十六款	上海	三一卷二六页至二十八页
光绪九年四月初一日	一八八三年五月七日	续订上海香港电报章程六款	上海	三二卷九页至十一页
光绪十年八月二十八日	一八八四年九月十七日	大东公司福州电线合同九款附原议合同八款	上海	四七卷二十七页至三十一页
光绪十一年六月初七日	一八八五年七月十八日	烟台条约续增专条十款	伦敦	六一卷四页至六页
光绪十二年六月二十三日	一八八六年七月二十四日	缅甸条款五条	北京	六十七卷二十七页

① 即原刊本卷、页，下同。

订约年序		约名	立约地	见本史料某卷某页
中历	西历			
光绪十六年二月二十七日	一八九〇年三月十七日	藏印条约八款	孟加腊	八十二卷二页至三页
光绪十六年闰二月十一日	一八九〇年三月三十一日	烟台条约续增专条六款	北京	八二卷十六页至十八页
光绪十九年十月二十八日	一八九三年十二月五日	藏印条约九款　续议条款三款	大吉岭	八七卷九页至十二页
光绪二十年正月二十四日	一八九四年三月一日	续议滇缅界务商务专条二十条	伦敦	八九卷十九页至二十七页
光绪二十年八月初七日	一八九四年九月　日	滇缅边界陆线相接约款十一条	天津	九六卷二页至五页
光绪二十一年正月初一日	一八九五年一月二十六日	息借汇丰银行一千万两合同九条　又借三百万镑合同十四款各附本利清单	北京	一〇五卷一页至十八页
光绪二十三年正月初三日	一八九七年二月四日	续议滇缅界务商务条约附款十九条暨专条	北京	一二五卷三页至八页
光绪二十四年五月十三日	一八九八年七月一日	议租威海卫专条	北京	一三二卷八页
光绪二十四年八月二十五日	一八九八年十月十日	合办朝阳三票煤矿合同十六条	北京	一三六卷十三页至十六页
光绪二十五年二月初八日	一八九九年三月十九日	议展香港界址专条暨香港英新租界合同	北京	一三一卷十八页至二十页
光绪二十八年三月二十二日	一九〇二年四月二十九日	交还关内外铁路章程十条暨交还以后章程五条	北京	一六五卷十一页至十四页
光绪二十八年六月二十七日	一九〇二年七月　日	改订芜湖租界章程十条	北京	一五九卷三十三页至三十六页
光绪二十八年八月初四日	一九〇二年九年五日	增改通商行船条约十六款	上海	一六二卷十六页至二十八页
光绪二十八年八月初四日	一九〇二年九月五日	续议内港行轮修改章程十条	上海	一六六卷二十页至二十二页
光绪二十八年九月二十一日	一九〇二年十月二十二日	京沽借线合同七款	上海	一六五卷十六页至十八页
光绪二十八年九月二十二日	一九〇二年十月二十三日	川石山至南台借线合同六款	上海	一六八卷十三页至十四页

订约年序		约名	立约地	见本史料某卷某页
中历	西历			
光绪二十九年　月　日	一九〇三年　月　日	沪宁铁路借款合同二十五款暨附件	上海	一七二卷三页至二十五页
光绪三十年四月二十二日	一九〇四年六月五日	安徽铜官山开矿合同二十三款	北京	一八二卷二十二页至二十六页
光绪三十一年六月初一日	一九〇五年七月三日	河南道清铁路借款合同二十一款行车合同十款	北京	一八九卷四页至十六页
光绪三十二年四月初二日	一九〇六年四月二十七日	续订藏印条约正约六款	北京	一九六卷十页至十一页
附英藏条约十款，光绪三十年七月二十八日，西历一九〇四年九月七日订于拉萨，一九六卷十一至十四页。				
光绪三十三年正月二十三日	一九〇七年三月七日	广九铁路借款合同二十款 附表暨草合同	北京	二百卷七页至十八页
光绪三十三年十二月十七日	一九〇八年一月二十日	山西商务局与福公司议定赎回开矿制铁转运合同十二条	北京	二〇九卷十四页至十七页
光绪三十四年二月初四日	一九〇八年三月六日	沪杭甬铁路借款合同二十四款	北京	二一一卷六页至十三页
光绪三十四年三月二十日	一九〇八年四月二十日	藏印通商章程十五款	喀勒克塔	二一七卷二页至七页
宣统三年四月初十日	一九一一年五月八日	禁烟条件十条暨附件照会	北京	宣二二卷二十一页至二十六页

中美条约

订约年序		约名	立约地	见本史料某卷某页
中历	西历			
光绪六年十月十五日	一八八〇年十一月十七日	续修条约四款另款四款	北京	二四卷十一页至十三页
光绪二十年二月十一日	一八九四年三月十七日	限禁华工保护华侨条款六款	华盛顿	一〇七卷三十三页至三十五页
光绪二十九年　月　日	一九〇三年　月　日	联合美线办法章程九条	上海	一七八卷二页至三页

订约年序		约名	立约地	见本史料某卷某页
中历	西历			
光绪二十九年八月十八日	一九〇三年十月八日	通商行船条约十七款暨附件	上海	一七九卷十三页至二十五页
光绪三十一年八月初八日	一九〇五年九月六日	赎回粤汉铁路合同	华盛顿	一九一卷七页至十页
光绪三十三年十月　日	一九〇七年十一月六日	新法铁路草合同　附工程合同暨展修京奉路节略	奉天	二〇七卷十页至十三页
光绪三十四年九月十四日	一九〇八年十月八日	公断专约四款	华盛顿	二一六卷十一页至十二页
宣统二年九月二十五日	一九一〇年十月　日	借款二千万两草合同六条	北京	宣一七卷四十二页至四十三页

中日条约

订约年序		约名	立约地	见本史料某卷某页
中历	西历			
光绪十一年三月初四日	西一八八五年四月十八日	朝鲜撤兵条约三款	天津	五六卷二十三页至二十四页
光绪二十一年三月二十三日	一八九五年四月十七日	讲和条约十一款　议订专条三款　停战条约六款　停战展期专条二款	马关	一〇九卷十页至十八页
光绪二十一年五月初十日	一八九五年六月二日	交接台湾文据暨清单	基隆	一一三卷十二页至十三页
光绪二十一年九月二十二日	一八九五年十一月八日	交还辽南条约六款暨专条	北京	一一八卷十五页至十七页
光绪二十二年六月十一日	一八九六年七月二十一日	通商行船条约二十九款	北京	一二一卷三二页至四十页
光绪二十二年九月十三日	一八九六年十月十九日	通商公立文凭四款	北京	一二三卷十五页至十六页
光绪二十九年八月十八日	一九〇三年十月八日	通商行船续约十三款　内港行轮章程十款	上海	一八〇卷五页至十一页

订约年序		约名	立约地	见本史料某卷某页
中历	西历			
光绪二十九年十一月二十八日	一九〇四年一月十五日	大冶购运矿石预借矿价合同十条附函三件	上海	一八三卷十四页至十八页
光绪三十一年十月二十一日至十一月二十六日止	一九〇五年十一月十七日至十二月二十二日止	会议东三省事宜节录第一至第二十二号暨附件	北京	一九三卷一页至一九四卷三十四页
光绪三十一年十一月二十六日	一九〇五年十二月二十二日	东三省事宜正约三款 东三省事宜附约十二款	北京	一九五卷八页至十二页
光绪三十二年正月十九日	一九〇六年二月十二日	奉新电线借用合同三条	辽阳	一九六卷四页至五页
光绪三十二年五月初十日	一九〇六年六月　日	鸭浑两江军用木植合同	安东	一九八卷二页
光绪三十二年十月二十日	一九〇六年十二月五日	交收营口条款六条　附另单暨附件	营口	一九九卷一九页至二十二页
光绪三十二年十二月二十七日	一九〇七年二月九日	扩张汉口租界专约三条	汉口	二百卷二十页至二十一页
光绪三十三年四月十九日	一九〇七年五月三十日	大连海关试办章程二十八条 大连海关征税办法十八款　附副件六端 大连海关设关征税修改办法	北京	二〇五卷十六页 二十页 二十四页
光绪三十四年四月十五日	一九〇八年五月十四日	采木公司事务章程二十一条 合办鸭绿江森林合同十七条 续订采木公司章程十三条	奉天 北京	二一四卷八页至十六页
附采木公司章程备考书七条，光绪三十四年八月十六日，西一九〇八年九月十一日订。				
光绪三十四年九月十八日	一九〇八年　月　日	中日电约八条	东京	二一八卷十七页至十九页

订约年序		约名	立约地	见本史料某卷某页
中历	西历			
光绪三十四年十月十四日	一九〇八年十一月七日	满洲陆线办法合同十款 烟台关东水线办法合同十五款	东京	二一八卷十九页至二十五页
光绪三十四年十月十九日	一九〇八年十一月十二日	新奉吉长铁路借款续约七款	北京	二一一卷十七页至二十一页
附日本交付奉天新民屯铁路并机头车辆物件材料条款十一条，光绪三十三年四月十六日，即一九〇七年五月二十七日订。				
宣统元年正月　日	一九〇九年二月　日	安奉铁路购地章程十九条附单表	奉天	宣十三卷十五页至二十三页
宣统元年闰二月　日	一九〇九年　月　日	京奉南满接联营业合同十六款	北京	宣二卷五十页至五十一页
宣统元年七月初三日	一九〇九年八月十八日	吉长铁路借款合同十二条 附件及偿还表	北京	宣七卷二十四页至三十页
宣统元年七月初三日	一九〇九年八月十八日	新奉铁路借款合同十二条 附件及还付表	北京	宣十卷二十六页至三十一页
宣统元年七月初四日	一九〇九年八月十九日	安奉铁路节略五条	奉天	宣七卷三十五页至三十六页
宣统元年七月二十日	一九〇九年九月初四日	图们江中韩界务条款七款 东三省交涉五案条款五款	北京	宣八卷四十三页至四十六页
宣统二年四月十四日	一九一〇年五月二十二日	合办本溪湖煤矿合同十五款	奉天	宣一五卷七页至十一页
宣统三年二月　日	一九一一年三月　日	京汉铁路借款合同十五款	北京	宣一九卷三十一页至三十五页
宣统三年四月十四日	一九一一年五月十二日	抚顺烟台煤矿合同细则十四条	奉天	宣二一卷四页至六页
宣统三年七月初十日	一九一一年九月二日	京奉铁路延长协约八条 附工事方法书	奉天	宣二二卷三十九页至四十一页
宣统三年八月十五日	一九一一年十月十六日	合办本溪湖煤铁公司合同附加条款十款	奉天	宣二四卷三十五页至三十七页
宣统三年九月十二日	一九一一年十一月二日	安奉铁路国境通车章程十条 满韩铁路通车章程六条	奉天	宣二三卷四十七页至五十一页

中法条约

订约年序		约名	立约地	见本史料某卷某页
中历	西历			
光绪十年四月十七日	一八八四年五月十一日	简明条款五款	天津	四十卷三十四页
光绪十一年四月二十七日	一八八五年六月九日	越南条约十款	天津	五八卷十二页至十五页
光绪十二年二月廿二至三月初十日	一八八六年　月　日	广西关外由隘店隘至平而关界约五件	广西	七二卷三十三页至三十六页
光绪十二年三月二十二日	一八八六年四月二十五日	越南边界通商章程十九款	天津	六五卷十二页至十九页
光绪十三年三月初五日	一八八七年四月　日	广东边外由竹山至广西各达村云南交界界约一件	硭街	七二卷三十六页至四十页
光绪十三年五月初六日	一八八七年六月二十六日	中越界务专条五条 商务专条十条 续议界务专条附章五款	北京	七一卷十九页至二十五页
光绪十四年十月二十八日	一八八八年十二月一日	滇粤越边界接线章程十二款	北京	七八卷八页至十二页
光绪十六年闰二月二六日	一八九〇年四月十四日	粤越第一图界约五款	钦州	九十卷七页至九页
光绪十九年十一月二十二日	一八九三年十二月二十九日	粤越第二图界约三款	横谟	九十卷九页至十四页
光绪二十年五月十六日	一八九四年六月十九日	桂越界约表一件	龙州	九十卷十五页至二十五页
光绪二十二年四月二十四日	一八九六年六月五日	龙州铁路合同八条	北京	一二一卷七页至九页
光绪二十二年六月二十八日	一八九六年八月七日	续议商务专条九条 界务专条五条 中越边界会巡章程六条	北京	一一四卷三页至十五页
光绪二十二年九月十九日	一八九六年十月二十五日	滇越界约十条　计分四段	北京	一一四卷十五页至二十一页

订约年序		约名	立约地	见本史料某卷某页
中历	西历			
光绪二十五年　月　日	一八九九年　月　日	龙州铁路续立合同十条	北京	一四〇卷十一页至十四页
光绪二十五年十月十四日	一八九九年十一月十六日	广州湾租界条约七款	北京	一四二卷四页至六页
光绪二十八年五月十六日	一九〇二年六月　日	云南隆兴矿务公司章程二十四款	北京	一五三卷二页至七页
光绪二十八年十一月二十五日	一九〇二年十二月二十四日	福建建汀邵三府开矿合同二十二端　华裕大东两公司订立矿务合同十二端	福州	一五四卷三页至九页
按：此合同因逾限未办，于光绪三十三年六月初七日，经闽督松寿咨呈外、商两部作废。				
光绪二十九年九月初九日	一九〇三年十月二十八日	滇越铁路章程三十四条	北京	一七七卷十页至十八页
光绪三十二年闰四月二九日	一九〇六年六月二十日	江西南昌教案善后合同五条	北京	一九七卷十九页至二十页
光绪三十四年十二月十三日	一九〇九年一月四日	中越交界禁匪章程五条	北京	二一八卷十五页至十六页
宣统元年　月　日	一九一〇年　月　日	滇越铁路警察〈章〉程十九条	云南	宣一一卷三页至七页
宣统三年九月初六日	一九一一年　月　日	议订九千万佛郎借款草合同二十四款	北京	宣二三卷二十二页至三十页

中俄条约

订约年序		约名	立约地	见本史料某卷某页
中历	西历			
光绪七年正月二十六日	俄一八八一年二月十二日	改订伊犁条约二十条　专条一条 陆路通商章程十七条　卡伦单一件	圣彼得堡	二五卷三十页至四十二页
光绪八年九月十八日	俄一八八二年十月十六日	伊犁界约三款	伊犁	三十卷二十七页至三十页

订约年序		约名	立约地	见本史料某卷某页
中历	西历			
光绪八年十月二十七日	俄一八八二年十一月二十五日	喀什噶尔界约四条	喀什噶尔	三一卷十二页至十四页
光绪九年二月二十七日	俄一八八三年三月　日	塔城俄商贸易地址条约七条 管理两属缠头商民事宜五条	塔尔巴哈台	三一卷三十一页至三十四页
光绪九年七月初十日	俄一八八三年七月三十一日	科塔新界清文译约五条俄文译约四条	哈巴河	三四卷二十七页至三十三页
光绪九年八月初四日	俄一八八三年八月二十三日	科布多新界牌博记清俄文译约	阿拉克别克河	三四卷三十四页至三十九页
光绪九年八月十三日	俄一八八三年九月一日	塔城北段牌博记清俄文译约	迈哈布奇盖	三七卷二十二页至二十七页
光绪九年九月初三日	俄一八八三年九月二十一日	塔城西南界约清俄文译约各七条	塔尔巴哈台	三六卷十五页至二十二页
光绪十年五月初十日	俄一八八四年五月二十二日	续勘喀什噶尔界约六条	新马尔拉城	四六卷二十五页至二十七页
光绪十年十一月　日	俄一八八四年十二月　日	塔城哈萨克归附条约八条	塔尔巴哈台	五四卷二十二页至二十五页
光绪十二年六月初三日	西一八八六年七月四日	珲春东界约八条　附查勘两国交界第一至第六段道路记六则　增订第六段道路记一则　查明更正倭字那字两界牌记一则	严杵河	六七卷三十一页至四十二页
光绪十八年七月初四日	西一八九二年八月十三日	边界陆电接线条约十款	天津	八五卷十八页至二十一页
光绪十九年九月初三日	西一八九三年九月三十日	收回巴尔鲁克山文约一则	塔尔巴哈台	八八卷二十一页
光绪十九年十一月二十五日	俄一八九三年十二月二十日	管辖哈萨克条款四条	塔尔巴哈台	八八卷二十二页至二十三页
光绪二十一年闰五月十四日	西一八九五年六月二十四日	四厘借款合同十九条暨声明文件五条	圣彼得堡	一一五卷七页至十四页
光绪二十二年四月二十二日	西一八九六年五月二十二日	密约六款　附专条	莫斯科	一二二卷一页至二页

订约年序		约名	立约地	见本史料某卷某页
中历	西历			
光绪二十二年六月二十日	西一八九六年七月十八日	续订陆路电约知照一端	北京	一二二卷四页
光绪二十二年七月二十五日	西一八九六年九月二日	东省铁路公司合同十二款 附函	圣彼得堡	一二二卷十四页至十七页
光绪二十二年七月二十五日	西一八九六年九月二日	道胜银行合同五条	圣彼得堡	一二二卷十七页至十八页
光绪二十三年八月初十日	西一八九七年八月二十五日	陆路电线续约三端	北京	一二七卷一页至三页
光绪二十四年三月初六日	西一八九八年三月十五日	旅大租地条约九款	北京	一三二卷十六页至十八页
光绪二十四年闰三月十八日	西一八九八年四月二十五日	续订旅大租地条约六款 附照会	圣彼得堡	一三二卷十九页至二十页
光绪二十四年五月十八日	俄一八九八年六月二十四日	东省铁路公司续订合同七款	圣彼得堡	一三四卷十三页至十五页
光绪二十五年三月二十八日	西一八九九年四月二十五日	勘分旅大租界专条八款	旅顺	一三八卷二页至十页
光绪二十五年三月二十八日	西一八九九年四月二十五日	辽东半岛俄国租地分界专条附约 附图说咨文	旅顺	一三八卷十一页至二十五页
光绪二十六年十一月二十二日	俄一九〇〇年十二月　日	天津租界条款二款	天津	一四五卷七页
光绪二十八年三月初一日	俄一九〇二年三月二十六日	交收东三省条约四款 附换约文据	北京	一五八卷十二页至十五页
光绪二十八年九月初六日	俄一九〇二年九月初二十四日	交还关外铁路条约七款 附钞件	山海关	一六四卷五页至七页
光绪二十八年九月十二日	西一九〇二年十月一日	正太铁路借款合同二十八款 正太铁路行车合同十款	上海	一六四卷二十一页至三十三页
光绪二十八年十月二十八日	俄一九〇二年十一月十四日	陆路接线展限续约四端	北京	一六七卷十一页至十二页
光绪三十三年五月二十八日	西一九〇七年七月八日	北满洲税关章程四端	北京	二〇三卷五页至六页

订约年序		约名	立约地	见本史料某卷某页
中历	西历			
光绪三十三年七月二十二日	俄一九〇七年八月十七日	东清铁路煤矿合同十二条	哈尔滨	二〇四卷十二页至十四页
光绪三十三年七月二十二日	俄一九〇七年八月十七日	吉林木植合同十四条	哈尔滨	二〇四卷十五页至十七页
光绪三十三年七月二十二日	俄一九〇七年八月十七日	黑龙江铁路公司购地合同十四条 黑龙江铁路公司伐木合同十四条	哈尔滨	二一三卷十六页至二十四页
附原合同七条，光绪三十年正月二十日，西历一九〇四年二月二十日订立。				
宣统元年三月二十一日	西一九〇九年四月二十七日	东省铁路公议会大纲十八端	北京	宣三卷三十页至三十二页
宣统二年七月初四日	西一九一〇年八月　日	松花江行船章程十一节	北京	宣一四卷四十一页至四十三页

中德条约

订约年序		约名	立约地	见本史料某卷某页
中历	西历			
光绪六年二月二十一日	一八八〇年三月三十一日	续修条约十款暨善后章程九款	北京	二十卷二页至七页
光绪二十四年二月十四日	一八九八年三月六日	胶澳租界条约三端　计分九款	北京	一三〇卷四页至七页
光绪二十四年七月初六日	一八九八年八月二十二日	胶澳租界租地合同二款　潮平合同三款　边界合同一则	青岛	一三五卷十一页至十七页
光绪二十五年三月初八日	一八九九年四月　日	青岛设关征税办法二十端	北京	一三七卷十六页至十八页
光绪二十六年二月二十一日	一九〇〇年三月二十一日	胶济铁路章程二十八款	济南	一四三卷三页至七页
光绪二十六年二月二十一日	一九〇〇年三月二十一日	胶澳交涉简明章程十一款	济南	一四二卷十五页至十七页

订约年序		约名	立约地	见本史料某卷某页
中历	西历			
光绪二十六年二月二十一日	一九〇〇年三月二十一日	山东矿务公司章程二十款	济南	一四二卷十七页至二十二页
光绪三十年十二月十五日	一九〇五年一月二十日	小清河叉路合同八端	济南	一八八卷二十七页至二十八页
光绪三十一年三月初二日	一九〇五年四月六日	青岛设关征税条款六端 续立附件六端 制成货物征税新章二端	北京	一八八卷十五页至二十六页
按：此案系于光绪三十一年十一月初五日，西历一九〇五年十二月一日公布。				
光绪三十一年 月 日	一九〇五年 月 日	续订通商行船条约十四款草稿 按：此件并未签订。		一九八卷十九页至二十五页
光绪三十一年十一月初二日	一九〇五年十一月二十八日	胶高撤兵善后条款五款 附工程卖契	济南	一九五卷十六页至十八页
光绪三十三年七月十四日	一九〇七年八月 日	山东采矿公司合同八条 附函	济南	二〇五卷五页至十一页
宣统元年十一月十九日	一九〇九年十二月 日	山东收回德商五矿合同七款	济南	宣三卷十七页至十九页
宣统三年六月二十九日	一九一一年七月二十四日	山东收回各路矿权合同四款	济南	宣二二卷五页至七页

中义条约

订约年序		约名	立约地	见本史料某卷某页
中历	西历			
光绪二十四年五月 日	一八九八年六月 日	河南豫丰公司与福公司改订矿务合同二十款	北京	一三二卷二页至五页
光绪二十九年 月 日	一九〇三年 月 日	改定宝昌公司承办浙江矿务章程二十款	浙江	一六九卷八页至十二页

中荷条约

订约年序		约名	立约地	见本史料某卷某页
中历	西历			
宣统三年四月初十日	一九一一年五月八日	荷属领事条约十七条	北京	宣二一卷七页至十二页

中比条约

订约年序		约名	立约地	见本史料某卷某页
中历	西历			
光绪二十三年四月二十六日	一八九七年五月二十七日	芦汉铁路借款合同十七款	武昌	一二五卷三十页至三十四页
光绪二十三年六月二十八日	一八九七年七月二十七日	续订芦汉铁路借款合同六端	上海	一三三卷十七页至十八页
光绪二十四年五月初八日	一八九八年六月二十六日	续订芦汉铁路借款合同二十九款暨行车合同十款	上海	一三三卷十九页至三十页
光绪二十九年九月初十日	一九〇三年十月二十九日	汴洛铁路借款合同二十九款 行车合同十款 管理材料厂权限章程四款 土工合同八条 购地章程三端	上海	一七六卷四页至二十六页
光绪三十一年五月十五日	一九〇五年六月　日	临城矿务局借款合同九款	天津	一九〇卷二页至五页

中国西班牙条约

订约年序		约名	立约地	见本史料某卷某页
中历	西历			
光绪三年十月十三日	一八七七年十一月十七日	古巴华工条款十六款	北京	一二卷二页至七页

中葡条约

订约年序		约名	立约地	见本史料某卷某页
中历	西历			
光绪十三年十月十七日	一八八七年十二月一日	通商条约五十四款　草约四端　缉私条款三款	北京	七四卷三页至十五页
光绪二十八年十二月二十九日	一九〇三年一月二十日	增改条约九款分关章程十一端	北京	一六五卷三页至七页
光绪三十年十月初五日	一九〇四年十一月十一日	通商条约二十款 稽查洋药章程六端 粤澳行轮专章五端 粤澳不通商各埠行轮章程八端	上海	一八五卷九页至二十页
光绪三十年十月初五日	一九〇四年十一月十一日	广澳铁路合同三十一条	上海	一八七卷三页至九页

中丹条约

本表内中丹英合订条约八件，兹为利便检查起见，一并列入。

订约年序		约名	立约地	见本史料某卷某页
中历	西历			
光绪十三年六月二十一日	一八八七年八月十日	中丹英电报齐价摊分合同二十条	上海	七二卷六页至十一页

订约年序		约名	立约地	见本史料某卷某页
中历	西历			
光绪二十二年六月初一日	一八九六年七月十一日	中丹英电报合同十六条 附件	上海	一二一卷九页至十八页
光绪二十三年四月十二日	一八九七年五月十三日	中丹英续订电报合同暨中丹合同价目表	上海	一二五卷二十三页至二十八页
光绪二十五年正月二十五日	一八九九年三月六日	中丹电报合同续约 附声明文件	上海	一三七卷四页至五页
光绪二十六年七月初十日	一九〇〇年八月四日	中丹英沪沽水线合同六款	上海	一四四卷三页至四页
光绪二十六年九月初四日	一九〇〇年十月二十六日	中丹英沪沽新水线合同十一款 中丹英京津沽陆线暂行合同五款	上海	一四四卷十二页至十六页
光绪二十六年十二月二十一日	一九〇一年二月九日	中丹英烟沽副水线合同二款	上海	一四五卷二十页至二十一日
光绪二十八年九月二十一日	一九〇二年十月二十二日	中丹津沽京恰借线合同十二款	上海	一六五卷十九页至二十二页
光绪三十一年三月初二日	一九〇五年四月六日	中丹英续订联合齐价摊分合同十二款	上海	一八八卷五页至十页
宣统三年三月十二日	一九一一年四月十日	中丹英电报公司预付款项合同七款	北京	宣一九卷四十二页至四十四页

中国瑞典条约

订约年序		约名	立约地	见本史料某卷某页
中历	西历			
光绪三十四年六月初四日	一九〇八年七月二日	通商条约十七款暨增加条款	北京	二一五卷三页至十页

中墨条约

订约年序		约名	立约地	见本史料某卷某页
中历	西历			
光绪二十五年十一月十二日	一八九九年十二月十四日	通商条约二十款	墨都	一四二卷七页至十二页
宣统三年十月二十六日	一九一一年十二月十六日	赔偿华侨损失证明书四款	墨都	宣二四卷三十三页至三十四页

中国巴西条约

订约年序		约名	立约地	见本史料某卷某页
中历	西历			
光绪七年八月十一日	一八八一年十月三日	和好通商条约十七款附件	天津	二六卷四页至十页
宣统元年六月十八日	一九〇九年八月三日	公断条约四款	北京	宣六卷二页至三页

中秘条约

订约年序		约名	立约地	见本史料某卷某页
中历	西历			
宣统元年七月初二日	一九〇九年八月十七日	中秘条约证明书九款	利马	宣八卷二十三页
宣统元年七月十三日	一九〇九年八月二十日	废除苛例证明书九款	利马	宣八卷二十四页至二十五页

中韩条约

订约年序		约名	立约地	见本史料某卷某页
中历	西历			
光绪八年八月二十日	年　月　日	水陆通商章程八条	天津	二九卷十八页至二十一页
光绪九年二月　日	年　月　日	奉天与朝鲜商民交易章程二十四条	中江	三四卷十三页至十八页
光绪九年十月　日	年　月　日	吉林与朝鲜商民贸易地方章程十六条	吉林	三八卷六页至十页
光绪十年二月　日	年　月　日	改定水陆通商章程第四条韩王复文	汉城	三九卷十二页至十四页
光绪十一年六月初六日	西一八八五年七月十七日	代办朝鲜陆路电线合同八条	天津	五九卷十二页至十三页
光绪二十五年八月初七日	光武三年九月十一日	通商条约十五款	汉城	一三九卷二十一页至二十五页
附日韩合并条约八条暨宣言书，宣统二年七月二十四日，一九一〇年八月二十九日订			东京	宣一六卷二十二页至二十六页

中刚条约

订约年序		约名	立约地	见本史料某卷某页
中历	西历			
光绪二十四年五月二十二日	一八九八年七月九日	通商专章二端	北京	一三二卷十四页
附刚果归并比国条约四条，光绪三十四年十月　日，一九〇八年十一月二十八日			比都	宣十卷十八页至二十页

各国条约

订约年序		约名	立约地	见本史料某卷某页
中历	西历			
光绪二十二年二月初十日	一八九六年三月二十三日	订借英德商款一千六百万磅〔镑〕合同十八款	北京	一二〇卷十三页至十七页
光绪二十五年二月二十一日	一八八九年四月一日	修改长江通商章程十条 内河行轮章程九条 续补行轮章程九条	北京	一三六卷一页至九页
光绪二十七年四月十三日	一九〇一年五月　日	北京使馆界址章程十四端暨四至专章	北京	一四七卷二十二页至二十五页
光绪二十七年七月二十五日	一九〇一年九月七日	辛丑和约十二款	北京	西巡十卷九页至十七页
光绪二十七年七月二十五日	一九〇一年九月七日	各国通商进口税则善后章程三款	上海	一八七卷十一页至十四页
光绪三十一年八月二十九日	一九〇五年九月二十七日	改订修浚黄浦条款十二款	北京	一九二卷五页至七页
光绪三十三年十二月初十日	一九〇八年一月十三日	津浦铁路英德借款合同二十四款	北京	二〇九卷五页至十四页
宣统元年四月　日	一九〇九年五月　日	粤汉川铁路英法德借款草合同二十五款暨附件	北京	宣三卷四十页至五十三页
宣统二年八月二十五日	一九一〇年九月二十八日	津浦铁路英德续借款合同二十三款　附表	北京	宣一七卷三页至十四页
宣统三年四月二十二日	一九一一年五月二十日	英法德美粤汉川铁路借款合同二十五款　附表	北京	宣二十卷三十八页至五十三页
宣统三年　月　日	一九一二年一月二十三日	各国禁烟公约二十五条　附件	海牙	宣二十卷二页至十四页

清季条约一览表终

清季外交史料索引校勘记[①]

① 此处为原书校勘记，即校勘表，所有修正已在前文一并体现，故未附原表。

清季外交年鉴

王亮辑　王敬立校

清季外交年鉴序

年鉴之作，自昔有之。马迁《史记》，不为编年之体，乃于纪传而外，别列诸表，以明时代年月之后先，使二千余年史迹，若网在纲，粲然各有系统，实为年鉴权舆。郑夹漈云：《史记》一书，功在八表。其于效用，盖可知矣。《宋史·艺文志》有年鉴一卷，惜其书不传。司马光作《资治通鉴》既成，又别撰《通鉴目录》三十卷；其法：年经国纬，纪年于上，而各标通鉴卷数于下，复撮书中精要之语，散于其间，次第厘然，名为目录，实则表体。《四库提要》谓：光恐读者倦于搜寻，故于编纂之时，提纲挈要，并成斯篇，相辅而行，易于循览，其体全仿年表，用史汉旧例，惟标明卷数，兼用目录之体，则光之创例也。至清顾栋高氏有《春秋大事表》之作，则就春秋纪年之书，分别事实，列诸表以纬之，是皆年鉴之例类。

近代世界各国，凡记载政治成绩之书，辄称年鉴，或分门类纂，或按年成书，有统计，有比例，详赡赅贯，备厥体裁。比来我国公私各界，编辑年鉴者，亦实繁有徒，皆汇集资料，详列本末，钩玄提要，考镜攸资。惟《外交年鉴》一书，尚不概见。亮既校印先严所撰《光绪朝外交史料》及《西巡大事记》，复辑宣统一朝外交史料以赓续之，于是有清一代外交掌故，合之官中道、咸、同三朝《筹办夷务始末记》，成完书矣。

顾清代外交，至光宣而益剧，时势万变，文牍纷繁，即二百余卷之史料，检阅一周，颇费目力，而头绪冗杂，记忆为难。爰不揣固陋，复就光宣两朝外交事实，仿司马氏《资治通鉴目录》，暨欧美各邦年鉴之例，别为《清季外交年鉴》四卷，以时代为次，系年缀月，分别胪列，事详而确，文简而赅。与亮所著《清季外交史料索引》一书，一纬一经，互相为用，庶陈纲挈领，用便检寻。其道、咸、同三朝外交史事，他时倘有暇晷，尚思别纂前编，取冠书首；冀以备邦交之始末，应时代之需求。由此而检校史料原书，可以觇当日国势盛衰强弱之原，交涉演进得失之迹，与夫国际情势之变化，列强利害关系之竞争，国于其间，当谋所以自强之道矣。夫智莫大于知来，来者何以能知？知而如何以为应付？亦第据往事以为权衡而已。国难方殷，前车未远，而况政治之良窳，民心之得失，尤足使外交受其影响，可不惧哉！可不慎哉！

中国民国二十四年一月，黄岩王亮。

清季外交年鉴凡例

一、是编由清光绪元年正月起，至宣统三年十二月止，名曰《清季外交年鉴》。

一、是编以年月为经，事实为纬，就光、宣两朝外交史料及《西巡大事记》所记文件中，举其事关重要者，摘叙大略，以便查考。

一、按月所纪之事，皆照日期先后，依次编辑，衔接缮写；每易一事，则空一格书之，以期醒目。惟于订定条约、章程、合同等件，俱提行另起，汇载是月之末，用昭慎重。

一、每一事之经过，必几经商榷，几费辩论，始能定议。其中文件往来，纪不胜纪，只就其事之起讫，及中间紧要节目，撮要叙述，免伤烦冗。

一、是编事重交涉，凡书中所云：某人函电，某处咨呈，某国照会，皆系致总署及后改设之外部者。惟军兴时间，有兼致军机处或军务处者，然亦与外交有关。篇中为便文计，不及详叙，今记于此，以志体要。

一、是书各条，凡属言事者，均标明官职、姓名。但其人久于其任，或事经屡见者，则省去官衔，藉期简便。

一、《清季外交史料》，除年鉴外，并辑索引一书。盖年鉴为史料缩写之纵体，而索引则史料分类之抽像；故观索引则知史料中所包含之节目，考年鉴则知史事中之纲要。虽作用各有不同，胥足供读史料者之参助。

清季外交年鉴卷一

光绪元年正月至二十二年十二月

清光绪朝凡三十四年。

帝姓爱新觉罗氏，名载湉，醇贤亲王奕譞之子，入承大统，庙号德宗，谥景皇帝。

光绪元年乙亥（即西历一千八百七十五年）

正月　鲁抚丁宝桢、苏抚吴元炳奏：请筹备海陆各军，以防俄、日窥伺。

二月　谕：俄据伊犁，应以全力注重西北。著左宗棠统筹全局，妥议奏闻。　北洋大臣、直督李鸿章奏：日窥台湾，请筹办海军船械并遣使驻日及泰西各国，以资联络而察敌情。　总署奏：英翻译官马嘉理于云南边境被害，请饬该省督抚确切查办，勿稍含糊。

五月　署滇督岑毓英奏：滇省地瘠民贫，暂难通商，请慎之于始。　命鄂督李瀚章驰赴滇省，查办马嘉理案。

六月　岑毓英奏：英使带兵赴汉口，闻将来滇。　桂抚刘长佑奏：越南遣使入贡。奉旨：即派员护送来京。　李鸿章奏：秘鲁国遣使来津换约，请派大员互换，并商办保护华工事宜。奉旨：命前苏抚丁日昌与秘使换约。

七月　李鸿章奏：请设驻秘公使保护华工。　总署奏：滇案请饬李鸿章在津与英使威妥玛商办。　又奏：英使提出六条，涉及中外交际、申明条约、滇印通商、遣使赴英各事，藉端要挟，经李鸿章与之辩论情形。　遣郭嵩焘出使英国，许钤身副之。

八月　岑毓英奏：滇案已获凶犯九名，并追出赃物。

九月　总署照会英使：云南边界贸易一事允准商办，应由两国派员前往详细会查后妥议章程。　总署奏：申明各国条约，请饬各省查照办理，俾免纷歧。　粤督英翰奏：秘鲁换约事竣，闽粤拐卖人口应请按约严禁，酌定章程惩办。

十月　闽督李鹤年奏：福州、厦门电线与丹国电报公司议定合同，买回自办。

十一月　鄂督李瀚章等奏：马嘉理被戕一案，请将办理不善之文武官革职审讯。　总署照会英使，声明中国明发上谕及寄谕办法。　遣陈兰彬出使美、日、秘等国，容闳副之。按：日为日斯巴尼亚，即西班牙。

十二月　总署奏马嘉理案英国使臣由津回京后照会往返辩论情形。　日使森有礼照会：朝鲜虽中国属邦，其地不隶中国，凡事起于朝日间者于中日条约无所关系。

光绪二年丙子（即西历一千八百七十六年）

正月 总署奏：日使因朝鲜事反复辩论，应将照会等件咨送礼部，转行朝鲜，俾资审度。 又奏：琼州通商，酌定开办日期。

三月 总署奏：英商在上海租地，擅筑铁路，历经论辩禁阻。请饬江督等妥为筹办，期杜后患而免衅端。 川督李瀚章等奏：遵查英员马嘉理在滇被戕、被阻详细情形，请饬筹议定拟，以成信谳。 李鸿章奏：派员赴德国学习陆军。

四月 总署奏：日本以朝鲜轰其兵船遣使往争，已商订和约十二款。 驻藏大臣松溎奏：披楞人在哲孟雄之南一部落，此时业为英属。向布鲁克巴租地修路，意欲来藏通商，已派员驰往设法禁阻。 又奏：廓尔喀禀请入贡。奉旨：著按期呈进。

五月 总署奏：闽省现拟举行《保护中外船只遭风遇险章程》五条，请饬沿海地方文武官员一体遵办。 又奏：马嘉里案迭与英使威妥玛辩论，该使多方要求，其有尚可通融者业已允准，碍难准行者悉经驳斥。该使以未遂所欲，遽行出京。

闰五月 李鸿章奏：英使过津会晤，据称无可商办。现已赴沪。 总署奏：英情叵测，请饬南、北洋大臣整理江海防务，以期有备。

六月 李鸿章奏：据总税务司赫德函称，英使现在烟台，请派大员前往商办。 命李鸿章为全权大臣，赴烟台与英使会商一切事务。

七月 李鸿章奏：行抵烟台，与英使会商一切，现已议立条款，画押互换，作为滇案完结。 又奏：上海铁路拟由关道与中外官员妥定办法。 又奏：请饬各省讲求条约，先事防维。 又奏：滇边通商，请饬妥订章程。 又奏：英使请宽免李珍国等罪名。

中英订立《烟台条约》。七月二十六日

八月 清帝与英国后帝国书，以马嘉理在滇边被害，深致惋惜。 总署照会各国公使：请会商中外会审案件划一章程。 又照会：请会商中外官员往来礼节条款。 又照会：请会商租界免收洋货厘金暨洋药即鸦片烟税厘办法。 遣许钤身出使日本国，何如璋副之。 遣刘锡鸿为驻英副使。

九月 礼部奏：准朝鲜国王咨，与日本商办开埠通商事宜。

十月 总署奏：租界免厘及存票定限两事议定开办日期。

十二月 李鸿章等奏：上海淞沪铁路议明给资买断。 江督沈葆桢奏：美国旗昌公司愿归并招商局，议定各项价值，请饬各省协拨款项。 遣何如璋出使日本国，张斯桂副之。

光绪三年丁丑（即西历一千八百七十七年）

正月 署鄂督翁同爵奏：宜昌开作通商口岸，应设税关监督，请以荆宜施道移驻兼办。 盛京将军崇厚奏：奉省东边外与朝鲜交界处所，严立禁令，以杜彼此人民越垦。　闽抚丁日昌奏：西班牙因商船在台湾遭风被掠，声言调兵来华，请饬潮州镇方耀率所部来台，以资防范。

二月　总署奏：福建前借洋款未成，原立用印议单迄未缴还，应饬原办委员设法办结。

三月　总署照会西班牙公使：夹板船在台湾失事，因体恤船主，由闽省送给银一万八千元完结此案。　遣刘锡鸿出使德国。

四月　浙抚谭钟麟奏：温州开作通商口岸，即以温处道为瓯海关监督。　滇督刘长佑等奏：滇省官民交困，请借款开矿，购器铸钱，以辟利源。　丁日昌奏：请将福厦电线移设台湾。

五月　总署奏：请将条约发交州县各官熟览详研，以凭办理交涉。　又奏：与德修约，德使要求在大孤山开口岸，并洋货抽厘须与各国商办等事。当拒未允，现已出京。　闽督何景等奏：琉球遣使入贡，因日本梗阻，密遣陪臣赴闽陈情。

六月　粤督刘坤一等奏：北海地方开作通商口岸，现已设关开办。

七月　旨寄左宗棠等：交收伊犁一事，经总署与俄使订定派员与左宗棠会商，著俟俄员到后相机筹办。　又奉旨：西北各路凡与俄人交涉事件，有非寻常照章可办者，著金顺等先行知照左宗棠主持办理，以一事权。

八月　使英郭嵩焘奏：请纂通商则例一书，以资信守。　又奏：请在新嘉坡设立领事。　又奏：请派员赴万国刑罚监牢会。

九月　甘督左宗棠奏：英人以保护安集延为词图占边疆，万不可许。

十月　总署奏：西班牙商船被掠，与古巴换约事同时办结。　川督丁宝桢奏：英人入藏探路，用意狡谲，请密饬驻藏大臣修好于布鲁克巴，以固藩篱。

中西订立《古巴华工条款》。十月十三日

十二月　总署奏：洋商船只在不通商地方起卸货物，应照约禁阻。

光绪四年戊寅（即西历一千八百七十八年）

正月　左宗棠奏：遵旨派员前赴玛纳斯、塔尔巴哈台，查明中俄交涉各案情形。

二月　左宗棠等奏：白彦虎逃入俄境，请交涉引渡。　遣郭嵩焘兼使法国。

四月　松溎等奏：办理边防，并联络布鲁克巴、哲孟雄、廓尔喀三部。

五月　遣崇厚出使俄国，作为全权大臣，办理接收伊犁及中俄新约等事。

六月　总署奏：日本梗阻琉球入贡，筹拟三策，令使日何如璋相机审办。

七月　遣曾纪泽出使英、法二国。　遣李凤苞出使德国。

十一月　使美陈兰彬奏：请添设驻美领事。　使日何如璋奏：请分设驻日各埠正副理事。

十二月　谕：松溎著严切开导藏番，遇有中外人等领有执照由藏行走，必须一体保护，不得任意阻止。

光绪五年已卯（即西历一千八百七十九年）

正月 总署奏：朝鲜久隶中国，而政令均归自理。今准该国王咨称：日本认朝鲜为自主独立，应由朝鲜自行酌复。

二月 总署奏：檀香山拟设商董，由驻美公使发给谕帖。

六月 使英、法曾纪泽奏：法国议铸大圆银钱，愿通行中国，请饬核议。

七月 李鸿章奏：遵旨密劝朝鲜与各国立约通商，以为固圉之策。

八月 总署奏：美国前总统在日本调处琉球事，拟分球岛为三部，中、日、球各得其一。 总署奏：准崇厚电称，交收伊犁及分界、通商事均经议定立约。查各款中商务、界务两事流弊甚多，请饬李鸿章等奏详酌议复。

九月 旨寄左宗棠：交收伊犁事宜崇厚现已定议，惟有急图补救。著该大臣将界务、商务详慎筹奏。

十月 崇厚奏：修约完竣，即回京复命，请以参赞邵友濂署理公使。

十一月 谕：崇厚不候谕旨，擅自回京。著交部严加议处，所议条约章程著大学士等妥议具奏。 总署奏：俄署使凯阳德以交议事提出抗议。 总署奏：议定《内港江河行船免碰及救护赔偿审断专章》。

十二月 谕：崇厚著革职拿问，交刑部治罪。 李鸿章等奏：遵议崇厚所订俄约，今将应准、应驳各节分别复陈。

光绪六年庚辰（即西历一千八百八十年）

正月 遣曾纪泽出使俄国。 清帝致俄皇国书：崇厚所议条约多违训越权之处，窒碍难行，特另简曾纪泽为出使大臣，希派员与该大臣和衷商办。 旨寄左宗棠及南、北洋大臣等：筹备防务。 谕：崇厚著定为斩监候。

二月 总署奏：巴西遣使来华订约，并议招工，请饬南、北洋大臣探明该使行至何处，与之就近商办。

中德续订新约及善后章程。二月二十一日

五月 总署奏：驻华各外使先后函请宽免崇厚罪名。 黄体芳、钟佩贤、胡聘之、王仁堪等各奏请崇厚不宜减罪。 旨寄曾纪泽：著将崇厚暂免斩罪知照俄国，并妥慎修订新约。

六月 谕：巴西国遣使来华议立商约，著派李鸿章为全权大臣，妥善商订。 使俄曾纪泽奏请缓索伊犁，援照西例嗜噜太司特公议。 总署奏：日本悔三分球地之议，并藉球案要求改订商约，请派大员商办。 谕：探闻俄国情形意在启衅，著李鸿章等整饬各军，严密防御。

七月 命左宗棠来京陛见。 谕：崇厚著加恩开释。

八月 总署奏：据曾纪泽电称，俄拒绝再议，已派使赴京商订等语。应请饬该大臣仍遵历次电寄办法，向俄外部妥速与商，以维大局。 又奏：俄派布策来华，俟其到后再议。　　礼部奏：准朝鲜国王咨，遣使前往日本。

中巴订立通商条约。八月初一日

九月　李鸿章奏：朝鲜讲求武备，请准该国工匠来津学造器械。

十月　李鸿章奏：遵议日本议结球案，所让南岛球人不愿，且与存祀相违，并牵涉改约，流弊更大，暂宜缓允。　　总署奏：美国修约拟定华工限制，现与商定四款。

中美订立续修条约。十月十五日

十一月　李鸿章奏：在英订购兵轮，派员管带来华。

光绪七年辛巳（即西历一千八百八十一年）

正月　中俄订立边界条约及伊犁守费专条、陆路通商章程。正月二十六日

二月　谕：琉球一案，日使于未经议定之先即自异前议，悻悻而去，难保无藉端要挟情事，所有沿海各省防务应严行戒备。　　曾纪泽奏：与俄国改订条约、章程，遵旨盖印画押，谨陈先后办理情形。

三月　总署奏：檀香山应设领事，准即以商董改充。

六月　总署奏：中美条约业经互换。

闰七月　谕：著派金顺接收伊犁，其分界事宜著饬锡纶与刘锦棠等妥办。

八月　中巴改订通商条约。八月十一日

九月　中韩订立《朝鲜员弁来学制造军械章程》。九月二十二日

十月　总署奏：法人谋占越南北境，并欲通商云南，现拟预筹办法，以弭衅端。又奏：越南积弱已甚，中国为藩篱计，不能置之度外。

十一月　伊犁将军金顺奏：接收伊犁暨分界善后诸事，宜恳拨库款以资经始。

十二月　总署奏：厘定《奖给洋员宝星章程》。

光绪八年壬午（即西历一千八百八十二年）

正月　曾纪泽奏：白彦虎窜入俄境，俄允严加禁固。

二月　总署奏：海参崴议设公所，管理俄界华民。

三月　李鸿章奏：筹办朝鲜与美国议约事宜，商定约稿，请派员会办。　　谕：法越构衅，兵端已起，越南北圻多与粤、滇毗连，应如何谋策万全之处，著李鸿章等妥速议奏。

四月　总署奏：新疆开埠，请暂免各城税厘，俾中外一律，以纾民困。　　礼部奏：准朝鲜国王咨，与英国订立修好通商条规。　　谕：朝鲜请派使驻京，著不准行。

五月　总署照会德使：粤海关部所订土货三联单及洋货入内地税单章程照议酌改，开折送请查照。　　署直督张树声奏：按：是时李鸿章丁忧，以张树声暂署。派员襄助朝鲜与英德议约事竣。

六月　谕：朝鲜乱党滋事，既围日本使馆，兼劫朝鲜王宫。著张树声酌派水陆两军迅往援护。

七月 张树声奏：我军东渡，直入王京，获致朝鲜乱首大院君李昰应，解送来津，其他乱党已派队分别围捕。

八月 谕：李昰应著免其治罪，安置直隶保定地方，永远不准回国。吴长庆所部官军仍暂留朝鲜，藉资弹压，该国善后事宜并著李鸿章等悉心商办。署北洋大臣李鸿章奏：朝鲜与日本续订约款。

中韩订立水陆通商章程。八月二十日

九月 李鸿章奏：遵旨妥议朝鲜水陆通商章程，以维藩服而扩利权。

中俄订立伊犁界约。九月十八日

十月 署滇督岑毓英等奏：会筹越边防务情形。又奏：据藩司唐炯禀称，出境兴师甚非长策，据实密陈。

中俄订立《喀什噶尔界约》。十月二十七日

十一月 金顺等奏：伊境中段边界，会同俄官遵照图约勘分竣事。

十二月 谕：法越交涉一事，法人愿与中国派员商办，现经李鸿章与法使筹议办法三条，著曾国荃等将应行筹画各节妥慎议奏。

光绪九年癸未（即西历一千八百八十三年）

正月 总署奏：洋药税厘并征载在会议条款，请饬使英大臣与外部商办。　督办新疆军务刘锦棠奏：新疆南界之贡古鲁克地方宜趁划界未定据约索还。　金顺奏：与俄勘分伊犁南段喀什噶尔界务，绘具图说呈览。

二月 桂抚倪文蔚奏：遵旨筹复法越交涉事宜。　又奏：法越分界事拟俟其派员来粤定议时，再行详筹办法。　使美郑藻如奏：纽约地方华民日多，请设领事。

中英订立《上海至香港电报办法合同》。二月二十三日

中俄订立《塔尔巴哈台贸易地址及管理各属缠头商民条款》。二月二十七日

中韩订立《奉天与朝鲜商民交易章程》。二月　日

三月 总署奏：法使请会商越南事宜，现有变局，亟应密筹防务。　谕：法人在越势更披猖，著派李鸿章迅往广东督办越南事宜，所有广东、广西、云南防务均归节制。　倪文蔚奏：越南军情日急，谨拟切要办法，并藩司遵旨出关。

四月 李鸿章奏：预筹越南边防事宜，拟至上海暂驻，察酌军情，再图进止。又奏：赴越督师，恐檄调诸军分道并进，似将与法开衅。倘因此竟召兵端，转滋口实。应请熟筹远虑，决择施行。　金顺等奏：驻伊犁俄兵已撤回出境，谨陈筹办边防情形。　岑毓英等奏：越南南定省失守，已督饬各镇严防。

中英续订《上海香港电报章程》。四月初一日

五月 倪文蔚奏：越将刘永福袭攻河内，大获胜仗，法官兵死伤甚多。　李鸿章奏：奉密谕仍回北洋署任，谨陈统筹全局办法。　又奏：滇粤防务宜责成疆臣备御，法廷如有转机，请派专使与议。

六月　李鸿章奏：定期赴津，筹备与法使交涉。

七月　哈密帮办大臣长顺奏：复勘新疆南界及查明南北路径情形。　曾纪泽奏：遵旨与俄外部商议界务。

中俄订立科、塔界约。七月初十日

八月　金顺等奏：勘分科、塔界务，与俄使酌中议定中俄新界。　谕：法使脱利古现由沪来津，著李鸿章据理驳辩。一面严密戒备，毋稍疏虞。法人有以大队兵船至广东之说，著张树声等妥筹备御，务在黄埔以外设法阻止。

中俄订立《科布多新界牌博记》。八月初四日

中俄订立《塔尔巴哈台北段牌博记》。八月十三日

九月　总署奏：颁给巴西国总领事等官文凭。　倪文蔚奏：法越和约已定，谨陈详细情形。　桂藩徐延旭奏：法乘水涨力扑越军防所，迭被击退。刘团现拟移营，规复河内。谨陈节次据报筹办情形。　谕：彭玉麟奏遵旨赴粤各折片均悉。惟法已逼越立约，局势与前不同，如犯我军，北圻驻地不能不与接仗；并广东人心浮动滋事，著与张树声等筹办。

中俄订立《塔尔巴哈台西南界约》。九月初三日

十月　徐延旭奏：奉旨恢复河内，以固北圻。俟越军并进，即出关调度。　岑毓英奏：遵旨密筹恢复越南事宜，拟统兵出关，驻扎山西，就近调办。

中韩订立《吉林与朝鲜商民贸易地方章程》。十月　日

十一月　谕：现闻越南民变，竟将该国嗣王戕害，祸乱方殷。著张树声统带兵勇前往越南，相机勘定。

十二月　粤抚倪文蔚奏：法已在越南北圻各省设官，谨将越藩求援咨呈另钞呈览。桂抚徐延旭奏：由龙州启程出关，暂驻谅山。现分饬各路力图进取，并请派拨轮船严扼海口。　岑毓英奏：带兵出关，已饬各营分道进发。俟抵山西后，当联络广西防营，严密布置。　徐延旭奏：据报越南山西省城为法人攻陷，现饬北宁严防。　总署奏：法人吞越显背公法，张之洞沥陈不可罢兵各折，虑远思深。现经公同会议，惟有力筹战备，以遏外侮。　滇抚唐炯奏：山西不守，我军败退兴化，现扼守家喻关。

光绪十年甲申（即西历一千八百八十四年）

正月　命岑毓英节制诸军，和衷商办。　旨寄徐延旭：据报北宁业已失守，该抚调度乖方，著摘去顶戴，革职留任，责令收集败军，尽力抵御。

二月　李鸿章奏：改订朝鲜贸易章程。　谕：据报法兵已攻取太原，著冯子材速赴镇南关外接统黄桂兰所部各营，琼州防务吃重，著彭玉麟等速筹备御。　谕：广西巡抚著潘鼎新署理，云南巡抚著张凯嵩署理，徐延旭、唐炯俱拿解刑部治罪。

中韩改订水陆通章第四条，韩王复文。二月　日

三月　李鸿章电：闻兴化已被法兵所据，法水师提督拟调兵入华，夺据一大口岸为

质。　　李鸿章函：据税司德璀琳转到法总兵福禄诺密函，愿为从中讲解，译稿钞呈。

谕：据报法提督带兵船八艘由厦门向北开驶，著李鸿章等饬令防军加紧训练，于沿海各要隘力筹守御。

四月　金顺奏：会同俄使勘分新疆南界。　　谕：李鸿章办理中法和议。　　遣许景澄出使法、德、义、奥等国。按：未到任以前，以李凤苞兼署，法使因法人不慊于曾纪泽也。

李鸿章函：与福禄诺议订简明条款于天津。　　命吴大澂、陈宝琛、张佩纶会办南、北洋及福建海疆事宜。　　旨寄岑毓英、潘鼎新等：滇、桂防军扼扎原处，以待和议。

中法议订《法越简明条款》。四月十七日

五月　中俄订立《续勘喀什噶尔西界界约》。五月初十日

闰五月　彭玉麟奏：请奖护越将刘永福。　　张树声电：法兵进攻谅山，我桂军在观音桥大捷。　　谕彭玉麟：法败于越，必将滋扰广东，现在张树声行将交卸，张之洞甫经赴任，一切防务著妥筹兼顾。　　法使照会：请立饬华兵迅速回复交界，退出北圻。　　军机处奏：照会法使，声明谅山接仗衅自法开。　　法使照会：撤兵、赔银二项七日内复明照办。　　军机处奏：请将在越官军暂以避瘴为名调回关内休息。　　命江督曾国荃为全权大臣，赴沪与法使办理和约。　　旨寄穆图善：法船驶入马江，倘其肆扰，即行抵御。

六月　旨寄彭玉麟等：法全力注闽，已进八艘，著酌拨师船前往援应。　　旨：法船至基隆，著防堵各海口，断绝法人接济。　　总署奏：洋情叵测，谨按事实妥筹办法。　　军机处奏：美使愿任调处，谨陈与美参赞问答情形。　　总署照会美使：请公平评论中法曲直。　　军机处奏：李凤苞电有法国不允美国评论语，总署拟晤美使询商。　　曾国荃电：巴使照称，如不允偿，法国将有举动。　　李鸿章电：法攻基隆甚危。　　又电：法使照称，提督孤拔现已取守基隆，如愿交还，即照法国所请各节立即照允。　　总署照会各国公使：法人阳为会商，阴谋据地，设扰及通商各口，致华洋各商财产，中国猝难保护，应惟法国是问。　　张佩纶奏请令各省严禁引水。　　又奏厦门布防情形。　　李鸿章电：闻法拟以大军来攻，宜速令李凤苞与法廷妥议，庶偿费较少。　　礼部奏：准朝鲜国王咨，与俄国订定通商条约章程。　　旨寄彭玉麟等：请封刘永福为越王，殊失朝廷百计助越图存阮祀之义，断不可行。　　旨寄曾国荃：巴使照会无礼已甚，不必再议，惟有一意主战，著即回江宁办防。　　旨寄岑毓英：法既主战，著令刘永福先行进兵，规复北圻。　　台抚刘铭传电：基隆炮台被毁后，法兵又来攻扑营垒，经曹志忠等迎击，大获胜仗。

七月　李鸿章电：法国已送公使李凤苞出境。　　又电：闽电局报称：法船骤攻马尾，我舰队均被击沉，船厂亦毁。　　沪道邵友濂电：长门接仗，轰沉法船三艘。

谕：法国渝盟肇衅，不得已而用兵。著各督抚督率防军，遇有法轮驶入即合力攻击，悉

数驱除。刘永福著以记名提督简放，统率所部恢复越南。其各国商民仍严饬地方官一律保护。　李鸿章电：法攻长门，有一船烟筒忽裂，闻死一大将，或云即系孤拔。　总税司赫德函：法有愿从他国评断之议。　李鸿章电：据上海道电称，法领亟盼我转圜，或暂租海岛，或许以将来建造铁路权利，可免赔款。　命大学士左宗棠为钦差大臣，督办福建军务。　李鸿章电：闻日本备军舰，欲乘乱与我决议琉球案。　旨寄张之洞，转岑毓英：著安设滇、桂电线，以速军报。

八月　军机处奏：美使来议法事，臣等公拟办法三条。　曾纪泽电：英外部以粤吏令华民奖毁法船，在新嘉坡等处出示，有侵英权，其词激烈。经总署电复，已奉旨：申饬粤吏并谕海外各岛华民，不得与闻军事。　粤督张之洞电：法船到香港，华民不为执役，英员罚之，众怒罢工。　旨：著杨岳斌帮办左宗棠军务，设计逐台湾法人。

又寄潘鼎新。著饬王德榜各军进兵，牵制围台。　邵友濂电：闻刘铭传以基隆、淡水空炮台诱敌，杀毙法兵及汉奸千人。　李鸿章电：苏元春在谅山连战皆捷，惟伤亡多，恐难持久。　遣徐承祖出使日本国。

中英订立《福州至川石山水线合同》。八月二十八日

九月　李鸿章电：法提督宣言将封闭台湾海口。　旨：著李鸿章等选派南、北洋兵轮援台，并接济台防军火。　津海关道盛宣怀电：德璀琳面呈法廷议和条款，如钧署可允，再令赴沪与巴使商办。　李鸿章电：德璀琳赴京请示，可传询赫德及该员自知其详。　懿旨：现在办理台湾、越南军务，所有历次谕旨奏报等件著御前大臣、六部九卿、翰詹科道赴内阁公同阅看，各抒所见，切实复奏。　旨：派苏元春帮办桂军军务。　工部尚书翁同龢等奏：请先议停兵，再将所陈各条详细推敲，并会合各国公使公同评论。　军机处奏：法越之事现英国欲出为调停，拟订办法八条，请饬李鸿章、曾纪泽酌核办理。

十月　张之洞奏：设法与台通信，并筹济饷械等事。　旨寄李鸿章：据曾纪泽电称，中国在欧洲所购火药子弹俱十五年前所制，著饬采办委员认真选择，抽查试验。　李鸿章电：威利船抵台。　左宗棠奏：台北、沪尾大战获胜，现筹规复基隆。　李鸿章电：英调停中法事未成，法仍执原议，如不允仍战。　旨寄曾纪泽：应付和议，不得轻率迁就。　岑毓英奏：围攻宣光，击散法援。　李鸿章电：朝鲜乱党劫王杀妃，恐有昵日叛华之意，请迅派兵船镇压。奉谕：著李鸿章、吴大澂会同规划，并令续昌与吴大澂同赴朝鲜，传知该国静候往查。一面与日使从容商办，勿为所欺，亦勿遽与开衅。　旨：潘鼎新、苏元春督剿大捷，著先行传旨嘉奖。　杨昌濬电：吴鸿源已自厦带队渡台。　旨：派孙开华帮办台湾军务，程文炳到闽后即照吴鸿源之路渡台。

十一月　李鸿章电：井上馨之随员回日，电告日廷云：我所要求韩王已允，皆如愿以偿。　又电：丁汝昌函称，韩日现已定约。　旨：著吴大澂等确查韩日定约有无

关碍。

中俄订立《塔城哈萨克归附条约》。十一月　日

十二月　北洋会办吴大澂奏：查明朝鲜乱党详情及日韩续增约款，现与朝鲜商办善后。　礼部奏：准朝鲜国王咨，与德国重订通商条约。　曾纪泽电：缅匪滋事，有华人据八幕城。奉旨：著向英声明中国未启边衅。　岑毓英等电奏：官军进攻宣光，大获胜仗。　李鸿章电：法攻苏军，谅山吃紧。

光绪十一年乙酉（即西历一千八百八十五年）

正月　礼部奏：准朝鲜国王咨，逆党金玉均等谋乱，陈报乱起原因。　李鸿章电：闻谅山有失事信。　曾国荃电：澄、驭两船在石浦港为法轰沉，开、瑞、琛三船回沪。　岑毓英奏：宣光合围，并收复美良县。　李鸿章电：日本派伊藤等来议朝鲜事。　又电：据潘鼎新报，法犯镇南关，杨玉科阵亡，冯、王两军飞催不至。　又电：法船攻招宝山，为镇海守将杨岐珍击退。　又电：法入镇南关，为我军所败，退走文龙。　又电：法封西贡、琼、廉口岸。　曾国荃电：基隆疫重，法人退驻普陀。　彭玉麟、张之洞等电：钦、廉水陆并急。　浙抚刘秉璋电：法毁萧港炮台，请令程文炳援浙。　曾纪泽电：法员来问和局应否与商，乞速示。

二月　命李鸿章为全权大臣，与法使办理详细条约。　李鸿章电：接桂抚电，法攻镇南关，我军大捷。　军机处奏：酌核赫德呈递法国拟订善后事宜。　曾纪泽电：谅山克，茹相革，似宜趁法新执政初升时速办。　李鸿章电：法复提和议，重在通商利益三条，与赫微异。　又电：接潘抚电，十三日克复谅山。　又电：接闽督电，法七船攻澎湖，力战三日，兵力不支，澎湖失守。　使德许景澄电：赫议各条已在巴黎画押。　岑毓英电：各军在临洮大获胜仗。　谕：法允修好，滇、粤各军著撤回边境。　旨寄岑毓英：著设法安插刘永福军。　军机处电杨昌濬、张之洞：令台防、越防各军停战。

三月　李鸿章奏：遵旨与伊藤商订朝鲜撤兵条款，画押互换。　岑毓英奏：分兵收复缅旺及清水、清山两县。总署奏：请派员履勘吉林中俄界务。　岑毓英奏：收复越南广威、不拔等府县。

中日订立《朝鲜撤兵条约》。三月初四日

四月　李鸿章、希元奏：吉林与朝鲜通商，派员督理商务。　岑毓英奏：遵旨停战，仍随时严密整备。　李鸿章等奏：与法使商办详细条约，画押竣事。

中法订立《越南新约》。四月二十七日

五月　总署奏：英国拟在花鸟山添设海线，引端上岸，已据理驳复。　李鸿章奏：撤回朝鲜驻兵，调扎旅顺，以作声援。　又奏：请派张曜会同庆裕妥筹东边防务。　礼部奏：准朝鲜国王咨，派员前往日本修好事竣。

六月　总署奏：法使已到京，请饬使法大臣仍往法都驻扎，并请以许景澄兼使比

国。　遣刘瑞芬出使英、俄二国。　遣张荫桓出使美、日、秘三国。　李鸿章函：筹议朝鲜善后办法。　又奏：中法因战事被掳兵民互相交还。

中韩订立《代办朝鲜陆路电线合同》。六月初六日

中英订立《烟台条约续增专条》。六月初七日

七月　岑毓英奏：关外各军一律撤竣。　礼部奏：准朝鲜国王咨，请查勘图们江界务。　帮办福建军务杨岳斌等奏：澎湖法船撤退，并查明从前失守情形。　川督丁宝桢等奏：整顿西藏，不可遽事更张。

八月　总署奏：请派员议订中法滇粤通商章程。奉谕：派李鸿章与法使会议。　命释朝鲜大院君李昰应回国。　许景澄电：洋药抽厘事，德俟英允方照办。　总署电曾纪泽：洋药事即照会俄国，取其复据。

九月　谕：英派使来京议藏印通商事，著丁宝桢等派员先行开导藏番。　曾纪泽奏：与英外部议定《洋药税厘并征续增专条》，画押盖印。　李鸿章函：据王永胜等禀报护送李昰应回韩情形。　旨寄岑毓英：据曾纪泽奏，英久占南缅，今图其北。李鸿章又称：英属印度出示招人运军火往缅等语。著派员密探情形，预筹布置，勿涉张皇。　使美郑藻如电：美洛士丙冷煤矿工人焚毙华工。　李鸿章奏：请派袁世凯总办朝鲜交涉事宜。　又电：遵旨饬敦约翰往罗马商办教务。

十月　李鸿章电：朝鲜以伏莽未除，请派兵镇抚。奉旨：著李鸿章随时调拨水陆各军相机防卫。　许景澄电：法派勘界人员赴北海会齐，请与法议宽留瓯脱，以杜争衅。奉旨：著周德润、邓承修会同各督抚妥慎筹办。　赫德呈英缅交恶原因及英向缅提出赔罪办法。　曾纪泽呈与法人巴吕密谈中越界务语录。　旨寄张荫桓：与张之洞预筹护商兵轮劝华侨捐赀购造事宜。　岑毓英奏：都竜系云南旧境，请于勘界时并议收回。　郑藻如电：焚毙华工案已请美外部办凶偿恤，如田使来剖辩，乞严词拒之。　曾纪泽电：拟请英以缅北八幕为我商埠。　李鸿章电：英据缅甸都城，缅已求和投降。

十一月　总署函李鸿章，论中法约款。　滇越勘界大臣邓承修等电：旧越王奔广治。　张之洞奏：桂、越分界宜以文渊州为限。　丁宝桢奏：英人因俄官赴藏游历，故欲与西藏先行通商。　总署电曾纪泽：缅有蛮幕，无八幕。英欲派专使来议缅事，署已拒之。　李鸿章电：据袁世凯报，日本乱党前往朝鲜。奉旨：著李鸿章严密布置防范。

十二月　谕：续设三姓、黑龙江陆路电线。　岑毓英等奏报商办滇边界务情形。

邓承修电：晤浦使，请于会议时将问答未定言语记录，画押意在箝束吾口，已力却之。　滇抚张凯嵩奏：英、缅已决战。　又奏：英兵胜缅，正在议和。　曾纪泽电：英允另立缅王，管教不管政，照旧贡献。得旨：照办。　谕闽督杨昌濬等：台湾改设行省，著会商奏办。　邓承修等电：续报与浦使开议中法界务情形。　李鸿章

电：邓承修等调停划界争执。　总署电许景澄：洋药事德使允照英议。　又电曾纪泽：洋药新约德已允速与英商定办法。　又电邓承修等：勘界事希按约速了。

光绪十二年丙戌（即西历一千八百八十六年）

正月　李鸿章电：据罗马电，传教事愿照中国之意办理。　张凯嵩奏英人诈取缅地详细情形。　曾纪泽电：俄使请派员勘界，断不可允。　李鸿章电：朝鲜请添设釜山至汉城电线。　邓承修等电：法允文渊、海宁、保乐归我。　徐承祖奏：添设驻日本新泻等处理事。　李鸿章电：据郑藻如电，洛士丙冷案美交议院议赔。　又电：与法使议通商减税。　又电：法使谓，商税若五分减一，他款皆不必议。　总署电李鸿章：请对法使坚持减税。　总署奏：派赫德赴港会商洋药新章。　邓承修等电：浦使议界悔改前说，事迄无成，秋末再议。　许景澄电：欲法改界议，须宕其商务，以为牵制。

二月　岑毓英等奏：遵旨查明法人改立越君，并接据越臣阮廷润等禀函，乞请代奏。　曾纪泽电：遵旨力争存缅祀，至潞东归我，系指潞江下游。　丁宝桢奏：筹备川省边防。　又奏：廓尔喀为西藏屏蔽，请予廓酋嘉奖。

三月　曾纪泽电：英议每十年由缅督派员呈贡。　总署奏：吉林图们江边界履勘未定，请派员复勘。　张之洞奏：请催设香港领事，以期安内攘外。

中法订立《广西关外各关界约》。二月二十二日至三月初十日

中法订立《滇粤边界通商章程》。三月二十二日

四月　李鸿章电：据戈使电，滇越界务先从保胜起勘。　总署电许景澄：请力争法征侨越华人重税。　醇亲王奕譞等奏：校阅黄金山等处南、北洋水操，并查阅威海、烟台、大沽炮台。　张之洞奏：领事包庇走私漏税，请知照英国设法约禁。　李鸿章电：英人游历西藏，请知照川、藏勿任拦阻。　又奏：驻京教士议定移让北堂，在西什库改建。

五月　张凯嵩奏：陈报英缅交战情形。　李鸿章电：劝阻英人从缓入藏游历。　杨昌濬电：请商英使，转函港官引渡海盗。　中俄勘界大臣吴大澂等奏赴俄会商界务日期。　李鸿章电：韩欲去金允植，而斥华自主之议决，谬妄如此，恐将难制。　张之洞奏：旧金山华民被害，请催美国惩办。　又奏：法领事请赔教堂被毁各物，业经力驳。　总署电李鸿章：请转吴大澂，中俄以图们江口为界，可照办。　总署电许景澄：查岛事英、法已允，荷兰不应阻，请切商。　张之洞电：请驳英领事会审交涉案。

六月　李鸿章电：澳门洋药税应与大西洋订约，照香港一律。　又电：据赫德电，澳督欲中国允从葡人居用澳门。　许景澄电：荷兰允华员游历属岛。

中俄订立《珲春界约》。六月初三日

中英订立《缅甸条约》。六月二十三日

七月　岑毓英奏：英人屡被缅兵攻挫，现皆停战，关外土司请内附。　礼部奏：准朝鲜国王咨，与法国订定条约、通商章程，并声明属国。　赫德电李鸿章：停趸船、设税司二事澳督皆可允，惟添设税关搁置不议，尚待商酌。　李鸿章电：小吕宋等处议设领事，请令张荫桓与西班牙政府妥商。　张之洞电：小吕宋华人被害，请设领事保护。　谕川督刘秉璋等：川省民教滋事，著持平审结。　懿旨：著李鸿章严备朝鲜事变。　李鸿章电：朝鲜求俄保护，尚无实据，宜静以待动。

八月　滇越勘界大臣周德润等奏：与法使议定勘界办法。　总署电杨昌濬：英使照称，海盗已由港督交出。　李鸿章函：朝鲜外署徐相雨赍呈国王辩诬文词，意尚为周到，并复函切劝国王。

九月　谕：礼部奏，准朝鲜国王咨，以前有奸人捏造通俄文凭，现查明应作废纸，并已照会各国公使咨请代奏一折。具见服事之忱，嗣后该国王务当亲贤斥佞，克保宗祊，用副中朝奠定藩服至意。　张之洞等奏：钦州界务前未划清，遵旨绘图列证，以正幅员。　总署电周德润等：法恭使允稍让地界，我于越南界内之地亦可不必固争。　桂抚李秉衡电：预筹桂越通商，应在谅山迤北之驱驴、文渊等处。　总署电李鸿章：图们江行船事请转吴大澂速办。　李鸿章电：据袁世凯电，图们江界韩廷自知有误。　又电：俄允不占韩土地，并催英退巨文岛。

十月　周德润电：滇越界务定议画押。　张之洞电：法兵攻据东兴之长村，请照会法使禁止。　岑毓英电：英攻缅甸，滇防吃紧，拟即回省镇摄，兼顾西、南两面。　川督刘秉璋奏：筹商英藏交涉。

十一月　张之洞电：法越相攻，越人愿内附。奉旨：当守定现界，法越事宜置不问。　总署奏：议复印藏通商事宜。

十二月　邓承修奏：如期赴界会勘。　总署奏：英人退还朝鲜巨文岛。　邓承修电：法狄使以江平、黄竹为越地，不愿据旧图划界。　杨昌濬电：日领知照日轮失踪，已查明在洋面沉没，不再派舰来闽访寻。　总署电各省督抚，通告洋药税开办日期。　沪道龚照瑗电：万年青轮船在吴淞被美船撞沉，请议赔。

光绪十三年　丁亥（即西历一千八百八十七年）

正月　总署电许景澄：洋药税厘事请知照比廷。　李鸿章电：请厘定洋药税缉私办法。　邓承修电：力争江平、白龙尾地界，法使意已稍转。　总署电张之洞：新得法海部越图，白龙尾系属华地。　派徐承祖为全权大臣办结长崎恤伤一案，即在日本就近画押。　总署电李鸿章：重庆教案了结，请转川督照办。　李鸿章电：据伦敦电，教皇派员赴京商议教务。　又电：请勿令法工人阅视旅顺炮台。

二月　李鸿章电：万年青船撞沉案，美按察使断令议赔。　使美张荫桓奏：筹设古巴各埠学堂。　又电：洛士丙冷案赔款，美批准照办。　总署电邓承修：法使盼界务速了，请先勘向无争辩之处。　李鸿章奏：前在英、德定造快船四只，派员出洋验收，驾驶回华。　　邓承修电：遵旨续勘钦西地界。　　军机处奏：试办天津等处铁路，以便商贾而利军用。　　总署奏：澳门屡经议约未成，现拟于洋药税厘并征案内设法筹办，以一事权。　　总署奏：港、澳分关，定名为九龙、拱北关。　　邓承修电：法狄使允我展拓钦界，已画押。

三月　张之洞电：附近香港之六厂已交税司接办。　　总署电曾国荃：规定洋药土膏税厘办法。　　张之洞电：请预防偷漏私膏。总署电复：膏税现照八折核收。　　邓承修电与法狄使争议中越海界情形。

中法订立广东、广西、云南《中越交界界约》。三月初五日

四月　张之洞电：请勿许法在龙州通商。　　李鸿章电：大东、大北公司要挟接线，请归津议。　　总署电龚照瑗：完税存栈之洋药照新章办理。　　李鸿章电：据袁世凯电，俄、韩近议陆路通商章程。　　总署奏：出使大臣兼驻之国宜令附近分隶。　　又奏：拟订出洋游历人员章程。

闰四月　使英刘瑞芬电：据伦敦电，苏彝士河作为局外之地。　　李鸿章电：中韩划界相持不解，已各派员确勘江源。　　总署电粤海关监督增润：六厂常税交税司接办。　　使美、日、秘张荫桓奏：小吕宋议设领事。　　张之洞奏：葡国永租澳门，请审慎立约。

五月　遣洪钧出使俄、德、奥、荷等国。　　遣刘瑞芬出使英、法、义、比等国。　　邓承修电：遵旨与狄隆改正图线。奉旨：中法条约已派王大臣画押，设立界牌事宜由地方官办理，邓承修著即回京。　　伊犁将军锡纶等奏：议复承化寺僧众迁回塔城。　　又奏：俄人严惮棍噶札拉参，请准照旧住居，于疆务有益。　　礼部奏：准朝鲜国王咨，与法国订约。　　又奏：英人前占巨文岛，蒙予收复，奉表叩谢，并贺皇上亲政。

中法续定界务、商务专条。五月初六日

六月　李鸿章电：韩巨卞元圭假王命借日债，已发配，闵咏翊逃赴烟台。　　李鸿章电：据浙关电，赫德定药税专祖沪关，致宁关形同虚设，请准于嘉湖设稽征局。总署电复：部议照准。

中、丹、英三国合订《电报齐价摊分详细合同》。六月二十一日

七月　遣黎庶昌出使日本国。　　岑毓英等奏：遵旨复陈滇省界务、商务、防务大概情形。　　又奏：请于蛮耗地方试办防务。　　总署奏：酌议滇省设立关道，筹办通商。　　刘瑞芬电缅约互换日期。　　总署电张之洞：法兵退出白龙尾，请派员办理善后。　　张之洞等电：拱北关设在我地，征税与葡无涉。　　桂抚李秉衡电：法兵船两次欲至龙州，均理阻而退，请再照会法使。　　总署通告驻外使臣与朝鲜驻外使臣公文程式。　　邓承修等奏：粤、桂边界已与法国划定。

八月　总署电张之洞：粤边开办商务，法已派领事。　　李鸿章电：据袁世凯电，

朝鲜派往各国之使与中国往来应均用属邦体制，已允遵办。　　总署电李鸿章：英使照称，西藏驻兵西金，请咨驻藏大臣撤回。　　又电岑毓英：据英使言，中英已定约，缅边不宜添兵，希妥办。岑电复：并未添兵。

九月　朝鲜国王以派使西国奏明请示，奉谕：派往之员与中国使臣往来均用属邦体制，仍著李鸿章随时通问筹商，以臻妥协。　　总署电张之洞：法使照称，钦州派兵抵横模社，查系越地，请速撤。张电复：并无立牌筑寨等事。　　总署奏：葡约现有成议，谨陈办理情形。　　又奏：葡人于前明占居澳门，与租界异，各国不得援例。

十月　李鸿章电：据赫德函陈，葡约诸已订妥，惟交犯一节恐难允从，请暂虚此条，他日另议。　　刘秉璋电：请饬驻藏大臣升泰赴藏。　　总署电刘瑞芬：西藏边界事开导需时，请英外部转印督勿孟浪从事。刘电复：印督已允展期派兵。

中葡订立《通商条款及洋药缉私专约》。十月十七日

十一月　总署电刘秉璋：请咨驻藏大臣速撤隆吐驻兵。　　又电刘瑞芬：大东、大北两公司合同可准，惟须输水线上岸税。　　李鸿章奏：遵旨与朝鲜国王筹商派使各国，酌拟三端，准咨照办。　　驻藏大臣文硕电：据商上复称，建置卡房，留官稽察，距英界甚远。总署电复：边隘设卡违旨背约，应谕番民速撤。

十二月　李鸿章电：韩使至美，并未往见华使，已令袁世凯诘问，韩廷惟深引咎。

使俄洪钧电：韩遣全权使俄，与属邦体制不合。　　李鸿章电：据袁世凯电，派使各条韩王欲删改先谒华使一端。总署电复：三端既经议定，岂容轻易更张，即电知该国王遵议办理。　　李鸿章电：韩使称，因恐美斥退国书，故冒罪违章，姑全使命。

光绪十四年戊子（即西历一千八百八十八年）

正月　李鸿章电：接刘、洪两使电，询韩允三端办法总署曾否知照各西使，已复以未便知照。　　总署电刘瑞芬：奉旨撤回文硕，可告英廷令印督勿再定限驱逐藏番。

李鸿章电：据袁世凯电，俄、韩陆路税则尚未押印。

二月　总署电盛宣怀：大东等电线公司应报效全价之半。　　旨寄刘秉璋：英兵攻隆吐，著转升泰令藏番撤兵。

三月　李鸿章电：韩遣使至俄设馆驻扎。　　又电：韩派李金夏勘吉林界。　　桂抚沈秉成奏：龙州设洋务局，办理通商事宜。　　刘秉璋电：藏番已于上月撤退隆吐之兵。　　李鸿章电：据盛宣怀电称，大东、大北报效半价已勉强照允。　　总署电沈秉成：越督恭思当已回法，商约未换，开通商路事俟有领事到龙再办。

四月　张荫桓电：与美外部议订华侨善后事宜。　　谕张之洞等：钦越交界划定后，著妥速筹议善后办法。　　刘瑞芬电：藏番攻印兵营，卡卒败退。

五月　李鸿章电：韩违约遣使欧洲事，俟有端倪再商办法。　　旨：著升泰晓谕藏番，勿再出捻纳，称兵复仇。

六月　李鸿章电：闻德尼劝韩自主。　　又电：美新约禁华工前往，请暂缓互换。

总署电张之洞：美约闻各口众怨沸腾，不能奏请批准。　总署奏：请添设俄、英、德、法文翻译官。　旨：著升泰商办印藏退兵事宜。　刘秉璋电：据文硕电，已谕藏番，嗣后遇交涉事均须禀候核夺。

七月　李鸿章电：韩王拟更外部督办及左右相。　又电：据伦敦电，意、德、奥三国攻守同盟。　又电：韩调朴定阳回外部任。　又电：据伦敦电，美国新例华民离美者不准复回。　总署电刘瑞芬：酌拟华民在澳洲居住往来条例。

八月　总署电张荫桓：美定华工新例，请力辩。　又电：美使问新约准否？答以三端应商。已允电美外部。　李鸿章电：日兵轮由韩开往海参崴。

九月　总署电刘瑞芬：俄拟与华订约，同保朝鲜，应密探英人议论。　李鸿章电：日本有二大臣至崴，与俄大将密商。　总署电洪钧：保韩约俟接本署函再议。　刘瑞芬电：印兵已退回，英甚望边界事速了。　张之洞电：梧州通轮，德使为自利计请勿允。　张荫桓电：美废新约，宜乘机结束，请照会美使。　刘瑞芬电：英不愿俄得志东方，望华自保韩，不可令俄干预。　升泰奏：遵旨妥办藏印交涉并藏哲界址。　又奏：哲布系藏地属藩。

十月　升泰奏：英藏罢兵，业经妥办。　总署奏：请准奥亲王瞻仰天坛，以敦睦谊。

中法订立《滇粤边界电报接线章程》。十月二十八日

十一月　总署电龚照瑗：道署发给洋人租照是否有永租字样？龚电复：道契均有永租字样。　总署电张之洞：汕头德领事所置地是否价买？张电复：德领买地由县销契改作租地执照。　使俄洪钧电：俄报力辩未与韩订保护新约。

十二月　总署电升泰：荐赫政至边为英藏交涉翻译。　伊犁将军色楞额奏：俄人殴毙中国兵民，谨陈时局窒碍情形。　刘秉璋电：升泰到边与英官会晤，并开道藏番。　李鸿章电：据洪钧电，俄君愿守和局，韩约缓议。

光绪十五年己丑（即西历一千八百八十九年）

正月　曾国荃电：镇江印捕殴毙华人，众怒毁房，妥为弹压。　刘秉璋电：接升泰咨，英人欲在帕克里通商。　李鸿章电：据袁世凯电，皇上大婚庆典，韩王派员及各国使员均来贺宴。

二月　总署电曾国荃：镇江案由外间议结，署不遥制。　李鸿章电：英船来烟护商，并无兵哄事。　升泰奏：会议边事，现移驻仁进岗开导藏番。　又奏：哲孟雄愿属我国，请照旧羁縻。　刘秉璋电：收买宜昌船栈，请与英使接洽。　总署电驻外各使：各国国主致贺大婚，传旨致谢，可酌量措词转达。　李鸿章电：接川督电，川江行轮，绅民阻止，拟由领事曲达公使。　张荫桓奏：美约中辍，请设法补救，并述前使草约及美国新约。

三月　遣陈钦铭出使英、法、义、比等国。　遣崔国因出使美、日、秘等国。

直督李鸿章电：接川督电，藏兵撤退，请英亦撤兵。　　升泰奏：藏番具结撤兵，并许英国在纳东通商。　　岑毓英奏：蒙自设关已预筹妥备。　　张之洞电：葡人在澳门关闸外设路灯，意在侵界，已驳复。

四月　总署电张荫桓：不认德尼为美使。　　李鸿章电：韩廷违章遣使，已饬袁世凯严诘。　　乌里雅苏台办事大臣祥麟等奏：俄人占地垦荒，请饬库伦办事大派员会勘。　　懿旨：著海军衙门筹办铁路。　　遣薛福成出使英、法、义、比等国。　　岑毓英等电：滇越照图划界，并无逾越。　　又电：法领违约遣人至各厂游历，请商法使禁止。　　李鸿章电：韩复函纳贿免使，事颇狡，已斥还，另具照复。　　张荫桓奏：请定官、商国旗形式。

五月　张之洞电：驳澳门设路灯事，如径商钧署，请仍推出外办。　　又电：香山县丞向驻澳门，现仍其旧。　　刘瑞芬电：法外部称，北海渔船发照事已嘱法使商办。

六月　张之洞电：舵尾山为香山县属，与葡无涉，请驳斥。　　李鸿章电：韩、俄图们江行船议约已由袁世凯备文询韩政府。　　又电：俄欲在韩据地储煤，并韩拒俄索绝影岛事。　　又电：袁商韩外部，请俄使于图们江两国沿岸注明里数。总署电复：请俄注明事更坐实，希电袁阻止。　　又电：袁世凯报韩政府照复图们江行船事。　　又电：韩俄订约未咨礼部，似违定例。　　张之洞电：法在越南开铁路，运货内地，苏元春拟来面商办法。

七月　台抚刘铭传奏：基隆煤矿现拟归英商承办，请旨饬议。　　吉林将军依克唐阿奏：俄勘造伯力铁路。

八月　升泰奏：英藏界务已饬赫政再往印营，催速会议。

九月　升泰奏：据报，英人拟撤兵后仍照旧章，不办通商。

十月　祥麟等奏：唐努乌梁海久隶版图，请饬商俄使仍照旧约办理。

十二月　礼部奏：准朝鲜国王咨，请将前在吉林越垦韩民划还本国。总署议复：断难划还。

光绪十六年庚寅（即西历一千八百九十年）

二月　总署奏：重庆开办通商，停止轮船上驶，续议条款请派员画押。

中英订立《藏印条款》。二月二十七日

闰二月　总署奏：韩政紊乱，请饬李鸿章与臣等筹商办法，旋经议定要件六条。

中英订立《烟台条约续增专条》。闰二月十一日

中法订立《会勘广东越南第一图立石界约》。闰二月二十六日

三月　驻藏大臣长庚奏：俄官来藏，并商办廓藏贸易事宜。　　总署奏：俄商由科布多运货回国，拟照约开办。

四月　使俄洪钧奏：闻恰克图边界俄人穴地采金，拟处理积案。　　又奏：俄造东方铁路，我有东顾之忧。

七月 遣许景澄出使俄、德、奥、荷等国。 遣李经方出使日本国。

八月 总署奏：朝鲜议借洋债，已电各驻使知照，各国勿与订立合同。 库伦办事大臣安德、那逊绰克图等奏：恰克图等处开办矿务，窒碍难行。

十月 长庚奏：妥筹赡对善后事宜。 使美崔国因奏：美国废除旧金山驱逐华人新例。

十一月 升泰奏：请预防俄人勾结藏番。 滇督王文韶奏：法人遵约归我逃人。

十二月 使英薛福成奏：英属各埠拟添设领事保护华民。

光绪十七年辛卯（即西历一千八百九十一年）

正月 崔国因奏：小吕宋议设领事，日外部径直推辞。 使日李经方奏请添设筑地、大阪二处副理事。

三月 升泰奏：酌筹纳金要隘，暂就前拟兵数，量为移扎。

四月 塔尔巴哈台参赞额尔庆额奏：俄人借巴尔鲁克山年限将满，请知照俄使迁移俄属哈萨。

五月 总署奏：各省教案迭出，请旨饬各督抚迅速筹办。

六月 总署奏：缅甸贡期拟俟议界务、商务时再与声明。 江督刘坤一奏：南洋海防、江防应分别筹办，并考核兵轮，变通水师学堂旧章。

七月 李经方奏：箱馆事务渐繁，请派员专驻。 总署奏：遵议添设香港领事及改设新嘉坡总领事。

九月 总署奏：各使觐见恳求另定处所，据实代陈。奉旨：依议。 李鸿章奏旅顺口由洋人包建船澳、厂库各工并铁路、电灯各机器动用银两数目。 张之洞奏：武穴教案恤偿各款照镇江关成案办结。

十一月 薛福成奏：英、法教案牵涉既广，谨陈治本治标之计。

十二月 吉林将军长顺奏：三姓、珲春等处炮台亟宜整顿。

光绪十八年壬辰（即西历一千八百九十二年）

三月 总署奏：俄使商接珲春、海兰泡陆路电线，请派李鸿章妥与商订章程。

六月 薛福成奏：请严禁私购军火，以杜隐患。总署议复：照光绪元年奏定新章切实办理，申明条约，照会各国。 遣汪凤藻出使日本国。

闰六月 甘督杨昌濬奏：俄人觊觎帕米尔，将据色勒库尔，英于坎境筑台置炮，并嗾使阿富汗侵占苏满，请旨派员督办防务。

七月 总署奏：帕米尔介于中、英、俄三国边境，应于乌孜别里往南划分。

中俄订立《接连陆路电线约款》。七月初四日

八月 薛福成奏：中英两国会立坎巨提回部头目。 又奏：英、俄垂涎帕米尔，请设法勘界。

九月 李鸿章奏：借给朝鲜银十万两，由华商出名订立合同，限期拨还。

十月　李鸿章奏：朝鲜续借银十万两。

十一月　总署奏：新疆派员会立坎巨提头目事竣。

十二月　新抚陶模奏：俄人增兵，情形叵测，亟应筹备战守。　　遣杨儒出使美、日秘等国。

光绪十九年癸巳（即西历一千八百九十三年）

正月　总署奏：复陈帕米尔全地情形，并呈进地图。　　又奏：葱岭设防，苏满设卡，有碍约章。

五月　总署奏《藏印条约》缓议三款现已拟结情形。

七月　薛福成奏：请申明新章，豁除商民出洋居留旧禁，以广招徕。　　又奏：请酌派军舰保护外洋华民。

八月　总署奏：遵议豁除海禁旧例办法。　　又奏：派轮保商，现兵舰无多，应缓议。

九月　薛福成奏：遵旨与英外部商办滇缅界线，滇境内西、南两面均有展拓。　　又奏：缅甸每十年派员呈贡，英允实行。　　又奏：请饬滇督派兵驻野人山，替换英兵。　　又奏：车里孟连确系滇境，抚驭得宜，可免英、法、暹三国窥伺。

中俄订立《收回巴尔鲁克山文约》。九月初三日

十月　遣龚照瑗出使英、法、义、比等国。

中英订立《印藏条约缓议三款专约》。十月二十八日

十一月　中法订立《会勘广东越南第二图立石界约》。十一月二十二日

中俄订立《管辖哈萨克条约》。十一月二十五日

十二月　总署奏：重订中美约款，保护寓美华工。

光绪二十年甲午（即西历一千八百九十四年）

正月　粤督李瀚章电：新加坡华船洋药已商税司开办。　　总署电王文韶：法使照称，越边黄树皮等处现派兵前往接防。　　许景澄电：帕米尔划界，俄欲太奢，争议棘手。总署电复：小帕米尔俄已划归英线，但英亦允归我，此后只须在俄磋商西界。至英使云俄已备兵，似非无因，应以速了为妙。

中英续订滇缅界务、商务条款。正月二十四日

二月　李鸿章电：韩人金玉均在沪被同伴戕害，柩已运韩。　　军机处与总署会议应付日本事宜。

中美订立《限禁华工保护寓美华人条约》。二月十一日

三月　李鸿章电：据袁世凯电，日于东京捕韩员，韩撤使，日调兵。　　又电：探询日使大鸟，答：派兵系谣言。　　又电：据袁报嘱韩廷速委使日代办并韩日起衅情形。　　总署电李鸿章：日久思侵韩，请嘱袁道勿大意。　　李鸿章电：袁电称，金被戕不在日境，日人不能过问。　　又电：日不承认金思纯为韩代办。　　许景澄电：帕

界事俄主以地势紧要，不允相让。总署电复：现商之界我已格外通融，只可照彼两不进兵之请与之切实订定，容将来相机议界。　李鸿章电：韩人窦将金玉均尸凌迟。薛福成电：划界之先，英请照常办理，缅贡请允再展一年。　总署电李鸿章：英商运纺纱、榨油机器来沪设厂，已照会英使万难迁就。　总署电王文韶：英请借用天马关北大路，希查复。王电复：暂借未尝不可，仍请薛使指示新、旧路相距情形。　薛福成奏：向英索还汉龙、天马二关。　又奏：与英约定华船可在大金沙江行驶。　使美杨儒奏：与美外部重订限禁华工保护华民约款。

四月　伊犁将军长庚等奏：俄国原借巴尔鲁克山全境收回，业与订约。　又奏：收回俄国借地，安设卡伦。　粤督李瀚章奏：钦州、越南界务勘办完竣。　李鸿章电：据袁世凯电，韩东学党煽乱，请派兵船相助，已照办。　又电：沪道与英领议定火油池防患章程。　又电：袁世凯闻日员询韩外署华派兵船到韩何意，韩答以借送韩兵。　总署奏：议复珲春越垦韩民地亩无关勘界，应准派员清丈，立社编甲，收抚升科，并将花户造册报部。　又电：韩被乱党战败，韩王议求我代剿，文已缮就，又拟俟匪北窜再请。

五月　张之洞电：麻城揭帖已严禁，传教事亦屡照领事劝阻。　李鸿章电：韩请兵剿乱，已饬丁汝昌派济远、扬威二舰赴援。　又电：据汪使电，日议派兵赴韩，当复以韩未请日派兵，日不应派，祈与妥商。　又电：派兵事已电汪使照约知照日政府，闻日不认韩为我属邦。　又电：俄使问派兵事，袁答系出韩请。　又电：叶志超军拟驻牙山，日兵已至汉城、仁川。　总署电李鸿章：据日使照称派兵至韩情形，请查示，并探大鸟到汉城如何开议。　薛福成奏：新订滇缅条约须派领事驻仰光，拟拣员充补。　李鸿章电：官兵到全州，各匪逃去，惟韩惧日兵驻京，求设法。现由袁道与大鸟妥议撤兵。　总署电李鸿章：请令袁道商日使同时撤兵，惟韩匪未靖，饬叶志超等确探剿捕。　李鸿章电：接汪使电，日增兵胁和，欲革韩政。总署电复：韩为中属，日请会剿，万不可允。　又电：晤英、俄两使，已请其商日照约撤兵。　又电：叶军拟由陆路移扎平壤，并已饬丁汝昌添船赴韩，聊助声势。　又电：日驻汉、仁，已占先著，今我备而未发，以看情势最宜。　又电：日驻仁川之兵续调汉城，韩请美、英、法、俄调处，拟请中、日同时撤兵。　又电：仁川关员报称，日添船运兵及炮马到仁。　又电：日逼韩不认属华，否即失和，闻大鸟拟押袁道出境。总署电复：令袁道少待，候有失和确据乃回。　旨寄李鸿章：日焰愈炽，兵饷、军火著速筹划。

中法订立《会勘广西越南立石界约图表》。五月十六日

六月　李鸿章电：日于韩事向汪使提出三条，断难商办。　又电：汪使电称，闻日派四舰分赴山海关及闽洋，当系窥我海防。　又电：汪使电称，俄力劝日撤兵，未允。　又电：驻韩各使会议避免汉城及各口战事。　旨寄李鸿章：部款筹拨已定，

著妥筹战守事宜。　李鸿章电：日韩会议革政五条，限期施行，韩未允。　旨：派翁同龢、李鸿藻会同筹议朝鲜事宜。　李鸿章电：遵旨筹备海、陆军，严密分布。　又电：拟派商轮往牙山运兵入平壤。　总署电李鸿章：日复电无转圜意，已决进兵。　李鸿章电：叶志超兵单，拟在津军抽调往助。　台抚邵友濂电：布置台湾防务。　总署电李鸿章：英使劝日兵移南路、华兵扎汉城北路，再行开议，希统筹。　又电：即转汪使，如中日失和，即托美使保护华商。　旨寄李鸿章：日如开衅，叶军地势是否相宜，应早筹备。　李鸿章电：汪使电称，日兵突入韩宫，韩拒而败，日又添兵。　又电：各轮运兵上岸，被日开炮攻击，高升沉没，济远、广乙受伤。旨：著刘永福帮办台湾防务。　总署以日先开炮，衅由彼启，照会驻京各使。　李鸿章电：中韩电线阻断，现津电只能通至平壤。　又电：叶志超军与日战，互有伤亡。　又电：马玉崑往龙川，与卫汝贵、左宝贵同渡鸭绿江接应。　旨：汪凤藻著撤回，使馆、领署均托美廷保护。　旨寄李鸿章：战事已开，著厚集兵力，广筹援应。　盛京将军裕禄电：报告调遣各军，以防海口及策应后路。　总署电李鸿章：已照会日使，讽之使去。

七月　李鸿章电：接济叶军事，丁汝昌因无快船为前驱，拟另设法。　又电：日人擅更韩政，韩王遣员到津乞援。　又电：唐绍仪言：日兵数路并进，兵轮往大同江口，叶军被挫。　又电：日击沉高升船，已向英谢罪议赔。华死千余人，亦应索偿，已电龚使聘状师询商。　又电：遵旨调派陆、海军分防近畿及东北海口。　旨寄李鸿章：著专营海军，通盘筹画。　李鸿章电：卫汝贵、左宝贵、马玉崑等会商，现于平壤筑营防守。　又电：日船扰威海，各炮台还击，中伤不少，日尚有船在北洋游弋。　旨寄鲁抚福润：著派营填扎登州。　湘抚吴大澂电：请亲统湘军航海助战。

旨寄李鸿章：著令丁汝昌率军舰严卫威海、旅顺等处。　李鸿章电：叶军到平壤，聂军次日可到。　旨寄李鸿章：著派叶志超统率各军。　旨：丁汝昌毫无振作，著革职戴罪图功。　吉林将军长顺电：元山以北、平壤以东悉为日占，韩派员求援，请添练劲旅赴珲春防守。　李鸿章电：日雷艇在大东沟口巡探，现饬丁汝昌带队往击。　刘坤一电：日使及津、烟、沪三领事均已回国。　总署电杨儒：美约寄尊处互换，墨约亦奏准订议。

八月　李鸿章奏：遵旨复陈遴选海军统将，目前仍以丁汝昌为宜。　又电：叶志超报到平壤后布置攻防事宜。　台抚邵友濂奏：筹备海防，恳拨的款。　又电：请派杨岐珍总统基隆、沪尾各军。　旨寄李鸿章：龚照瑗所购阿摩士轮船著照议办理。

李鸿章电：据报日兵水陆交攻，已饬周馥、袁世凯出山海关往办粮运。又拨大连盛军劲旅四千，令海军护往大东沟，起岸直指义州、安州援应。　又电：吴大澂报布置威海一带防务。　许景澄电：购定枪弹即起运。　李鸿章电：据伦敦电，韩、日立约合攻中国，韩欲自主。　又电：聂士成报日军扰我运道，断我电线，包围平壤。

又电：平壤危迫，拟派宋庆往援。　　又电：丁汝昌电，与日船战于大东沟，我船伤毁四只，击沉日本三船。　　又电：据龚照瑗报，丁提督受伤。　　又电：左、马两镇受伤，吕本元击散定州日兵。　　旨寄李鸿章：平壤后路日兵愈多，著饬各军设法剿办，并令宋庆迅赴义州合攻。　　又电李鸿章：著饬丁汝昌催齐各舰以备再战，并擢用林同祥。　　盛京将军裕禄电：九连城报左宝贵阵亡。　　闽督谭钟麟电：香港、北洋借款均未成。　　黑龙江将军依克唐阿奏：遵旨移扎奉天，请拨饷募兵御敌。　　旨寄李鸿章：著迅筹义州等处防务，并令宋庆督办北洋军务，驰赴九连城布置防守。叶志超等军恐被隔绝，著由安州回顾后路，与铭军合力防守义州。　　李鸿章奏：军情益急，臣力难支，据实沥陈，请圣明主持大计。奉懿旨：办理为难情形早在洞鉴，北洋门户最关紧要，该大臣布置有素，筹备自臻严密，本日已派宋庆为帮办大臣驰赴九连城。该大臣亦应统筹兼顾，不得稍有诿卸。　　又懿旨：发去宫中内帑三百万两、钱两万串，交李鸿章迅即运往，以济饷需。　　总署电龚照瑗：湄江上游瓯脱地界，请询英愿否中、法、英三国会勘。　　旨寄定安、裕禄：日氛渐逼，著就现有之兵速筹布置，并调吉林官军严防鸭绿江等处。　　李鸿章电：叶志超进扎义州，日人三路进兵，韩民附日，为之引导。　　旨：著李鸿章将首先逃走之济远管带方伯谦正法。　　东三省练兵大臣定安等电在九连城、大东沟布置防务情形。　　李鸿章电：查复日船所在，并会商吴大澂分派将弁扼守东省各要隘。　　又电：沽塘布置大略，如有大股扑犯，再添调客军。　　旨寄李鸿章：台湾拿获代日运货之英船，据邵友濂电奏办法已极公允，毋庸再议。　　李鸿章电：据赫德言，日兵分三队来华，请分饬闽、浙、台、粤严防。

中英订立《滇缅边界陆路电线条约》。八月初七日

九月　懿旨：恭亲王奕䜣著在内廷行走，管理各国事务衙门，并添派总理海军事务，会办军务。　　旨寄张之洞：著催魏光焘及饬熊铁生、余虎恩、刘树元各率所部北上，并来京陛见。　　旨寄刘坤一：著严查济敌米粮。　　又电：著程文炳迅速北上。　　旨寄宋庆：著节制北洋各军，叶志超总统著即撤销。　　旨寄李鸿章：著传谕刘铭传即来京陛见。　　统领湘军陈湜奏：率队抵津。　　旨：邵友濂调署湖南巡抚，福建台湾巡抚著唐景崧署理。　　旨：著宋庆传旨派令聂士成统带叶志超、卫汝贵所部各军。　　提督宋庆电：长甸、宽河尚觉空虚，依将军移防北路为宜。　　旨寄裕禄等：金州、复州等处著各派兵严密布置。　　旨寄李鸿章：战舰受伤谅已修好，何时出巡，迅即复奏。　　李鸿章电：大连湾为旅顺后路，宜互为犄角。　　宋庆电：虎耳山界江河之间，日有造桥扑犯意，现与马玉崑各部分布爱河两岸，严防扑渡。　　宋庆电：据倭恒额称，日于东洋河蹦渡，堵遏不及，请饬依克唐阿由北路会剿。　　又电：日军渡江猛扑，力战失利，自请严议。　　李鸿章电：探报日兵在皮子窝上岸，请饬裕、定两将军迎剿。　　又电：探闻日人欲往旅顺登陆，韩王次子已赴日报聘。　　又电：宋庆报日兵已过江西凤凰城，无险可守，应令守摩天岭。　　依克唐阿电：闻日兵三万余人

在岫岩界上岸，分股窜扰，请速援。　旨寄李鸿章、刘坤一：近畿防务吃紧，著各派敢战将领，分扎京通一带。　旨寄唐仁廉：著克日赴津面商李鸿章，拨给勇营，赴山海关一带驻扎。

十月　李鸿章电：据大连赵怀业报，日兵由皮子窝拥进。　使美杨儒电：前北洋电请美国会同英俄调处，美盼中国获一大胜，议和方得体，意甚关切。　宋庆电：败退各军现扼扎大高岭，以固辽阳门户。　李鸿章电：周馥报移运局于大高山下，并设电线。　又电：日注意旅大，今向皮子窝内窜，恐抄我军后路。　又电：日兵至李家店，金州万紧。　旨：著恭亲王奕䜣督办军务，各路统兵大员均归节制，并筹办巡防事宜。奕劻、荣禄、长麟等著帮办军务。　旨寄刘坤一：著来京陛见，张之洞调署江督。　旨：卫汝贵著革职拿问，丁汝昌撤销议叙案。　鲁抚李秉衡电：登防紧要，夏辛酉不能北上，派章高元统兵入卫。　旨寄李鸿章：旅防危急，著饬丁汝昌率各舰游弋截击。　李鸿章电：据总兵徐邦道等电，请派卫汝成军，援应大连。　李鸿章电：湾旅万紧，请令唐仁廉督同诸将，设法战守。又海军兵力太单，未便轻进。　又电：徐邦道禀金州已失，已催宋庆等牵制敌后。　定安等电：请饬宋庆统筹全局，先顾辽阳门户。　李鸿章电：丁汝昌电，旅顺危急，恐难久支。　裕禄电：辽沈吃紧。奉旨：著长顺迅带吉林兵赴奉。　以定安练兵不精，依克唐阿督兵观望，交部分别议处。　旨寄李鸿章：著饬丁汝昌往带定远、来远二船出险，傥有失即正法。　旨寄许景澄：派王之春往俄唁贺，著先告外部。　侍郎张荫桓电：日不欲局外居间议和，各国亦心志未齐，拟遣谍径达伊藤较为直捷。　李鸿章电：探报宽甸自依军移开后已为贼据。　又电：摩天岭日兵并非击退，系改道抄盖平宋军后路，宋军兵单可虑。　又电：巴兰德云，前数日各国公议，皆以东洋有奢望，大约志在台湾。鄙意中国仍当力战，俟东力乏，各国自愿调停。　丁汝昌电：日船在口外游弋，威防吃紧，镇远船为水雷挤伤。　旨：著李鸿章饬旅顺防军坚忍守御，并接济饷械。　旨：著依克唐阿速赴大高岭，与聂、吕等军合剿。　李鸿章电：卫汝成冲锋大捷，我军后援不至，旅围难解，请催宋、铭两军进援。　旨：著李鸿章令唐仁廉等军赴东，为宋庆后路援应。　旨寄裕禄：日兵由摩天岭趋盖平，著耿凤鸣等军截剿。　李鸿章电：据马金叙报，岫岩失守。　又电：据刘含芳报，旅顺失守。　以战事退缩，命革叶志超、丰陞阿、聂桂林、赵怀业职。　署江督张之洞电：江防吃紧，请饬冯子材募旧部粤勇办理沿海防务。　杨儒电：我欲议和，可告美使转达日政府。　以旅顺于二十四日失守，奉旨：李鸿章著革职留任，并摘去顶戴。

十一月　李鸿章电：据聂士成报，克复连山关，阵毙日先锋官。　宋庆电：回军熊岳，收集溃兵。　李鸿章电：德璀琳由日本电称，文函经致伊藤，声明回沪候信。并云有要语，俟回津面陈。　桂臬胡燏棻奏：统筹洋员汉纳根呈请召募洋将练兵、添船、购械各节。　宋庆电：闻日得旅顺后全力北犯，拟将各军会合辽海，竭力堵剿。

旨寄李鸿章、宋庆：我军积疲不振，亟应整顿。　旨寄张之洞：日船恐扰南洋，著饬沿江、沿海严防，并谕郭宝昌率营北上。　以金州失守，命革副都统连顺职。　杨儒电：美劝中日议和，中国应早遣使、早息兵。　李鸿章电：接龚照瑗电，日计在沽南登岸取威海，已饬于沽、威添筑土炮台严防。　侍郎张荫桓电：日本拟请订期会议，已商李鸿章复田贝，谓：中国拟派全权。　李鸿章电：聂士成报夺回分水岭，军士奋勇，请择尤保奖。　宋庆电：日陷复州，意图北犯，我军在盖平严备。　李鸿章电：据周馥〈电〉，请催唐、吴、李各军分扎海城、牛庄、营口，为宋后劲。　军务处电宋庆：日兵北犯，已饬魏光焘、陈湜率部出关会剿。　宋庆电：新队已募足三十营。　又电：日军大股奔大石桥，现督同马、刘诸军相机办理。　李鸿章电：海城失守，宋军恐受日包抄后路，殊为可虑。　旨寄宋庆：敌分窜辽阳交界，著加意严防。　旨：丰陞阿、聂桂林、卫汝贵、叶志超、丁汝昌均拿交刑部治罪。　宋庆电：日氛甚恶，现退守牛庄，拟联合诸军杜其西窜。　李鸿章电：海军统将戴宗骞等公请丁汝昌留任，立功自赎。　宋庆电：日兵北犯，遵旨将章、张两军合并一路，先固营口。　李鸿章电：海城失陷，请饬吴大澂酌拨新购炮械，令诸将分保营口、辽沈。　宋庆电：海城附近接仗互有伤亡，请派大军来防锦州，以遏山海关。

十二月　命刘坤一为钦差大臣，节制关内外合军。吴大澂、宋庆帮办军务，李鸿章办理北洋防务。　派侍郎张荫桓、署湘抚邵友濂为全权大臣，赍国书赴日修好。　李鸿章电：日第三军由广岛赴威海。　又电：据袁世凯报，盖平失守，分统杨寿山阵亡，依军在阳岗子得胜。　刘坤一电：据章高元报，盖平之战毙敌约三千人，我军官弁亦伤亡甚多。　津道盛宣怀电：日志奢，和事难卜，请趁冬寒合击。　宋庆电：日兵进逼牛庄，已派军迎敌，并护运道。　李鸿章电：据报日船在登州、荣成等处开炮。　又电：据戴宗骞报，与日船接战，毙敌甚多，援军尚未到。　使日张荫桓、邵友濂奏：定期赴日，请饬总署电田贝转告日本接待。　李鸿章、李秉衡电：据刘超佩报，荣成失守，我军退守营口。奉旨：前李鸿章预筹水陆相依之法尚属详悉，即饬迅办，毋得坐困。　刘坤一电：现抵津与李鸿章等商办海陆军布防事宜，乞准丁汝昌立功自赎。　张荫桓等电：闻日廷派伊藤等会议，请询田贝。

清季外交年鉴卷一终

清季外交年鉴卷二

光绪二十一年正月至二十七年十二月

光绪二十一年乙未（即西历一千八百九十五年）

正月　李鸿章电：据戴宗骞报，孙万林等迎击日兵前队获胜。　张荫桓等电：接驻日美使电，日官改于神户相迎。　长顺、裕禄电：派各军分路前进，订期合围。　刘坤一电：吴大澂已出关，滦乐、山海关等处遵旨妥筹布置。　鲁抚李秉衡电：调兵驻扎荣成县西之戾头，以遏通威之路。　依克唐阿电：两次攻海城因兵单事败垂成，请令各军联络专攻一路。　李鸿章、李秉衡电：据戴宗骞等报，威海南路苦战十日，击沉两敌舰，现龙庙嘴、鹿角、赵北等处炮台均失陷。　李鸿章电：日船紧攻威海北岸炮台，丁汝昌与戴宗骞商同毁炮，避往定远兵船。　李秉衡电：威海失守，请旨严议。并拟移扼莱州，以固省城门户。　李鸿章电：日以我国所赍国书文理不全，不允开议。　李秉衡电：戴宗骞退回刘公岛，已自尽。我水师与日船鏖战，击沉彼舰数只。请饬章高元军回东驻扎海丰一带。　又电：刘公岛已失，水军覆没，恐其西犯，遵旨移扎莱州。　总署奏：息借汇丰银行一千万两暨三百万镑，订立合同。　张荫桓等奏：和战相为表里，请饬统兵大员仍实力防剿，以期事易就范。　李鸿章电：日舰偷进日岛，定远等舰均被击沉，自请罢斥。　又电：据德璀琳函称，俄已与英、法订约，日所索如过奢，必设法调停。　又电：据孙金彪报，日游骑至宁海州等处，烟台商民迁徙一空，请派援兵。　又电：据刘含芳电，丁汝昌、刘步蟾、张文宣均在威殉难，尚存六舰。　张荫桓等电：日以使权不足，不能开议，现已回沪。　又电：敕书以乞酉年北洋与伊藤互换文式为妥。　命李鸿章入觐，以王文韶署直督。　李鸿章电：接张荫桓电，伊藤于议和事似欲主议者当机能断，免为英、俄所持。　又电：接张荫桓电，拟延律师科士达襄办和议，已属转留。　杨儒电：请以拟赔日费联络英、俄助剿。　龚照瑗电：法外部言，和局已与英、俄商竭力调处。　署直督王文韶电：俄主语王之春，自愿与英主出为和解。　李鸿章电：拟入觐后与各国公使密商，再往旅顺议和。　旨：张荫桓著回京供职，邵友濂即赴湘抚任。日本不允开议，非该侍郎等之咎。　津道盛宣怀电：据港电，日兵船至台湾，水线已断。　旨：著谭钟麟设法运兑台饷，并谕唐景崧督饬刘永福严防。

中英订立《汇丰银行一千万两暨三百万镑借款合同》。正月初一日

二月 张之洞电：请借洋款，由各省认还。 龚照瑗电：英外部言，全权奉命应暗有限制，如日言让地，不能允，即可遵停商量之权。 王文韶电：拟令聂士成统率各军作为津沽游击之师。奉旨：屏蔽京畿为第一要著，著聂士成赴芦台驻扎，津沽各海口防营均归总统。曹克忠三十营著专顾津南一路，妥筹防剿。 张之洞电：拟以台湾作保向英借款，请其派兵轮保卫。 宋庆电：辽阳大高岭告急，兵少难兼防剿，请示办法。奉旨：著长顺就近移扎要隘，助守辽阳。 总署奏：敌情叵测，时势阽危，李鸿章应速赴长门会议。 特授李鸿章议和全权敕书。 全权大臣李鸿章奏：遵旨赴日本议约，预筹大略。 宋庆电：牛庄失守，拟率队北援辽沈，西防锦州。 旨寄长顺、依克唐阿：著联络声势，共保辽阳。 王文韶电：据袁世凯报，营口失守，宋庆派队往援，恐难及。 李鸿章电：乘德船至马关，晤日全权，先请停战，意似游移，约期再议。探知日又运兵出马关，似往台澎，确否？辽榆军情乞示。 宋庆电：督率马玉崑等在田庄台接战获胜。 张之洞电：押款保台如以为可，请饬龚、许两使筹商。 宋庆、吴大澂电：田庄台不守，请严议。奉旨：著督率各军以为进剿之地。

龚照瑗电：法外部欲商之事，回法再议。 使俄许景澄电：俄主谓必竭力劝成和议，德主允劝日本所索不宜太过。 宋庆电：驻守闾阳驿，将各军撤至大凌河西，挖壕严守。 旨：吴大澂疏于调度，著撤去帮办，湘军交魏光焘暂统，仍由刘坤一调度。 台抚唐景崧电：请商各公使饬观战各兵轮勿入口。 旨寄刘坤一等：日船出马关北窥，著饬各炮台严防。 唐景崧电：日船犯澎，被我炮台击沉二只、伤二只，余逃复回，经力战寇稍退。奉旨：该逆尚未远遁，恐其复来，应严防。昨据电奏，恒春有船游弋，可饬刘永福妥筹兼顾。

三月 张之洞电：遵旨通筹大局，请将朝廷规划遇有饬知北洋之事电饬南洋，俾得筹拟。奉旨：前奉懿旨，令该督通筹战守，原指饷械兵将而言，至机宜重要必须慎密。北洋事务自有专司，安能事事饬南洋知之，所请著勿庸议。 张之洞电防守海州、清江情形。 唐景崧电：澎湖力战三日，官兵伤亡甚多，已失守。 依克唐阿电：遵旨赴腾罗堡等处扼堵，并长顺移扎小北河，徐庆璋守吉峒峪。 唐景崧电：北省停战，台独向隅，台民愤骇，恳饬兵轮应援，并饬粤省接济枪弹。 旨寄刘坤一：日允北路暂行停战，声言将攻台湾，情殊狡诈。倘和议难成，仍应开战。宋庆拟留铭、嵩两军分驻石山站，自率毅军移驻大凌河，应照准。 李鸿章电：停战事请催袁世凯专马迅递各军，免滋误会。 又电：伊藤谓停战期迫，倘华将再有背谬，即废约。总署电复：华官不谙西例，故不就商，已谆属前敌各军按兵不动，希转告。 宋庆电：驰抵大凌河西布置一切。 龚照瑗电：日索地、索费事已请英与俄、法、德商办劝阻。

许景澄电：德劝中日息战，并谓专听俄廷定夺。 王文韶电：停战期将满，已饬各炮台实力整备，并亲赴塘沽查看。 依克唐阿电：接日人照会，因未奉有彼此议和分界明文，经即发还。日自停战后仍添兵，设伏安炮，请电知全权筹议。 唐景崧电：

有策士自日来，谓日窘甚，若停和议，不允赔款，彼计立穷。又探得日因疫甚死者多，刻在澎抽兵。　刘坤一电：现各军枪械略富，兵勇锐气可用，赔款割地无此办法。

张之洞电：冯子材粤军到齐，拟令节制海州、清江诸军，以护运道。　又电：请借英款，调英将整顿水师。　李鸿章电：与日订约，经已画押，并饬已收口。　唐景崧电：台民呈称愿效死，勿割台地。　刘坤一电：据丁槐电称，闻割地、偿费、议和，不胜忧愤，请坚持战局。　李秉衡电：割地请成断不可允，请决意主战。　盛宣怀电：巴兰德言现德约俄、法向日开说，不允《马关条约》。　唐景崧电：台民不服割地，恐激他变。　李鸿章奏：中日会议和约已成。　唐景崧电：请废约再战，并商驻京各使公断。　张之洞电：接王之春电，西人谓凡勒占邻土必视民意为从违，请援普法近例商日。　又电：日约各条贪婪太甚，不论远患，先有近忧，伏望熟思深察。　谭钟麟电：台地难交，赔款难筹，请动以情理，宽展期限。　李秉衡电：议和条约尚须斟酌，谨披沥愚忱。

中日订立《马关条约》暨议订专条、另约、停战条约、停战展期条约。三月二十三日

四月　宋庆电：日人无理要挟，愿与天下精兵舍身报国。　旨寄许景澄：巴使向德廷陈说劝阻新约，深堪嘉许，著传旨奖励。　刘坤一电：日挟土人混入辽沈，拟为内应，已拿获三十余人。　旨寄刘坤一、王文韶：和战两事即应立断，著抒所见，据实直陈。　张之洞电：日约万分无理，地险、商利、饷力、兵权一朝夺尽，请商英、俄相助，因和议已许割地，故为权宜转移之策。　豫抚刘树堂电：日人欲壑难填，请仍战，免中狡谋。　唐景崧电：台民万众一心，无从分解，已请英保护。　李鸿章电：闻驻日之德、法、俄公使照会日廷，不许其割据中国毗连之疆土。　总署电：德、法、俄三国以日本新约属暂缓批准，并力劝日本再加减让，特电致谢。　李鸿章电：据伦敦电，日已复俄、法、德三使，如将奉天之地辞而不受，必激日人内乱。王文韶电：日人要挟狠鸷，现势成孤注，请饬王大臣通盘筹议。　鄂抚谭继洵电：和约要挟太重，万难允从。　粤抚马丕瑶电：巨款难筹，要地难弃，请改议。　依克唐阿奏：敌不足虑，请变通和约，以绝觊觎而固本根。　唐景崧电：台民血书呈称万不从日，请照公法以民意为从违。奉旨：台不可弃，万口交腾，著李鸿章熟察情形，详筹挽回之法。　李鸿章电：改约另议不敢孟浪。　刘坤一电：诸将一闻和约义愤填胸，皆欲决一死战，坤惟有力任战事，此外非所敢知。　桂抚张联桂电：要盟难许，宜策万全。　唐景崧电：台民闻三国阻约，人心稍定。　龚照瑗电：法廷会议催日酌退所割土地，英似另有主见。　杨儒电：美愿帮助，并请我从缓批准。　许景澄电：日如不允换约，俄当别有举动。　又电：三国似有布置，但仍主持重。　张之洞电：台湾民变正合西例，可冀西洋各国动听。　福州将军穆图善电：请朝廷俯察群言，驳废谬约。　旨：著派联芳、伍廷芳往烟台互换条约。　许景澄电：巴使言直归辽地恐难，或可改暂押。　总署电：美使田贝请转达日本展缓换约日期。　李鸿

章电：三国劝缓批准，各国外部并未明言，难为确据，仍宜暂行批换。 许景澄电：俄欲借款与我备偿日费，英银行所商请缓定。 唐景崧电：台之存亡视批约准否，乞密示消息。 刘坤一电：和议不成，日必犯京畿及辽沈，已会商宋庆妥为布置。总署电李鸿章：希刊给伍廷芳等换约关防。 张之洞、陈宝箴、谭继洵、德馨、李秉衡、唐景崧、张联桂等电：日事各国现正商办，若仓卒换约必归咎于我，乞审慎。张之洞电：俄已派战舰赴辽，明系俟我换约后向日索辽，备与英战。 换约大臣伍廷芳电：同联芳即乘船赴烟台，关防已领到。 裕禄奏：据海城绅民禀称，不忍置身化外。 裕禄、长顺、恩泽、依克唐阿、安定、济禄、富尔丹、李培元等电：将士奋发，可与力战，万勿允和。 李鸿章电：德璀琳禀称，巴使言和约即换，三国仍须费力，因日自说明仍可商改条款。 唐景崧电：闻与法使立约保台，不知办否？祈示。

李鸿章电：闻日已允复三国，除旅顺外，交还辽东，但须以他项相抵。 又电：据报俄国有铁甲快舰等到烟。 陕藩张汝梅电：日人要挟太甚，割地赔款均不可从。

甘督杨昌濬电：闻中日和约各条可痛，李鸿章老悖，草率画押，想朝廷必有斟酌。

唐景崧电：台湾变在俄顷，请商法轮速来。 李鸿章电：日已遵俄、法、德劝，不据辽地，请速换约。 又电：接龚使电，英劝日勿与三国为难。 伍廷芳等电：遵旨与日使换约，并日使送还照会三件。 李鸿章电：闻法廷欲制台、澎日军。刘坤一电：闻日计欲由滦河登岸，进窥永平，拟暂驻唐山，认真整备。 晋抚胡聘之奏：请饬另议和约，速筹战守，以固人心。 旨寄许景澄、龚照瑗：三国争回全辽，著传旨致谢。 署吉林将军恩泽电：日奸细在海参崴绘俄炮台图被获收禁，又闻俄已击毁日船一艘。 唐景崧电：请联合各国公保台湾。 张之洞电：请借德商瑞记款一百五十万镑。奉旨：经总署、户部议定，准借用一百万镑。唐景崧请筹饷银五十万两，著即陆续解往。 李鸿章电：烟台现泊俄舰十二艘，若临敌然。 唐景崧电：请邀各使与日商安台民之策。 李鸿章电：伊藤对台事未复，法议保台似尚游移。

总署与法使商保台湾，法使谓：日已允让辽东，台事本国未便干预。 旨寄张之洞：著拨枪万枝解台。 许景澄电：俄主愿中国偿费早给，日兵早退，已饬部备款待借。 李鸿章电：日已派台湾巡抚，请我派员移交。 龚照瑗电：闻法与他国密议，台事暂不使华与闻，恐生枝节。 总署电许景澄：俄询借款办法，可告以分偿押保向例，现德、法亦愿借款，俟俄款商定再与酌订。 李鸿章电：现电商伊藤，请令桦山暂缓起程，乞开导唐抚勿任意固执。 又电：据伦敦电，闻日本意欲俟中国将款交付后，撤回驻辽各军。 张之洞电：据台湾绅民公禀，坚留唐景崧、刘永福仍理台事，请代奏。 许景澄电：俄谓不及顾台，德已告台民不能保护，谨闻。 张之洞电：接王之春电，法外部谓归辽事已尽力，不欲再举。 旨：派李经方为全权大臣，前往台湾与日使商办事件。 李鸿章电：德、俄均未必与日兴戎，台事宜慎。 德外部电：台湾华兵日增，如再开仗，损失更多，请总署设法弹压。 许景澄电：订借俄款，请以关税作押。　李鸿章电：伊藤谓中国已将台湾主权让与日本，勿庸会议。　旨：署台抚唐景崧著开缺，来京陛见，文武各员著即内渡。　旨：著许景澄将台变各情详告俄廷，免日藉口。　驻藏大臣奎焕电：边界事藏员坚持旧日鄂博，为言开导不遵，现拟转商印员缓期举办。　总署电许景澄：德国揽借一款，其情难却，可将第一次归款先向德借款付给。　许景澄电：俄与德、法商定请日本归辽减费。　李鸿章电：俄、德、法令日人声明交还辽东应补之数，并即撤兵。

五月　许景澄电：俄外部仍请按一万万全借，早退日兵，了结辽事。　李鸿章电：日简林董为驻华公使。　又电：接伊藤电，两国所派大员应在淡水会齐。　又电：唐抚不遵旨撤兵，横生异议，请朝廷勿为所惑。　许景澄电：法、俄方睦，俄款可借。　李鸿章电：已请伊藤知照桦山，俟台地平静，李经方赴淡水会商。　唐景崧电：台民强留，摄行民主国总统事。　张之洞电：台已自主，未便再济饷械。　李鸿章电：已电伊藤，台湾主治地方权已照约交与日本，其了结地方变乱之法勿庸两国会议。　总署电张之洞：希转唐景崧宜设法脱身早归，免生枝节。　旨：著张之洞、谭钟麟饬海口各官禁止运械往台。　唐景崧电：粤军在三貂岭与日战获胜。　李鸿章电：龚使报英接台湾自主电告，拟不置复。　又电：杨岐珍报台事实情，已带营回厦。　派李鸿章、王文韶为全权大臣与日使妥议事件。　旨：著李鸿章告日使，和议既定，中国断无嗾使台民自主之理。　全权大臣李经方到基隆，订立交接台湾文据。　闽督边宝泉电：台湾省城内乱，唐抚已赴沪尾，日兵尚未入城。　总署电许景澄：外报传俄派兵至帕米尔，探明电复。许复称：俄谋迁哈萨克住帕代守兵。　浙抚廖寿丰电：苏、杭定为口岸，请派员将各项通商条约通盘筹画，妥定章程，再议新约，以维利权。　许景澄电：俄借款事声明不在拟订四端外别索利益。　又电：俄稿末条语太宽浑，彼允定后再议。　总署奏：法国以助我争辽，要求续议中越界务、商务条款，拟稍示变通，以固邦交，请派员画押。奉旨：派奕劻、徐用仪与法使画押。　旨：对日偿款事著户部咨行各大臣等各抒所见。　依克唐阿、长顺、裕禄等电：日本增兵，其情叵测，大高岭兵未可遽撤。　张之洞电：唐景崧脱身内渡，应否遵旨陛见。奉旨：唐景崧著即休致回籍。　总署电李鸿章：希转龚使告英外部，法约画押暨让法以猛乌、乌得与中缅条约无干。

中日订立《交接台湾文据》。五月初十日

闰五月　宋庆电：和议已成，分别遣撤各军。　许景澄电：与俄外、户两部磋磨借款条文暨促日本归辽时限。答云俟款事定后催办。　李鸿章电：照约日军驻威海，中国军队不得逼近，南岸我军应令酌移。　署滇督崧蕃电：猛乌非江洪境，请与英使辨明。　总署电龚照瑗：请执缅图示英，以破其误。　奎焕电：藏番难以理喻，可否商英使缓至五年换约。　龚照瑗电：英外部以欧使阻让两乌署不受商，颇有违言，请将法约暂缓批准。　许景澄电：俄拟借款定稿作为两国互订专条。　总署电龚照瑗：英使馆存缅界图恐不足据。　　许景澄电：中俄《四厘借款合同》请知照喀使。　李鸿章电：据刘含芳称，日兵欲占民房，请总署按约驳辩。　　又电：刘含芳称，借民房事日员不受商，只得暂借。惟须另盖兵房，方能相安。　　又电：草庙防营实在海湾四十里以内，恐鲁抚拘执不肯迁徙，乞奏饬照办。并已电伊藤照约缮修兵房。　　又电：威海口岸划界已饬妥办。　　旨寄张之洞、奎俊、廖寿丰：日约改造土货一节关系甚重，著筹复。　　边宝泉电：日用兵轮八艘载兵万余，由基隆上岸南进。　　李鸿章电：孙万林扎营在海湾南岸四十里内，请饬移扎。　　许景澄电：俄款合同已画押。奉旨：借款既定，归辽即应接办，著询外部确信。至赔款万难再允，并婉商竭力维持。　李鸿章电：接伊藤电，已谕日军司令官，俟兵房盖妥来威。　　遣裕庚出使日本国。

李秉衡电：威海日兵回旅，不住民房，我军亦遵谕调回。　　旨寄张之洞：铁路重要，著奏保数员以备简用。　　龚照瑗电：俄、法催日还辽，并法廷饬法商以轻息贷款。

中俄订立《四厘借款合同》。闰五月十四日

六月　户部尚书熙敬等奏：整顿洋税，逐渐收回利权。奉旨：著户部及各省将军、督抚整顿厘金，裁减制兵。　　许景澄电：罗拔云日索赔过多，退期迁延，现惟核减赔数，撤去商约，冀早结局。　　张之洞电：拟派员测勘沪宁路线。　　川督鹿传霖、署鄂督谭继洵电：遵议中日新约第六款补救办法，谨拟各端。　　署滇督崧蕃奏：宁洱县之猛乌、乌得本系华地，查明委员贻误，据实纠参。　　张之洞奏：时事日急，万难姑安，谨陈九事以图补救。　　龚照瑗电：猛乌地方法外部不愿商英。　　崧蕃电：两乌交地已饬思茅同知遵办。　　龚照瑗电：英告驻英法使，猛乌与法无涉。　　奎焕电：藏界因番人力阻，未克会勘。　　旨寄许景澄：辽地索偿，日久未决，著确探俄情具奏。

七月　许景澄电：德廷不愿减日本索费，俄外部力主核减，德稍松口。　　张之洞奏：教堂买地不先报官流弊太大，拟请照约由地方官查明方准税契。　　又电：俄造西伯利亚铁路，意在网罗亚洲东方贸易利权。　　又电：遵旨筹议日约补救办法。　　许景澄电：退辽赔费三国公议减二千万两，然须兵、赔两费并交。　　龚照瑗电：野人山易地事宜早议，并已与山侍郎接洽。　　张之洞电：内河小轮现有华商拟集股承办。　又电产货地方先抽厘金办法。　　又电：请于日本新约指明河道经过地方，免致牵混。　　又电：遵旨筹办芦汉铁路，并勘沪宁、粤汉、京张、陇海等路。　　旨寄许景澄、龚照瑗：应交日本五千万两，著在伦敦交与日使。　　龚照瑗电：旨允酌让红奔河以南数里，此地在纬线几度，乞示。　　许景澄电：据法外部言，三国公议辽东赔费三千万两，日廷已允。　　驻法参赞庆常电：俄、法外部称，退辽限三个月，赔费三千万经三国议定，如商减日必翻议。

八月　旨：著张之洞通筹湖北铁政局，勿蹈前失。　　旨：刘秉璋办理川省教案督率无方，著革职永不叙用，并著龚照瑗告英外部。　旨寄奎焕：准第穆呼图克图辞退藏番，政教归达赖接管，并著相机操纵。　刘坤一电：还辽偿款三千万可照议完结。　旨：著派李鸿章为归还辽旅全权大臣。　遣庆常出使法国。

九月　总署奏：俄国派员分往东三省查勘修接铁路事宜。　又奏：俄人在东三省借地造路，关系甚大，应自行查勘兴办。　许景澄电：俄谋借地修路，若先允自造，转少退步。　使法庆常电：哈外部云铁路不伤中国利权，已电令法使和商。　崧蕃电：法据两乌，并将磨丁、黄竹板画入彼线，请留意。　廖寿丰电：日本通商地段已勘定，开办商务需人，请饬温州道袁世凯赴任。　龚照瑗电：猛地不能挽回，英认改缅约商务、界务二事须允其一。　张之洞电：苏绅等拟办沪宁铁路，俟估工筹款后请旨。　旨寄张之洞：归辽议定，著将南洋各船移泊旅顺。　旨寄宋庆：俟日兵退出，著带各营前往旅顺分扎。　旨寄许景澄：辽费三千万著于伦敦存款内提交龚照瑗转交日使。　旨寄裕禄：归辽换约后，著接收各州县，并整顿税务。

中日议定《交收辽南条约》暨专条。九月二十二日

十月　谭钟麟电：拟调刘永福署南韶镇。　旨寄李秉衡：俄水师轮船借泊胶澳过冬，著饬地方官照料。李电复：请预商定退出日期。　许景澄电：请照俄外部案，赏给德宰相等宝星。　张之洞电：日约无理已甚，择要先达，务请坚持。　又电：遵旨先派闽兵轮往扎旅顺，余俟修竣即往。　总署奏：代递英、美两国教士条陈中国教务。　旨：著督办军务王大臣传知中外集股筹办芦汉干路。　旨寄王文韶：津榆官办铁路用款过巨，著查明具奏。

十一月　张之洞电：遵旨令兵轮赴旅顺，并苏沪铁路已定议开办。　王文韶电：派员接收旅大，船坞尚无恙。　宋庆电：接收金州、大连湾等处，已派营分守。　总署奏：拟准英国通商广东之西江，至野人山让地则仍与磋磨。　许景澄电：德外部称，德助争辽，请借地储煤、泊船。请核示。　旨寄张之洞：湖北铁厂炼钢轨、制快枪实为当务之急，著回任后加意举办。　旨寄刘坤一：两江地方紧要，张之洞办理铁路、练军诸大端，著回任后实力筹办。

十二月　宋庆电：查勘旅大各炮台均被毁损，议再商修。　张之洞奏：创练新军拟责成洋将管理操练，以洗积弊。　又奏：筹办宁沪铁路已派洋员测勘，分段兴造。　又奏：拟请饬办邮政。　龚照瑗电：江场既归法，应请告法与英说明。　旨寄刘坤一：辽海解严，著传知各军及早裁撤。　总署奏：续陈接收辽、旅地方情形，并请赏给俄、法、德三国公使宝星。　张之洞、边宝泉、鹿传霖、谭继洵、赵舒翘、廖寿丰电：日本商约重要，请切实辩论。　旨：明年俄君加冕，著派李鸿章前往致贺，前湖南巡抚邵友濂著授为副使。　旨：著派张荫桓为全权大臣，与日使妥议通商事宜。

光绪二十二年丙申（即西历一千八百九十六年）

正月　敕谕：李鸿章著授为钦差头等出使大臣，前往俄、英、法、德、美五国亲递

国书，并命李经述随使前往。　　总署奏：拟增进口洋税，酌筹办法，请饬李鸿章与各国相机商办。　　张之洞奏：严禁租界以外洋人任意侵占，以收地利而维政权。

二月　总署奏：广西龙州边境中法拟开办铁路，请旨饬行。　　旨：派文海为驻藏大臣，著筹画分界，开导藏番。　　总署奏：遵旨订借英、德商款一万万两，议定章程，照案画押。

中、英、德订立一千六百万镑借款合同。二月初十日

三月　全权大臣张荫桓奏：遵议日本商约删改各款。　　鹿传霖电：廓、藏失和，已派员由海道驶往查看，并请修川藏电线。　　专使李鸿章电：行抵俄都，呈递国书，俄主在行宫接见。　　李秉衡电：兖州教案遵旨办理，德国教案已获犯惩处，并由兖沂道出示居民。　　李鸿章电：俄户部要求筑路，先密陈。　　张之洞、谭继洵电：鄂省托粤局用机器铸钱。

四月　李鸿章电：递国书后，俄皇藉回宫验收礼物为名再见密谈，并晤俄外部，会议接修东省铁路。

中俄订立《攻守同盟密约》。四月二十二日

中法订立《广西龙州铁路合同》。四月二十四日

五月　总署奏：龙州至同登与法订立接造铁路合同。　　李鸿章电：抵德、法两国，呈递国书。　　旨寄鹿传霖：廓、藏界案著即派员会勘，迅速完结。

六月　张荫桓奏：日本商约删改已定，请即定议画押。　　又奏：制造货税日使请剔开另议，似尚无碍，拟随时商订。　　总署奏：预筹朝鲜通商办法，以存体制。

中、丹、英会订《电报接线收费合同》。六月初一日

中日订立《通商新约条款》。六月十一日

中俄订立《陆路电约续订结帐〔账〕银价知照》。六月二十日

中法续订商务、界务条约暨让猛乌、乌得归法专条。六月二十八日

七月　李鸿章电：与英沙侯会议照镑加税。　　李鸿章电：晤美外部，商镑价加税事。据云各国若允，美无不从。

中俄订立《合办东省铁路公司合同章程》暨道胜银行合同。七月二十五日

八月　李鸿章电：由坎拿大回国。　　户部奏：常年应还俄、法、英、德两项借款，亟应预筹办法。　　又奏：摊还洋款请饬各省赶紧设法。

九月　总署奏：统筹南、北铁路，请设总公司。　　龚照瑗电：孙文到英，应即扣留，解粤颇不易，当相机办理。　　李秉衡电：遵旨将我军退扎威海四十里外，惟彼亦不得再进，请饬与订明。

中日订立《通商条约公立文凭》。九月十三日

中法订立《滇越界约》。九月十九日

十月　总署奏：各关税项递增暨添设洋关，拟加税司经费。　　遣杨儒出使俄、

奥、荷等国。　遣罗丰禄出使英、义、比等国。　遣黄遵宪出使德国。　遣伍廷芳出使美、日、秘、墨等国。　鹿传霖电：遵旨妥筹瞻对改归内属。　又奏：瞻对全境收复，番官应请撤回。

十二月　鹿传霖等奏：遵筹瞻对、朱窝、章谷善后事宜，拟设汉官辖治土民。奉旨：瞻对设官各节，著派员宣示后再行定议。　李秉衡奏：《中俄密约》中国受制太甚，请改议。　总署奏：遵议王文韶筹修旅顺、大连炮台，请拨经费。

光绪二十三年丁酉（即西历一千八百九十七年）

正月　总署奏：山东胶州海口形势紧要，拟建设船坞，屯扎兵轮。

中英订立《西江通商及滇缅重定界约专条》。正月初三日

二月　总署奏：酌定宝星式样，请旨遵行。　豫抚刘树堂奏：《中俄密约》于彼有利，于我大害，谨贡愚忱。

三月　王文韶、张之洞、盛宣怀电：借款造路，请以铁路为抵保。　总署奏：海参崴应设商务委员，请派李家鏊充任。

四月　王文韶、张之洞、盛宣怀电：芦汉铁路借款请由国家担保，以维大局。又电：遵旨商借比款，已立草约，即可画押。奉旨：借款国家担保改为批准，原可允行。惟批准字样亦非可轻下，草合同可电奏呈阅，再定画押。　又奏筹办芦汉铁路情形，并钞呈借比款草合同。奉旨：依议。

中、丹、英续订《电报合同》。四月十二日

中、比议订《芦汉铁路借款合同》。四月二十六日

五月　旨：派张荫桓充出使各国钦差大臣，使事竣后，著即讲论加税事宜。　奕䜣、李鸿章奏：中英重订《滇缅条约》及《西江通商条约》互换竣事。　旨寄恩泽、延茂：俄人请将路线南移二百余里，且经内蒙地方，有无窒碍？又，松、黑两江可否行轮？著一并筹复。　总署奏：荷兰使事拟改由驻德使臣兼领，奥使仍由驻俄使臣兼任。　遣吕海寰出使德、荷二国。　恩泽、延茂电：俄人议改轨道，诸事不便，请照前议之路线建修。

六月　出使大臣张荫桓电：英外长乡居未返，因假游历宕我提议加税，事难遽议。　又电：晤俄皇及外、户两部，允商水路加税。　总署奏：台湾土货改照洋货进口收税。　廖寿丰电：浙人集股筑杭州铁路，请准专归商办，毋由总公司兼辖。

中比续订《芦汉铁路借款合同》。六月二十八日

七月　李鸿章奏遵旨向英商借款一千六百万镑议订草约情形。　张荫桓电：英外部允加税，已饬驻使与总署妥议。　又奏：日本偿款将届期限，拟请借债八千万两，先了重累。

八月　驻藏帮办纳钦电：撤瞻归川，保无他衅。

中俄订立《陆线续约》。八月初十日

九月 依克唐阿、延茂、恩泽奏：请勘定吉奉铁路，预防俄路分枝南侵。

十月 德使海靖照会：德教士在山东被劫，请予严惩。 李秉衡电：曹州教案已遵旨派员澈查，严拿凶犯。 王文韶电：据报德提督率兵于胶州湾上岸，意图霸占。乞速核示。 总署电许景澄：德兵上岸，是否海使专擅，抑奉训条，望询外部电复。 王文韶电：请饬张汝梅速赴鲁抚新任，将教士案严办速结。 又电：请饬聂士成回防。 又电：据章镇高元报，德提督又逼我军退出，现暂扎青岛山后。 又电：德海使抵津，遵旨往晤，饰词不见。 许景澄电：德外部言德主另给海使及提督全权办胶事，且已续派多船赴华。 李秉衡电：德人将章高元拘留，并逼我退扎女姑北七十里，高元誓死不从。

十一月 使日裕庚电：日议院聚议德事，有攘臂出头之势。 王文韶电：德兵密布胶州，扼堵运道，饷械均绝。 总署奏：山东教案拿获要犯，拟定罪名。 杨儒电：俄外部言，德事愿效力，请指定海口俾泊俄舰，示联盟之证。俄貌示交好，恐不足恃。 川督恭寿奏：瞻对设官关系川、藏全局，遵筹弃取情形。 鲁抚张汝梅电：遵饬章营移扎烟台，正回营整队，德兵遽开放排枪，我军遵旨不战，设再逼迫，如何办理。奉旨：现正议教案，尚未就绪，山东各军应稳扎勿动。 许景澄电：德外部告议院派兵赴华系保教士。 总署电王文韶：闻英谋占大连，请饬宋军预备。 旨：派翁同龢、张荫桓与德使理论胶案。 旨寄宋庆：俄船在旅应用物件著随时接济。 江督刘坤一致电：据沈敦和报，英将占吴淞、长江各台岸。 谕各省将军、督抚：比来交涉棘手，著激发天良，练兵筹饷。 刘坤一电：如将胶澳开作口岸，利益均沾，各国可相助。 又电：据英将言，中国联英，俄利害情形，现密饬戒备。奉旨：两国相忌必致交攻，现英舰续到，正当问其来意，和平商酌，以释其疑。 宋庆电：旅大均驻俄舰，恳派洋务人员来旅督办交涉。

十二月 鄂督张之洞电：胶事危迫，谨陈应付办法五条。 杨儒电：俄对德事助华议论颇有担当。 张汝梅电：英、俄兵船到胶，请调董福祥驻兵海州。 宋庆电：英船来旅，有与俄相持意。 张之洞电：密陈英、俄、德相忌相谋情形。 旨：巨野案正在议结，而曹州又有集众之事，张汝梅办理教案颟顸聋瞶，若再饰词回护，定即严惩。 张之洞电：日武官力陈联英意见。 庆常电：法廷对华关切，愿维大局。 张汝梅电：据即墨县禀，德人买地、收粮，似无还胶意。 王文韶电：闻德租胶澳，承办山东铁路，英、法皆艳羡，粤汉路应归自办，藉杜其口。 总署奏：议结曹州教案，并商办胶澳租界事宜。 张之洞电：英人要索四事皆甚险毒，谨拟抵制办法三条。 又电：日人劝郑孝胥赴日学习，与联英事无涉。 总署电奎俊：德亲王将来华，著派聂缉椝到沪迎接，如有所闻，随时电奏。

光绪二十四年戊戌（即西历一千八百九十八年）

正月 张之洞电：英借款关系中华安危，请谢绝。 又电：请许德国揽办宁沪铁路借款。　刘坤一电：英借债、索款三端必不可许。　使德吕海寰电：德主请将胶澳路展至沂州。　谕：山东巨野教案事前未能防范，李秉衡、锡良、万本华、邵承熙著分别降调革留。　张之洞、刘坤一电：容闳请造津镇铁路，必有洋股，万不可准。

恩泽电：与俄监工商将俄兵退回，似有允意。　刘坤一电：德商强租引翔港官渡，请与理论。

二月　张汝梅电：划定胶澳租界，并拟委员查明该处钱粮册。　总署电杨儒：现奉旨派许景澄为钦差，赴俄专论旅大泊船及黄海铁路事。　许景澄电：请派杨儒会同商办旅大事。　吕海寰电：德议胶澳租界及铁路事，可定密约，以免各国藉口。　许景澄电：俄外部言，须租不冻海口为水师屯地。　总署电许景澄、杨儒：前与日本订明旅大不让别国，务劝俄勿相逼迫。　伊〔依〕克唐阿电：旅大有英、俄兵轮窥探。　许景澄电：俄派巴代办为商办旅大全权专使。

中德订立《胶澳租界条约》。二月十四日

三月　庆常电：法谓借款失信，拟援德山东借地案派舰重办。　总署奏：请开岳州及三都澳为通商口岸。　又奏：请准内河各埠行驶小轮。　又奏：俄国订租旅顺、大连湾两口，并议接展铁路条款。　又奏：请将秦皇岛开作通商口岸。　依克唐阿电：俄提督在陶湾登岸，扎兵张示。　总署电许景澄、杨儒：俄提督决据金州城，希告外部饬勿卤莽。　许景澄等电：俄外部送租地专条，拟稿请示。

中俄订立《旅顺大连湾租地条约》。三月初六日

闰三月　依克唐阿电：金州城奉军遵旨一律撤回。　使英罗丰禄电：中国不准俄租旅顺，英极以为然。　总署奏：法国请租广州湾，并建造滇越铁路，谨拟定办法。

又奏：日本偿款交清，收回威海，谨陈筹办情形。　张之洞电：沙市变起仓猝，焚烧洋房，幸领事无恙，容即查究。　王文韶电：德亲王今日可抵津。　总署电依克唐阿：准俄修旅顺至沈阳枝路，希饬保护勘路员工，至陵寝重地必须绕避。

中俄续订《旅大租地条约》。闰三月十八日

四月　许景澄等电：续拟南满支路合同稿七条。　依克唐阿电：俄限大连湾居民腾出房地，恐激民变，请设法挽回。　总署奏：遵议使韩徐寿朋所拟中韩通商约稿。

又奏：英国拟拓香港界址，议定租章，请旨派员画押。　总署电驻韩总领事唐绍仪：日使代韩请订约派使，约可订，使不可派。

五月　许景澄电：俄路经过地方准开煤矿，至绕避陵寝允在三十里外。　谕盛宣怀：著赶办芦汉铁路，并速办粤汉、宁沪各路。　总署奏：遵议款接外宾，参酌中西体制详定章程。　总署电王文韶：请留严道洪等在威海与英提督办理交涉。　总署奏：御史陈其璋请与各国开议酌加进口税，遵议具奏。　俄外部函许景澄等：南满支路俟大连湾开埠设立税关。　总署电唐绍仪：韩如再求派使，可与商明，当遣四等公使。

中比续订《芦汉铁路借款及行车合同》。五月初八日

中英订立《威海租界专条》。五月十三日

中俄订立《东省铁路公司续修南满枝路合同》。五月十八日

中国、刚果国订立《和好通商专章》。五月二十二日

中义订立《河南豫丰公司与福公司改订矿务合同》。五月　日

六月　谕各省大吏：实力保护传教西人，不准再有教案。　刘坤一电：沪法领占地，枪伤多人，请据约与法使力争。　总署电庆常：迅商法外部，饬法领与关道和商四明公所案。　刘坤一电：法使谓扩界事势在必行。　苏藩聂缉椝电：与法领会商让地办法，请示。总署电复：法使请扩上海八仙桥界，应查明亩数，不能过广。　总署电唐绍仪：准由韩先派使来华，再与议约。　谕总署：著迅定出洋游学人员章程。

庆常电：法外部云，法界患疫，请禁四明公所存柩，已电使领就地和商。　又奏：与法订明嗣后办理教案就案议结办法。　刘坤一电：税厘办法请令华、洋商船一律办理。　直督荣禄等奏：芦汉铁路比国借款续定合同。　遣黄遵宪出使日本国。

遣徐寿朋出使朝鲜国。　旨寄谭钟麟：法占炮台，已电庆常向法廷剖辩，著妥为安抚粤民。　谕寄沿海、沿江、沿边各将军、督抚：著展拓商埠。　庆常电：遵告法外部云，提督不候勘界，先占地方，毙多命，应退兵候勘。答称：照办。　刘坤一电：法人强索四明义冢，甬商罢市，乞电庆使商法外部，准另觅送一地。

七月　张之洞、谭继洵奏：沙市客民肇衅案已获犯审结。　总署奏：遵议内阁学士瞿鸿机〔禨〕请饬各省册报教堂、教民数目。　懿旨：令各省大吏实力保护教堂、教士。　宗人府主事陈懋鼎奏：闻日本伊藤博文退位，来游中国，请降旨召见，询问庶政。　伍廷芳奏：檀香山归并美国，请设领事。

中德订立《胶澳租界租地合同》《边界合同》《潮平合同》。七月初六日

八月　总署奏：遵旨编缉约章，通行给领，谨陈办理情形。　遣李盛铎出使日本国。　粤督谭钟麟电：请催法使饬领事来广州湾勘界，并告德使饬领事勿干预公事。

依克唐阿电：金州分界如再迁延，恐日久生变，请迅催。　胶澳勘界委员彭虞孙、李希杰电：青岛拟仿烟台，请并设洋、常两关。　旨：著徐寿朋作为全权大臣与韩外部酌议条约。　吕海寰电：德议院酌定胶澳每年用款。　崧蕃奏：法员来滇议修铁路，谨陈商办情形。　谭钟麟电：法人在广州湾越界拆厅，请告法使。　直督裕禄奏：请拨款为天津办理德国租界之用。

中英订立《合办朝阳三票煤矿合同》。八月二十五日

十月　总署奏：遵议津榆铁路督办胡燏芬〔棻〕请息借洋款展造大凌河、营口等处铁路，应照准。　总署咨刘坤一等：改定长江通商章程。

十一月　谭钟麟电：法人在高、雷两属伤毙人命，建造兵房，祈分别切告。总署电复：希先向法领理论，冀免生衅。　总署电刘坤一：英使不愿法扩充沪界，请勿画押。　庆常电：法外部允电法使与英使就地查询沪界。　总署电文海：《藏印条约》

限满，应酌定进出口税。

十二月　总署奏：墨西哥求订通商招工条约，请派大臣画押。　又奏：与俄使商定庙群岛不归旅顺租界，并照约议勘附近租界各岛。　又奏：议准广西南宁作为中国自设口岸。

光绪二十五年己亥（即西历一千八百九十九年）

正月　中丹订立《电报合同续约》。正月二十五日

二月　依克唐阿电：俄员不准华官干预金州钱粮。　金州副都统福升电：俄于貔口催逼钱粮，斫毙华民。　总署奏：拟订地方官接待教士事宜，以便保护。　罗丰禄电：英拟在威海募华民充兵。　庆常电：法允首约各国撤兵。　旨寄杨儒：著查明减兵保和会宗旨，并届时赴会。　使韩徐寿朋奏：酌设驻汉城、仁川领事。　又奏：华民在韩归韩官管辖之议万不可允。　闽督许应骙电：可拨鼓浪屿地十二万坪为日租界。

中英订立《展拓香港界址专条》暨《香港英国新租界合同》。二月初八日

三月　旨寄护理盛京将军文兴：铁路驻兵未经声明，俄使亦未知照，何以派驻？著饬属妥为弹压。　旨寄鲁抚毓贤：德人在东居心叵测，亟应加意严防。

中德会订《青岛设关征税办法》。三月初八日

中俄订立《勘分旅大租界专条》暨《辽东半岛租地专条》。三月二十八日

四月　总署照会英、俄两使：承办铁路不得以他国所议作为中国允许之据。　旨寄刘树堂：意国强索三门湾，应妥密严备，倘登陆强占，即奋力合击。　许景澄、张翼奏：订立《津镇〈铁〉路英、德两国银行借款合同》。

五月　总署奏：额设比利时分馆参赞、翻译等员。　谭钟麟、鹿传霖奏：英人占据九龙城，法人图占吴川、遂溪两县，请饬筹办。　恩泽等奏：瑷珲商办煤矿因疏通销路改为华俄合股，谨呈合同，请饬核议。　崧蕃奏：英法各员同时查勘铁路，绅民惊疑，请饬设法补救。　遣裕庚出使法国。

六月　总署奏：遵议新抚饶应祺请与俄商伙办金矿办法，应照准。

七月　总署奏：广州湾租界紧要，拟请特派大员会勘。奉朱批：著派广西提督苏元春前往，会同法员办理界务。　伍廷芳奏：办理西班牙交涉各情形，现起程回美。　旨寄裕禄：著严防意船，预为布置。　徐寿朋奏：订定中韩通商条约，内有互交逃犯一节为各约所无，并议处置越垦韩民办法。　张之洞奏：遵查盛宣怀以招商局保借洋款办理萍乡煤矿无碍大局情形。　路矿督办张翼奏：查明秦皇岛开辟口岸，谨拟一切布置办法。　总署奏：龙州铁路商定减省办法，另立合同。

八月　中韩订立《通商条约》暨《中韩水陆贸易章程》。八月初七日

九月　杨儒奏：遵赴荷都保和会，与各国议订公约竣事，应否画押，请示遵。旨：裕庚到法，外部以广州湾租界未定，总统不肯接见，著庆常向法申明劝导，俟裕庚

递国书后再行程。　　谕谭麟钟〔谭钟麟〕等：东海、硇州两岛为五府商民出入必由之道，苏元春何以遽行允租，殊属冒昧。著谭钟麟与苏元春妥筹酌办，俾有收束。再，据李盛铎电，康有为由日赴港，著该督迅即设法查拿。

十月　旨寄谭钟麟等：法兵已占硇东，诚非口舌所能为力，该督身任地方，早应防患未然，岂得临时概诿诸议界大员。捍卫海疆究竟有无把握，著即详密与苏元春迅商电复。

大理寺卿盛宣怀奏：广九铁路势难停造，现英方有事于南非，但彼不催办，总当搁置，以免挑动。　　旨寄南洋、闽浙督抚：意兵船沿海窥伺，著妥筹布置，先事预防。

中法订立《广州湾租界条约》。十月十四日

十一月　总署奏：遵议保和会章，除《陆地战例条约》外，其余各条尚无窒碍，应准画押。　　徐寿朋奏：照约添设驻韩领事，并委派人员。　　总署奏：法人于广州湾租界定后，因兵弁二名被戕藉端要求，已与法使辩论，冀图结束。

中墨订立《通商招工条约》。十一月十二日

十二月　庆常函：法拟建筑滇越铁路，密陈梗概。　　谭钟麟、德寿、苏元春奏：广州湾勘界事竣。　　崧蕃奏：中法会勘铁路需费孔巨，请拨款备用。　　又奏：腾越设关征税，英于该处设立领事。　　杨儒奏：遵赴荷兰画押，补签日来弗原议条款，并用红卐字作标识，筹办救生善会。

光绪二十六年庚子（即西历一千九百年）

正月　伍廷芳奏：遵旨与墨西哥妥订约款。　　总署奏：勘定广州湾租界，谨呈条约，请旨批准。

二月　总署奏：中墨订立通商招工条约，请旨批准。

中德订立《胶济铁路章程》。二月二十一日

中德订立胶澳交涉章程暨德华矿务章程。二月二十一日

三月　鲁抚袁世凯奏：敬陈办理高密民人阻修铁路一案情形。

五月　直督裕禄奏：各使派兵入京，遵旨向法领商阻，请饬加意保护。　　太常寺卿袁昶奏：局势危迫，亟图补救，以弭巨患。

六月　袁昶奏：内讧外侮，祸乱日急，请速谋保护使馆，维持大局。　　直督裕禄、四川提督宋庆奏：连日鏖战，力不能支，致天津郡城失陷，请严加治罪。　　又奏：现撤兵退守北仓一带，以遏洋兵北窜。　　粤督李鸿章等奏：拳匪肇祸，合词敬陈管见。　　吉林将军长顺奏：外洋开衅，中国势成孤立，请笼络俄国以安边境。　　李鸿章、袁世凯奏：吁恳救护各国使臣，以保危局。　　李鸿章、刘坤一奏：奉谕暂行停还洋款，据实核计，请旨遵行。　　袁昶奏：大臣崇信邪术，请严惩祸首，以遏乱源。

七月　江海关道电：接杨使电称，俄皇谓须在京各使无恙、满洲铁路保全，方有词向各国排解。　　总署电杨儒、吕海寰、裕庚、李盛铎、罗丰禄、伍廷芳：驻京各使均一律平安，希先达各外部。　　杨儒电：俄外部以我办事颟顸，出示六条，请设法补

救。　刘坤一电：接吕使电称，德使被戕，未经查明之先，德外部未能代递国书。　盛宣怀电：接伍使电称，美国首倡保全中国。　杨、吕、裕、李、罗、伍各使电：请送各使至津，或令与本国通电，以示凭信。　李鸿章电：接李盛铎电，日人谓须速派重臣与联军总统言和，当可停战。　本月二十一日洋兵入京，两宫巡幸山西。辰初出宫，至颐和园小坐，遂行。二十七日，驻跸宣化府。

中、丹、英订立《沪沽水线合同》。七月初十日

八月　全权大臣直督李鸿章奏：义和团实匪而非民，亟宜痛剿。　留京办事大臣崑冈等奏：时局危迫，请饬庆王回京，与各使速定大计。　又奏：洋兵入城后，各处均无恙。　荣禄等奏：率各军退驻保定。　初六日，驻跸山西大同府。　军机处咨晋抚：奉谕，命赫德借船接李鸿章来京。　李鸿章奏：敌兵入京情形与奉旨前迴异，请添派庆亲王、荣禄、刘坤一、张之洞等会同开议。　又奏：请明降谕旨，声明拳匪罪恶，饬各军认真剿办，以靖地方。　荣禄等奏：现驻保定，拟严密防堵获鹿，并饬拨饷银解呈行在。　旨寄刘坤一、魏光焘：著迅饬刘光才、邓增、马安良各带所部趋赴行在。　军机处奏：随扈大小官员请酌给津贴。奉旨：随扈及由京驰赴行在各员著前路粮台议给津贴。　谕：行在政务需人佐理，除已派留京办事者外，余著迅来。　崑冈等奏：各国使臣及兵官等于初四日，俱入大内瞻仰宫廷。　旨寄刘坤一：著传谕程文炳统率各军驰赴潼关，扼要驻扎。　署甘督魏光焘、护理陕抚端方奏：请乘舆移幸西安，以远寇氛。　李鸿章、刘坤一、张之洞奏：俄已允将兵队、公使、人民撤至天津，为诸国倡。恳饬庆王、荣禄速回京会议，勿待德帅到华别生变故，并责成直督剿匪及惩东三省肇祸大员。　又奏：直、晋电线全被匪毁，现添设海陆各线，并请两宫早日回銮。　旨寄李鸿章等：奕劻计可到京，现加派荣禄会同办理。该大学士即乘俄船赴津接印，即日晋京会商各使，迅速开议。　户部左侍郎英年奏：查明前站道路，并预备太原行宫。　吏部尚书徐郙等奏：洋兵入城，宫禁完整，土匪多有焚掠，因五城为各国分段暂驻，官弁无从弹压，请催李鸿章迅速北来。　谕：庆亲王奕劻、大学士李鸿章、荣禄著授为全权大臣，便宜行事；刘坤一、张之洞著会办议约事宜，均准便宜行事。　十七日，驻跸太原省城。　李鸿章电：连日与俄使商请各公使先行撤兵，徐议约款。各使函复二事：一请两宫回銮，一请惩办祸首端王等六人。如允照行，方准开议。事关重大，乞圣断施行。　谕：寿山、晋昌均著开缺，听候查办。　李鸿章电：顷抵天津，接江、鄂、鲁、皖各督抚电称：款局须从速开议，迟则生变。谨陈目前要义数端。　庆亲王奕劻奏：奉命回京，连日与各国公使接晤，并咨护直督剿匪，电东三省将军停战各情形。　旨寄直藩廷雍：此次事变实由拳民激成，现顺、直聚集处所尚有三十余州县，著即督饬吕本元等认真剿办，毋稍姑息。　盛京将军增祺奏：金州、营口相继失陷，请添募劲旅防守。奉旨：现已议款停战，该将军但就现有兵力严防边隘，勿再生衅，所请募勇著不准行。

闰八月 谕：诸王大臣纵庇拳匪，开罪邻邦，应各予处分，以示惩儆。庄亲王载勋、怡亲王溥静、贝勒载濂、载滢均著革去爵职，端郡王载漪著撤差停俸，交宗人府严议，辅国公载澜、左都御史英年交各该衙门严议，吏部尚书刚毅、刑部尚书赵舒翘交都察院、吏部议处。　奕劻、崑冈及各部院大臣等奏：请即日回銮，预将驾旋日期明降谕旨，布告中外。并接驻华各使先后来函，声请一并录呈。　又奏：德使克林德等被戕，请降旨表明惋惜。　谕：克林德、杉山彬前被戕害，实深轸惜。著派崑冈、那桐前往致祭，灵柩回国时派吕海寰、李盛铎再行奠醊。　谕：晋省荒旱，供亿维艰，兼以电报阻滞，现定于初八日巡幸陕西。　奕劻电：俄允交还东三省，现延茂、寿山均已自尽，增祺、长顺未知存亡，请饬李鸿章查明，派员接收。　旨电李鸿章：现方议和，而洋兵深入不已，该大学士当亟与各使商阻联军西进。　宋庆、马玉崑电：探报保定防兵军械均被洋人收去，驻扎平定州三营应否先行撤退。　初八日，启銮巡幸陕西。　奕劻、李鸿章电：各使佥请惩办祸首，尤恨董福祥、毓贤二人，必欲请旨正法。现虽力与磋磨，万难就绪。　吕海寰等电：时事危迫，请将祸首立予严惩，以期速开和议。　晋抚锡良奏：正定洋兵时有增减，是否西行尚难测度。　李鸿章电：美允开议，鸿拟十一进京。各使以围攻使馆时有武卫中军为荣禄所统，深嫌荣禄，不肯接待保护，可否召赴行在，不必再驻保定。奉谕：荣禄著即来行在，入直办事。　刘坤一等奏：偏安必不可成，京师必不可弃。请降明旨，事定回京，以安大局。　吕海寰、李盛铎电：代递德、日两皇复书。　奕劻电：德使称：德皇复电必严办祸首，并由各使议罪，然后再议赔款。　谕奕劻、李鸿章：严办祸首，依例督抚大员罪止遣戍，毓贤当免一死，董福祥未便撤其兵柄，著与各使极力磋磨。　延雍禀军机处：法兵到保，迫令悉插法旗，似有久驻之志。

九月 锡良奏：洋兵入宣化府，刘光才退枳儿岭，驻防紫荆关。　初四日，驻跸西安省城行在。　旨电奕劻等：所有酿祸诸臣应如何办理得当，著迅复。洋兵前进不已，是何命意，即探明复奏。　奕劻、李鸿章电：鸿于上月十八日到京，与劻相晤，已嘱赫德约各使会商。　崑冈等奏：现于柏林寺暂设公所办事。　李鸿章电：洋兵陷保定，直藩廷雍、城守尉奎恒、参将王占魁均被瓦帅枪毙，臬司沈家本被拘，永平府知府重燠被俄执赴旅顺。　旨电李鸿章等：长安并无久居意，俟款议就绪即回銮，该王大臣仍须坚持速催开议。　袁世凯电：洋兵渐逼东省，当饬近直边界遍立界牌，遇洋兵来，告以东省自任保护。现洋兵仅到德州、乐陵边界，旋退去。　奕劻等电：接增祺、长顺函，前因牛庄、辽阳均失，退出省城，已传旨令赴沈阳与俄将筹商接收事宜。　又电：各使注意祸首十一人必须正法，尤以回銮迟速定和议成否。　锡良电：法兵已入广昌，灵邱万紧，繁峙县属教民应之，马玉崑已往堵截。　谕：端郡王载漪著革去爵职，与已革之载勋、溥静、载滢同交宗人府圈禁，载濂著闭门思过，载澜著降二级，英年著降二级调用，刚毅已故免议，赵舒翘革职留任，已革山西巡抚毓贤著发往极边安置，永不释回。　奕劻等电：晤联军统帅瓦德西瓦，交阅联军所占各处地图，并言奉令以礼接待皇上，和议日内即可开办。　俄提督照会增祺：议订《交收东三省暂行章程》，请画押钤印。

中、丹、英订立《沪沽新水线暨京津沽陆线暂行合同》。九月初四日

十月　奕劻等电：据杨儒转递俄皇复书，请速回銮，俄国方易为力。　袁世凯电：荣禄闻各国以罪首仍嫌办轻，请勿惜诸谬，以致决裂。　锡良电：洋兵闻将入晋，请饬奕劻等再商法使力止。　张之洞电：请辟武昌城北江岸为商埠，奉旨照办。

谕：现在议和，一切政治尤须切实整顿，著阁部九卿、各省督抚及出使大臣参酌中西政要，应因应革详悉奏闻。　谕：甘肃提督董福祥前在本省历著战功，自调京以后不谙中外情形，遇事致多卤莽，著革职留任，带领亲军数营弛回甘肃扼要设防，以观后效。　张之洞电：运赴陕省银米兵械各国疑为接济董军，如迁延必断江汉接济。旨电奕劻等：民教不和实为地方大害，此次商办和议宜妥商，以弭后患。　盛宣怀电：据赫德条陈，请查出每年财政收支实数，明示各国，以便应付赔款。　李鸿章电：各国条款大致商定，德使忽谓前奉电旨不合，必须有全权大臣用宝敕书。可否权宜由京拟旨，并致俄主国书，在大内请宝盖用，以免枝节。奉旨：照所请行。　军机处电锡良：据豫抚于荫霖报，洋兵在正定拦阻文报，希商马玉崑仍于居庸关一带迅设马拨接递。　谕：据湘抚俞廉三奏，匪徒于六月间在衡州焚教堂、戕洋人一案，著将该地方文武各官降革，并分别偿恤，妥速了结。　奕劻等电：各使照会以徐用仪等五员身罹奇祸，请明旨昭雪，开复原官。

十一月　奕劻等电：接领衔公使西班牙使臣函，约初三在英使馆会晤，交议约单，初六开议。　又电：各使议定向我提出十二款，兹英参赞将译汉底本密达查阅，谨录全文电闻。奉旨：大纲十二条应照允，惟其中详细节目著照荣禄等电开各节婉商磋磨。

旨电李鸿章：增祺与俄人擅立约章，著即革职，盛京将军已派清锐署理。杨儒电称废暂约、立正约为难情形亦所稔悉，然总须设法磋磨。　李鸿章电：各使所议之款俄、日斥为太过，现已更议，较为和平。　旨电杨儒：著充全权大臣，与俄外部商议东三省接收事宜。　李鸿章电：俄使言奉天增将军有离任说，于俄颜面有碍，请奏明处置。奉旨：增祺暂准留任，交收事宜悉听杨儒议办，勿再贻误。　命盛宣怀为会办商务大臣。　奕劻等奏：请调出使朝鲜大臣徐寿朋来京，随办各国税则条约。　全权大臣照会各使：议和条款遵旨画押，请撤驻兵。　命大学士李鸿章为全权大臣，与俄国商议事务。　李鸿章奏：俄使请以天津河东为俄租界，议订条款，请旨办理。　又奏：据杨儒电称，增祺擅立奉天交地九款，铸成大错，恐难挽回。

中国与各国订立《辛丑议和条款草约》。十一月二十日

中俄订立《天津俄租界条款》。十一月二十二日

十二月　奕劻等电：杨儒晤俄户部，密谈东省条款，殊难就范，拟请从缓商办。

刘坤一电：英皇薨逝，请国电唁慰，并派专使弔贺。　　山海关副统都〔都统〕富顺奏：陈报各国洋人到关大概情形。　　李鸿章电：俄前请先将增祺暂约批准，经杨儒驳复，已作罢论。　　谕：都察院左都御史张百熙著派充头等专使大臣，前往大英国奠唁致贺。　　盛宣怀电：接邸相电，连日与各使密谈，似已知办董之有害大局，近又注意端、澜。闻瓦帅知照各使，如祸首照办，兵费照给，始可撤兵。　　兵部尚书敬信奏：查明衙署全毁，库银全失，并刑部人犯全行放出情形。　　奕劻等奏：接增祺电称，补救周冕所订暂约情形已转杨使酌办。　　又电：英使以张百熙官职太小，拟俟我派亲王赴德时，顺道往贺不迟。　　盛宣怀电：据英领私告，赔款事宜致国书，婉请各国减让，当可宽期减数。　　谕：礼部尚书启秀、刑部侍郎徐承煜著即革职，交奕劻、李鸿章查明确据，从严惩办。　　谕：已革庄亲王载勋著赐令自尽，已革端郡王载漪、降调辅国公载澜均著发往新疆，永远监禁，已革巡抚毓贤著即正法，已故协办大学士、吏部尚书刚毅著追夺原官，甘肃提督董福祥著即革职，降调左都御史英年、刑部尚书赵舒翘均著革职，定为斩监候罪名，已故大学士徐桐、降调四川总督李秉衡均著革职，并将恤典撤销。　　谕：徐用仪、立山、许景澄、联元、袁昶均著开复原官。　　李盛铎电：日外部言此次议款中国万不可割地。

中、丹、英订立《烟沽副水线合同》。十二月二十一日

光绪二十七年辛丑（即西历一千九百零一年）

正月　刘坤一、张之洞电：惩凶不定，恐联军南行，和局将溃。　　李鸿章电：英使谓英、赵赐死可通融，启、徐当索回自行正法。　　谕：载漪、载澜均著定为斩监候，加恩发往新疆，永远监禁。刚毅著定为斩立决，病故免议。英年、赵舒翘著赐令自尽。启秀、徐承煜著即正法。徐桐、李秉衡均定为斩监候，已临难自尽，著撤销恤典。

李鸿章电：接杨儒电，俄约十二款稿摘要谨陈。　　锡良电：德兵忽扑广昌，占鞍子岭，我军退守长城。　　奕劻等电：东省事俄使谓各国所言应置勿理，拟仍令杨儒探询俄廷口气再商。　　李鸿章电：德使言德兵至广昌，因知惩办祸首案已定，即不前进。　　盛宣怀电：俄约请乘各国牵制，竭力减除条款。　　李鸿章电：俄使又催订条款甚急，延缓实恐误事。　　盛宣怀电：英、德人言盐务若归官办即敷赔款，惟加税不提，殊狡黠。　　清帝致俄皇国书，请交还东三省政权，悉照从前办理。　　俄皇复书谓：一切照俄兵未据以前办理，不欲稍碍主权，惟详细情事自应订明，免再滋蔓。

奕劻等电：德国请派专使道歉，意在醇王。　　吕海寰电：请减赔款国电已译交，德言闻各国不复，故德亦不复。查报载，德用军费已巨，又续筹一年。是耽延久则偿愈多，公约似宜速结。　　奕劻等电：杨使删改俄约数款，保全利权不少，可请照准。　　张之洞电：沥陈俄约效尤之害，请勿遽行定议。　　奕劻等奏：和议将成，预筹调拨劲旅弹压京畿。

二月　奕劻等电：俄约限期已满，请速画押以保危局。　　张之洞电：日领来告日

愿与英、德、美三国商劝中国，不可限内签定俄约。　李盛铎电：日外部言如不画押，俄断不至开衅。　又电：英因铁路，日因韩事，皆与俄有违言，召集舰队以观动静。　军机处电全权大臣：俄约为各疆吏及驻使力阻，请商俄使先立公约，再议专约。　奕劻等电：俄已拒见杨儒，并谓此事责在中国，各国议阻皆由中朝授意，俄断不惧各国。　张之洞电：请饬李相确询格使，有何策可杜各国效尤。　刘坤一等电：不画俄约，请各国公断。　盛宣怀电：日允电俄，劝其撤约，勿损中国主权。

驻俄参赞胡惟德电：杨使议事归，倾跌昏迷。　李盛铎电：日本钞示俄国复电，属电呈。　各公使照会全权大臣：请照公议名单惩办外省获咎官员。　旨电奕劻等：著告俄使四事，请缓订约。　盛宣怀电：闻俄愿与日本密商，将东三省利益略分与日。　奕劻等电：电旨四条遵即备文照会，俄使不收，亦不拆阅，原文送还。　又电：现催各使商订公约，正议办租界、赔款、停考、惩官各事，窥各使意，不致因俄事将公约延搁。　刘坤一电：俄约稿已分别密致各领事。　奕劻等电：俄约请俟公约定时再画押，俄尚未复。闻法与俄交厚，已电裕使谆托。奉旨：朝廷决不画押，免撄各国众怒，应仍先定公约，并电杨儒婉陈俄廷。　伍廷芳电：美外部称，俄谓各国既有责言，允不再强中国，俟日后再商结，并交节略为据。　李盛铎电：日外部告，俄已声明俄约作罢，东三省事照旧办理。又谓：目前虽安静，以后若用他术诱请，不可不防。　奕劻等电：教案内俞廉三免议，已商法使照允。　又电：松寿事已向疏解，允从轻办，似革留可了。　又电：吕海寰调充俄使，俄复称：杨使虽病，参赞可代。

旨寄奕劻等：塔拉特王情罪尚须查办，未便监禁，应先与说明。洋兵在直境搜索甚巨，保定德兵官曾谓此款可抵赔数，著饬各州县查明开呈。　袁世凯电：德领请订矿务公司章程，已复以无自行商订约章之权，请向总署商定。

三月　总署各员与德、法、英、日四使集德使馆，会议赔款办法。　军机处电李盛铎：加税事希属日本代商各国。　晋抚岑春煊电：洋兵西进，请饬驻晋客军移防。

驻俄参赞胡惟德电：俄官报宣告东省议约停顿缘由。　谕：前饬中外大臣条举时事，顷已陆续复到，著设立督办政务处，派奕劻、李鸿章、荣禄、崑冈、王文韶为督办政务大臣，刘坤一、张之洞参预政务。　岑春煊电：娘子关被洋兵攻据，我军退平定州。　旨电奕劻等：著刻即向德、法两使诘责，速令退兵，以践前言。　刘坤一电：赔款事已电罗、李两使，请英、日勿索现银，并减赔数。　军机处电崑冈：俄员请合办吉林矿务，著电长顺从缓办理。　奕劻等电：领衔公使照送扩充使馆界图。

又奏：各国拟议应惩各员办法。奉谕：一道分别斩决、遣戍、革职。　岑春煊电：查明德、法兵已退出娘子关。　军机处电奕劻等：查复江西教案各员，应分别酌拟照会各使。　又电：使馆扩界占地太多，希再切实商办。　刘坤一电：接罗使报，英外部谓：洋货税厘并征，深合事理。　又电：日领谓，开通东三省事不致激成俄怒。

张之洞电：吕使与德政府议赔款总数，当可商减。　奕劻等电：赔款各使不肯减让，本利合计须借九百兆，请饬各省酌议。　　旨电各省将军、督抚：著通盘筹画赔款之法，并剔除关厘中饱，凑成巨款。　　旨电各省督抚：本年恩、正两科前旨已饬归并，现和局将定，著各就地方情形体察有无窒碍。　　李盛铎电：日外部意劝我不必急求还地，亦勿另与立约，俄将铁路损失列入偿款，是东事隐已并入公约，俟和成退兵时，径可请俄撤兵。　　刘坤一电：据伍使电，美谓：赔款若各国肯减，美当减四分之一为各国倡。　　张之洞电：锡良抚鄂，英领谓：各国将来商阻。可否先行位置，以免外人干预形迹。奉旨：锡良著另候简用，湖北巡抚著端方补授。　　奕劻等电：续商赔费抵款，各使意见不一，俟四月底方开议，请饬预筹。奉旨：已谕刘坤一、张之洞悉心筹画，并谕各省切实凑集。至展限减数，仍著磋商。其索现银者，万不可允。　　军机处电奕劻等：赔款拟以各海关半税全抵，免至牵涉钱漕、盐课、常税、厘金，希筹酌。

又电：据户部复称，洋税历经借抵无余，只可将盐漕及常税备抵，然止二千万两，舍加税无别法。总期竭力磋磨，庶指款速定，早日撤兵。　　盛宣怀电：芦汉路续借比款已定，请饬全权画押。奉旨：已电李鸿章，准给合同。　　奕劻等电：赔款各使已来照会，共索银四百五十兆，闻息银照加一倍。现拟以盐课、常税、厘金一千五百万两分三十年还清，不提加息，并拟请将商货税加三分之一，稍资抵补。以此向商，未知肯允否？军机处电复：不提加息，恐一经照复，彼再进步，反堕术中。洋税所加为数甚微，反碍以后地步，望再详审妥筹。　　署浙抚余联沅电：浙省入不敷出，且尚多欠饷，可否请行印花及丁税为抵偿的款。　　吕海寰电：德谓赔款乃各国公议，势难减少，利不能让，至少四厘。　　盛宣怀电：萍醴铁路关系鄂省钢厂，请饬沿途保护。

四月　李鸿章电：与各使议赔款办法，总期付利抵本，年限略宽，俟送表来再议。

赣抚李兴锐电：赣省财匮，整顿进款不能遽定，另折条陈四端，请饬部筹议。　　李鸿章电：举办丁税人心摇动，鄂省所陈万不可行。　　奕劻等奏：按照和约，请改总署为外务部。奉批：交政务处、吏部速议具奏。　　奕劻等电：赔款事各国不允减数，请速核准施行。奉旨：各国赔款共四百五十兆，四厘息，著即照准，以便撤兵。惟务将本利核定总数，宽展年限。　　军机处电奕劻等：请派员入政务处办事。　　张之洞电：赔款以商恳减息为要义，英使遣人私告：不可令各国公保，应分写债票，免干财政。　　盛宣怀电：俄领云俄国暗亏之款尚须归东三省另议，此事颇有关系。　　李鸿章电：德使言，奉政府电，已准瓦帅撤兵，赔款及四厘息宜速允。英、美、法使亦皆谓：息不能减。　　谕：现整顿部务，革除蠹吏，各省院司、府、州、县书吏往往朋比为奸，著一并裁汰。　　懿旨：时局阽危，应破格求才，以资治理。敬遵成宪，照博学鸿词例开经济特科，于本届会试前举行。　　谕：醇亲王载沣著授为头等专使大臣，前赴德国，张翼、荫昌随同前往，商赞一切。　　刘坤一电：赔款照允，德已撤兵。东三省俄队亦应撤去，请饬照会领袖公使向俄询商。　　盛宣怀电：遵查各国分摊赔款确数。　　奕劻等电：探闻租界及京津道上各国留兵情形，请饬姜桂题来京弹压。　　军机处电奕劻等：回銮跸路拟由德州登陆，或到保定乘轮车入京，请预筹办法。　军机处致日本近卫公爵谢指陈时局书。　旨：奕劻、李鸿章奏各国议定滋事地方停止文武考试五年一折，其停止考试地著各该省督抚、学政遵照办理，出示晓谕。　旨：回銮业已定期，吏部左侍郎张英麟等著先行回京，各部院除由随扈堂官酌留数员外，其余饬令分起回京，著户部酌给川资津贴。

中国与各国订立《增改扩充北京各国使馆界址章程》。四月十三日

五月　谕：户部右侍郎那桐著赏加头品顶戴，充出使日本国大臣，敬谨将事。　谕：内阁侍读学士张翼、副都统荫昌均赏加侍郎衔，随同醇亲王载沣出使德国，以示优异。　谕：近闻京师地面匪徒充斥，并有不肖之宗室旗人混杂其间，扰害地方。著步军统领衙门等严密查拿，就地正法，即宗室旗人有犯法者，亦一律照例惩办。　盛宣怀电：各国觊觎路矿，请饬抵制。　刘坤一、张之洞电：赔款每年多筹四兆，所省实多。　军机处电奕劻等：闻奉省现有内乱，请电增祺婉商俄官，缴还军火，以凭剿贼。　奕劻等电：赔款照江、鄂多还办法，省息良多，惟指何项抵款，请电询以便商议。　又电：自俄约停后，增祺消息不通，无从电复。　刘坤一、张之洞电：外使觐见欲乘黄轿，在乾清宫降舆，万不可许。　谕寄李鸿章：教案赔款，前据奏称，就启衅地方摊赔。兹据仓场侍郎刘恩溥奏，直属自遭蹂躏，民不聊生，亟应体恤。著李鸿章斟酌办理，以纾民力。　刘坤一电：闻意国兵船到沪，图占浙之三门湾，请催新抚任道镕到任整备。　遣蔡钧出使日本国。　奕劻等电：各使觐见允改用绿轿黄襻，在乾清门外檐下降舆，拟即照复允准。　桂抚黄槐森电：南宁拟开商埠，请拨关款垫办。　李鸿章电：俄约为江、鄂所阻，俄使并不接洽，无从商令撤兵。　军机处奏：开呈各省督抚分筹赔款数目清单。　懿旨：著各出使大臣考送侨商游学子弟回华，由政务处请派大臣按其所学考试，引见录用。　奕劻等电：接杨儒信，西藏遣使赴俄投顺，恐西藏终非我有，此皆俄约不画，阶之厉也。

六月　遣荫昌出使德国。　遣许台身出使韩国。　李鸿章电：据胡惟德电告藏使到俄情形，已属胡往见藏使，问明赴俄何事。　盛宣怀电：遵议划一币制，应改铸一两重银元为宜。　谕：总理各国事务衙门著改为外务部，派庆亲王奕劻总理事务，大学士王文韶为会办大臣，瞿鸿机〔禨〕调补外务部尚书，徐寿朋、联芳补授外务部左、右侍郎。　谕：外务部已设专官，各将军、督抚即著毋庸兼总理各国事务大臣衔。惟交涉一切皆地方大吏应理之事，仍当加意讲求。　张之洞电：俄约应乘和议大纲未竣之际先付公断。　奕劻等电：京师地面各国已陆续交出，洋兵撤退甚多。据云：回銮早，则撤兵速。　张翼奏：开平矿局改与英人合办。　刘坤一、张之洞奏：遵筹变通政治，谨拟四条，恳决意施行。　又电：新币宜铸七钱二分。　外部奏：各使交还天津，照会录呈御览。　遣荫昌兼出使荷兰国。　奕劻等奏：商定各国使臣觐见礼节。　又奏：各使以北京顺天府为停止文武考试地方，在京会试亦应停

止。奉谕：会试为抡才大典，碍难易地举行，著仍与切实磋商。　刘坤一、张之洞奏：遵旨筹议变法，谨拟整顿中法十二条，续陈备采。　直藩周馥电：赶修回銮跸路及赈捐教案用费，请部速拨。旨电李鸿章：户部已奏准由各省关拨二百万，可咨催速办。　又电：据盛宣怀查复跸路及备办沿路尖宿车辆情形。　粤督陶模电：粤省现拟开办房捐，亩捐尚未定议。　军机处电奕劻等：吴淞口及天津海河开浚工程不应混入此次约内，请向妥商。　领衔公使西班牙使葛洛干照会外部：议定京海畅道驻兵地点及管辖权限。　盛宣怀电：各国愿我关税估足值百抽五，则厘暂可不裁，但须预留加税裁厘地步。　奕劻等电：俄使又派员来，请先商三端办法，告以此须请旨遵行。

滇督魏光焘电：法人来滇办路，据云系越督派来者。省城教案现正开议。　政务处大臣奕劻等奏：遵议外务部应设司员缺额、俸给章程。

七月　谕：前择七月十九日回銮，乃关中秋暑较甚，河南积雨之后跸路冲毁，行宫待修，圣母高年，尤宜保重，准改于八月二十四日恭奉慈舆启跸回京。著各该地方官届时敬谨预备，所有回銮时经过地方著加恩豁免本年钱粮。　杨儒奏：补救时艰，谨拟六策。　李盛铎电：日外部谓，回銮尚早，地方亦未全平，此时各国不便向俄启齿责令退兵。　李鸿章电：奉旨严斥遵商俄使电询外部，昨据面称，迄无回电。彼意若能补画前约，则交收后可遇事商办；如仍要商改，则不敢置喙。查英、日阻我，系有意离间邦交，岂可再交各国公议。奉旨：著与婉切妥定，使各国不至有辞。浚河既在通商行船款内，应归商约另议，仍早定公约，以省葛藤。　奕劻等电：禁运军火各使请以两年为期，如有要需，亦可随时商办。　奕劻等奏：各国使馆所占民房议定给价，请饬拨款收买。　奕劻等电：景山内法兵已退，三海等处亦经德国交还。　李鸿章电：俄既占我东省，非订约不能交收。至议约时于断不能允者，自当力争。若空言婉商，恐数百年亦不能定局，东省永不还矣。军机处电复：俄约非不愿早订，在订约之无后患耳。来电谓不能允之事自当力争，语极扼要，更望畅陈尊见，以期和约早成，惟荩筹是赖。　奕劻等电：各使送到总结条款，请降明谕三道，以便画押。　吕海寰电：探得醇王觐见礼节，德令参赞各员叩首，力争未允，乞请旨。　大学士李鸿章等奏：皇史宬尊藏实录、圣训，日兵退后，派员查明卷数、金牌、龙袱、牙签及石门内旧存银印全行失去情形。　又电：各使送到总结约款底稿，兹提要录呈。其浚浦挑淤关系通商行船事宜，从缓另议断做不到。　李盛铎电：变法宜定宗旨，请派员出洋考察。
奕劻等电：日、美密告各国中颇有隐谋，请旨速准总约画押。　又电：俄使催画东省约押，语甚坚决。　旨寄各省督抚：制兵募勇糜饷浩繁，著各就地方情形本年裁十之二三，以后陆续裁撤。其如何裁并之法，限两月内复奏。　遣罗丰禄出使俄国。
谕：自明年起，各项考试均以中国政治、史事及各国政治、艺学命题，凡四书五经义均不准用八股文程式，策论均应切实敷陈。所有详细章程著礼部会同政务处议奏。
谕：武科所习硬弓刀石及马步射皆与兵事无涉，嗣后武生童及乡会各试著一律永远停止，所有武举、进士均令投标学习，武生童均准应募入伍。俟各省建立武备学堂，再酌定考选章程，以资造就。　　军机处电奕劻等：俄人欲另办机密照会，未免过甚，望赶速定议，于前约极力磋磨。　　又电：醇王觐见德皇，礼节姑通融，酌允以后不得援此次为例。　　盛宣怀电：接吕使电，德皇已允免跪拜礼，递书时只带荫昌一人。　　奕劻等咨军机处：盐课、关税现抵偿款，何日开办及分别各关界限，应由户部酌定。　　又电：公约订二十六日画押定后，分日撤兵。　　谕：捐纳职官著永远停止，限一个月内截数报部。其虚衔、封典、常例准捐各项有无妨碍，著该部议奏。　　谕：南北洋、湖北所设武备学堂及山东随营学堂均已办有规模，应即责成李鸿章、刘坤一、张之洞、袁世凯等扩充训练，一切规制务再悉心核议，详晰具奏。其余各省著设法筹建，一体仿办。　　李盛铎电：那使定于初一日呈递国书。

中国与各国订立《议和条约总结条款》。七月二十五日

八月　谕各省将军、督抚：著将原有各营严行裁汰，精选若干营，分为常备、续备、巡警等军，一律操习新式枪炮，以成劲旅。　　谕：作育人才端在修明学术，除京师已设大学堂应切实整顿外，著将各省书院于省城均改设大学堂，各府、厅、直隶州均设中学堂，各州、县均设小学堂，并多设蒙养学堂。著政务处咨行各省，悉心酌议，会同礼部复核具奏。　　谕：前据江南、湖北、四川等省选派学生出洋游学，用意甚善。著各省一律仿办，学成回国即由该省督抚、学政分门考验，咨送外部复考，择尤请奖，其学费著各省妥筹发给。如自备资斧，著出使大臣随时照料，亦准一体考验奖励，均候旨赏给出身，以备任用而资鼓舞。　　奕劻等电：接醇王电称：德国不愿其转使他国，且亦水土不服，拟事毕即由美、日回国。奉懿旨：载沣此行本为德国专使，该亲王现有水士〔土〕不服之症，深为廑念，在德使事既毕著即回华，美、日各国此时毋庸前往。

军机处电张之洞：银元应江、鄂、粤三局并造一节，即照所拟与各该省详商，会奏请旨。　　奕劻电：本月五日，美、日将禁门守兵撤退，已率世续接收，派军守护。其内外各城门均已陆续交还，联军一律撤退。　　李鸿章电：奉懿旨停捐，诚救时善政。惟直隶本待协省分，此次办捐推广极于外洋，造册送京一月万赶不及，拟请将外洋捐册送部酌缓期限。　　刘坤一电：筹款莫如盐斤加价，请饬各省一律照加。　　奕劻等电：醇王奉旨回华，德皇甚喜，礼待有加，现拟于十九日动身。　　谕：李鸿章等奏妥筹本章办法，现在整顿庶政，务去浮文。嗣后除贺本仍照常恭进外，所有缺分题本及向系具题之件均著改题为奏，其余各项本章即行一律删除。　　直藩周馥电：直隶全境土匪已肃清。　　奕劻等奏：照录画押条款全文进呈。奉旨：各国在天津所设暂理地方之都统衙门不肯遽撤，有俟奉天、牛庄交还时一体交还之说。著速行设法磋商，务早收回，以免窒碍。　　旨：著派盛宣怀为办理商税大臣，并就近会商刘坤一、张之洞，妥为定议。税务司戴乐尔、贺璧理随同办理。　　盛宣怀奏：上海华厂机器纺线历年亏累，亟图招商接办。　　户部奏：新定赔款数巨期迫，亟宜合力通筹，单开裁增各费由

各省分筹议办。　　李鸿章电：俄外部拒绝罗丰禄使俄。　　懿旨：变法一事朝廷志在必行，昨据刘坤一、张之洞会奏各条，即当按照所陈择要举办。各省疆吏亦应一律通筹，大要不外言归于实，用得其人，大小臣工其各实力奉行，以称予意。　　吕海寰奏：德使克林德之母恳辞致祭。　　二十四日，由西安启跸回銮。　　李盛铎电：日外部谓，俄约以缓议为是。　　李鸿章电：东三省事俄使送商改约稿全文。　　奕劻奏：请赴河南迎驾。奉旨：著即前来，其总理外务部事务著李鸿章暂署。　　刘坤一电：据日领电，俄使与李相协定密款，确否？

九月　户部侍郎那桐奏赴日赍送杉山彬祭葬银两并赐祭情形。　　奕劻等电：据杨儒电称，俄外部拟在京议约。　　盛宣怀电：中英会议商约，乞奏发文凭。　　奕劻等奏：请派胡燏棻为关内外铁路大臣。　　增祺函：东三省俄人举动渐逼渐紧，容再与磋商。　　军机处电刘坤一：希询日本于回銮后，果否代我诘俄撤兵。　　军机处电奕劻等：俄约事拟改数条，请与俄使婉商。　　刘坤一电：日允回銮后诘俄撤兵。　　奕劻等电：俄使驳我要求，并声明稍缓撤兵之故。　　李鸿章奏：与比使议定《天津租界章程》，请旨画押。　　张之洞电：赔款紧急，拟在宜昌加抽土药税二成。　　盛宣怀电：李相昨吐血，外部侍郎徐寿朋出缺，庆邸已由京启程。奉懿旨：李鸿章吐血，甚深系念，著加意调养，随时详陈病情。　　刘坤一电：据李使电称，日外部告知新俄约内情。　　川督奎俊电：盐斤加价，川省只能每斤加三文。　　谕：外部左侍郎著吕海寰署理，未到任以前那桐署理。　　李鸿章电：病势危笃，请饬庆亲王回京，现已电周馥来京交代。奉懿旨：该大学士为国宣劳，忧勤致疾，著赏假十日，安心调理。　　懿旨电庆亲王：著即迅速来汴。　　周馥电：李鸿章于二十七日午刻出缺，所有总署关防敬谨封存。奉旨：王文韶著署理全权大臣，直督兼北洋大臣著袁世凯署理，未到任前周馥暂护。　　懿旨：李鸿章予谥文忠，追赠太傅，晋封一等侯爵，入祀贤良祠。　　署黑龙江将军萨保奏：俄员请办黑省各矿，谨拟草约十四条，缮单呈览。

十月　吉林将军长顺奏：东省和议迟早甚有关系，请饬从速定约。　　增祺奏：俄路监工拟仿吉林办法，在奉开采煤矿，订立合同。　　初二日，驻跸开封省城。　　盛宣怀奏：湖北铁厂免税期限请准再展五年。　　张之洞电：俄新约愚我实甚，李相已故，尤宜缓订。　　遣张德彝出使英、义、比等国。　　张之洞致军机大臣鹿传霖电：前德使密告，大阿哥为端王之子，各国深致不满。如朝廷问及，请以转奏，并告荣相。

刘坤一暨十五省督抚电：各省分摊赔款过巨，请减免三成，以纾民力。军机处电复：减免三成及明年还期暂借洋款各节，均奉旨准行。　　鲁抚袁世凯奏：上年商订《山东煤矿章程》，业经德员签押。　　署鲁抚胡廷干电：矿务一案袁抚未及办竣，德领来省坚请先办二处，语多要挟，并不查照原案，屡驳未允，请旨遵行。军机处电复：山东交涉向由北洋大臣兼管，应即电袁升抚妥筹，并候外部核办。　　谕：奉懿旨，已革端郡王载漪之子溥儁著撤去大阿哥名号，并即出宫，加恩赏给入八分公衔俸，毋庸当差。　谕：明年会试著展至癸卯举行，顺天乡试于明年八月间借河南贡院举行，河南本乡试著于十月举行，次年会试仍就河南贡院办理。　长顺等奏：重设哈尔滨铁路交涉总局，增改章程。　俞廉三电：湘摊赔款七十万两，惟有加税抵补办法。奉旨：著照所请行。　张之洞电：英使密言，俄订新约，万不可许，如中与俄议不得公平，可请五国公断。　以和议出力，奉懿旨：李鸿章加祭一坛，奕劻赏食亲王双俸，荣禄、王文韶、刘坤一、张之洞、袁世凯及赞助和约之盛宣怀、赫德均加给宫保衔有差。

十一月　张之洞电：武昌船关不归江汉关管理，请令赫德饬汉口税司不得搅办。　张之洞致刘坤一、盛宣怀电：加税免厘一事，兹拟大纲十八条，并分别详注，请主持定断。　初四日，自开封行宫启銮。　刘坤一电：赫德欲包揽常关，请外部照约切实声明。　张之洞致刘坤一、盛宣怀电：英使马凯来与议内地土货免厘及办矿、杂居等事，请熟筹力持。　谕：据长顺奏，韩警务官带兵过江，擅设乡约，意欲管理越垦韩民，及韩兵劫稼并开炮攻击等情，著外部传谕许台身，照会该国严禁，以遏乱萌。　谕：奕劻等奏英、美二国使臣请将张荫桓开复等语，已故户部左侍郎张荫桓著加恩开复原官，以昭睦谊。　谕：奉懿旨，回銮后，定期觐见各国公使及另期觐见公使夫人。　外部奏：核销办结京内教案用款数目。　刘坤一电：赔款未订明用金或用银付给，请电复。　军机处电：各省督抚赔款应照约每期筹足，仍即照部定十成原数按解，不能再减三成。　谕：立山、徐用仪、许景澄、联元、袁昶该故员等子嗣几人，有无官职，著吏部迅即咨查声复。　外部电：接许台身电称，吉边韩兵越疆生事，韩允先撤两官，余俟商定详陈。　萨保奏：俄人布置铁路前后不同，谨陈现在筹办情形。　二十八日，自保定启銮回京。

十二月　谕：此次赔款载在条约，必须如期筹偿。著各省将军、督抚遵照全权、户部会议办法筹措拨解，不准短欠丝毫。　使日蔡钧电：据日本同文会众奏贺回銮，并请收复东三省。　外部电各省督抚：本月第一次赔款到期，应照摊数汇沪。　盛宣怀电：英使交来商约条款目录。　张之洞电：阅英约二十四目，谨抒管见，先复大略。　外部电盛宣怀：准驳英约大概，兹先开列，余俟详目到后再酌。　外部电张人骏：德使索勘鲁矿三处，早有成约，只可允许，惟章程未定之先姑勘勿办。　外部电盛宣怀：请与英使妥商加税，惟在北京开作口岸决难允准。　旨：战事只在北方，东南与各国立互保约，通商行船旧约并未停废，此次拟改约章自应责成东南各督抚与之修改补救，著刘坤一、张之洞、盛宣怀酌办。　刘坤一电：英使所开邮政圜法及广开口岸中多窒碍，请饬盛宣怀切实与辩。

清季外交年鉴卷二终

清季外交年鉴卷三

光绪二十八年正月至三十四年十二月

光绪二十八年壬寅（即西历一千九百零二年）

正月　伍廷芳电：美外部照称，东三省约中国若许俄独占利权，有碍美国商务。请裁夺。　伊犁将军长庚电：与俄领订明借用特克斯河牧厂限期及人马数目。　许应骙电：英商请领三联单采办樟脑，请阻止。　盛宣怀电：议约各电嗣后请钞送枢廷及户部接洽。　又电：与英使议订行轮、传教、诉讼及通商口岸水道各条。　罗丰禄电：英日联约六款，共保在中、韩工商利益。　刘坤一电：请电各使译寄各国律例、条约，以备研究。　张之洞、端方电：鄂省所摊赔款拟恢复地丁、漕粮减数及税契加征。　张之洞电：上年请各星使转商各国约束教士、教民十条，兹当议及教案办法之际，特照录奉达。　刘坤一电：接蔡使电复，日拟联英、美责俄撤兵。　甘督崧蕃电：请暂留邓军在甘，俾董福祥不敢妄动。　谕：现在会议商约事宜，著派吕海寰会同盛宣怀悉心筹议。　许应骙电：樟脑仅产闽地，前闽绅包办亏折，现日领来商，拟准设官局，增加成本，责成日技师办理。　刘坤一电：德兵由津驻沪，各国效尤，请商各使令速撤退。　盛宣怀电：福公司拟造怀浦路，查与芦汉有碍，宜俟芦汉工竣再议。　刘坤一电：赔款还银，沪银行聚议意见不一，请与各使商定。　盛宣怀电：萍渌枝路美已逾限未造，拟即自办。　许应骙奏：厦门鼓浪屿议作公地，一体保护。

罗丰禄电：派罗道忠尧赴新金山查察华民情形，英忽阻止，现拟照复，向其解释。

伍廷芳电：美议院续议苛刻，请向美使声明。

二月　增祺奏：俄人近又搜索溃兵枪械。　外部电盛宣怀：法比公司请办三水至梧州铁路，宜缓议。　滇督魏光焘奏：滇缅界务镇边厅一段英员欲改线内侵，现议各划一线，互换绘图，送部酌核。　外部照会俄使：由恰克图至北京电报须用丹国电线，此项电费由双方结算，已咨盛大臣酌办。　魏光焘奏：法员来滇开办矿务，现与议定章程。　直督袁世凯电：闻各国会议允即交还天津，惟附近十里内不许我驻兵，祈力持。　旧金山华商电：葡割香山，请拒绝。　刘坤一电：开浚淞江事现经袁道设法联络，以期挽回利权。　江汉关税司贺璧理呈刘坤一拟修浚黄浦节略。　外部电袁世凯：英使言交还天津事尚有修北河、拆炮台、不筑城、设巡捕等款，未经商妥，故尚未定期。　外部电盛宣怀：美使函称，萍渌枝路因前年遇乱不能兴工，犹未失应造之权，工程师现已抵华等语。此事应与美工程师妥商，以免轇轕。 外、户部电吕海寰等：存票限期应入关章，银元分量无须入约。 盛宣怀咨：安设沽烟沪水线，并拟收回京津沽电局。 驻俄代办使事胡惟德电：俄外部面交俄法新换文件，意在保持在华利益，以与英、日联约呼应。 江海关道函：沪领袖领事声述开浚黄浦事刘督为难情形。 张之洞电：长沙作为自开口岸，已与湘抚商妥，一切照岳州自开章程办理。 外部奏：遵议荷兰属地华侨亟宜保护，应添设领事。 外部电张之洞：英使照称，汉口车站利益不当偏于某国。希查明此事原委电复。 刘坤一电：请饬先议加税，再议厘务，转吕、盛详查。 外部电许庆骙：樟脑设局现订合同六条，由日技师携闽会商。

三月 许应骙奏：闽省矿务拟由洋商承办，现与妥定章程。 谕：教民犯案应由中国官与平民一律办理，著外部照会各使妥定规条。 吕海寰等电：圜法事现与英使约定条款。 外部电江、鄂督及各星使：俄约四款已遵旨画押。 外部电张之洞：拟将行厘加入坐厘，再商加税，或可就绪，望速筹复。 外部札胡惟德：交收东省条约四款业经批准，应照会俄外部订期互换。 陶模电：粤办膏捐无洋、土药之分，于专条无碍，祈核准。 吕海寰、伍廷芳电：加税事日不允加至值百抽一二五，美允请训，乞切问美、日两使，以期转圜。 外部电张人骏：修造津镇铁路，峄县以北借德款，以南借英款，前订合同即钞寄。 又电吕海寰等：请单办运必须限定货数，以杜流弊。 又电魏光焘：滇路通章、路章本系一事，无庸分议。 萨保奏：重设黑龙江铁路交涉总局，增改章程。 又奏：铁路两旁俄商私购之地如查无别项关碍，从权改买为租。 刘坤一照会驻沪领袖领事，查询黄浦税租。 刘坤一电：赔款请坚持约票所载金价算付。 外部电伍廷芳：古巴自主，中国自可照认，届时饬领事前往谒贺。 奎俊电：宁雅开矿只可许英五金矿两处，乞商酌。 外部电吕海寰等：马使请我自拟厘税新章，开送时须防彼就此变换主义。 又电盛宣怀：中韩电线应赶修，免被俄夺。 又电吕海寰等：漕粮、军米皆关国用，不能允其入约。马使要求运米出口，应于约内酌量区别，以防歉岁不能禁运。

中俄订立《交收东三省条约》。三月初一日

中英订立《交收关内铁路章程》及《关内外铁路交还以后章程》。三月二十二日

四月 盛宣怀电：东三省电线因俄兵未撤，俄使不允我往接修，请告许使，俟辽东退还再接。 豫抚锡良电：福公司造矿支路，请由老流河达道口与章程不符，且碍芦汉，兹拟改道办法，乞就近商明。 驻比参赞电：比谓津保铁路许英人建造，与前约不符，乞更正。 外部电许应骙：前订闽脑办法六条，既因难办，愿作罢论，应仍由尊处自行办理。 外部电锡良：福公司运矿支路拟改至杨树湾，应令柯瑞往勘。 外部奏：津保铁路前许芦汉接修，现袁世凯等与英订《接收津榆路约》又入款内，应据以前应允之条饬袁世凯等与英使商办。 使法庆常电：义外部请设驻义公使。 外

部电奎俊：川矿已与英订定八处，其地名由川填注。　　吕海寰等电：密陈加税免厘实数，开送新章四条。　　盛宣怀电：英使执开矿新章，请许外人入内地租买房地，已辩驳。　　张之洞电：加税免厘系英欲揽我财政主权，新章包括太广，请勿遽与定议。　　盛宣怀电：临城煤矿与芦汉路相依为命，惟以总公司无此财力，只可与比公司合办，请饬将合同送部查核。　　吕海寰等电：马使欲将路矿包入商约款内，若无极好办法，总以不入约章为宜。　　外部奏：请饬袁世凯等与英使妥订《收回关外铁路章程》。　　刘坤一电：矿章系内政，请速改定颁行。　　遣杨兆鋆出使比国。　　遣许珏出使义国。　　遣吴德章出使奥国。　　外部奏：遵议增祺等与俄监工所订《开采奉天全境煤矿合同》，应毋庸议，请饬另议办法。　　吕海寰等电：英、法、德、美会订银价税则，已派税司会议，谨陈节略。　　刘坤一电：西报载英虑中国因摊派赔款激成变乱，请乘机与商照约载金价算还。　　吕海寰等电：厘裁后，可次第兴办营业、印花、铺户各税，以凑还加税不敷之洋债。　　外部电张之洞：茶叶减税已奉旨允准，未便展缓失信，现由户部核定，照时价值百抽五。　　陕抚升允奏：沥陈蒙、洋议和情形，请旨撤回驻扎神木部员。　　吕海寰等电：税则以金合银，各国不允会商，请照会各使径商各国政府。　　户部电吕海寰等：茶税既减，望将出口杂税商定，切实值百抽五，藉资抵补。　　科布多办事大臣瑞洵奏：密陈科属边界大半割与俄人情形。　　陶模电：葡以互益为名，阴行拓界，请驳拒。　　外部咨伍廷芳：古巴交涉准由美国驻华领事兼办。

五月　增祺奏：遵筹奉天省西南段俄兵撤后办法。　　刘坤一电：请坚持还款、完税二者求允其一，否则暂照沪议。　　盛宣怀电：债款改金、改银，统计得失三四百兆，必与力争。　　袁世凯电：赔款还银似宜先由外部与各使切商，如不成，再电出使各员向其政府理论；再不成，乃发国书。庶层次相合，请酌之。　　外部电驻外各使：希向各国声明：赔款应还银两，以免临时误会。　　又电陶模：葡约十款若一概拒绝，恐牵动全局，路章如能妥订，利权尚不至尽失，希统筹。　　盛宣怀电：请准比国接造津保支路。　　锡良电：福公司支路合同本无搭客载货四字，今派员议添入不能搭客载货一节，切商不允。　　外部电奎俊：据哲美森函，已饬立德乐将矿产八处地名查明填注。　　又电锡良：福公司支路既据声明专供运矿，并不作别项生意，应载入章程。　　陶模电：葡约于粤省铁路尚无窒碍，惟应订明不得将准办之权转售他国。　　胡惟德电：赔款与布加力王切商，允与各国接洽再复。　　蔡钧电：日外部言，赔款还银事若英有计意，日亦易商。　　吕海寰等电：准日本商税使照送新约十款呈核。　　刘坤一电吕海寰等：日约三、四、五等款均欲占我主权，请力折其要索。　　外部电魏光焘：滇路铁轨照龙州宽窄改为一迈当。　　刘坤一电吕海寰等：日约第六款至第十款均万不能允。　　外部电张之洞：汉口租界比使所索地逼近车站，万不能允。　　盛宣怀电：接伍使电，查明赔款总数确系照当日市价易金而言，美廷甚愿助我。　　许应骙电：脑局专归中国官办，公司仅系借款，此次改订章程有利无弊，祈速核复。　　使英张德彝电：赔款还银，英外部允与各国设法。　胡惟德呈送东省条约互换文据。　沪道袁树勋电：第六期赔款今虽送交各银行照收，仍恐执金价争论，务求内外坚持。　吕海寰等电：马使亟欲回国，各税允加倍半，并仍留内地销场，抵补有盈无绌，容偕商江、鄂会奏。　张之洞电：英已允八年以内还银，自可迎机再商。　胡惟德电刘坤一等：俄仍坚持还金之议，奥复亦同。　外部电驻外各使：请商各国通饬武官，遵照原约迅速交还天津。

六月　盛宣怀电：粤汉路向为英、法垂涎，故前经直、鄂商定借美款自造。近美催办甚急，其总办久已到沪，宜早核准。　刘坤一电：前函陈东三省应改设行省，兹日人又来催问，祈迅赐筹办。　外部电盛宣怀：葡请造广澳路，拟照准。惟须与粤汉干路相接，应否向美公司声明。盛电复：葡意图占香山，只可由葡借款筑造，作中国枝路，以清界限，美尚可商。　盛宣怀电：旅烟水线俄欲接入领署，无异设局，且法线在厦上岸正与理论，万不能准。　遣胡惟德出使俄国。　遣梁诚出使美、日、秘等国。　遣孙宝琦出使德国。　盛宣怀电：已复英使，请饬大东公司将津沽京电线交还电局，则可与大北公司获同等之利益。　各国全权公使照会：今将天津都统衙门交还中国，惟应声明允照所商各节办理。　外部复各使照会：照开各节业具奏奉旨照准，天津地方届时由北洋大臣率领津郡文武各官亲往接收。　刘坤一电：津既即日交还，请商各使即撤沪兵。　刘坤一、张之洞、吕海寰、盛宣怀会电：议定免厘加税各条款，请允照办。　张之洞电：矿务一款与英使议定，将现行章程自行修改，颁行后凡承办者即照新章办理。　又电：与英使议定收回法权、补救教案办法。　刘坤一等电：与英使议定《推广内港行轮章程》。　旨：张之洞授为商务大臣，续议美、日各国商约，著吕海寰等即赴鄂会议，仍时与刘坤一妥筹办理。　张之洞电：与英使在鄂所议各事较沪议争回实多，从无减让，因奉严旨谨据实陈明。　蔡钧电：南洋公学逐生九人自费来东，要求保送陆军学堂未允，纠众生来馆哄闹，经日捕弹压无恙。

中英改订《芜湖租界章程》。六月二十七日

七月　外部电裕庚：请商驻法义使转达教皇给樊国樑议章之权，以期民教相安。　外部电许应骙：闽省开矿合同应照所议改缮。　外部电奎俊：川省油矿合同法商已允照改，巴、万无油，准另择两处以备日后抵换。　岑春煊奏：柳太铁路亟宜兴办，改订合同尚须详议。　刘坤一电：日使请在沪议约，应照办。　吕海寰等电：修改税则请照会俄、葡、日、瑞各使。　外部电盛宣怀：大东交还电线，请勿轻许额外利益。　又电：俄使谓，恰线从前所定，并非于交线时强索利益。口气太翻覆，大东线勿遽接收。　许应骙电：华裕矿股拟华洋各半，请核复。　袁世凯电：十二日低〔抵〕津，天津一带均已接收。　外部电陶模：购运军火事，接荫昌电，德不阻挠。　吕海寰、盛宣怀奏：派员会同各国议税使臣估定进口税则，并酌议善后章程三条。　外部电刘坤一：英使言，现约各国将驻沪洋兵一同撤回，惟须商约画押后方撤。

吕海寰等电：议定修改税则期限。　　又电英商多不愿加税、英国公司不肯在中国官员处驻册各情形。　　张之洞电：丝税不宜过重，然出洋者止于抽五，不出洋者无论何省所产亦皆抽五，可谓均平。华文本是常关免抽蚕茧及蚕种税，译员将洋文误为免抽蚕茧及丝税，当更正。　　吕海寰等电：出口丝税系分征，非重征，与各国无涉。现将此节重为改定，较原文更觉切实。　　外部电许应骙：矿务合同应声明购地归华员经理，运矿枝路仍应照章咨部核定。　　外部电吕海寰等：内港行轮应添代递信包一条。　　又电：值百抽五税则应即画押。　　张之洞电吕海寰等：马使决将回国，已电属其宽留数日，亲自画押，请再速商。　　张之洞电吕海寰等：第十一款所议三节乃与马力争而得者，请勿删。　　吕海寰等电：英允我在租界内售印花票，并不防碍我在租界内征抽地税。　　外部电张之洞：比国贾署使照称借住汉口他国界内诸多不便，拟造屋迁居，意甚觖望。贾回京在即，希酌商。　　又电魏光焘：临安锡厂系民间已开旧矿，法公司不能侵占，倘任意索办，可照章驳阻。　　又电盛宣怀：德使称：广九电线动辄拆断，各洋行请修，电局不理等语。希速设法，俾免干预。　　刘坤一、张之洞、吕海寰、盛宣怀电：与英使马凯议定全约共十六款，请迅赐核准。　　外部电吕海寰等：中国土货应抽足七五，不与此次进口税则相涉，宜先与英使声明。　　旨：著吕海寰、盛宣怀将议定英约就近画押。　　吕海寰等电：禁运吗啡鸦事，马使已电达英廷，一俟照允，即可入约。如口岸准删，即作第十一款；若照旧，即列作第十五款，以次下推共十八款云。　　外部电奎俊：法使照称，巴、万油矿如勘明不足开采，应另择他处，将来择地抵换时，总期与英矿不相牵涉。　　张之洞电：内港邮政一项拟删去，留为他日专议邮政地步。　　又电：口岸事请复马使，如日后再议，应仍照此次原议三节联为一气。　　外部电许应骙：矿务合同经部驳改，具有深意，若置不问，未便照准。　　又电盛宣怀：俄使复催恰线定约，希饬妥速商明东、北两公司定议。

八月　外部电盛宣怀：俄使谓，中英所定商约常关、盐土等税均失主权，出厂税亦太轻，东省邮政当由华人自办，至恰线如不速办，不能照期交还等语。奉旨：著即妥酌速商。　　张之洞电：俄使评论英约各节均无足虑，惟海关、邮政宜趁此挑剔，令赫德兼用华人主事，以收主权。　　滇督魏光焘电：请告法使，临安、个旧锡矿不准开采，余可指勘采办。　　盛宣怀电：已照知大北公司，如再不交京沽电线，以前电约均应作废，请复俄使速催办结。　　外部电魏光焘：个旧锡厂申明立案，民间私售矿厂亟应查禁。　　外部奏：遵议改订《兴筑柳太铁路合同》，应饬盛宣怀照芦汉办法与俄商妥议。

刘坤一等电：与英使互对汉英约文，画押盖印，并声明加税拨补各省之款留关俟拨。　　吕海寰等电：日约迄无一款就绪，兹于英使索议二十二款外拟加三款送交核议。　　刘坤一电：与日议约不可稍予迁就。　　外部电盛宣怀：葡索铁路而无款可借，不如订明两国集股合办。　　刘坤一电：浚河公费各使无强派西商照捐之权，请复美使，仍属各国训条备文照会。　　刘坤一电：华商在日纳税加多系属违约，可径呈驻使向彼外部辩论，似无须于新约内另添一款索议，转被索偿利益。　吕海寰等电：美约系按旧约修改，教会一款现亦商定。　又电：葡藉税则请造香澳铁路，恐他国效尤，不应入约。　外部电增祺：俄人交还奉省西南段及营口，奉旨派往接收。　又电袁世凯：奉旨派令接收关外铁路。　袁世凯电：俄人迫增祺收路，已派杨士琦赴榆随同办理。　外部电刘坤一等：据京师大学堂呈称，现中国振兴教育、研究西学，正在广译各书，闻美约有索取洋文版权一条，万勿允许。　外部电张之洞：奉省尚未归还，勿遽允大东沟开为口岸。　又电吕海寰等：葡使请将澳门对面岛开为商埠，粤省官民均不乐从，断不可允。　吕海寰等电：与日本订立保护商牌及分别版权办法条文。　又电日约酌定圜法情形。　袁世凯、胡燏棻电：与英使商定于本月二十八日将津榆路全行交接。　刘坤一电吕、盛：日约银式一款意在暗减税平，商牌、版权一款末句亦有语病，均应删改。

中英订立《增改通商行船条约》。八月初四日

中英续订《内港行轮修改章程》。八月初四日

九月　盛宣怀奏：正太铁路作为芦汉分支，遵旨归并总公司，另订详细合同。　袁世凯电：锦榆铁路俄人一律退尽，并接收完竣。　外部电伍廷芳：答复古巴及派使国书均已发寄，即妥筹保护华侨，勿任苛待。　署江督张之洞按：是月刘督病故，以张督调署。电：接德署使电，请我声明扬子一带不能专与他国以政治或兵政、海政等权利，则驻沪德兵即与各国同撤。当复以本大臣断不将某项权利让与何国，请速撤兵。　外部电各关监督：新定值百抽五税则，定十月初一日开办。　又电袁世凯：请派队出关，弹压交还地方，切勿越界。　盛宣怀电：英派员来沪接议沪宁铁路合同。　外部电李兴锐：赣关量移省城附近地方，应妥筹奏办。　袁世凯等奏与英、俄提督接收关内外铁路完竣情形。　盛宣怀电：英约内河行轮一条勉允改入章程，因章程尚可随时更改。　张之洞电：盛宣怀现丁父忧，请添派会议人员。奉谕：伍延芳著派充会办商务大臣，并会议各国商约。　盛宣怀电：接伍使电称，赔款零票内倘注金数或还金字样，万勿允押。　南洋华商等禀商约大臣，沥陈被虐情形，请设领事以资保护。　张之洞电：盛宣怀丁忧，其督办铁路及与南北洋、鄂粤两督会衔事宜应划清界限，分别责成。

中俄订立《交收关外铁路条约》。九月初六日

中俄订立《正太铁路借款行车合同》。九月十二日

中英订立《电报局与大东公司借用京沽借线合同》。九月二十一日

中俄修订《电报局与大北公司津沽京恰借线合同》。九月二十一日

中英订立《川石山至南台借线合同》。九月二十二日

十月　外部电张之洞：修浚黄浦希速派员。　又电盛宣怀：福公司请修怀浦铁路，亦愿归芦汉公司订定合同。　又电张之洞：赔款保票分作零票，经奏派贵大臣签

字。　张之洞电：与法、比、日三国磋商汉口租界扩地。　袁世凯电：饬造黄新庄支路，估需用款，拟先由各局所凑挪。　增祺奏：奉省西南段俄兵一律撤退。　外部电胡惟德：俄兵未撤，地方武官动辄干预，兹开三端，希向俄廷婉商。　吕海寰电：美、日两使不肯俟伍使到后开议，现已分别订期先商。　鲁抚周馥电：开平矿局英商拟在德州设栈存煤，请筹示。外部电复：该栈须用华人经理，以清界限。　外部奏：闽省鼓浪屿议作公共租界，应将第十五款兼护厦门一节删除。　增祺电袁世凯：派队出关，应俟外部得俄使复后再行开拔。　外部电岑春煊：普济公司开办川矿，除经法公司及华商已办各地均应剔出，又有碍盐井地方不得开采外，请查明原议，与英商妥为订明。　又电吕海寰：滨海行轮行之有年，现筹办法二端，妥慎商办。

中俄订立《电线相接展限续约》。十月二十八日

十一月　外部奏：韩国元山埠华商日增，请准设副领事。　增祺奏：俄员拟将盛京宫殿先行交还。　外部奏：遵议俄员在吉林三姓所属拉哈苏苏租地一事，该处非通商口岸，请饬长顺婉词驳阻。　盛宣怀电：大东、大北代办京沽电线，现已收回。　岑春煊电：英领到局商订开矿合同，已饬照原款分别删添。　周馥电：青岛德总督云：闻俄拟令西伯利亚铁路代中国收税，不另设关，如允俄，他国必纷纷效尤。乞核夺。　吕海寰电：与日使议驳城镇居住贸易约义，彼注意在租赁地基建造房屋八字，争之甚力。　外部电胡惟德：东省铁路应照合同办法在干路两头设关，其支路应另议，希与俄分别妥商。　护晋抚赵尔巽奏：全晋教案一律议结。　署川督岑春煊电：法领请办运油快路及五金、煤矿二处，催订合同，乞商法使。

十二月　外部电张之洞：邮政加费，本部酌定每磅共收三角。兹据税司申请，拟每年递增一角，加至九角为止，希查核办理。　魏光焘等电：滇越铁路克期开办，恳拨经费，以应急需。　外部奏：美国散鲁伊斯城赛会请简派正监督赴会，并由部先派副监督前往布置。奉批：派溥伦为正监督。　岑春煊电：英、法均执李相所给字据争办川矿，乞设法维持。　袁世凯奏派员接收津沽机厂、船坞及办理情形。　胡惟德电：海关税金俄可允许，并允转告各国。

中葡订立《增改通商条约》及《分关章程》。十二月二十九日

光绪二十九年癸卯（即西历一千九百零三年）

正月　福州将军崇善等电：三都澳系自开口岸，有征收码头捐之权。英使所请退还怡和征款，未便允许。　盛宣怀电：美商水线公司请准接通小吕宋、旧金山水线在沪上岸，势难拒绝，拟查明大东、北公司水线合同，妥筹办法。　外部电护川督陈璚：英矿落地税现拟办法两端，希与商酌。　又电：英派谢领驻川，应作为重庆总领，与驻滇之思茅总领事同一律，希据此力驳。　使英张德彝电：英谓关税照金价申算，万难允从。　盛宣怀电：俄修正太铁路，请暂用窄轨，已驳复，以此系芦汉支路，支干必须一律，碍难照准。　新抚潘效苏电：俄因英信卒在色勒库租房，亦以保护信卒为

言，要求派兵数名前往。已令照英办法租房居住。　　外部奏：遵议浙绅高尔伊请设宝昌公司，与义商承办衢严温处矿务，拟饬照改定章程订立合同，依限试办。　　吕海寰等电：日约请开口岸多处，辨论再三，允以自开不能入约。　　外部电盛宣怀：正太轨道俄驻京代表亦谓山路宜用窄轨，仍希妥订办法。

二月　外部电崇善：闽厂代法公司造船，早订合同，希饬遵限造竣。　　盛宣怀电：拟将通商银行商股改作萍矿股本，以济铁厂。　　袁世凯奏：英据私约侵占开平矿产，请饬部照会英使，切实声明。　　外部电吕海寰等：税则画押，丹、葡两国由部照催；瑞那无使臣，应嘱沪领转达，派员画押。　　岑春煊电：蓬溪油矿当设法自办。

三月　外部电滇抚林绍年：滇路收回年限应照东省缩减，分利照该路成本中法匀分。　　吕海寰等电：税则俟丹、法、葡、瑞那画齐再奏，俄、义订四月一日开办。　胡惟德电：俄议陆路两不设关，闻俄武员欲募兵赴鸭绿江，占守林木兼以防日。　外部电江督魏光焘：各使催索赔款分票，希饬沪道汇送尊处签字，磅亏事容另商。　又电滇督丁振铎：英使催分缅界，希即绘图寄署备核。　　又电增祺：俄兵无确撤期，希随时查其举动。闻日人在鸭江烧山，俄派兵前往弹压，又营口道员未在任所，一并查复。　　又电胡惟德：俄第二期撤兵已届，乃前驻奉天之头号步队去而复返，希向其外部催询。　　沪道袁树勋电：美国分票未载银数，而票末仍以金价列入，不无疑窦，已将美票送请伍大臣转致美员改换。　　江督魏光焘电：镑价日涨，若分票签字，则还金已定，更难补救，自应遵电缓办。　　滇督丁振铎电：滇缅边界分水岭不止一处，俟勘明之图送到，再与英员商办。　　吕海寰等电：日本不允加税至十二五，请商日、美两使转圜。　　外部电伍廷芳等：俟美国分票送到，即先画押，不必待各国到齐，致失机会。　　胡惟德电：俄陆长面称：现赴崴旅阅军，如东处有交涉事，各将军均可面谈。已请其速交营口。　　又电：奉省俄兵复返，系因英、德、日三舰前赴该地，遂折回一队，计百余名。　　外部电胡惟德：俄二次撤兵届期，自应照约办理。昨柏署使又开送七条，是专约外另立条款，断难应允，希即向俄外部切商。

四月　吕海寰等电：美使索开盛京口岸，其意甚坚，乞通筹酌核。　　鄂督张之洞电：销场税宜先从轻，以后酌加。　　又电：美素和平，此次十六款太老辣，逐条胪复，请在沪诸公相机辩论。　　桂抚王之春电：法使请船只轻〔经〕过中国河流，则我船经越亦应一律办理。　　吕海寰等电：拟乘美索东省开埠事，邀美使向俄调停交地。　袁世凯电：美因加税请裁内地常关，恐内关归税司兼管后，诛求苛细，激生事端，请两使通盘筹画。　　张之洞电：美约勿遽定议。　　吕海寰等电：美谓常关不裁不能加税，意甚决绝。　　署鄂督端方电：德商请在襄河口设立趸船，万难照准，祈力持。　盛宣怀电：湘鄂铁路废约筹拟办法六条。　　湘抚赵尔巽电：湘绅以美公司将合同私售比国，请电盛宣怀驳诘。　　袁世凯电：英使来称，开平矿局久已出卖与英公司，并各国认秦皇岛地段亦为英有。已严词驳拒。　　吕海寰等电：葡使悔约，谓前议条款作废。已备文驳复。　　又电：分关缉私应否列入约内，乞核示。　　盛宣怀电：浙绅钱锦孙等请合德商另办沪杭铁路，拟咨驳。

五月　外部奏：遵议沪宁铁路筹借英款订立合同，应准如所拟。　　荫昌奏：遵旨与荷外部商设领事，尚未就范，请饬商约大臣就近与荷使增立此项专条。　　吕海寰等电：美约现将第四款条文磋商重改，候核示，余容续议。　　遣杨枢出使日本国。　　盛宣怀电：福公司请将泽道路改归中国，而欲易造郾浦路，所送节略三条均有流弊，容熟思另陈。　　又电：福公司因开矿而索造长路，实属无理，应内外坚持；惟川滇路借款开办时，不妨准其与议，较无他害。　　外部奏：蒙古鄂尔河五处金矿续议开办，查无窒碍，应饬妥订俄人附股详细章程，奏明办理。　　赣抚柯逢时奏：开办景德镇瓷器公司，以振工艺。　　端方电：遵旨查禁长江一带革命邪说。

闰五月　吕海寰等电：美约第四款现加附件，声明常关各分口由华洋官员管理，藉免税司擅专。　　德使穆默电：请咨直督，将建造津镇铁路由德州至正定、开封两枝路叙入合同。　　署川督锡良奏：请自设川汉铁路公司，以辟利源而保主权。　　魏光焘等电查禁上海爱国会及在租界封闭苏报馆并拿获邹容等经过情形。　　许台身电：俄注意鸭绿江，英、日请韩在义州开埠，韩谓应由我倡，日使切嘱电达。　　孙宝琦电：美、墨在法集议代我筹圜法事，干权太甚，当经声明：未奉政府训条，故不置可否，不得视为默认。其各说帖另行邮呈。

六月　袁世凯电：闻义国又拟向我索象山港，祈坚拒，并电浙抚防范。　　吕海寰等奏：上海会审公廨多为洋官把持，拟由伍廷芳妥订简章，力加整顿。　　长顺等奏：哈尔滨铁路公司划还双城，地基请归交涉局勘放，以裕饷源而杜俄人侵越。　　增祺等奏：通怀矿务局现添招英股，改设全利公司，谨呈合同章程，饬部立案。　　又奏：日、俄觊觎鸭江一带矿产，请饬议限制矿区地段。　　胡惟德电：俄主宣谕六条，派大员统治黑省关东，不受各部节制。

七月　外部劄东省铁路公司：现已开车，应照合同缴纳银两。　　吕海寰等电：美约开埠款内拟声明盛京、大东沟两处开埠，一切事宜均照岳州等口岸办理。　　又电：美允将盐斤一节提出，归并附件。　　又电：美允禁止吗啡并药针进口及改议保护商标、版权禁例办法。　　孙宝琦奏抵任后办理中法交涉及考察一切情形。　　长顺等奏：吉长枝路筹款不易，拟仍归东铁公司承造，议订合同呈览。　　袁世凯等奏天津车站接修西沽岔道、商拨关外铁路借款情形。　　胡惟德电：俄皇携外长赴奥、义等国，东方外交统由巡抚阿列克希夫定夺云。　　潘效苏电：由新疆通俄道路有四，验照事当饬各卡遵办。　　吕海寰等电：美约附件内又加叙：俟中国征收出产税之日起，始裁内地常关。　　驻重庆法领事安照会锡良：川汉铁路悉已在京商定开办，请就近添招法股，聘用法员。

八月　袁世凯、张之洞、吕海寰、盛宣怀、伍廷芳电：中美全约议竣，请旨派员画押。　吕海寰等电：日约既经张之洞议定，应由伍廷芳在京将华洋文校核后，再请旨画押。　张之洞电袁世凯等：日约议定十三款，先行电达。　外部奏：墨西哥国华民日众，拟请派员驻扎，藉资保护。　科布多办事大臣瑞洵奏：请饬外部照会俄使，催勘阿拉克别克河界务。　吕海寰等电张之洞：日约应酌改各字句，乞核示。　张之洞电吕海寰等：日约东三省开埠一款，请照美约校正。　豫抚陈夔龙等奏：芦汉路展造开封、河南两府枝路，议订合同呈览。　吕海寰等电：日约先签汉文，英文未定，现仍饬员译校。　魏光焘电：黄浦事沪道所拟商改办法尚妥，请商各使以保主权。　驻藏大臣裕钢电：印藏龃龉，乞阻英员前进。

中美订立《通同行船条约》。八月十八日

中日订立《通商行船续约》。八月十八日

九月　外部奏：遵议展造汴、洛支路合同，应准如所议，由盛宣怀与比公司签押。袁世凯电：东省俄员向将军索取收地原文，未知何意。　吕海寰等电：税则事尚有法、葡、丹、瑞四国未画，德国商约拟俟克总领事病痊来议。　张德彝电：山侍郎函称，藏员玩视中朝号令，英容忍已久，今不能不往索偿。　袁世凯电：俄人甚以我允各国东省开埠为憾。

中法订立《滇越铁路章程》。九月初九日

中比订立《汴洛铁路借款行车合同》。九月初十日

十月　使美梁诚电：美、法已认巴拿马独立，该处开河华民甚多，我国似宜照允。署粤督岑春煊电：法自租广州湾后屡想修建铁路，冀囊括两粤边海各地，已派员密查。　东省铁路公司呈外部：应缴中国五百万两，俟全路完竣再缴。　增祺电：韩兵弁越界烧掠，请告韩使禁止，撤兵究办。　胡惟德奏：俄人建造东三省铁路竣工，谨绘图开单呈览。　又奏：查明西伯利亚铁路里数。　又电：上书俄皇，婉劝速撤东省驻兵。　外部札东省铁路公司：现铁路既经宣明开车，应缴银数仍应按照合同办理。　胡惟德照会俄外部：请速撤奉省驻兵，开列八节，乞代奏。　俄外部复胡惟德：撤兵展长限期，实因迫于一切情形所致至，俄政府实愿与中国永敦友谊。　胡惟德奏：日、俄战局迟速必和，中国宜亟筹应付。　袁世凯奏：英商私买开平煤矿，无意交还，张翼始终支吾延宕，请饬迅速收回。　遣杨晟出使奥国。

十一月　裕钢电：达赖刚愎不仁，恐激大变。　使日杨枢电：日因协约俄不照允，已备战。　谕：韩兵过江逞凶，著外部传谕许台身照会韩廷严禁。　袁世凯电：日、俄将决裂，闻日舰已往旅顺。如开战，我应声明自守局外。　日使内田致外部节略：大冶矿局筹借款项，请饬将正合同画押订定。　驻藏帮办大臣桂霖奏：西藏祸机已稔，亟筹变计，以祛后患。　杨枢电：日外部谓，日、俄万一决裂，愿我守中立。　裕钢电：英兵至藏边，藏人密调兵马，恐非战后不能和商。　外部奏：申明矿务定章，请饬各省不得与外人擅立合同。　锡良奏：各省矿产应限制私合洋股，以

杜流弊。

中日订立《大冶购运矿石预借矿价合同》。附照会，十一月二十八日

十二月 丁振铎等电：俄、日将战，中国势处两难，请速变法以挽危局。 袁世凯奏：遵谕统筹布置东北边防情形，请饬户部迅筹的饷。 又电：探闻俄海军各船现回旅顺，内有三舰游弋台湾海面。 丁振铎等电：中缅界线拟俟派员会勘再定。 盛宣怀电：泽道铁路改订合同应先商妥三端，并毋庸英使干预。 胡惟德电：日、俄已互撤使臣，韩声明守局外。 岑春煊电：日、俄将开战，宜乘势收回东省主权。 袁世凯电：辽阳等处俄队均已开赴东边。 又电：日、俄海军在旅顺口外开战，俄船三艘被日击沉。 又电：日已下命宣战，请降旨宣示中立条规。 又电：日军由青泥洼、金州两处进攻旅顺。 又电：闻俄船先后沉伤十艘，昨又沉三艘，日已攻克旅顺。 署闽督李兴锐电：福建脑务谬误已深，日人缉私，而洋商购私，彼此各持一说。此时如收回自办，或即停办，先须赔回借款十余万元。顷因苏俊一案已乞部向英使辩论，倘藉此能申明禁止私脑之权，则此事尚可著手。 谕各省将军、督抚：日、俄失和，著按局外中立例办理，并认真保护各国人民、财产、教堂，毋稍疏懈。 颁示《中国严守中立条规》。 杨枢照会日外部：日、俄用兵，中国已严守中立。至东三省疆土，无论两国胜败如何，应归中国主权，两国均不得侵占。 日外部照复：日与俄战乃为保守我应有之权势及利益而起，必不敢损害大清国主权。 胡惟德电：俄外部称：中国恪守局外，俄决不侵越。惟东省及蒙古东北隅，凡铁路所经为运兵要地，势难允认，须与阿兵部商定界限再复。

中英订立《沪宁铁路借款合同》。 月 日

中比订立《汴洛铁路借款行车合同》。 月 日

中义订立《改定宝昌公司承办浙江矿务章程》。 月 日

光绪三十年甲辰（即西历一千九百零四年）

正月 俄关东总督力喀基夫照会增祺：俄兵调赴前敌，各处铁路应由贵国保护，大兵过处住房、马草不得不得借重地方支应，战线内有碍军务之城塞、桥道、民房应随时拆毁，乞饬属一体遵照。 沪道袁树勋照会日领：日、俄商船在华往来贸易，我国当一律保护。 又照会俄领：前经备文请限令满洲号俄舰于二十四钟起碇，究于何时驶出淞口，请查明见复。 又照会俄领：来文内开，满洲兵轮不预战事。查该轮已漆成灰色，实为战时之用，如以为实系不预战务，应将战具由海关起存，或将汽机要件拆卸一二，以示不能行驶。 胡惟德电：辽西应认局外，前已向俄声明，今又照叙节略四款，外部坚不受商。 裕钢奏：拟赴藏边，为番众力阻，难以启程。

二月 许台身电：日、俄开战始自仁川俄舰被日击毁，俄使、领即将离韩。我卫兵现尚未见到华商，人心惶惶，罔知团结。 孙宝琦、胡惟德、张德彝、杨兆鋆电：东方战事乃欧亚争雄关键，请庙谟独断，切实更新。

三月　袁世凯、周馥奏：请将山东境内潍县、周村两处开作商埠，以广利源。　魏光焘电：请商英使勿多派战船驶入长江，以免民间疑惧。

四月　张之洞等电：粤汉北段铁路美已售归比国承办，请照合同十七条声明废约，归湘绅自办。　袁树勋电：浚浦附件大失主权，一经派员，万难商改。已妥拟五条独任办法，如能议定，尚可挽回。　袁世凯电：闻俄在海城擅修铁路，直达岫岩，并由岫一趋东边，一趋沙河，均已动工。　胡惟德电：俄因水师屡败，改派黑提督为统帅。　外部奏：遵议济南、周村两处拟自开商埠，应准如所奏办理。　袁世凯电：九连城俄兵溃退，日军遂据该城及榆树沟一带。　外部电胡惟德：铁路两旁华兵早退，俄兵已自任屯守，乃复责成沿路居民保护，出有初犯罚款、续犯烧杀之示，希切告外部，严饬兵官不得妄为。　东边道电：日军由九连城进占虎口，俄逃往凤凰城。又，日船九艘往旅顺堵口，为俄击沉。　增祺电：日军占普兰店，海军堵塞旅顺港口，俄提督逃回沈阳。　袁世凯电：自开战后，俄死三万九千余人。　又电：俄提督欲退守哈尔滨。　外部奏：英商请办安徽铜官山矿务，改定合同呈览。　盛宣怀照会驻沪日领小田切：宣城煤矿合同与部定新章不合，应即注销。日领照复：遵将原订合同作废。

中英订立《安徽铜官山开矿合同》。四月二十二日

五月　增祺电：日占金州城，俄统领在岫岩阵亡。　袁世凯电：俄军在熊岳被日截击，退回盖州。　又电：俄、日迭在四门子、草河岭、图们岭北大堡等处接战，俄兵屡败。　外部照会俄使雷萨尔：战国兵船不得在中立国领海缉捕商船，此次俄击日本商轮，应俟战定后两国自行理论。　袁世凯电：日军进占熊岳城。　杨枢电：日派大山岩为满洲军总司令，儿玉等为参赞。　袁世凯电：俄船由海参崴袭攻韩之完山，炮击租界。　驻沪日领小田切照会袁树勋：奉政府命，声明封锁辽东半岛。　袁世凯电：日军占摩天岭。　外部照会日使：请告日武官勿在辽西招匪，并勿令在局外边界游弋，免生事端。　驻汉德领事照会护湘抚张绍华：礼和洋行开采湘矿，前已与业主钟悦堂订立合同，不能作废。

六月　张绍华照复德领事：矿产不能私相授受，湘人钟悦堂违章犯法，应即惩办。　日使复照外部：日武员并未招匪，请禁俄兵勒买军需。　吕海寰等电：米谷不准出口一款，葡使争之甚力。　袁世凯电：日军攻破大石桥、营口，俄人均逃。　盛宣怀咨：拟借日本银行款扩充汉阳铁厂，录呈合同，请备案。　袁世凯电：日军进占牛庄、海城。　增祺等电：俄由海城退至辽南、鞍山站、沙河一带。

七月　外部电袁世凯、周馥、何彦升等：俄使称日人拟击烟台领署，应饬严防。　袁树勋照会驻沪领袖领事：俄舰不守中立条规，请转致公会查照。　袁世凯奏：海军统将于遵守中立之战国船只保护不力，致已卸军械之俄艇被日轮拖去，请旨惩处。　日使照会：酌定俄舰卸去军装办法六条，请切实施行。　外部电胡惟德：俄船既定

拆卸，决无续修之理，希商俄外部转饬停修。　外部照会日使：日船在烟台拖去俄艇，前请释回未允，兹再照公法声明。　东海关道电：日军占辽阳。

八月　袁世凯电：据烟台何道电称，俄艇被日拖去事日领已来道歉。　英使照会：川汉铁路借用英、美款项，应即照上年函商办法，成都支路似应亦归川汉公司承办。　外部电：胡惟德请递国电，恳俄皇谕各军官勿在陵寝近地驻扎，速移他处。　杨枢电：日君召集元老会议满洲事，拟俟战定后即将地方归还中国，以践前言。惟因俄船逃入烟、沪，疑我左袒，请饬沿海严密查防。　商部咨：开办商标注册，请饬总税务司分札津、沪两关遵办。

九月　外、户两部电各督抚：各国不允还银，应由各省移缓就急，设法筹济，免借巨款。　袁世凯电：补赔金价本有常、洋两税二成增收，如实不敷，似可加洋药税或办印花税。　张之洞电：各督抚还金，拟照津电以洋、常关二成增税，抵拨不敷之数，由各省按成分五年摊还。　胡惟德电：俄主谕阿列仍留总督任，专派前兵部古鲁巴金为东方水陆统帅。

十月　袁世凯电：俄艇自炸沉，其弁兵携枪径投领署；向收，领事不肯交出。日领函称：拟以兵勇力取。现已向俄使加紧索交。　俄使雷萨尔照会：请将俄雷艇之官兵搭乘中国兵船转送上海，并准留沪之俄提督因伤回国医治。　外部电袁树勋：日使谓俄提督在沪并无病状，速查复。　袁世凯电：俄艇已派船员驻守，用旗灯标志，以免误碰，此照航海章程，不认为彼保护。　外部奏：赔款各国不允还银，现商补救办法三端，以资结束。

中葡订立《通商条约》。十月初五日（按：此约由中国批准，先行画押，尚未互换。）

中葡订立《广澳铁路合同》。十月初五日

十一月　遣曾广铨出使韩国。　袁世凯电：俄艇官兵已由海容送沪，交俄领接收。　外部电南、北洋大臣及闽督：俄波罗的海舰队将抵黄海，恐以三都澳为根据地，或滥入他处海口，希妥筹电复。　俄萨使照会：沪俄兵斫毙周生有案自应按军律重治，惟照约仍享有各理权，不能交由华官办理。　杨枢电：日军二十六夜陷旅顺，俄将降。

十二月　袁世凯电：日炮船到汤河口修补损伤，逾限未去，已饬查该船受伤轻重情形。　外部电周馥、袁树勋等：周生有案俄领判定俄兵监禁四年，甬人不服，拟由我设特别公堂，或归公断办理，并已电胡使力争。　外部照会日、俄两使：烟台到有俄艇小轮，已妥为安置约束。　江督周馥咨：据沪道禀，前经订有约束俄兵七条，现拟重申禁令六条，请照会俄使转饬遵办。　胡惟德电：俄通告各国，谓中国违背中立。兹译呈原文，宜向各国声辩。　外部电胡惟德：美使照称有他国宣告中国不守中立者五端。兹逐条声明，希面与外部驳论。　日署使松井庆照会：留沪俄艇管驾潜逃被获，请饬再行加紧约束。　外部照会俄使：留沪俄员复又潜逃，是沪领印结已不足信，希查照所订约束办法五条，转饬总领遵照。　　袁世凯等奏：外国创行无线电报，拟请在中国境内防禁私设，以维电政。　　又奏：中国境内电话准归电局经办，外人不得于内地擅设。　　盛宣怀电：周案已与俄领会商办法四条。

中德订立《胶济铁路小清河叉路合同》。十二月十五日

光绪三十一年乙巳（即西历一千九百零五年）

正月　外部电江督、浙抚：杭关所给日僧护照只应作为游历，并希通饬各关，嗣后游历护照勿得填写别项字句。　　英使萨道义照会：中国派韩德森为佐理员，随唐绍仪赴印会议藏约，英亦派韦礼敦为佐理。　　外部电闽督魏光焘：官脑局事，日使谓：如礼待日技师及嗣后概不抽厘，即允将照会收回。希派员与日领妥速开议。　　胡惟德电：俄报以日军绕俄后路，出铁路之西，因通告各国，证明日军进蒙古实犯中国中立。查初战时订定战界仅指铁路以东一带，故蒙古确为局外地云。　　袁世凯电：日军克清河城，俄兵溃退。　　外部电胡惟德：俄兵屡越辽西中立地，今更入蒙采买马粮，致为日军藉口。现日、俄在新民府东相持，除诘日本外，请告外部，速电军官勿在中立地开仗。　　胡惟德电：俄外部称，通告乃指日本，不指中国。

中国会同十五国续修《通商进口税则善后章程》。光绪三十一年正月初七日奉旨

二月　胡惟德电：日、俄两军力战旬日，死伤逾十万人，俄有退弃奉天之耗。袁世凯电：日军于初五日进占沈阳，俄军全数退出，惟南路尚在拒战中。　　外部电闽督升允：日僧在闽多年，传教尚未商定，未便驱逐，应与各国游历人等一体保护。伦敦按察使佐斯堂断张翼诉开平矿务公司骗案，判令英商如不付股款，即应交还产业。

三月　署黑龙江将军程德全奏：俄路公司因展拓利益，本省生计侵夺无余，拟与达桂筹商办法。　　议约大臣唐绍仪奏：行抵印度，与英使费理夏订期开议藏约。　　胡惟德电：俄人战局殃及东民，请密嘱奉、吉、黑将军，凡事关财产、民命应随时查明，逐案册记，以备索偿。　　袁世凯电：俄军退至法库门东北。　　湘抚赵尔巽奏：长沙开通口岸，谨陈筹办情形。

中、丹、英续订《电报联合齐价摊分合同》。三月初二日

中德订立《青岛设关征税修改办法条款》。三月初二日

四月　外部咨浙抚聂缉槼：钞送苏杭甬铁路草约，查明有无窒碍情形。　　张之洞电：奉旨查复南昌知县江召棠在江西省城法教堂因伤致死情节，请赐优恤。　　外部电胡惟德：俄运船六舰抵淞，不肯拆卸，希告俄外部，速饬照办。

五月　外部电闽署督崇善：日领因俄舰东来回厦，脑款俟赴省再议。　　张之洞电：粤汉路废约事，美合兴公司力筹抵抗，请坚持。　　旨电各督抚及驻外各使：日、俄两国已有和意，中国应如何因应，著悉心筹画，各抒所见，以备采择。

中比订立《直隶临城矿务局借款合同》。五月十五日

六月　外部电胡惟德：闻俄与日将开和议，希向声明：此次议和条款内，凡未与中

国商定者，一概不能承认。　袁世凯电：德送约款，兹拟定应删、应改各节，其有益于我者，请酌向索增。　外部电袁树勋：各国择定赔款办法，俟复齐再达。　谕：特简载泽、戴鸿慈、徐世昌、端方等随带人员分赴东、西洋各国，考求一切政治。袁世凯电：日军占萨哈连岛，俄军退摩乌哥。　孙宝琦奏：法欲联络中、日，现已派员赴安南考察，冀免除苛税，以惠侨商。　张之洞电：因应日俄善后办法，约有五条。　又电：广九路事请勿顾虑，借款稍涉迁就。

中英订立《河南道清铁路借款行车合同》。六月初一日

七月　张之洞电：粤汉路拟即由我赎回，合兴公司如再食言，惟有废约，自行开办。　粤督岑春煊照复美总领事：华商因苛例禁工事，激于公愤，众谋抵制，不能强加禁勒。　谕各省督抚：中美工约已允公平办理，著劝谕民人照常贸易，勿得滋生事端。　外部照复英使：宝昌公司前借义款订立合同，奏咨有案，今将义商改作英商，显有不符，碍难允认。

八月　张之洞电：赎回粤汉合同，请旨画押。　又电：赎路一款已向英国商借。

遣刘式训出使法、日两国。　遣汪大燮出使英国。　遣李盛铎出使比国。日俄订立《朴司茂斯和约》及另立附约。　外部电胡惟德：日、俄新约有满洲铁路一带仍留驻兵一语，与约不符，特先声明，请俄政府熟筹。　遣杨晟出使德国。　遣黄诰出使义国。　遣李经迈出使奥国。　谕：载泽等奏，乘坐火车出京，炸弹猝发，人员受伤。著严切拿究，从重惩办。

中美订立《赎回合兴公司承办粤汉铁路合同》。八月初八日

中外各国改订《黄浦河道条款》。八月二十九日

九月　皖抚诚勋咨：铜官山矿约因逾限作废，已查明照复英领。　吕海寰等电：义领以订约毫无利益，仍坚持。　外部奏：修浚黄浦河道议归中国自办，改订条款会同画押。　吕海寰等电：德约十五款逐条辩驳，竭力磋商，现已就绪，请迅赐裁示。

张之洞电：川粤汉铁路收回自办，俟三省绅商集议后再达。

十月　遣陆征祥出使荷国。　中、日全权大臣历次会议东三省事宜，按：自十月二十一日起至十一月二十六日止。订定约款。

十一月　程德全奏：条陈东省中俄交涉善后情形，请饬核议厘订。　德使穆默函：钞送《北京使馆界内巡捕章程》。附道路规章

中德订立《胶高撤兵善后条款》。十一月初二日

中日订立《日俄战后东三省事宜》。正约三条、附约十二条，十一月二十六日。

十二月　外部奏：新设驻荷专馆，核定常年经费。　袁世凯等奏：胶州、高密两处德兵分期撤退，议定善后条款，开单呈览。　袁世凯奏：秦皇岛口岸商务繁盛，增设常关。

中德议订《续修通商行船条约》。（此约并未成立，故无月日。）

光绪三十二年丙午（即西历一千九百零六年）

正月　议约大臣张荫棠电：与费使在印议约，以迫我画押未允，费竟罢议。　袁世凯咨：奉新电线日本请暂立借用合同，系一时通融办理，应由贵部催速交还。

中日订立《奉新电线借用合同》。正月十九日

二月　盛宣怀奏：与英公司商废苏杭甬草合同，英谓此路现归浙抚经理，不令过问。

三月　外部奏陈中英商议藏约情形，并将拟改约稿缮单呈览，请旨办理。

四月　修订法律大臣沈家本等奏：伪造外国银币例无治罪明文，请设立专条，以资引用。　鲁抚杨士骧等奏：德兵全行撤退，谨陈筹办善后情形。　浙抚张曾敭电：拱宸桥开埠前，日本要求专界未允，英商越界开行，请力驳。　外部电胡惟德：达赖行程应由中国派员护送，俄派佛教人随行，断难允许。　刑部奏：遵旨议复上海会审公堂刑章。

中英续订《藏印条约》。正约十六款、附约十款，四月初二日。

闰四月　沪道瑞澂函西班牙领事：请查示改籍华人姓名。西领函复：华人既改入西籍，应听西国官员管辖。　张之洞与香港政府订立《购回粤汉铁路借款合同》。　瑞澂函西班牙领事：贵国特立章程只能行于本国，华人虽入西籍，但既居中国境内，应仍开送入籍诸人姓名。　驻藏大臣有泰奏：廓尔喀远道输诚，遣使朝贡。

中法订立《江西南昌教案善后合同》。附照会，闰四月二十九日。

五月　袁世凯、杨士琦电：中日电约应由两国外交官提议。

中日订立《鸭浑两江军用木植合同》。五月初十日

六月　外部咨杨枢：日本现定渡航条件五款，内经北洋大臣核驳各节请向日外部分别声明。　吕海寰等电：义领面递约稿十一条，已饬税司核校，俟核定后再定准驳。　杨枢电：日设关东都督府，谓其权限只于租界地内，再四辩论，坚执一词。　盛京将军赵尔巽电：日人强占辽阳等处煤矿，请向日使诘阻。

七月　袁世凯等奏：奉省筹办开埠，拟于安东县大东沟设立海关，以东边道兼充监督。　署闽督崇善电：闽省脑务自辞退日技师后，由官设局自办，专招华股，请与英使辩明。　吕海寰等电：义约屡经驳辩，聂领以利益无著，遽罢议。税司谓：宜略予通融。请酌核。　外部电胡惟德：现择定满洲里、绥芬河两处设关，希向俄外部商催电复。　张之洞电：义约窒碍极多，谨陈各条，祈裁酌。

八月　塔尔巴哈台办事大臣安成电胡惟德：唐古忒属哈户逃俄，请商俄饬查送回。　吉林将军萨保电：日兵在磐石县测绘地图并民房编号，民心疑惧，请向日使询商。　胡惟德电：俄户部面称，中国照约设关，事属可行。　杨枢咨：日谓俄于关东设有总督，现日本不愿改此制度。　又电：日外部声明于租借地界外决不过犯。已请其行文照复，以为凭信。　吕海寰等电：义约多方劝导，或可就范。

九月 驻奉日总领萩原照会赵尔巽，辩论领事交涉权限，不应径与关东军议事。 荷使欧登科照会：复州煤窑雷德补于日俄开仗后失去之财产，请饬赔补。 岑春煊咨：桂边丘利岭系属华地，现植石碑，法员已允了结。 户部咨：准程德全咨称，瑷珲城外层木椿俄已撤去，惟内层尚未收回，已照会俄官饬将瑷属地方全数交还，以便丈放街基，修复城市、官民房舍等因。请俟办结后知照本部备案。 赵尔巽照复日领：嗣后交涉事件当饬由交涉局向贵领事商办。 萩原照会赵尔巽：以后重大事件当向贵督交涉，寻常事务照前与交涉局商办。 赵尔巽照复日领：总领事与道员同品，应按照各国现行约章办理。 程德全咨：准俄员照称，日本请撤四平街外交政府，俄已允准。 又函札：萨克图郡王赴哈向俄公司称贷，经派员开导，由黑借与款项，现已回旗。

十月 赵尔巽咨：日人在黄草坪强运苇草，韩人占大小柳坪，请商日使勘定界限。 俄使璞科第照会：俄让关东半岛于日，贵国有无异词，请核复。

中日订立《交收营口条款》。十月二十日

十一月 袁世凯奏：日本交还营口地面，谨陈接收情形。 外部咨张鸣岐：广西官绅筹筑铁路，应于勘路时预留地步，期与法使迭次商允之案不相违背。 外部照会日使：日军于奉天千山台占据华商煤矿，请饬交还。 袁世凯等奏：日本交还营口关税余款。

十二月 赵尔巽电：商埠地方照约准外国人公共居住，不得任何一国另划专界。 外部照会英使朱迩典：英拟承造新街至腾越铁路，核与《中缅附约》暨本部迭次照会之意不符。

中日订立《扩张汉口租界专约》。十二月二十七日

光绪三十三年丁未（即西历一千九百零七年）

正月 外部电赵尔巽：大连湾设关事已与日使酌办。 吉林将军达桂电：日领谓内地不准杂居为违约，请据理晤商。 又电：日领来照动引会议录，究竟庚子后日约共有几种，请钞寄。 外部电达桂：庚子后日约只有商约及《会议东三省事宜条约》，日员所引如为约章所无者，可电商本部。 外部电张曾敭：日商在衢州租栈买脑，如仅系存货，照约似难驳阻，惟仍不准悬牌。 外部致英使节略：江孜商务委员以英员应需粮草劝由番官代办，以免发生轇轕，并非禁止英员与藏民直接交易。

中英订立《广九铁路借款合同》。正月二十三日

二月 赵尔巽等电：请与日使议订满韩陆路通商专章。 驻藏大臣联豫奏：详陈藏中情形及拟办事宜。 河南开封道照会美领：马敦美牧师在鸡公山买地朦税，兹议办法三端，请见复。美领复称：此案已公举英领与张督商办。 又照会李立生等：买地转售与约不符，仍请撤退。 邮部奏：汴洛铁路工款不敷，拟续借比款。 张之洞电邮部：英商愿借款修路，请由部借，归鄂偿还。 湘抚岑春蓂电：日商如抗缴认

定之捐，前许留泊船码头地段亦拟作废。　　达桂电：日领询吉长铁路事，告以自办股本均已备齐，此地殊难合股，日领并无异言。　　袁世凯电：铁岭、奉天两处护路日兵，已请赵帅商令在路界内屯扎。　　达桂电：日领拟在头道沟买地建房，请据约驳斥。　　外部电赵尔巽：日设护路兵警，有无区别，希密查。

三月　赵尔巽电：日设护路警队系在护路兵以外，请商明撤废。　　又电：日军退出地方已随时派队填扎。　　达桂电：日欲在头道沟东头设站，侵入我勘定商埠，请力争。　　外部奏：收回新奉，添造吉长等铁路，议订条款，会同画押。　　遣孙宝琦出使德国。　　袁世凯电：复核日交木植合同大纲，请示。　　外部电达桂：日使不愿变更头道沟车站，能否于该处东西头合勘，酌划界限，以期结束，希筹复。　　安成电：塔哈逃俄已陆续放归回牧。　　谕：陆征祥充保和会专使大臣。　　遣李经方出使英国。　　遣钱恂出使荷国。　　外部电赵尔巽：日商私订开矿合同，应切实谕禁。　　外部咨袁世凯：刷印改订青岛制成货物新章，祈查照。

四月　河南开封道照会美领：鸡公山购地一案，请仍令美教士退地撤屋，以期速结。　　日使林权助函：住居旅顺之关东渔业组合事务员高景贤在盖平被杀案，请速办结。　　赵尔巽电：高景贤私造伪印，擅出告示，并至盖局持枪行凶，罪有应得。又，渔业团勒收渔户捐费已分别向日领交涉，请协力严拒。　　又电：日在奉商埠界北边建筑警署，占去民地，请商日使撤废。

中日订立《大连海关试办章程》《征税办法》暨副件并《征税修改办法》。四月十九日

五月　命吕海寰为外务部尚书。　　东督徐世昌、奉抚唐绍仪电：辽阳、凤凰城两处商埠拟暂缓开办。　　使法刘式训电：法日协约似有干涉我边务意。　　徐世昌等电：中日合办木植公司系在绿鸭江，现江浙采木公司系在混江，碍难停办。　　外部咨徐世昌：荷人雷德补索偿事请酌量办理。　　外部照会俄使：钞送两政府订立《北满洲税关章程》，俄使照复：已转知哈尔滨领事。　　张之洞电美商：火油池划入日本租界一事已向美领辩论，允即传知美商。

中俄订立《北满洲关税章程》。五月二十八日

六月　遣李家驹出使日本国。　　外部照会荷使：复州煤窑被封，旋经日军占去，中国守局外中立，未便保护。雷德补受雇于俄商，既未知照中国地方官，亦未领有护照，所请赔偿一节碍难承认。　　闽督松寿咨外、商两部：建、邵、汀三府矿产限满尚未开工，应将大东、华裕两公司合同作废，请立案。　　外部照会美使柔克义：教会租买公产应于契内添载美国字样。　　日、俄订立《日俄满洲铁路条约》并附草约。　　驻韩总领事马廷亮电：日、韩重订协约七条暨附件，大致用人行政权全归统监。　　徐世昌等电：韩王被胁让位，中韩边界未勘，交涉必多，请饬马廷亮派员携图卷到奉。

专使陆征祥、使荷钱恂电请宣布立宪宗旨。　　外部照复美使：美教会公产添永租字

样，可照允。

七月 徐世昌等电：《安东铁路中日条约》并无免税明文。 外部电徐世昌等：日、俄两使送来《日俄协约》，希查核。 又电徐世昌等：日派员至间岛保护韩民，该处界务若不速筹会勘，此后轇轕必多，希随时查察，相机因应。 徐世昌等电：日人所称间岛在图们江北境，确系中国领土，现已派干员前往筹办。 又电：接吉抚朱家宝电：延吉甚平静，何庸日员派兵保护，请商日使速令将兵撤回。 外部奏：筹议禁烟，与各国商定办法。奉谕：前经降旨颁布《禁烟章程》，期以十年使洋药与土药同时禁绝，现经英国政府允许分年减运，我若不如期查禁，何以答友邦政府之美意、慰各国善士之苦心。著民政部、度支部迅即会订稽核章程，严定考成，一面责成各督抚按照政务处奏定成案督饬所属切实举行，毋得稍涉因循，致干重咎。 徐世昌等奏：通事王文渡因诈财不遂，唆使俄兵伤毙练勇多命，已拿获正法。 外部照会俄使：东省煤矿及展地伐木各合同已电东督签字。 胡惟德电：海参崴赔款迭向俄政府切催，现经各部议准作为被损华民恤款。 外部奏：译呈义国国书义主为新生皇女事来函，并恭拟答复国书。 钱恂奏考察荷属华侨工商、学务情形。 外部电徐世昌等：间岛事拟仍商由日政府转致统监，先将兵队撤回，一面各派员前往勘界，希会商吉抚妥筹。命袁世凯为外务部尚书。

中德改订《山东采矿公司合同》。七月十四日

中俄订立《吉林黑龙江两省东清铁路煤矿合同》及《吉林木植合同》。七月二十二日

八月 旨：著汪大燮、达寿、于式枚分充出使英、日、德等国考察宪政大臣。胡惟德电：崴埠事，俄谓：须与德、法等所损一律办理，始终不允赔偿，此次恤款专给华商已属例外等语。当再磋商。 外部照会日代使阿部：东三省延长关外路线，为我国国内交通起见，与南满无涉。 徐世昌等电：关东盐事暂时搁议，现商安奉铁路不改路线及沿路煤、铁、锡、铅矿业办法五款。 外部电杨枢：现拟派员会勘延吉界务，希商日外部转饬先行撤兵。 遣伍廷芳出使美、秘、古古巴、墨等国。 遣萨荫图出使俄国。 英、俄协定《西藏条款》附往返照会。 徐世昌等函：复州五湖嘴煤窑案现经商妥，应准俄商续开。 鲁抚杨士骧奏：改订山东五处矿务合同，经德员签押，谨录呈览。 外部咨袁世凯：印送中日会订大连设关征税办法暨试办章程。

九月 徐世昌咨：铁路界内俄使请勿驻华兵一节，此次剿办胡匪正在得力，恐撤兵后匪势复燃，同受其害。 外部照会日代使：关外铁路敷设新线，与南满干路之距离总不减于欧美通行惯例。 盛宣怀奏：商办汉冶萍煤矿渐著成效，亟应扩充股本，合并公司。 又奏：请改督办为总理，并拟派李惟格为协理。 外部奏：详陈苏杭甬铁路历年商论情形及现议与英公司借款办法。 江浙铁路公司咨呈江督端方：路工已成，无须对外借款。 使日李家驹电：日外部谓，延吉界务未勘以前，暂以日俄战前为定。请布置会商。 外部电徐世昌等：伊藤统监允严戒斋藤勿出范围，即希密饬该

处文武各员严明约束。　外部电马廷亮：斋藤越驻地方系名和龙峪，中国向无间岛名目，该处寄居韩民地方官自当妥为保护。望婉达伊藤，转饬斋藤退兵。　徐世昌电：革员程光第勾通日人觊觎天宝山矿产，拟亟严办。

十月　督办闽粤农工路矿大臣张振勋咨：广澳铁路现注销葡商合同，改由华商自办，拟订章程，请奏明立案。　邮部奏：接收新奉铁路及增加工程筹拨款项。　徐世昌等函：钞呈拟与保龄公司订立《建筑新法铁路协定节略》附草合同。　外部奏：复陈江浙官绅请拒苏杭甬铁路借款磋商为难情形。　徐世昌电：韩民杀害华民之金犯日不允交，且转索已获之从犯。日在延吉明攘司法，暗攘领土，拟据不能适用中韩约款之理由与争。　又电：天宝山案日分为三段立论，现界务未定，已电吉抚和平办理。

中美订立《新法铁路草合同》。十月　日

十一月　徐世昌电：斋藤自认无行政权，今竟在延吉组织警务机关，请商日使将斋藤撤去。　又电：据陈昭常等函陈日在延吉牢笼韩民、增进势力情形。　邮部奏：派员会勘吉长路，估计工需，以便兴筑。　外部电李经方：请密商英外部，劝日本闭歇南满铁路境外电局。　外部奏：请颁给驻扎各国属地总领事委任敕谕。　徐世昌等电：驻吉日领岛川办理交涉骄纵无理，形诸公牍，乞告林使撤换。　又电：天宝山矿案经三次驳复，颇有转圜，现拟由延吉扩张，添办巡警。

十二月　徐世昌等电：日人拟于安东对岸修桥过江，使京义铁路与安奉相接，于我商税、界务大有关碍，请注意。　税务处札总税务司：核定《东三省开埠免重征专照章程》，饬行遵办。　吉林地方自治会呈：辑成《中韩国界历史志》，并绘就地图，请据以力争间岛。　徐世昌等奏吉省派陈昭常等在延吉厅办理边务情形。

中、英、德会订津镇铁路改为津浦借款合同。十二月初十日

山西商务局与英商福公司议定《购回开矿制铁转运合同》。十二月十七日

光绪三十四年戊申（即西历一千九百零八年）

正月　粤督张人骏电：日轮私运军火经拱北，关员等查无中国护照，应按约将船货充公。　日使林权助照会：第二辰丸被粤扣留，奉令抗议，希饬释放，并严罚非法官员。　外部电张人骏：辰丸事日使抗议，请确查，由粤商结。　葡使照会：华关兵船在葡领海捕获日船，请饬速放。　张人骏电：查明辰丸被获详情，请商日使照关章会讯定夺。　又电：被获处确在中国九洲洋海面，实非葡之领海。　外部奏：译呈巴西国书，并恭拟答文。　黑抚程德全电：俄领请于头道沟设商埠，已驳拒。　外部电张人骏：据总税司赫德条议处置日船办法，希参考。　张人骏电：日船枪支查系华人谭璧理购以济匪，倘先释放，便无质证。

二月　张人骏电：拟将日船先行具保释放，日尚未允。　日使林权助至外部侍郎那桐宅，彼此辩论辰丸一案。　张人骏电：赫德所论各节据粤税司逐条签复，中国可不任咎，请酌核示遵。　外部电张人骏等：辰丸停处确系我领海，已照驳葡使。

又电：换旗一事应与释船、留械各节分开办理。　张人骏电：粤中严禁私贩军火，自商得英、法同意后，匪党专以澳门为根据地。今此案失败，条约关章均成废纸，从此各关私运无敢过问，忧虑所及，难容缄默，全仗毅力维持。　又电：查觅在澳受雇向日船驳运军火之船户等录取供词，以备质证。　外部照会葡使：日船所获军火据澳员声称并非澳官所用，不应给照在中国领海运械。　外部电萨荫图：辰丸私运枪械在我领海起卸被关查获一事，希向俄申明原委，并转各使。　外部电张人骏：粤商会干预辰丸案，纷电枢部，任意谤讪，希查办。　署鲁抚胡廷干咨：胶济路接修小清河叉路，应需工料银款由筹款局拨给。　张人骏电：日如派兵舰来华夺船，只可听之，不可由我先释。　又电：接粤绅等联函，颇具条理，特转陈以备采择。　又电：中国如备价购回扣留之军火，日即不能另索赔偿及惩咎扣船员弁。　又电：日人屈于公论，各报所载语渐和平，仍乞坚持。　外部电张人骏：辰丸一案，中国领海已向日使声明，自与葡界无涉。至事后禁运，日既允设法协助，宜速商结。　张人骏电：禁运军火请与日使明定专章，通行遵守。　外部电张人骏：辰凡〔丸〕案总由当初失之太骤，致正当办法转为他人藉口，现已办结。希将此案情形晓谕士民，以免误会。　外部照会葡使：请转达政府，饬令澳门政厅嗣后勿给运贩军火执照。　沪道梁如浩电：沪上查无抵制日货之事，已遵谕传告，妥为消弭。　张人骏电：检验辰丸军火数目，似尚有另起分运。日既允协助，应否询明承售之商交付何处，以便查起。　外部照会日使：兹拟查禁军火办法六款，请通饬施行。

中英订立《沪杭甬铁路借款合同》。二月初四日

三月　考察商务大臣杨士琦奏：遵核暹罗订约通使事宜。　又奏：请设西贡、河内、爪哇领事。　张人骏电：粤民抵制日货事，前经劝谕严禁，现省会等处已无集会、演说等事。　徐世昌咨：日占金州隙地，请照约索还，自行治理。　刘式训电：辰丸案法报所登皆偏据日本消息，嗣后遇此等案件，请将据理力争各节随时分电驻使。　遣胡惟德出使日本国。　遣钱恂出使义国。　遣陆征祥出使荷兰国。　黑抚程德全奏改订《东省铁路公司购地伐木合同》。　徐世昌函：韩官李范允等在珲春招兵，已严行禁阻。　外部奏：与各国议允定期禁止贩运莫啡鸦办法。　葡使照会：中葡订立澳门禁运军火办法已转政府。

中英修订《藏印通商章程》。三月二十日

四月　外部照会日使：接展新法铁路系为发达地方，与南满洲路线无涉。　外部电李经方：新法铁路与南满路相距甚远，希告英廷。

中日订立《鸭绿江右岸采木公司合同》。四月十五日

五月　徐世昌电：图们江北渡权向属中国，今日人强设渡船，并阻止行人由官渡来往，请力争。　日代使阿部照会：新法铁路于南满影响甚大，请容纳劝告。

六月　驻韩总领事马廷亮电：日统监不肯停渡撤兵。　外部奏：察哈尔都统诚勋

请开张家口为商埠，当此治外法权尚未收回，多一商埠即多一轇轕；且该处已设有张家口监督，货税无可再征，应暂从缓办。　外部电徐世昌：日人不允停渡撤兵，只宜协商限制稽察之约。　谕：美国减收赔款，著唐绍仪充专使大臣前往致谢。　专使唐绍仪奏：拟请实行商约各款，并速定币制，以期加税事提议早成。

中瑞修订《通商条约》。六月初四日

七月　徐世昌函：日本自韩人起义以来经营临江对岸，著著进步，亟应设官增戍，以重边防。

八月　直督杨士骧奏：英人欲藉开平案要我先停滦州矿工，外部已派专员与该使磋议，仍当随时协商办理。　边防大臣赵尔丰函：《中英藏印通商续约》其中有应行修改者，谨密陈筹办诸端，并请拨款济用。　外部奏：《中美公断专约》请派员画押。

又奏：赵尔丰所陈各节于磋议成案未及深知，不无隔膜。该章程现经画押，所请酌改之处应毋庸议。拨款一节，度支部已按年拨给五十万两，此次无庸再拨。　张人骏电：蒲拉他士岛系中国属地，前以日人占据，经电商江督派员往探；今英领拟于该岛建立灯塔，似意存尝试。请布告英、日两使，并由江督派员往立标志，以杜觊觎。　外部奏：请批准《中英修订藏印通商章程》。　江督端方电：蒲岛照英国海图亦列入中国海内，似可据此图志照会英、日，宣布此岛为中国属岛。俟证明后，再商撤日商，由粤关勘设灯塔。　徐世昌电：现已派员随带宪兵分赴百草沟、绥芬甸子两处设派办所。

九月　徐世昌电：日人在延吉之茂功社修房，不服阻止，枪伤我警多名，请向日使严诘。　又电：日人伤我巡警，即遣军医诊视，是亦自知理屈，请乘机迫其速派专员会同勘界，以期早日解决。　唐绍仪电：晤日外部，论延吉事，我以界务为重，而彼以保护韩民为重，宗旨不合，事变愈多。莫如在延吉择一二处开放作为商埠，工巡、卫生由我自办，并定韩民越垦年限、税捐办法，祈核夺。　外部电唐绍仪：日兵开枪击毙中国巡弁、巡兵，兹要求五事，希切商允办。　又电徐世昌：唐使于延吉事所拟各节似极妥协，希筹复，以便与伊集院磋商。　遣荫昌出使德国。

中美订立《公断专约》。九月十四日

中日订立电约。九月十八日

十月　张人骏咨：接日领照会开送辰丸案损失应行赔偿数目，当复以粤省商民因此案交涉致生种种恶感，今若复提赔款，恐民情忿激，滋生事端，应请撤销偿款，以敦睦谊。

中日订立《关东至烟台水线暨南满陆线条款》。十月十四日

中日订立《新奉吉长铁路借款续约》暨《细目合同》。十月九日

十一月　唐绍怡电：按：是时因宣统帝登极，避御名，奏改仪字为怡。美使送示与日人互换照会，为振兴太平洋商务及援助中国自主之权，译录原文五条，请察核。　美使照

会：请嘱东督勿征已抽进口税之洋货，应照《东三省新开各埠试办章程》办理。　　邮部奏：沪宁铁路全路工程完竣。　　徐世昌函：据延吉厅续禀调查日人在火狐狸沟毙我弁兵详情，钞呈备核。　　外部电徐世昌：日使函称，关于东省交涉各案，拟订期会商。希检录各项全案，并逐条拟订办法，速寄本部，以资因应。

十二月　唐绍怡电：日外部谓南满路接通沈阳，应先商明里数。　　外部奏：美国约请各国在沪会议禁烟事宜，由部派员前往与议，并请钦派大员赴沪督率。奉旨：派端方届时赴沪，督率开会。　　邮部奏收回东清路日、俄电报、电线订立合同情形。　　邮部奏注销京汉铁路借款行车各合同并接收该路情形。

中法订立《中越交界禁匪章程》。十二月十三日

清季外交年鉴卷三终

清季外交年鉴卷四

宣统元年至三年

清宣统朝凡三年。

帝名溥仪，醇亲王载沣之子，入承大统，在位三载，以民军起义逊国。

宣统元年己酉（即西历一千九百零九年）

正月　命梁敦彦为外务部尚书，邹嘉来为外务部右侍郎。　江督端方电：安徽铜官山矿英人私招日股，与原合同不符，请商英使禁阻。　外部电徐世昌：东省铁路拟照原合同，由中国选派总办，似于交涉有裨。　梁敦彦与日使会议延吉界务。　外部电张人骏：准刘使电称，与葡外部磋商澳门勘界办法五条，希核复。　使美伍廷芳电：闻逆党由美运炸药来华举事，乞密饬严防。　外部电徐世昌：日使请造郑家屯支路，万难商办。惟出彰武台门往西筑造有无利益，希查复。　日使伊集院照会：请派员会同商办安奉铁路。　外部照复英使：上海租界北线请展至沪宁铁路，归各国工部局管辖，与约不符，断难照办。　外部照会俄使：东省铁路轇轕不清，拟赎回自办。　徐世昌电：韩王偕伊藤巡阅鸭绿江，已派员迎劳，倘续有举动，当随时密闻。　外部照复日使：安奉路未按原限改筑，本应作废，现格外通融，允照来照办理。　外部咨邮部：请派员会同东省人员往勘安奉铁路。　使俄萨荫图电：东省铁路俄已允我赎回，惟廓使照复如何，乞密示。　外部电张人骏：刘使与葡商明撤兵、撤舰、收钞、浚海四端，概不列牍，仅订定两国会勘地界。　梁敦彦与日使再议东省路矿及延吉韩人管辖权。　外部电各督抚：探闻革党抵大阪，运动极密，希饬属严防。　旨：云南交涉使高而谦著派办澳门勘界事宜。　鄂督陈夔龙电：革党散布委任伪照，请商日廷访拿。　外部电护滇督沈秉堃：法使来辩滇匪由越侵入，须有确实证据，希查复以箝其口。　外部侍郎邹嘉来与法使会议法由龙州假道运盐案。　驻藏大臣赵尔丰电：藏番调兵欲攻盐井，不服开导，战败而逃，现拟规复三瞻，以固边圉。

中日订立《安奉铁路购地章程》。正月　日

二月　外部咨度支部、部税务处：西藏江孜、亚东、噶大克三处现开商埠，已经驻藏大臣分别委派管理各员。　徐世昌电：查明天宝山矿案历年情形。　又电：天宝山矿案与间岛界务截然两事，日使请合办，似万难答应。　日使照复：日员调查延吉韩民户口事全出于保护韩民职责之必要，既据来照速饬禁止，已转行知照。　外部咨商部：崴商被灾赔款俄不允增加，应早商结。　护滇督沈秉堃电：查明滇匪确由越来证据，乞与法使辩驳。　张人骏电：葡意欲尽举澳门环岛海面而有之，已易狡悍为阴柔手段，俟高司到后，妥酌办理。　外部电胡惟德：闻革党尚居日本名古乡落，应先探明踪迹所在，再商驱令出境。　商部奏：荷兰将订新律，拟令华侨入籍，请速定国籍法，以资抵制。　外部电浙抚增韫：日使谓杭州日界被盗应归会审。希查案核办。

日使到部会晤，言延吉领土权可让中国，惟韩民裁判权应归日本，并递请允日本在延吉设领馆六处节略。　外部照复美使：奉省洋货欲免厘捐，须实行加税。　会议禁烟专员刘玉麟函：译呈各国议定禁烟九款。　外部电粤、桂、滇、黔各督抚等：探闻革党潜运枪枝到云、贵、广西，希饬严密稽查防范。　美使照会：东三省若不照章征税，于提议加税事反致迁延。　外部函美使：美孚欲在梧州起卸火油，应查照英商亚细亚公司成案办理。　胡惟德电：稽察革党应否雇探跟踪查缉。外部电复：应雇探，跟探费用作正开销。　张人骏电：查明日商西泽私据我东沙岛，即蒲拉他士，应否由部向日使交涉，或先由粤向日领询问。外部电复：日人在该岛布置已周，应先询日领，视其答复再行核办。　胡惟德咨：录呈日外务省所定驻华领事管辖区域表。外部复日使：查明中韩国界证据确凿，逐条申辩节略。　徐世昌函：孟克西里向属我境，俄人占用抗税，乞主持。

闰二月　张人骏电：日领谓东沙岛原不属日。应否径与日廷交涉，候裁夺。倘中国认该岛为辖境，须有确据。拟电江督寄示前绘海图，并由粤详考证据，再与驳论。使义钱恂奏：巴尔干半岛争局渐就和平，义政府亦臻安稳。　外部照会俄使：东省铁路界内，华商捐款铁路公司无索证之权。　外部咨徐世昌：试办营业税勿指货抽捐，俾免藉口。　外部电胡惟德：东沙岛事粤督已查有证据，希酌核与日外部提议。日使到部会晤，言：中日交涉六案请约束报纸，勿再登载。　驻韩总领事马廷亮呈：与日员会议中国在韩租界章程，现将草案详细审核，以便下次再行磋商。　刘式训电：滇路事法外部拟索偿款二十五万佛郎，作为抚恤剿匪被难之法员弁及买回直隶军粮城等处营房，以期结案。　川督赵尔巽电：闻达赖聘俄教习，购俄军火，心存叵测，应否截留甘省，不准回藏。　又电：川兵进藏，自筹转运，如藏人抗违，拟严惩。

驻藏大臣联豫等电：闻俄皇在萨可西罗接见达赖专使，该使呈送礼物多件。　赵尔巽电：后藏开埠宜以大臣分驻管理。　外部电马廷亮：所议中国在韩租界章程，其警察、交通两条有碍自治权，均宜坚据。　又电：租界章程草案十三条尚可准，其未定三条已电胡使磋议。　伊犁将军长庚电：查复俄人由新疆赴藏路程、地名。　联豫等电：班禅赴印度，闻有密约，请派员驻扎后藏防范。　遣杨枢出使比国。

中日订立《京奉铁路与南满铁路接联营业合同》。闰二月　日

三月　外部函徐世昌：据日使复称，日设间岛派出所系因事务上必需，非有他意。

外部电马廷亮：仁川华租界内日运输部租借地段，应妥商定明权限。　伍廷芳

电：巴拿马华侨被虐，似宜通约后派员分驻，以资保护。　　外部电张人骏：葡使照称，闻粤自治会预备暗袭澳门，望密加查察。张人骏电复：自治会均系良民，偶因界务讨论则有之，近已示谕静候和商办理。　　外部电马廷亮：税司欧森在韩买华界地段愿让归中国。　　又电：我国渔船往韩捕鱼，韩应照约优待，希相机与日统监府辩论。　　外部照会法使：典质章程应俟规定统一办法施行全国，再行知照。　　外部咨邮、商两部：英、日拟派轮行走嘉兴等处，碍难照准。

中俄订立《东省铁路界内设立公议会大纲》。三月二十一日

四月　伍廷芳电：旅秘华侨请派兵轮赴南美洲，以慰众望。　　外部电：伍廷芳奉旨派往美国、墨国，呈递国书答谢。　　张人骏奏：香山县绅商请于县属沙滩环地方自辟商埠，谨先陈明大概情形。　　外部咨税务处及东督、奉抚：外国所产小麦及东省麦粉之复出口应否免税，请核复。　　外部通告各国政府东清路界内行政权全属中国文。

外部咨锡良等：东省令征收销场税，未便与各使提议。　　外部电沈秉堃：法使请在独龙、水埭相立对泛，希核复。　　外部电张人骏：东沙岛灯塔事前有札饬各关文，钞送查照。　　东督锡良咨：安奉路日拟改用宽轨，于我不利，今拟对待办法八条，请鉴核。　　锡良、程德全电：日、韩合办之营林厂与该处木把冲突，已派员查办。　　胡惟德电：日注重抚顺煤矿，似宜缓其所急。

中、德、英、法订立《湘鄂境内粤汉路鄂境川汉路借款合同》。四月　日

五月　豫抚吴重熹电：日使请弛米谷禁令，乞驳拒。　　外部电联豫等：英使照称，西藏报纸有反对英政府论说。希查明严禁，以免口实。　　外部电伍廷芳：旅智华人无业失所，请转商保护。　　外部电萨荫图：俄加重茶税，希商俄廷酌减。　　联豫等奏：江孜、亚东开埠，宜设巡警，以固主权。　　锡良等咨：据满洲协领等呈称，金州一城尚为日据，官兵等现仍寄寓省城，情形困苦，应如何设法收回，请核示。　　外部电署直督那桐：日人在热河被戕案已获正凶。　　热河都统廷杰电：日人私入内地测绘，以致启衅酿命，我已惩官获犯，难再认赔。　　留日东省学生同乡会电：安奉筑路，日开阁议，取任意行动，请筹对待良策，以保主权。　　联豫等奏：印度嘎里嘎达华侨日多，请添设领事保护。　　使比李盛铎电：密陈日、俄经营满蒙情形。　　锡良等电：日人拟从孤山筑路，直达金州。　　张人骏咨：钞呈西江添设白土口等四卡试办章程。　　外部电胡惟德：东省各案日既不愿送交公断，应请其将延吉裁判办法先行照允，再议其他。　　锡良等电：日人在安东等处广种罂粟，烟馆林立，除饬司交涉外，请诘日使转饬严禁。外部电复：安东我并未认为租界，烟馆、烟亩应由我自禁。　　锡良等奏：筹办吉林、长春自开商埠，恳饬部借拨的款。　　外部咨锡良：准德使照称，东清租地合同内有数款有碍德人应享权利。应与有约诸国酌议商定。　　外部函邮部：据东省督抚电称，日人拟修孤庄铁路。希就近派员住〔往〕查。

六月　奉抚程德全电：与日提议十条，彼谓：径与钧部交涉。至安奉改造宽轨，约

中并无此言。黄工程师折呈各件即日钞寄。　　锡良等电：日在延吉实行警政，我新易督办必多尝试，已电吴督办竭力抗拒，勿稍诿让。　　外部咨锡良：雍正年间议设东路鄂博全案，本部查无底本。　　使荷陆征祥奏：荷外部侵犯使臣通信权利，已向严诘。

锡良电：日兵闯入和龙峪府经历公署，伤官戕兵，请严重交涉。　　黑抚周树模函：俄人占据瑷珲六十四旗，请力争还。　　胡惟德电：日、韩交换觉书五条，韩将司法及警察权统委任日本。　　伍廷芳电：秘鲁设苛例虐我侨民，本日见其总统面驳，一时许乃有转机，拟与订定专章，以舒商困。　　川滇边务大臣赵尔丰电：乍了系属藏地，请饬联豫等传齐商民，善为开导。　　学部咨华俄银行：息银除照拨俄文学堂外，余银已尽数提充大学堂经费。　　澳门勘界大臣高而谦电：葡索澳门已占之附属地，应否承认，乞核示。　　赵尔巽电：川兵进藏，万一藏番阻抗，应否进剿。　　外部电高而谦：澳界应查彼最先占据之地作为附属，示不食言。其与澳不相连各岛，无论已占、未占，均应驳拒。　　驻沪古巴总领事戴海度照会：译呈奉派领事文凭，希予承认。

周树模函请修筑锦瑷铁路之齐墨一段。　　高而谦电：葡使谓久占之地即有主权。应调查再议。　　日使照会：安奉铁路日政府拟自行改筑。　　锡良等电：日人在延吉增兵不已，恐为占领之计，应如何应付，乞示机宜。　　使英李经方电：安奉路事当遵达外部，并设法广布。按约日人允与俄人同时撤兵，今若允日设兵，俄兵更难望撤。

外部函东省督抚：瑷珲等处设关及松、黑行船章程俄已允认，希饬关道妥为因应。

遣张荫棠出使美、墨、秘、古等国。　　遣吴宗濂出使义国。　　外部电驻外各使：中、日交涉六案均已让至极步，特将情形详达。　　外部函邮部：日使面称，我国拟由海龙至铁岭修造一路，其路线系与南满并行，如修造时，必须与日先商，否则又生为难之交涉等语。希查复。　　库伦办事大臣咨：查有日本学生在内蒙留习蒙语，并在蒙古各处游历，特报闻。

中巴订立《公断条约》。六月十八日

七月　李盛铎电：在比京创办远东通信社，以为外交声辩地步。　　锡良等电：日人于王士屯一带改筑宽轨，其地与苏家屯颇近，应俟开议后仍令拆去。　　外部电高而谦：葡人所占潭子、路环等岛可以龙田、旺厦抵换。　　外部电刘式训：滇路事允偿二十万两，惟须将军粮城交还。　　邮部电东督等：安奉改线应由日人绘图送核后兴工。

陆征祥咨：荷人治理属地法律分为二等，兹将荷属南洋设领各国及领事驻地二表寄呈。　　锡良等电：安奉非南满支路，应撤兵警，日领允再函商政府。　　美使照会：张荫棠使美，本国政府甚乐接待。　　锡良等咨：开浚辽河业已估工，请告美、英、德、日各使。　　外部函邮部：日使阻我兴修新法、锦洮铁路，希密商东省，以昭慎重。　　锡良等电：日于延吉要求开商埠六处，其中以白草沟、头道沟最有关系，万不宜许。　　高而谦电：昨与葡使商谈极久，均无结果。澳门内河万不能轻弃，只得停议待时。　　外部照复美使：送还哥斯德黎加国驻沪商务委员凭照，希转达。　　外部电各督抚：日使面称留日学生因东省交涉提倡抵制日货等语。希留意。　吉抚陈昭常电：闻部议许日人修吉会路，沥陈利害及日、俄相谋情形。　锡良等电军机处：东三省中、日交涉各案部守秘密，存亡所系，请旨饬部妥筹挽回。　外部电锡良等：吉会路条款现议定，将来仿照吉长办法。　高而谦电：澳门全岛我无行政陈迹可寻，容另筹办法。　外部奏：请设立德属南洋各岛领事。　外部电锡良等：日人在鸭绿江造桥并无附约，已诘日使。　邮部函：派员查明日人计划孤庄铁路尚无真实举动，兹将禀复原件钞送备查。　科布多办事大臣锡恒奏：查明俄商违约私盖房屋，已商令拆去，恳饬部立案。　外部电锡良等：鸭绿江造桥事，日使复称：系经理人误会。　李经方函：据承筑锦齐铁路之宝林公司函称，有日署参议来见，谓：建造时若雇用日工程司，则日本不为阻挠。当答以此事非经中国政府明白见示，本公司不欲提议等语。兹照译来件寄呈。

中日订立《吉长新奉铁路合同》。七月初三日

中日订立《安奉铁路节略》。七月初四日

中日订立《图们江中韩界务条款》及《东省五案条款》。附照会，七月二十日

八月　外部电锡良等：图们江条款双方定期实行，亟应预备。　邮部咨：德国拟交还之塘沽打靶场现归其东方水军接管，请照德使商定办法。　伍廷芳函请与巴拿马国立约设领。　外部电直督陈夔龙：滇路偿款事，法使请以山海关地段为使馆避暑之用，只可照允。至军粮城地本系法人价买，付款交还似尚无碍。如尊意谓然，滇案即照此了结，毋庸立约。　钱恂奏：调查义国对于中国货物进口征税情形。　署粤督袁树勋电：与日商议定《收回东沙岛条款》，已画押互换。　外部电锡良等：延吉伤警、戕弁各案日仅议赔恤，容再商。　外部照复阿根廷外部：贵国所派驻沪领事，因尚未立约，应改为商务委员。　外部电锡良：日本伊藤公爵将赴东游历，届时应优加接待。　袁树勋电：萨摩岛在汕招工，私立合同，强押指印，请驳复。　法署使照会：越盐借用龙河转运，兹钞送章程七条，请致桂抚。

九月　联豫电：请饬川边拨边军数营，为入藏川兵之接应。　外部电锡良等：安奉路与东清性质不同，不能豁免地税。　外部电高而谦：澳界事葡所争在海权，不在荒岛，希坚持。　萨荫图函：德报纸谓，俄户部赴东省考察铁路，拟将该路售归日本。此事详探未确，俄亦来函声明赴东原因，然料此行当有关系。　赵尔巽电：藏事请商英、俄两使，勿从中干预。　外部函俄使：锦齐铁路借款尚未定议，然此系中国内政，请勿过问。　锡良等函：日本伊藤来游东省，谨陈晤谈情形。　钱恂奏：外交应付宜合各国统筹全局，谨陈各国对于东方情形。　外部照会英、美二使：税契加价应华洋一律办理，希饬驻粤领事遵办。　锡良电：日领复带警察到延，乞诘日使，令照约裁撤。　使比杨枢电：译呈比国照会：现将刚果归并。　直督陈夔龙等咨：英使请停纸烟运出东三省，厘金碍难照办，请查核。　赵尔巽等电：川兵入藏，藏番

竟倡言拦阻，现已饬催钟颖前进，并请迅派大员面谕达赖诚附中朝。奉旨：即著联豫就近切实开导，俾令感悟，免生事端。

十月 闽督松寿电：法收越南华侨身税，请设法免除。　　邮部奏：吉长铁路借款如数收讫，请速兴工。　　高而谦电：葡于澳界索求甚奢，无可迁就，已停议。外部电复：葡使去志既决，只好遇机续议。惟应声明：各守十三年条约，维持旧状，不得改变。　　美使照会：安奉沿线矿务是否只准中、日两国开办，希速复。　　伍廷芳奏：秘国工党焚掠华人商店，已开单索偿。　　李经方咨：华侨余明佑被义人刺死一案，已由高审堂将凶手讯明，按律缢死。　　阿根廷国驻沪总领事林布鹿照会：请订通商条约。　　锡良等电：安奉路造桥事，日领谓已归京议。应否仍由日使饬领就近商办，候裁复。　　外部照会日使：安奉路相关各事驻奉总领事屡延不议，请饬速与该省督抚派员协商，一律议结。日使复称：因有请示政府之件，不久必有回示。　　英使照会：土货由东省经天津等埠出口，请按海关现行章程纳税。　　西藏公会电：请辅助佛教，撤回联、赵两大臣，否则藏众必叛。　　军机处、外部电赵尔巽等：西藏公会电称烧毁杀戮是何情节？公会何人主持？即查复。

十一月 外部电联豫：闻英人在印设佛教会，藏人札西驻印，想公会来电即此人所为，希向藏众切实开导。　　刘式训函：巴西请我添设使馆，并遣驻使。　　外部照会义使：义国代为保护在华之三玛利纳人，应照无约国办理。　　联豫等电：藏无公会，有公所，皆达赖私用之数人主持。驻藏中兵向无虐民之事，达赖欲图自立，遂事事积不相能。　　又电：抗拒川军非藏众公意，请旨申明派兵进藏专为保护黄教，以释群疑。

伍廷芳奏：南美无约各国似宜订约遣使，以保侨民。　　钱恂奏：外交政策宜恪遵谕旨，公之舆论，以为宪政之基。　　又奏：浙江三门湾宜筑为军港根据地。　　滨江关道施肇基电：与俄人会议松花江贸易试办章程，俄允将议改之处开一节略送来续议。

美使照会：东省收回路权应以锦瑷为基础，催速订办。　　施肇基电：黑龙江左岸贸易，俄人亦请订专章。　　巴西代使照会：请示知中国领海管理权专律。　　外部丞参呈：研究外国船在中国领海内应如何施行司法权一事，缮单呈鉴。　　学部奏：拟准外国学生入经科大学肄业，并酌定简章。

中德订立《山东收回德商五矿合同》。十一月十九日

十二月 外部电陆征祥：荷使遇有照会必加驳拒，是否不谙使例，希询明。陆征祥复电：荷外部意亦责贝使不合，请宽期详究再复。　　邮部函：锦瑷铁路借款拟先定大纲，再商合同。　　袁树勋电：越督拟改对泛章程，俟会商后筹办。　　外部咨使美张荫棠：答复南美巴利维亚国国书希转递。　　外部电滇督李经羲：河内设领一层，法人并无异议。　　外部照复美使：《锦瑷铁路借款合同》应由东督与美、英公司妥商改订。

考察各国财政专使唐绍仪奏：考察各国财政办法，谨举其重要者共有七端。　　外

部函陈昭常：钞送珲延设关与俄使往返照会。　　日、俄、法三使照会：中国借美款建筑锦瑷铁路，务请慎重。

中法订立《滇越铁路华警章程》。无月日

宣统二年庚戌（即西历一千九百一十年）

正月　英、美、法、德各使照会：鄂境粤川汉铁路邮传部批准商办，有碍借款合同。　　外部奏：议结皖省铜官山矿案。　　法使照会：云南省城开放通商时，请准设领，并商筑桂越铁路。　　外部电陆征祥：领约及国籍事不宜退让。　　赵尔巽电：川军抵拉萨，达赖逃亡，请旨饬劝回藏。奉旨：达赖因疑惧出逃，自应追回，切实开导。如回藏后仍怀叵测，不服约束，著革去名号，照例另举，以维教务。　　锡良等咨：送呈《安奉铁道购地章程》及各项图表。　　谕：达赖喇嘛反复狡诈，自外生成，著即革去名号，嗣后无论逃往何处，均视与齐民无异。并著驻藏大臣另选数人照案掣定，作为真正呼毕勒罕，奏请恩施。　　外部电李经方：希将达赖违教妄动、潜逃被革及西藏现势并无更动之意详告英廷。　　湘抚岑春蓂奏：长沙租界附近已开浚河道，修筑码头，以期商务渐臻发达而免觊觎。　　外部电陆征祥：荷既拒我国籍法，宁不立约，免为束缚。　　联豫电：达赖行抵大吉岭，印政府预备供应，已派员随时侦查。

二月　外部电锡良等：安奉站设关稽查，为我主权所有，应速筹办，毋庸与日先商。　　外部函复阿根廷外部：所派驻沪商务委员已饬接待。　　江督张人骏电：日商要求扩张芜湖租地，已会商皖抚，妥筹对付。　　使美张荫棠电：同盟会在金山倡言革命，密商美外部，请驱逐出境，彼以于美例不合，未允照办。　　义署使照会：天津盐坨归入租界，前已结案，请饬盐商勿再烦渎。　　遣梁诚出使德国。　　外部函复俄使：《松花江行船章程》俄员所拟各条，非有关两国条约，即碍关章，实难允从。浙抚增韫电：日商在杭城开店赠彩，情同赌博，有人以中彩不得彩物反被怒殴，人众哗忿，聚集数千，经文武官弁竭力解散。已照会日领：令将该店迁往租界，并拘究肇事日人。　　外部照会瑞典公使：瑞典在辛丑赔款准由上海东方汇理银行拨交。　　锡良等咨：日俄战争时奉省人民所受损害已向俄领商请赔偿，如俄使到部询问，请催核办。

三月　英使照会：西藏内政如有变更，不得妨碍通商暨廓尔喀等三国国体。　　外部照会英使：《长江雇用民船章程》展行于湘河等处，窒碍良多，应无庸议。长沙关前议有试办章程十二条，钞送查照。　　外部电增韫：日使请停收日商棉花捐及烟草捐，希速并案饬查复。　　陈昭常电：日在珲春设领馆、出张所，并派警员为该所主任，已驳复。　　增韫电：日人于租界外私向民间租房开店，自二月间肇事后，各房主不愿再行租给，讵日商强占不还，民情愈愤，其势汹汹。已照日领，限各商自行迁出。　　又电：日商案已允一律停闭，退租事日领允自向房东婉商办理。　　陈夔龙电：宪政编查馆咨送司法统计表，凡言直省会审公廨者五。查会审公廨惟上海有之，闻各领有订期面商之说，倘以此表相质，如何应付，乞示遵。　　外部电陆征祥等：奉旨添派刘式训、胡惟德充海牙公断员。　　袁树勋电：法使新改汛章条目繁琐，请与商改，以免流弊。

滇督李经羲电：英藉片马事争野人山界址，请与英使重勘。　　外部电增韫：日使否认杭州房东退租并求赔偿，已驳复。　　又电：日商事已来电函致日使，请转饬领事通融了结。　　锡良电：据宋道禀陈中俄勘界办法四条，请核示。　　税务处等会奏：江、浙等省商办铁路所用机器、材料，拟请分别宽展免税期限。　　锡良等咨：填送日本护路兵游历吉省调查表。　　外部函桂抚张鸣岐：准法使照称，法民政厅员掌击华官，已予撤任。此事究系如何情形，希查复。　　外部电陈昭常：延吉韩人在商埠外垦地应由华官裁判暨人命重案之解释，已与日使言明。　　张人骏等奏：浚浦工费估有定额，今各国以额款将罄、工程未竟为言，意在延工浪费，已饬江海关道会商税司，仍按订定专约办理。

四月　锡良电：松花江行船一事屡议不结，查日、俄《朴资茅和约》，俄允让出独得权利，行船一节是否在让出之中，请询明后据以议辩。　　李经方电：日于英国会场陈列奉天鼓楼模形及南满物产，向其争论，据云：布置已定，无能更改。请径与日政府交涉。　　命邹嘉来、胡惟德为外务部左、右侍郎。　　遣汪大燮出使日本国。　　赵尔巽奏：边藏情形时殊势异，亟宜将紧要地方收回，以固疆域。

中日订立《合办本溪湖煤矿合同》。四月十四日

五月　外部照复日使：日商戴生昌所拟扩充行轮之处，均系不通商口岸，未便允行。　　陈昭常电：日在珲春设延吉分馆，以警员代办，碍难承认，请诘日使，并催派正式领事。　　锡良奏收回本溪湖煤矿作为中日合办及订立合同情形。　　外部电李经羲：片马界务英使不肯派员会勘，希妥筹因应。　　外部函张荫棠：东省因洋商违章运货，饬局收税，实非重征，希告美政府。　　陈昭常电：坂东系日无赖，既主珲馆，当饬厅防维。　　外部电刘式训：请商驻法暹使，转电该政府速除华侨苛税。　　萨荫图电：闻俄、日因东省铁路行车事商订专条。

六月　锡良电：俄人胁制中国，要求借款，请提前议定锦瑷、张恰二路，同时举行。　　驻日代办吴振麟函：日欲合并朝鲜，恐为期不远。　　外部电驻外各使：俄日协约用意叵测，希密探各国语气意见。　　旅港嘉属商学会电：南非洲杜兰斯哇新设苛例，驱逐华商，请商英使革除。　　马廷亮函：中韩交犯事已复日统监府，嗣后彼此均仍照条约办理。　　刘式训电：暹使称，华侨身税与他国一律，近在孟波勒地方截获叛党，将匪首驱逐出境。与法使密告各节大致相同。　　外部电各督抚：日、俄两使面交协约，本部已照会两使，并通照驻京各使，言：此协约日、俄既重视中国与日、俄各项条约，凡关于中国主权内之行动，益当切实维持，期于大局均有裨益等语。特闻。外部电陆征祥：荷颁新律勒限华侨入籍，已照驳。　　命邹嘉来为外部尚书，胡惟德、

曹汝霖为外务部左、右侍郎。　外部电赵尔巽等：英请劝达赖回藏，并川兵不必派往边界，希会商密复。　陈夔龙电：闻《日俄协约》另有附约四条，确否示复。　锡良咨：日领否认赔俄抚顺煤矿利益，并钞呈驳复俄使向我索偿文。　英、美、法、德各使照会：催办粤川汉铁路借款合同，请旨批准画押。　英使照会：英驻江孜商务委员租地建房事，希饬地方官迅结。

七月　锡良电：抚顺煤运赴韩国，是否照《满洲里陆路通商章程》办理。　使德梁诚电：到德觐见德皇，言及答《日俄协约》文，德皇谓：此文为近年外交界文件之特色。　联豫电：达赖去后，藏地复安，英使所言与事实相反。如恐其在印生事，拟派罗长椅赴印劝回。　张人骏咨：日人高濑等行使伪钞，日领函称已分别惩办。　周树模函：请修筑哈海铁路，拯此危疆。　又函：俄人私测齐瑷路线，并有自行修筑之语。如俄使要求，务恳严拒。　外部电复赵尔巽：布丹如称兵内犯，英既不明行干预，我亦不必揭明，统俟接藏中确电，筹定再达。　外部电汪大燮：此次日本水灾甚重，上意极为廑念。奉旨：派汪大燮亲往慰问，并发帑银十万元助赈。　联豫电：江孜租地业已结案，请告英使。　英使照会：罗道长椅赴印，当照章接待；至本国政府于达赖行止，毫不介意。　考察海军大臣载洵电：日并韩国，将不利于我，应改革庶政，亟为预备。　马廷亮电：日统监府送来《日韩合并条约》暨宣言书，谨译呈。外部电复：昨日使亦面交此件，该约宣布后，各国如何应付，我亦一律办理。　遣沈瑞麟出使奥国。　外部电联豫：俄属向来有无赴藏拜佛情事，此次因何禁止，速查复。

朝鲜国会电：日本吞并朝鲜，求伸公理。　锡良奏：奉省葫芦岛商埠工程重要，请筹拨的款开办。

中、俄订立《松花江行船章程》。七月初四日

八月　商部咨：陕西延长油矿所订《佣聘日本技师合同》是否妥协，请核复。　度支部等会奏：遵议东督奏请商借外债兴办实业，拟请照准。　外部照复英使：中国俟新币发行，旧币暂照市价行用，并逐渐收回改铸。　驻崴总领事桂芳函：闻俄国道胜银行拟与大比银行合并，更名俄亚银行。查道胜系中俄合办，已否先行知会钧部，特禀闻。　外部函德使：中德商约请在京与盛大臣续议。　外部照会俄使：东省铁路护路兵所运军需各品拟定稽查办法两端，希照复。　外部电联豫：布丹为西藏属部，英谓归其管理，应切实驳论。　外部电锡良：东省马贼猖獗，日使请设法剿办，即将办理情形电复。　遣刘玉麟出使英国。　陈昭常电：韩侨垦户以次入籍，其续来者拟限居商埠，以消隐患。　又函：日韩合并，应与日使妥商韩民越垦问题。　外部奏：预备修改《中俄通商条约》，西北一带现派员先往调查，以资筹议。

中、德、英订立《津浦铁路续借款合同》。八月二十五日

九月　外部函邮部：山东沿路矿权关系重要，所有胶沂车站暨正德、开兖各路起讫

线点希速核复，以凭照复德使。　　邮部奏：分年筹办邮政事宜，缮单呈览。　　俄使面交节略：上海法文报登有中俄往来公文关于锦齐铁路问题，此等举动应请注意。外部复以本部文件向守慎密，究从何处泄漏，殊难根究，但决不从本部传出，当承见谅。

外部电苏、鄂、闽、粤各督抚：荷属华侨国籍事久未解决，希察酌电复，以便订约设领。　　锡良电：日韩合并后，日以急进为主义，录呈探报各节，请垂察。　　又电：中俄界案现已将达兰鄂小木河及海拉尔河汉勘毕，俟全界勘竣，再将图件送呈。　　李经羲电：滇缅界线历年会勘竖标，嗣发见无字私椿，迭商英领撤去，旋又翻悔，亟应勘办。近闻英兵将驻守片马，已饬西道密防，并饬勘界员贯野人山地寻恩买卡源，于界务方有把握，祈核复。　　外部照复墨使：贵国驻沪领事因办公未尽妥洽，即与撤换，具见秉公办理，日后邦交必能益臻敦睦。　　刘式训电：葡国新立政府，俟各大国有承认者，随时请示。　　外部致英使：奉天一埠虽未设关，已派有税司办理税务，凡在彼转运各货，自可准商人就近换给专照节略。　　锡良电：东省马贼跳梁，中日应协力办理。若在铁路界外，断无庸日本协助，致越界拘捕，侵我主权。倘彼要求合办，请驳拒。　　刘式训电：中暹立约事，暹使允转达政府，俟得复再闻。　　英、美、德、法各使照会：湖广铁路借款一事，应仍照原订合同，由邮传部与四国银行代表办理。外部电赵尔巽：布丹系中国属邦，为英所迫，私与订约，究竟英人对彼有无他项秘密举动，希详查妥办。　　遣李国杰出使比国。　　外部照会法使：《云南运铅暂行章程》因白铅可制军火，故必须由领事请发专单，方准购运，并非限制洋商贸易。

中、美订立《借款草合同》。九月二十五日

十月　度支部奏：议复滇督请借拨省城开埠经费，拟照准。　　锡良函：京奉展线及与南满联络营业事，以从速议结为宜。　　邮部奏：遵章胪陈第四届筹备路电成绩。

邮部函：京奉展线事与联络无关，并无附加条件。日领乃以联络为要求，实属另生枝节，似难允认。　　李经羲电：缅边腾龙界椿被英人去标削字，请趁机查勘更正。

使日汪大燮电：各国驻韩领事将隶属驻日使署，英使已往韩察视，燮拟即赴韩一行。

俄使照会：商船入俄口不复重量，须先商定专条，兹将度量吨数章程及船牌送请查照。　　锡良奏：遵旨密陈东三省大局应行分别筹办情形。　　外部咨锡良等：法使照称吉省修造铁路占用教堂地亩。请查复。　　鄂督瑞澂咨：湖北谘议局议决禁止洋商在租界以外违约经商办法，请查核。　　李经羲电：缅兵赴腾越北界巡驻，请商英使电缅政府，仍暂守小江北流为界，勿令英兵越境游弋，以免边民警惧。　　鲁抚孙宝琦奏：建筑胶沂铁路，款巨期迫，谨陈派员测勘并筹办内地捐抵借公债情形。

十一月　资政院总裁溥伦等奏照约速定裁厘加税一案经由议员议决情形。奉谕：著该衙门妥筹办理。　　江督张人骏等奏：查明苏路公司并无私借外债，并筹预防方法。

锡良咨：据谘议局呈，请催办奉海铁路。谨绘送形势略图，祈核复。　　陈昭常电：抚顺煤税迭议未协，兹拟三项办法，乞核示。　张人骏电：日人刃毙华民张三宝案，请商日使饬领集讯，并派员观审。　署粤督增祺电：华商赴秘营业，驻港秘领不允签字，殊与上年定章不符，请电张使与秘外部严切交涉。　外部函美使：中国禁运高根进口事，已准各国驻使照复允认，钞单附览。　吉林道孟宪彝呈：《长春营业税章程》现根据法理另行改正。　外部电驻荷代办唐在复：与荷使议定：施行领约在荷属内照荷律，荷属外照中律解决。　锡良电：韩侨为日本兼并满洲之导火线，现来者络绎于道，乞迅与提议特别办法，抑援延吉成案以杜后患，谨候裁度。　增祺电：萨摩岛招工事，请商德政府明定例文，声明华人与文明各国民人一律看待，以重国体。

外部电李经羲：滇缅北段界务英使词狡而决，口舌与争，断无效果；且约内但指纬度而不及经线，彼已预为地步。若就会印图所划至腾永界截止，能否阻其入藏，希筹复。

十二月　外部照会法使：吉长铁路圈用教堂地亩系照章办理，希饬持票领价。　锡良奏葫芦岛建筑海堤派员筹办购地开工情形。　日使照会：《川江行轮免碰章程》请与驻重庆各国领事商妥，再行承认。　外部电锡良：日人在长春设派出所，并在吉林、蒙古调查、测绘，希查明确据，据约诘阻。　外部电李经羲：滇缅北段英使坚持分水岭为界，现未划清，应各守小江北流为界。如不得已而退让，究以何处为指归，希就地势边情，酌定宗旨电部。　外部电汪大燮：报载俄、德、日三国联盟。又，日使遽行回国，有何用意，希探复。　考察宪政大臣李家驹奏：考察日本财政，编译成书，并敬陈管见。　汪大燮电：三国同盟暂虽无事，惟俄、德新有协约，德、日交情渐亲。　李经羲电：英兵抵片马，并胁各夷降附，揆之现势，有万不能不争者三，请与英使严重交涉，务先退兵而后妥议。奉旨：著该督密饬地方文武妥慎防维，勿任卤莽愤事，一面镇抚汉夷，免生惊扰。并著外务部磋商办理，以维边局。　邮部咨：东省拟筑奉海铁路，于外交有无阻碍，请酌复。　外部电刘玉麟：英兵直抵片马，请商英外部，令速撤回。　外部电李经羲：滇缅北界以与商退兵为要义，但英人欲攘藏南之布丹、廓尔喀两部，可见通藏宗旨彼不肯变。现应取其害之缓者，如由小江以北划到某处为止，藉为让步，仍希审度地势，详酌见复。倘再不能就范，只以公断为最后之要求而已。　锡良咨：日人私行测绘一节，已饬各地方官警阻止。　上谕：明年五月英皇加冕，著派贝子衔镇国将军载振前往致贺。　李经羲电：英兵已占片马，中国不能退让到底，似宜分三层办法，以免束手。经羲责在守土，当亲督三军，誓以身殉。惟赖宸谟训示，乞代奏。军机处电复：现在我国情形彼所洞悉，若声言设备，转恐彼藉为迎战之据，不独患中一隅，并将牵动全局。惟有内外协筹，勉支艰巨，仍希妥慎规划，计出万全。

宣统三年辛亥（一千九百十一年）

正月　外部电张人骏：荷属回国学生如荷领有请饬向彼注册者，可照中国国籍律驳拒。　萨荫图电：报载俄开六款俱关商约，请密示对付宗旨。　汪大燮电：闻俄调兵赴伊犁，而英议亦有事滇边，万祈注意。　使英刘玉麟函：译送英外部面交滇缅界案节略。　税务处等奏：遵议增祺奏请将香洲自辟商埠，拟准暂作为无税口岸，饬由税司妥订免税章程，并饬该埠绅商设法浚深港口，以期商务发达。　外部电锡良等：奉旨派周树模充会勘中俄边界大臣。

二月　外部电各督抚：英人进兵片马，现正与滇督协筹办法，报纸喧腾，言多失实，请设法解释谣言，严密防范。　陈昭常电：日领称：日、韩合并，所有新到珲春营业韩人，遇有词讼应由领事审判。究应如何处置，乞示遵。　周树模电：俄勘界员因蒙古问题故意要挟，中途折回，请商俄使，转饬接续勘竣，一并立案。　驻澳洲唐领事函：日委员来澳，妄称奉政府命招人往垦满洲，考察澳洲殖民办法。现派暗查尾之。　外部司员富士英、管尚平禀：呈报调查塔城中俄通商利弊大概情形及阿尔泰应查各节，开具九条，用备采择。　锡良电：闻俄派勘界大员即儒达诺夫，似与另派大员体制不符，乞卓夺。　外部电乌里雅苏台将军毕桂芳：请会查俄人焚毁牌博证据。

外部电锡良等：俄使谓，华员不能按图确指界限，如能指出其地，俄员无不肯往。希饬勘界员按图确指地名，速约俄员进勘。至会勘大员，俄使云：尚未派定。　署库伦办事大臣三多电：蒙地首在路权，请饬部派工师勘路插标，并调军队扼要分布。　外部照会俄使：黑龙江右岸检验所应归中国自办。　锡良电：奉省日人遇事干涉，历次枪毙民人，除饬司交涉外，请力为主持。　外部电萨摩岛领事林润钊：德使以萨岛需工甚急，允将待遇改良，现又来商催。究竟苛例能否删除，希妥商粤督核办。　周树模电：请商俄使，饬俄员会勘塔奔托罗海界址。　锡良电：日遣韩人入境调查韩侨，请催日使妥定办法。　又电：日运兵械往朝鲜，闻系期满换防，容再侦察。

中、日订立《清还京汉铁路官款息借正金银行一千万元合同》。二月　日

三月　外部电新抚联魁：中外结婚并无不准明文，希饬地方官仍照向来办法妥慎办理。　张荫棠电：秘外部照送华人入境新例，已电谭代办驳辩。　萨荫图电：俄报谓：乌梁海地属俄境，外部正搜集凭据为辩论地步。谨密闻。　外部照会俄使：松花江各关发还逾额税之期，拟准俄商于原限外另展限一月。　陈昭常奏：招商附股筹办图们江航路，以固国防。　李经羲咨：滇越铁路公司阻挠蒙自、壁虱寨海关管辖火车货物，钞送河、蒙两关章程，请商法使，饬该公司遵办。　外部奏：万国禁烟会展期开会，请另派大员前往与议。奉谕：派梁诚届期前往。　梁诚函：续议商约，德请预订日期，同时派员开议。

中、丹、英会订《邮传部与大东、大北公司预付电费合同》。三月十二日

四月　外部奏：中荷领约磋议已定，请派大员画押。　又奏修改荷属各地苛例情形。　锡良咨：京奉铁道修筑直线，架设天桥，经邮部派员会同奉天交涉司与日领议

妥，请速商定示遵。 英使照会：暂贴印花之印药应照新章征税。 外部照会英使：中国土药与印烟新税同时起征。 谕：内阁总理大臣庆亲王奕劻著仍管理外务部。 命梁敦彦为外务部大臣，按：是月改各部尚书为大臣，侍郎为副大臣。未到任以前著邹嘉来署理。 外部奏：禁烟已满三年，与英使续订条件，以期从速禁绝。 邮部奏：请先取销两湖铁路公司批准前案，以便签订四国借款合同。 荷使照会：荷籍华侨或存或出，一律听其自便。 税务处咨：奉省土煤由轮船装运出口，应照定章完税。 外部电联豫：英不忍认布、廓两部为我属国，希密查英人对该两部举动。

中荷订立《关于荷属中国领事条约》。四月初十日

中英订立《禁烟条件附件》。附照会四月初十日

中日协定《抚顺烟台煤矿细则》。四月十四日

中、英、法、德、美订立《粤川汉铁路借款合同》。四月二十二日

五月 邮部函：钞送滇督李经羲请借四国公债二千万元以办滇蜀、滇桂两路各电。

驻墨代办沈艾孙电：华侨被戕，所拟偿恤、办凶各条墨允照办。 督办粤川汉铁路大臣端方奏：《辛丑和约》已届十年，所言第七、第十两款亟应修改。 又奏：请趁片马交涉未定之际，请英撤兵。 税务处咨：呈送中英贸易册比较表，请转伦敦名誉总领事福士达。 外部咨邮部：苏省铁路公司请借款造徐通铁路，经贵部指驳各节与本部意见相同，请核办。 梁诚电：德外部称：萨岛华工章程日内可定满意办法。

外部电沈艾孙：墨乱渐平，希声明派海圻舰赴美洲游历系联交谊。 萨荫图函：俄外部不准华人行船庙街，已嘱崴埠瑞领事查明此项舢板行驶情形，俟复到酌办。 孙宝琦电：英在烟台招工，拟照章派稽查保工委员，会同英员办理。 度支部等奏：遵旨筹画粤川汉干路收回详细办法。

六月 乌里雅苏台将军毕桂芳电：派员往乌梁海会同俄员查界。 李经羲电：越人不遵约章，入境滋事。经商明法领，妥订办法，请复法使。 税务处咨：中美轮船公司应照旧完纳船钞，免滋他议。 粤督张鸣岐电：澳门浚河事商令停工，澳督坚持不允，请电刘使切商葡外部，立饬停办。 使奥沈瑞麟奏：嗣后公布各国文牍，请由部译成定稿，分别咨行，以免歧误。 驻古巴参赞吴寿全函：与古外部订立华商领照办法。 沈瑞麟函：奥外部称：讷使来华，当力求辑睦。 赵尔丰电：英人贝尔立赴鸡贡调查滇藏之路，请商英使，饬其回川。并严定游历章程，以杜后患。 谕：禁烟为方今要政，著各该省地方官按照条件切奉行，以期禁绝。倘不认真经理，故事拖延，以致妨碍全局，惟该督抚是问。

中德订立《收回山东各路矿权合同》。六月二十九日

闰六月 新抚袁大化咨：伊犁中俄民籍混杂，兹按所查清册撮叙各项户口总数，分别酌拟办法，送请核复。 陈夔龙等奏：烟潍铁路关系紧要，恳请收回官办。 法

部片呈：准闽督电称，厦门领事否认审判厅，应否将部定办法知照外人，请核复。外部电张鸣岐：澳门濬河事葡政府已允缓办。　孙宝琦咨派员与华德矿务公司议结收回矿权并定期付款情形。　英使函：钞送英国华茶商会致伦贝子请求补助广告款项以期推销华茶函。　外部电陈昭常：俄领署附设马队，恐他国藉口，希设法磋商。陈昭常电：俄请于延吉商埠外建筑领署，乞峻拒。　李经羲电内阁：滇路收归国有，即应筹办，请旨饬下速议。　日使照会：图长公司自图们江韩界运出木材，允许通融运沪。　湘抚杨文鼎电：邮部查明湘路收支各项实数。　袁大化电：日人橘瑞超游历于阗，不呈验护照，强拉驼马，乞照日使调回。　萨荫图函：英、日第三次修改同盟条约，已在伦敦画押。

七月　外部奏：分省禁运印度洋药，先择成效最著数省与英使商定办理。　俄使照会：华商运货请勿路过俄境。　瑞瀓咨：美孚行在宜昌城内售货，与约不符，请复美使。　外部等会奏：议结滇省隆兴公司矿案，取销原订合同。　遣陆征祥出使俄国。　遣刘镜人出使荷国。　外部咨税务处等：甘肃受三联单影响，收税寥寥，希饬津海关整顿。　张荫棠电：莱苑华侨毙命案，墨总统允缉凶惩办，惟云偿款不能照报纸宣传之巨，应商定实数交议院核准拨给。现拟将人命、财产一并索赔总数，与墨廷交涉应索数目若干，乞示遵。

中日订立《京奉铁路延长协约》。七月初十日

八月　外部电张鸣岐：德既允改华工苛例，应准在粤先招一批。　邮部奏：展筑京奉路线磋商就绪，议定办法。　英使照会：中英在奉议订英美纸烟公司纳税办法，缮写一分，送部存案。　奉天交涉使许鼎霖函：日人在鸭绿江造桥，日领请援满洲里办法。应否照准，请核示。　义使照会：宣告义土交战。　理藩部电咨各路将军、大臣：义土交战，希通饬一体遵守中立。　外部咨税务处：日使请勘瓜州至清江浦水标，希饬会勘。　外部奏：拟请于欧美改设驻使，并酌设兼使。　又奏：厘订墨、日、秘三国使馆员缺经费。　税务处咨日领：请俟鸭绿江桥成，中、日各派税司会验火车办法，请先询明宗旨再议。　定边左副将军咨：派员查勘中俄交界牌博，除前经俄人焚毁一处外，其余均未损坏侵挪。　外部咨税务处：鸭江通车验货办法已据总税司派员与议，惟不宜声明仿照北满，以免牵及百里内免税问题。

中英订立《改拟广九铁路火车运货稽征试办详细章程》。无月日

中日订立《合办本溪湖煤矿炼铁有限公司合同附加条款》。八月十五日

九月　邮部函：据九江邮局电，汉口邮局外国领事团请作为中立，局所照常办公。

外部电张鸣岐：萨岛招工事，德使谓：粤督要求减工增薪，致工人不能放洋，请仍允照前议办理。能否照准，希速核复。　张荫棠奏：敬陈外交事宜，并请恩准辞职。

遣施肇基出使美、墨、秘、古等国。　外部等会奏：保和会接收各国批准条约现

将到期，谨将前后应行画押各件请旨批准。　外部电陆征祥：满洲里由我国宣布开作商埠，各国公认。今勘界俄员将满洲里站划入彼界，殊乖睦谊，希婉商俄外部，和平勘议。　度支部奏：军需紧急，拟息借洋款，以资应用。　又奏：续借洋款，以济要需。　暂代纽丝纶领事夏廷献呈：屋仑埠华侨到埠，如在礼拜日，须先以百金担保，方准登岸；次日领款，须印三次指模。现经与关员力争，允准华人到埠，经查无顶替，即准登岸。谨将往来文件呈报备案。　万国和平会总理等照会：义国骤递战书于土，显背公约，应由各国政府公同调停，使此扰乱和平之政府即时弭兵，受法律之裁判。　外部电东督赵尔巽等：满洲里商埠似非俄所必争界务，希速议结。　日使照会：此次因湖北变乱，凡来往轮船，除九江等六埠以外不准停泊，殊嫌不便，希再查知。至稽查匪徒，各轮船必能注意。　驻俄代办唐在复函：与俄外部议商庙街禁止行船及黑河俄兵毁署两案，均仍未允。　外部等奏：荷京禁烟会改期开会，拟添派赴会人员。　张人骏咨：英领谓，沿江小埠停轮事，应商由钦差及公会允准后，转饬照办。其未接到札饬之先，实无权允许。　度支部等奏：江督息借洋款，各洋商因鄂事未定，意存观望。应俟部款借妥，当酌量分拨济用。　邮部函：长春独立，已电东督、吉抚维持吉长铁路，以免日人干涉。

中法订立《度支部与法国资本团为整理中国新财政借款合同》。九月初六日

中日订立《安奉铁路国境通车协约》及《中日满韩铁路国境通车章程》。九月十二日

十月　科布多办事大臣忠瑞咨：填送预备修改俄约各项调查表。　外部电周树模：中、俄界务俄不允停议，尊意是否注重满洲里车站，抑在附近地。害从其轻，希酌复，以便电陆使向商。　外部电赵尔巽：日使称，日政府决无赞助革党之意，如在铁路附属地内招兵购械，日领必竭力搜查。　外部电汪大燮：东督电称，闻蓝天蔚拟在大连起事，已告日领协防。希妥商日外部，迅饬日领照办。　联豫函：英使所指禁止藏人与英人直接往来各节并无其事。　外部照会法使：度支部与法资本团两次借款均经资政院议决，已将合同签印。　税务处咨：延吉分关拟在火狐狸沟设卡，钞送章程，请照会日使。　外部函刘玉麟：华侨在哥林比亚国经商，希商请英廷，转饬该处英领代为保护。　外部照会各使：奉旨：准监国摄政王辞退归邸。　外部电陆征祥：据黑抚电称，中俄界约于十九日画押，希告俄外部。　驻法代办戴陈霖电：中巴公断约款于二十五日互换。　外部电周树模：据俄使照称，划界条款无须由两国政府批准，应设界牌在条约内详为载明。

中墨订立《墨国赔偿华侨损失证明书》。十月二十六日

十一月　度支部片呈：美国退还赔款除拨学堂经费外，余已接济兵饷，俟库款筹措就绪再行归还。　代理鲁抚胡建枢函：德领请撤销运牛限制，应俟各议员来省议决施行。　南京民政府通告驻沪各国领事，声明推倒清朝之原因，并承认以前条约，允许

保护外人生命、财产。　　外部函各国公使：闻张謇为革军商借洋款，以江苏盐税为抵押，应请阻止。　　陆征祥电：俄外部称，库伦蒙变决不干预，只要中国有办法，俄不过问。　　赵尔巽电：日人枪击海城县令，已由日警署获犯，据称系发狂所致，当经驳复。　　法使照会：南军与洋商借款事，未闻本国商人议及，如有此项举动，自不赞成。

十二月　旨寄各省督抚、将军、都统：著严饬所属保护外人，如有侵害、损伤者，立即按律严办。　　内阁函：山海关铁桥被炸，日兵出关保护。查《辛丑条约》，关外铁路并无准各国驻兵之语，请照日使将兵队即日撤回。　　外部致日使节略：闻民军以招商局产向日商抵押借款，请迅为阻止。　　海军部咨：英厂代造之鱼雷艇应行正式试验，事已电刘使转程统领就近监视。　　邮部函：各国统领协定派兵保护京榆铁路，所订章程七条已分别准驳。　　外部照会日使：大仓洋行订购军装付款展期，契约已由部签押。　　外部咨度支部：云南英法隆兴公司偿款请先期备齐，派员关领。

清季外交年鉴卷四终

清代约章分类表[①]

序

约章为确定国际权利义务之证书，效果所及，往往一语之微，关系国家百年大计。谋国者所宜审慎，莫此若矣。况今日之局势，多纵昔年条约嬗演而来，以故言外交者，非追踪往事，无由得其本末而用为根据，此清代约章之所以不得视为陈迹，而有汇集分类之必要也。比者亮编印先严手钞稿件，以为《清季外交史料》一书，对于议约文电，不惮从详，职是之故。然前书仅及光、宣两朝，而中外通商，由来已久，曩时所订约章，与本史料所纪，皆有前因后果，其关系国势安危，亦至重要，为贯穿始末，力求完备计，则从前成约，未宜阙如。爰上溯康熙，以迄宣统，仿《约章分类辑要》《约章大全》及英之蓝皮、美之红皮、法之黄皮等书，历举成案，编为《清代约章分类表》，附于年鉴之后。视其性质，按国分门，依门别类，各列表格，藉便钩稽。计有清一代，中国与各国缔约者，有英、美、日、法、俄、德、义、荷、比、西、葡、丹、瑞、那、奥、墨、巴、秘、韩、刚等二十国。当立约时，有与今日情形不同者，如古巴属于西班牙，朝鲜尚称独立，瑞、那由统一而分离，刚果名虽自主，实为比国兼并，是编均按当日事实，分别胪列。其约章之通行于各国者，则编入公共部分，其有特殊性质，或未实行之件，则予注明，俾有识别。惟各约每因性质不同，国势悬殊之故，优劣迥异，其间一字轻重，利害出入，不可以道里计，甚有因各国文字之不同，致解说之互异，彼出此入，启对方之狡辩，贻祸患于无穷！是在当事者平日详审研讨，临时善为运用，则是篇或可供参考之一助欤？王亮序。

① 原刊标题为“清代约章分类表序”，此次整理按现代规范分为两级标题处理。

中英约章分类表

类别	条约名目	款数	订约年月
缔约	江宁条约	首段　一三	道光二十二年七月二十四日
	中英续约	首段　一　五四　五六	咸丰八年五月十六日
	续增条约	首段　一　七　八　九	咸丰十年九月十一日
	烟台条约	首段	光绪二年七月二十六日
	烟台条约第一端	一　二	
	烟台续约	首段　一　六　八　一〇	光绪十一年六月初七日
	缅甸条约	首段　五	光绪十二年六月二十三日
	藏印条约	首段　七　八	光绪十六年二月二十七日
	烟台条约续增专条	首段　六	光绪十六年闰二月十一日
	藏印条约续议条款	另款	光绪十九年十月二十八日
	续议滇缅条约	首段　一九　二〇	光绪二十年正月二十四日
	续议滇缅条约附款	首段　一九	光绪二十三年正月初三日
	议展香港界址专条	全	光绪二十四年四月二十一日
	续议通商行船条约	首段	光绪二十八年八月初四日
	续议通商行船条约第八款	一五	
	续议通商行船条约	一〇　一六	
	保工条约	首段　一四　一五	光绪三十年三月二十八日
	续定藏印正约	首段　一　二　四　五　六	光绪三十二年四月初二日
	英藏条约	首段　三　一〇	光绪三十年七月二十八日
	此约乃英藏自行议订之件，光绪三十二年，续定藏印条约时，要求附录于后，旋即据为我国承认之证，兹为低格编入，以示其为附件。		
	藏印通商章程	首段　一　一三　一四　一五	光绪三十四年三月二十日

类别	条约名目	款数	订约年月
	禁烟条件	首段	宣统三年四月初十日
通使	中英续约	二	
	续增条约	二	
	烟台条约第一端	六	
设官	江宁条约	二	
	中英续约	七	
	烟台条约第一端	四	
	续议滇缅条约	一三	
	续议滇缅条约附款	一三	
	保工条约	六　附件一　附件二	
礼文	江宁条约	一一	
	中英续约	三　五　七　五〇 五一　五二	
	烟台条约第二端	一	
	缅甸条约	一	
	藏印条约	六	
	续议滇缅条约	一三	
	续议滇缅条约附款	一三	
	藏印通商章程	三　一二	
优待保护	江宁条约	一	
	中英续约	四　六　一八　二〇 五二　五三	
	藏印条约	二	
	续议滇缅条约	一七	
	续议通商行船条约	七　八	
	保工条约	九　一〇　一一	
	藏印通商章程	一二	
画界	续增条约	六	

类别	条约名目	款数	订约年月
	缅甸条约	三	
	藏印条约	一 三 五	
	藏印续约	九	
	续议滇缅条约	一 二 三 四 五 六 七	
	续议滇缅条约附款	一 二 三 五 六	
	英藏条约	一	
	藏印通商章程	二	
开埠	江宁条约	二	
	中英续约	一一	
	续增条约	四	
	烟台条约第三端	一 七	
	烟台条约续增专条	一	
	藏印续约	一	
	续议滇缅条约附款	专条	
	续议通商行船条约	八 一〇	
	英藏条约	二 七	
	藏印通商章程	二	
关章	烟台条约续增专条	三	
	续议通商行船条约	一 八	
租借	议展香港界址专条	全	
	议租威海卫专条	全	光绪二十四年五月十三日
	香港英新租界合同	全	光绪二十五年二月初八日
	改订芜湖租界章程	全	光绪二十八年六月二十七日
	藏印通商章程	六	
租建	中英续约	一一 一二	
	烟台条约第三端	二	

类别	条约名目	款　数	订约年月
	藏印续约	二	
	续议通商行船条约	六	
	藏印通商章程	二	
通商	中英续约	一〇	
	通商章程	八	
	烟台条约第一端	三	
	缅甸条约	四	
	藏印条约	四	
	续议滇缅条约	一二　一八	
	续议滇缅条约附款	九　一二	
	藏印通商章程	九	
贸易	江宁条约	五	
	藏印续约	二	
	英藏条约	二　五	
	藏印通商章程	九　一二	
货税	江宁条约	一〇	
	中英续约	二四　二五　二六　三三　四一　四二　四三　四四	
	通商章程	一　九	
	烟台条约续增专条	二	
	藏印续约	五	
	续议滇缅条约	八　九	
	续议通商行船条约	三　八	
税则	中英续约	二七	
	续议通商行船条约	八　一五	
	英藏条约	四	

类别	条约名目	款　数	订约年月
单照	续议滇缅条约	一四	
	续议滇缅条约附款	一四	
免税	通商章程	二	
	印藏续约	四	
免厘	烟台条约第三端	一　七	
	续议通商行船条约	八　附件	
加税	续议通商行船条约	八	
洋药	烟台条约第三端	三　七	
	烟台续约	二　三　四　五　七	
	续议通商行船条约	八	
	禁烟条件	全	
船钞	中英续约	二九　三〇　三一	
改运	中英续约	四五	
	烟台条约第三端	五	
稽罚	中英续约	三六　三七　三八　三九　四〇　四六　四九	
	通商章程	五　一〇	
	烟台条约第三端	六	
	烟台续约	九	
	烟台条约续增专条	四	
	续议通商行船条约	一　八	
内地商务	中英续约	二八	
	通商章程	七	
	烟台条约第三端	四	
中外权度	中英续约	三四	
	通商章程	四	
行船	中英续约	三二	

类别	条约名目	款　数	订约年月
	通商章程	六	
	烟台条约第三端	一	
	烟台条约续增专条	四　五	
	议展香港界址专条	全	
	续议通商行船条约	五	
	续议内港行轮章程	全	
禁令	中英续约	四七　四八	
	通商章程	三	
	烟台条约续增专条	四	
	藏印续约	三	
	续议滇缅条约	一〇　一一	
	续议通商行船条约	一一　一四	
	藏印通商章程	一一	
狱讼	续议通商行船条约	一二	
	藏印通商章程	四　五　八	
控断	中英续约	一五　一六　一七	
	烟台条约第二端	二　三	
	藏印续约	六	
	续议通商行船条约	四	
	藏印通商章程	七	
命盗	烟台条约第二端	三	
钱债	中英续约	二二　二三	
	续议通商行船条约	四	
捕务	中英续约	一九　二一	
	续议滇缅条约	一五	
	议展香港界址专条	全	
	藏印通商章程	一〇　一二	

类别	条约名目	款数	订约年月
议和	江宁条约	首段	
割让	江宁条约	三	
	缅甸条约	二	
撤兵			
还地	江宁条约	一二	
换俘	江宁条约	八	
赦犯	江宁条约	九	
招工	续增条约	五	
	保工条约	一　二　三　四　五　七　八　一二　一三	
佣役	中英续约	一三　一四　三五	
	藏印通商章程	八	
游历	中英续约	九	
	烟台条约另议专条	全	
	缅甸条约	四	
	藏印通商章程	一二	
传教	中英续约	八	
	续议通商行船条约	一三	
恤款	烟台条约第一端	五	
偿借	江宁条约	四　六　七	
	中英续约	五五	
	中英续约专条	全	
	续增条约	三	
	英藏条约	六	
借款	息借汇丰银行一千万两暨三百万磅〔镑〕合同	全	光绪二十一年正月初一日
铁路	续议滇缅条约附款	一二	

类别	条约名目	款数	订约年月
	议展香港界址专条	全	
	交还关内外铁路章程	全	光绪二十八年三月二十二日
	沪宁铁路借款合同	全	光绪二十九年　月　日
	河南道清铁路借款行车合同	全	光绪三十一年六月初一日
	英藏条约	九	
	广九铁路借款合同	全	光绪三十三年正月二十三日
	沪杭甬铁路借款合同	全	光绪三十四年二月初四日
矿务	续议滇缅条约	一二	
	续议滇缅条约附款	一二	
	合办朝阳三票煤矿合同	全	光绪二十四年八月二十五日
	续议通商行船条约	九	
	安徽铜官山开矿合同	全	光绪三十年四月二十二日
	此矿逾限未办，又招日股，经皖绅请废合同；至宣统二年正月，偿以五万二千镑，由两国互照声明作废。		
	英藏条约	九	
	山西购回开矿制铁转运合同	全	光绪三十三年十二月十七日
圜法	续议通商行船条约	二　附件	
邮政	藏印续约	七　八	
	英藏条约	五	
	藏印通商章程	八	
电政	沪港电报合同	全	光绪九年二月二十三日
	续订沪港电报章程	全	光绪九年四月初一日
	福州电报合同	全	光绪十年八月二十八日
	续议滇缅条约	一六	
	滇缅边界陆线条约	全	光绪二十年八月初七日
	京沽借线合同	全	光绪二十八年九月二十一日

类别	条约名目	款数	订约年月
	川石山至南台借线合同	全	光绪二十八年九月二十二日
	续订藏印正约	三	
	英藏条约	九	
	藏印通商章程	六	

中美约章分类表

类别	条约名目	款数	订约年月
缔约	中美条约	首段　二　三　末段	咸丰八年五月初八日
	中美续约	首段　末段	同治七年六月初九日
	续修条约其一	首段　末段	光绪六年十月十五日
	续修条约其二	首段　四　末段	光绪六年十月十五日
	华工条约	首段　六	光绪二十年二月十一日
	通商行船条约	首段　一七	光绪二十九年八月十八日
	公断条约	首段　三　四	光绪三十四年九月十四日
交际	中美条约	五　八	
通使	中美条约	六	
	通商行船条约	一	
设官	中美续约	三	
	通商行船条约	二	
礼文	中美条约	四　七　九　一〇	
	通商行船条约	一　二	
优待保护	中美条约	一　九　一〇　一一　一三　三〇	
	中美续约	五　六	
	续修条约其二	二　三	

类别	条约名目	款数	订约年月
	华工条约	四　五	
	通商行船条约	九　一〇　一一	
开埠	通商行船条约	一二	
关章	通商行船条约	六	
租建	中美条约	一二	
	通商行船条约	三	
通商	通商章程	八	咸丰八年五月初八日
贸易	中美条约	一四　二六	
	中美续约	一　二	
	续修条约其一	一	
	通商行船条约	三　一一	
货税	中美条约	一五　二〇　二二	
	通商章程	一　九	
	续修条约其一	三	
	通商行船条约	四　八	
	通商行船条约附件	一　二　四　五　六	
税则	通商行船条约	四　五	
	通商行船条约附件	三	
单照	通商行船条约	四	
免税	通商章程	二	
	通商行船条约	四	
免厘	通商行船条约	四	
加税	通商行船条约	四	
洋药	续修条约其一	二	
船钞	中美条约	一六	
改运	中美条约	二一	
稽罚	中美条约	一九　二一　二三	

类别	条约名目	款　数	订约年月
	通商章程	五　一〇	
	通商行船条约	四　八	
内地商务	通商章程	七	
中外权度	通商章程	四	
行船	通商章程	六	
内港行船	通商行船条约	一二	
禁令	中美条约	一二　一四　二六	
	通商章程	三	
	中美续约	五	
	华工条约	一	
	通商行船条约	九　一一　一六	
狱讼	中美条约	二七	
	通商行船条约	一五	
控断	中美条约	一一　二八	
	续修条约其一	四	
钱债	中美条约	二四	
捕务	中美条约	一八	
聘募	中美条约	二五	
	中美续约	八	
招工	续修条约其二	一	
	华工条约	二　三	
佣役	中美条约	一七	
游学	中美续约	七	
传教	中美条约	二九	
	中美续约	四	
	通商行船条约	一四	
铁路	赎回粤汉铁路合同	全	光绪三十一年八月初八日

类别	条约名目	款数	订约年月
矿务	通商行船条约	七	
电政	联合美线办法章程	全	光绪二十九年　月　日
圜法	通商行船条约	一三	
公断	公断条约	一　二	光绪三十四年九月十四日
除右表外，尚有光绪三十二年十月《新法铁路草合同》，暨宣统二年九月二十五日之《二千万两借款草合同》，均有关东三省大局，并为后来借款银行团之滥觞，惟以未实行，不便入表。			

中日约章分类表

类别	条约名目	款数	订约年月
缔约	朝鲜撤兵条约	首段　末段	光绪十一年三月初四日
	马关条约	首段　六　一〇　一一　末段	光绪二十一年三月二十三日
	马关另约	末段	光绪二十一年三月二十三日
	交接台湾文据	首段	光绪二十一年五月初十日
缔约	交还辽南条约	首段　五　六　末段　专条	光绪二十一年九月二十二日
	通商行船条约	首段　二七　二八　二九	光绪二十二年六月十一日
	通商公立文凭	首段　末段	光绪二十二年九月十三日
	通商行船续约	首段　八　一二　一三　附件四　附件五	光绪二十九年八月十八日
	东三省事宜正约	首段　一　二　三	光绪三十一年十一月廿六日
	东三省事宜附约	末段	光绪三十一年十一月廿六日
	大连设关征税办法	一八	光绪三十三年四月十九日
	图们江中韩界务条款	首段　末段	宣统元年七月二十日
	东三省五案条款	首段　末段	宣统元年七月二十日
通使	通商行船条约	二	

类别	条约名目	款数	订约年月
设官	通商行船条约	三	
	图们江中韩界务条款	二　七	
优待保护	马关条约	九	
	通商行船条约	一　一七　二五	
	通商行船续约	五　九	
	东三省事宜附约	二　一一　一二	
画界	马关条约	二　三　五	
	马关另约	二	
	东三省事宜附约	九	
	图们江中韩界务条款	一	
开埠	马关条约第六款	一	
	通商公立文凭	一	
	通商行船续约	一〇　附件六　附件七	
	东三省事宜附约	一	
	图们江中韩界务条款	二　七	
关章	通商行船条约	一四	
	大连设关征税办法	一　二　三　四　一一　一三　一七	
租借	扩张汉口租界专约	全	光绪三十二年十二月廿七日
租建	通商行船条约	四	
贸易	通商行船条约	四	
	通商行船续约	四	
货税	马关条约第六款	四	
	通商行船条约	九　一〇　一二　附件五　附件六　附件七　附件八	
	交收营口条款	五	光绪三十二年十月二十日
	大连设关征税办法	五　六　七	

类别	条约名目	款数	订约年月
	大连设关办法副件	四	光绪三十三年四月十九日
税则	通商行船条约	二六	
	大连设关征税办法	一二　一六	
单照	大连设关征税办法	一五	
免税	东三省事宜附约	八	
	鸭绿江采木章程	一二	光绪三十四年四月十五日
加税	通商行船续约	一	
船钞	通商行船条约	一五	
	大连设关办法副件	二	
改运	通商行船条约	一三	
	大连设关征税办法	八　九　一〇	
稽罚	通商行船条约	一八	
	大连设关办法副件	四	
内地商务	马关条约第六款	三	
	通商行船条约	一一	
中外权度	通商行船续约	七	
行船	马关条约第六款	二	
	通商行船条约	五	
	通商行船续约	二	
	大连设关办法副件	三	
内港行船	通商公立文凭	二	
	通商行船续约	三　附件一　附件二　附件三	
	大连设关办法副件	一	
内地造货	马关条约第六款	四	
	通商公立文凭	三	
市政	交收营口条款	一　二　三	

类别	条约名目	款 数	订约年月
禁令	通商行船条约	五	
	通商行船续约	五	
	大连设关办法副件	四　五	
狱讼	通商行船续约	一一	
	大连设关征税办法	一四	
控断	马关另约	三	
	通商行船条约	二〇　二二	
	交收营口条款	四	
钱债	通商行船条约	二一　二三	
捕务	通商行船条约	一九　二四	
	东三省事宜附约	三	
对韩协定	朝鲜撤兵条约	一　二　三	
	马关条约	一	
割让	马关条约	二　五	
	交接台湾文据	全	光绪二十一年五月初十日
撤兵	马关条约	七	
	交还辽南条约	一	
	东三省事宜附约	三　四　五	
驻兵	马关条约	八	
	马关另约	一　二　三	
	通商公立文凭	四	
还地	交还辽南条约	一	
	东三省事宜附约	三　四	
	交收营口条款	首段　六	
换俘	马关条约	九	
赦犯	马关条约	九	
	交还辽南条约	四	

类别	条约名目	款数	订约年月
停战	停战条约	全	光绪二十一年三月初五日
	马关条约	一〇	
	停战展期条约	全	光绪二十一年三月二十三日
韩民居留	图们江中韩界务条款	三　四　五	
佣役	通商行船条约	七　八　一六	
游历	通商行船条约	六	
偿借	马关条约	四	
	马关另约	一	
	交还辽南条约	二	
偿借	交还辽南条约	三	
铁路	东三省事宜附约	六　七	
	新奉吉长借款续约	全	光绪三十四年十月十九日
	安奉铁路购地章程	全	宣统元年正月　日
	京奉南满联运合同	全	宣统元年闰二月　日
	吉长铁路借款合同	全	宣统元年七月初三日
	新奉铁路借款合同	全	宣统元年七月初三日
	安奉铁路节略	全	宣统元年七月初四日
	东三省五案条款	一　二　五	
	京汉铁路借款合同	全	宣统三年二月　日
	京奉铁路延长协约	全	宣统三年七月初十日
国境通车	图们江中韩界务条款	六	
	安奉国境通车章程	全	宣统三年九月十二日
矿务	大冶预借矿价合同	全	光绪二十九年十一月廿八日
	东三省五案条款	三　四	
	本溪湖煤矿合同	全	宣统二年四月十四日
	抚顺烟台煤矿合同	全	宣统三年四月十四日
	本溪湖煤铁合同附款	全	宣统三年八月十五日

类别	条 约 名 目	款 数	订 约 年 月
圜法	通商行船续约	六	
邮政	大连设关办法副件	六	
电政	奉新电线借用合同	全	光绪三十二年正月十九日
	中日电约	全	光绪三十四年九月十八日
	满洲陆线合同	全	光绪三十四年十月十四日
	烟台关东水线合同	全	光绪三十四年十月十四日
木植	东三省事宜附约	一〇	
	鸭浑两江森林合同	全	光绪三十二年五月初十日
	鸭绿江森林合同	全	光绪三十四年四月十五日
	采木公司事务章程	全	光绪三十四年四月十五日
	鸭绿江采木章程暨备考书	全	光绪三十四年四月十五日
按：同治十年，日本遣使订通好条规于天津，以非条约性质，未入右表。			

中法约章分类表

类别	条 约 名 目	款 数	订 约 年 月
缔约	中法条约	首段 四〇 四一 四二	咸丰八年 月 日
	中法条约补遗	六	咸丰八年 月 日
	中法续约	首段 三 末段	咸丰十年九月十二日
	简明条款	首段 五	光绪十年四月十七日
	中法越南新约	首段 二 六 八九 一〇	光绪十一年四月二十七日
	越南边界通商章程	首段 一八 一九	光绪十二年三月二十二日
	续议界务专条	首段	光绪十三年五月初六日
	续议商务专条	首段 一 八 九 一〇	光绪十三年五月初六日

类别	条约名目	款数	订约年月
	粤越第一图界约	末段	光绪十六年闰二月廿六日
	粤越第二图界约	末段	光绪十九年十一月廿二日
	桂越界约	末段	光绪二十年五月十六日
	商务专条附章	首段　八　九	光绪二十一年五月二十八日
	界务专条附章	首段　五	光绪二十一年五月二十八日
	滇越界约	首段	光绪二十二年九月十九日
	滇越铁路条约	首段　三三	光绪二十九年九月初九日
通使	中法条约	二	
设官	中法条约	五	
	中法越南新约	五	
	越南边界通商章程	一　二	
	商务专条附章	三	
	滇越铁路条约	三二	
礼文	中法条约	三　四　五	
	中法续约	二	
优待保护	中法条约	一　一二　二九　三〇　三六	
	中法续约	一	
	越南边界通商章程	三　四	
	续议商务专条	七	
	商务专条附章	七	
	滇越铁路条约	一三　一六	
画界	简明条约	一　二	
	中法越南新约	一　三	
	广西关外界约	五件	光绪十二年三月初十日

类别	条约名目	款　数	订约年月
	粤边至云南交界界约	全	光绪十三年三月初五日
	续议界务专条	全	
	粤越第一图界约	全	
	粤越第二图界约	全	
	桂越界约	全	
	界务专条附章	一　二　三　四	
	滇越界约	全	
开埠	中法条约	六	
	中法续约	七	
	续议商务专条	二	
	商务专条附章	二	
租借	天津紫竹林租地条款	全	咸丰十一年　月　日
	广州湾租界条约	七	光绪二十五年十月十四日
租建	中法条约	一〇	
	滇越铁路条约	一八	
通商	通商章程	八	
	简明条款	三	
	中法越南新约	五	
	越南边界通商章程	一	
	滇越铁路条约	二四	
贸易	中法条约	七　三一	
货税	中法条约	九　一九　二五	
	通商章程	一　九	
	续议印花布税章程	全	咸丰十一年八月　日
	中法越南新约	六	

类别	条约名目	款　数	订约年月
	越南边界通商章程	九　一一　一二	
	续议商务专条	四	
	商务专条附章	三　四	
	滇越铁路条约	二一	
税则	中法条约	二七	
	通商章程	另款	
	续议商务专条	三	
免税	通商章程	二	
	越南边界通商章程	一三	
	续议商务专条	六	
	滇越铁路条约	二二	
加税	滇越铁路条约	二一	
洋药	中法越南新约	六	
	越南边界通商章程	一四	
	续议商务专条	五	
船钞	中法条约	二〇　二一　二二	
	中法续约	一〇	
	更定船钞章程	全	同治四年八月　日
	续议商务专条	六	
改运	中法条约	二四	
	越南边界通商章程	八	
稽罚	中法条约	一六　一七　二五　二八	
	通商章程	五　七　一〇	
	越南边界通商章程	一〇	

类别	条约名目	款数	订约年月
	滇越铁路条约	一七　二〇	
内地商务	中法条约	二三	
	通商章程	七	
	越南边界通商章程	六　七	
中外权度	中法条约	二六	
	通商章程	四	
行船	通商章程	六	
禁令	中法条约	七　一四　三三	
	通商章程	三	
	越南边界通商章程	一五	
	滇越铁路条约	一四　二〇	
狱讼	中法条约	三九	
	滇越铁路条约	一四	
控断	中法条约	三五	
	越南边界通商章程	一六	
钱债	中法条约	三七	
捕务	中法条约	三二　三四　三八	
	越南边界通商章程	一七	
	商务专条附章	一	
	中越边界会巡章程	全	光绪二十二年六月二十八日
	滇越铁路条约	一五	
	中越交界禁匪章程	全	光绪三十四年十二月十三日
	滇越铁路警察章程	六　一一	宣统元年　月　日
对越协定	简明条约	二　四	
	中法越南新约	一　二	

类别	条约名目	款　数	订约年月
撤兵	中法越南新约	九	
还地	中法越南新约	九	
聘募	中法条约	一一	
招工	中法续约	九	
	滇越铁路条约	一二	
佣役	中法条约	一一　一五　一八	
	滇越铁路条约	二六	
游历	中法条约	八	
	中法越南新约	四	
	越南边界通商章程	五	
传教	中法条约	一三	
	中法条约补遗	一　二	
	中法续约	六	
偿借	中法条约补遗	三　四　五	
	中法续约	四　五　八	
铁路	中法越南新约	七	
	龙州铁路合同	全	光绪二十二年四月二十四日
	龙州铁路续立合同	全	光绪二十五年　月　日
	滇越铁路条约	一　二　三　四　五 六　七　八　九　一〇 一一　一九　二五 二七　二八　三〇 三一　三四	
	滇越铁路警察章程	全	
矿务	商务专条附章	五	
	云南隆兴公司章程	全	光绪二十八年五月十六日

类别	条约名目	款　数	订约年月
	此项章程，已于宣统二年七月间，经两国议定作废。		
	福建建汀邵三府开矿合同	全	光绪二十八年十一月廿五日
	华裕大东公司合同	全	光绪二十八年十一月廿五日
	按：此两件，已于光绪三十三年六月初七日撤销。		
邮政	滇越铁路条约	二三	
电政	滇越边界接线章程	全	光绪十四年十月二十八日
	商务专条附章	六	
	滇越铁路条约	二九	
宣统三年九月初六，清度支部与法国资本团，订立借款九千万佛郎，及初十日续订借款六千万佛郎草合同两件，经资政院开会议准。适值清帝逊位，未订正式合同，故不入右表。			

中俄约章分类表

类别	条约名目	款　数	订约年月
缔约	伊犁塔尔巴哈台通商章程	一七	咸丰元年八月二十一日
	爱珲城条约	三	咸丰八年四月十六日
	中俄条约	首段　一　一二	咸丰八年五月初三日
	中俄续约	首段　九　一四　一五	咸丰十年十月初二日
	改订陆路通商章程	首段　二二	同治八年三月十六日
	改订条约	首段　一五　一九　二〇	光绪七年正月二十六日
	伊犁界约	首段	光绪八年九月十八日
	喀什噶尔界约	首段　四	光绪八年十月二十七日
	塔城俄商贸易地址条约	首段　七	光绪九年二月二十七日

类别	条约名目	款　数	订约年月
	管理塔城各属缠民条款	首段　五	光绪九年二月二十七日
	科塔界约	首段　五	光绪九年七月初十日
	科布多新界牌博记	首段　末段	光绪九年八月初四日
	塔城北段牌博记	首段　末段	光绪九年八月十三日
	塔城西南段界约	首段　七　末段	光绪九年九月初三日
	续勘喀什噶尔界约	首段　六　末段	光绪十年五月初十日
	塔城哈萨克归附条约	首段　八　末段	光绪十年十一月　日
	珲春东界界约	首段　末段	光绪十二年六月初三日
	管辖哈萨克条款	首段　四　末段	光绪十九年十一月廿五日
	四厘借款声明文件	首段　末段	光绪二十一年闰五月十四日
	中俄密约	首段　末段	光绪二十二年四月二十二日
	东省铁路公司合同	首段	光绪二十二年七月二十五日
	旅大租地条约	首段　九	光绪二十四年三月初六日
	旅大租地续约	首段　六	光绪二十四年闰三月十八日
	勘分旅大租界专条	首段　八	光绪二十五年三月二十八日
	交收东三省条约	首段　末段	光绪二十八年三月初一日
	松花江行船章程	首段　末段	宣统二年七月初四日
通使	恰克图界约	九	雍正五年九月　日
	中俄条约	二	
设官	伊犁塔尔巴哈台通商章程	二	
	中俄条约	五	
	中俄续约	五　八	
	改订条约	一〇	
	旅大租地条约	四	
礼文	恰克图市约	三	乾隆五十七年正月　日

类别	条约名目	款　数	订约年月
	伊犁塔尔巴哈台通商章程	一六	
	中俄条约	二	
	中俄续约	八　九	
	改订条约	一一	
优待保护	伊犁塔尔巴哈台通商章程	四　五	
	中俄条约	六	
	中俄续约	八　一〇	
	改订条约	二　三　四	
	交收东三省条约	二	
画界	黑龙江条约	一　二　三	康熙二十八年四月　日
	恰克图界约	三　六　七　一一	
	爱珲城条约	一	
	中俄条约	九	
	中俄续约	一　二　三	
	改订条约	一　五　七　八　九	
	伊犁界约	全	
	喀什噶尔界约	全	
	科塔界约	全	
	科布多新界牌博记	全	
	塔城北段牌博记	全	
	塔城西南段界约	全	
	续勘喀什噶尔界约	全	
	珲春东界界约	全	
	旅大租地条约	五　六	
	旅大租地续约	一　二　四　五	

类别	条约名目	款　数	订约年月
	勘分旅大租界专条	一　二　三　四　六　七　八　附约	
	交收东三省条约	一　二	
开埠	中俄条约	三	
关章	北满洲税关章程	全	光绪三十三年五月二十八日
	松花江行船章程	一　二　三　四	
租借	旅大租地条约	一　二　三　七	
	勘分旅大租界专条	五	
	天津租界条款	全	光绪二十六年十一月廿二日
租建	伊犁塔尔巴哈台通商章程	一三　一四	
	中俄续约	六	
	改订条约	一三	
贸易	黑龙江条约	六	
	恰克图界约	四	
	恰克图市约	一　二	
	伊犁塔尔巴哈台通商章程	一　八　九　一五	
	爱珲城条约	二	
	中俄续约	四　五　八	
	改订陆路通商章程	一　九	
	改订条约	一八	
	续改陆路通商章程	一	光绪七年正月二十六日
	塔城俄商贸易地址条约	全	
	塔城哈萨克归附条约	六	
货税	中俄条约	四	

类别	条约名目	款数	订约年月
	改订陆路通商章程	四　五　八　一〇 一一　一二　一三 一四　一五　一七 一九	
	改订条约	一六	
	续改陆路通商章程	四　五　九　一〇 一一　一二　一三	
	松花江行船章程	六　一〇	
单照	改订陆路通商章程	一六	
	松花江行船章程	九　一一	
免税	伊犁塔尔巴哈台通商章程	三	
	续改陆路通商章程	一四	
	松花江行船章程	五　六　七	
船钞	松花江行船章程	八	
改运	改订陆路通商章程	六	
	续改陆路通商章程	六	
	松花江行船章程	六	
稽罚	改订陆路通商章程	二　七　一八　二一	
	续改陆路通商章程	二　三　八　一〇 一七	
内地商务	中俄续约	六　七	
	改订陆路通商章程	二　三	
	改订条约	一二　一四	
	续改陆路通商章程	二　三　七	
禁令	黑龙江条约	四	
	伊犁塔尔巴哈台通商章程	一一	
	中俄条约	四	
	改订陆路通商章程	二〇	

类别	条约名目	款　数	订约年月
	续改陆路通商章程	一五　一六	
狱讼	中俄条约	七	
	中俄续约	一〇	
控断	恰克图界约	一　八	
	中俄续约	八	
	改订条约	一一	
	塔城哈萨克归附条约	四	
	管辖哈萨克条约	三	
命盗钱债	恰克图界约	一〇	
	恰克图市约	四　五	
	伊犁塔尔巴哈台通商章程	六　七　一二	
	中俄续约	八	
	管辖哈萨克条款	二	
捕务	黑龙江条约	五	
	恰克图界约	二	
	伊犁塔尔巴哈台通商章程	一〇	
	中俄续约	八　一〇	
	改订条约	一七	
	塔城哈萨克归附条约	三	
	旅大租地条约	四	
	交收东三省条约	三	
密约	中俄密约	一　二　三	
边民归附	管理塔城各属缠民条款	全	
	塔城哈萨克归附条约	一　三　五　六　七	
	管辖哈萨克条款	全	

类别	条约名目	款　数	订约年月
借地还地	塔城哈萨克归附条约	二	
	收复巴尔鲁克山文约	全	光绪十九年九月初三日
	交收东三省条约	一　二　三	
游学	中俄条约	一〇	
传教	恰克图界约	五	
	中俄条约	八	
偿借	改订条约	六　专条	
借款	四厘借款合同暨声明文件	全	光绪二十一年闰五月十四日
铁路	中俄密约	四　五	
	东省铁路公司合同	全	
	道胜银行合同	全	光绪二十二年七月二十五日
	旅大租地条约	八	
	旅大租地续约	三	
	东省铁路公司续订合同	全	光绪二十四年五月十八日
	交收东三省条约	四	
	交还关外铁路条约	全	光绪二十八年九月初六日
	正太铁路借款行车合同	全	光绪二十八年九月十二日
	黑龙江铁路购地合同	全	光绪三十三年七月二十二日
	东省铁路公议会大纲	全	宣统元年三月二十一日
矿务	东清铁路煤矿合同	全	光绪三十三年七月二十二日
邮政	中俄条约	一一	
	中俄续约	九　一一　一二　一三	
电政	边界陆电条约	全	光绪十八年七月初四日
	续订陆电知照	全	光绪二十二年六月二十日
	陆路电线续约	全	光绪二十三年八月初十日

类别	条约名目	款数	订约年月
	陆线展限续约	全	光绪二十八年十月二十八日
木植	吉林木植合同	全	光绪三十三年七月二十二日
	黑龙江铁路购地伐木合同	全	光绪三十三年七月二十二日

中德约章分类表

类别	条约名目	款数	订约年月
缔约	中德条约	首段　四一　四二	咸丰十一年七月二十八日
	中德续约	首段　八　九　一〇	光绪六年二月二十一日
	善后章程	首段	光绪六年二月二十一日
	胶澳租界条约	首段　末段	光绪二十四年二月十四日
	胶高撤兵善后条款	首段	光绪三十一年十一月初二日
	青岛设关征税条款	首段	光绪三十一年十一月初五日
通使	中德条约	二	
设官	中德条约	四	
	中德续约	二	
礼文	中德条约	五　三〇	
优待保护	中德条约	一　三　四　三〇　三一　三六　四〇	
	中德续约	一	
	胶澳租界条约第一端	三	
画界	胶澳租界条约第一端	三	
开埠	中德续约	一	
关章	中德续约	三	
	善后章程	二	
	青岛设关章程	一　二　三　四　一四　二〇	光绪二十五年三月初八日

类别	条约名目	款数	订约年月
	青岛设关章程续立附件	全	光绪三十年三月初二日
	青岛设关征税条款	全	光绪三十一年十一月初五日
租借	胶澳租界条约第一端	一　二　五	
	胶澳租界租地合同	全	光绪二十四年七月初六日
	胶澳租界潮平合同	全	光绪二十四年八月二十一日
	胶澳租界边界合同	全	光绪二十四年八月二十一日
	胶澳交涉章程	全	光绪二十六年二月二十一日
	胶高撤兵善后条款	全	
租建	中德条约	六	
通商	通商章程	八	咸丰十一年七月二十八日
贸易	中德条约	六	
	善后章程	一	
	青岛设关征税条款	六	
货税	中德条约	一五　一六　一七 一八　一九　二一 二二　二五	
	通商章程	一　九	
	中德续约	四	
	善后章程	八	
	青岛设关章程	五　六　七　八	
	青岛设关征税条款	一　四　五	
	青岛制货征税新章	全	光绪三十三年　月　日
税则	通商章程	另款	
	青岛设关章程	一二　一六　一八	
单照	中德续约	七	
	善后章程	七	
	青岛设关章程	五	

类别	条约名目	款数	订约年月
	青岛设关章程	一七	
免税	通商章程	二	
	中德续约	七	
	善后章程	八	
	青岛设关章程	五　六　七　一〇	
	青岛设关征税条款	二　三	
洋药	青岛设关章程	一三	
船钞	中德条约	二〇　二三	
	通商章程	二	
	中德续约	二　五	
	续约附件	一　二	光绪六年二月二十一日
	青岛设关章程	一一	
改运	中德条约	二六	
	青岛设关章程	六　九	
稽罚	中德条约	一二　一三　一四 二六　二七　二九	
	通商章程	五　七　一〇	
	中德续约	三　四　六	
	善后章程	三　四　五　六　九	
	青岛设关章程	一九	
	青岛设关章程续立附件	四	
	青岛设关征税条款	七	
内地商务	中德条约	二四	
	通商章程	七	
中外权度	中德条约	二八	
	通商章程	四	
行船	通商章程	六	

类别	条约名目	款　数	订约年月
	中德续约	五　六	
	胶澳租界条约第一端	四	
	青岛设关征税条款	六	
内港行船	青岛设关章程续立附件	一　二　三	
禁令	中德条约	七	
	通商章程	三	
	善后章程	一　五	
	青岛设关章程续立附件	六	
	青岛设关征税条款	七	
狱讼	青岛设关章程	一五	
控断	中德条约	三四　三五　三九	
命盗	中德条约	三三	
钱债	中德条约	三七	
捕务	中德条约	三二　三三　三七　三八	
聘募	胶澳租界条约第三端	全	
佣役	中德条约	九　一一	
游历	中德条约	八	
	中德续约	六	
传教	中德条约	一〇	
铁路	胶澳租界条约第二端	一　二　三	
	胶济铁路章程	全	光绪二十六年二月二十一日
	小清河叉路合同	全	光绪三十年十二月十五日
矿务	胶澳租界条约第二端	四	
	山东矿务公司章程	全	光绪二十六年二月二十一日
	山东采矿公司合同	全	光绪三十三年七月十四日
	山东收回德商五矿合同	全	宣统元年十一月十九日

类别	条约名目	款　数	订约年月
	山东划清各路矿权合同	全	宣统三年六月二十九日
邮政	青岛设关章程续立附件	五	
以上各约章之外，尚有光绪三十三年冬间，续议通商行船条约十四款，及内港行轮章程十款，均未画押互换，故不列入。			

中义约章分类表

类别	条约名目	款　数	订约年月
缔约	中义条约	首段　一　五五	同治五年九月十八日
通使	中义条约	二	
设官	中义条约	七	
礼文	中义条约	五　七　一〇　五〇　五一	
优待保护	中义条约	三　四　六　一八　二〇　五二　五三　五四	
租借	天津租界章程	全	光绪二十八年四月　日
租建	中义条约	一一　一二	
通商	通商章程	八	同治五年九月十八日
贸易	中义条约	一一　二一	
货税	中义条约	二四　二五　二六　三二　四〇　四一　四二　四三　四四	
	通商章程	一	
免税	通商章程	二	
船钞	中义条约	二八　二九　三〇	
改运	中义条约	四五	

类别	条约名目	款数	订约年月
稽罚	中义条约	三五 三六 三七 三八 三九 四六 四八 四九	
	通商章程	五 九	
内地商务	中义条约	二七	
	通商章程	七	
中外权度	中义条约	三三	
	通商章程	四	
行船	中义条约	三一	
	通商章程	六	
禁令	中义条约	四七	
	通商章程	三	
狱讼	中义条约	一五	
控断	中义条约	一六 一七	
钱债	中义条约	二三	
捕务	中义条约	一九 二二	
佣役	中义条约	一三 一四 三四	
游历	中义条约	九	
传教	中义条约	八	
矿务	改订河南矿物合同	全	光绪二十四年五月 日
	改订宝昌公司承办浙江矿务章程	全	光绪二十九年 月 日

按：宝昌公司承办浙矿，先由义商出名，与浙绅商高尔伊订约。光绪三十一年，英使以义人为英商所雇，主权在英为理由，与清外部争浙省矿权，请参阅本书各案。

中荷约章分类表

类别	条 约 名 目	款 数	订 约 年 月
缔约	中荷条约	首段 一六	同治二年八月二十四日
	荷属领事条约	首段 一七	宣统三年四月初十日
通使	中荷条约	一	
设官	中荷条约	一	
	荷属领事条约	一 二 三 四 五 六 七 八 九 一〇 一一 一二 一三 一四 一五 一六	
礼文	中荷条约	一 一三 一四	
优待保护	中荷条约	七 一五	
贸易	中荷条约	二	
货税	中荷条约	一〇 一一	
船钞	中荷条约	八	
改运	中荷条约	一〇	
稽罚	中荷条约	九 一二	
禁令	中荷条约	二	
控断	中荷条约	六	
钱债	中荷条约	六	
佣役	中荷条约	五	
游历	中荷条约	三	
传教	中荷条约	四	

中比约章分类表

类别	条约名目	款数	订约年月
缔约	中比条约	首段　四六	
四七	同治四年九月十四日		
	通商章程	首段　末段	同治四年九月十四日
	刚果国通商专章	首段　末段	光绪二十四年五月二十二日
	按：刚果国名虽独立，暗为比持，其后光绪三十四年，且被比并。兹篇顾虑事实，不另分门。		
通使	中比条约	二	
设官	中比条约	七	
	通商章程	附件	同治四年九月十四日
礼文	中比条约	五　七　八　九	
优待保护	中比条约	一　三　四　六　一四　一七　四一　四二　四五	
	刚果国通商专章	一　二	
租建	中比条约	一二	
通商	通商章程	八	
贸易	中比条约	一一	
货税	中比条约	二六　三〇　三一　三四　三七	
	通商章程	一	
免税	通商章程	二	
洋药	通商章程	五	
船钞	中比条约	二五　三二	
改运	中比条约	三五	

类别	条约名目	款　数	订约年月
稽罚	中比条约	二三　二四　二七 二八　三五　三八 三九　四〇	
	通商章程	五　九	
内地商务	中比条约	三三	
	通商章程	七	
中外权度	中比条约	三六	
	通商章程	四	
行船	通商章程	六	
禁令	中比条约	一五　二一	
	通商章程	三　五	
狱讼	中比条约	一九　二〇	
控断	中比条约	一六	
钱债	中比条约	一八	
捕务	中比条约	四三　四四	
佣役	中比条约	一三　二二　二九	
游历	中比条约	一〇	
传教	中比条约	一五	
铁路	芦汉铁路借款合同	全	光绪二十三年四月二十六日
	续订芦汉借款合同	全	光绪二十三年六月二十八日
	续订芦汉详细合同	全	光绪二十四年五月初八日
	续订芦汉行车合同	全	光绪二十四年五月初八日
	汴洛铁路借款合同	全	光绪二十九年九月初十日
	汴洛铁路行车合同	全	光绪二十九年九月初十日
	汴洛铁路材料厂章程	全	光绪二十九年九月初十日
	汴洛铁路土工合同	全	光绪二十九年九月初十日
	汴洛铁路购地章程	全	光绪二十九年九月初十日
	京汉续借尾款合同	全	光绪三十一年　月　日
矿务	临城矿务局借款合同	全	光绪三十一年五月十五日

中国西班牙约章分类表

类别	条 约 名 目	款　数	订 约 年 月
缔约	中西条约	首段　五二	同治三年九月初十日
	古巴华工条款	首段　一五　一六	光绪三年九月初三日
通使	中西条约	二　专条	
设官	中西条约	四	
	古巴华工条款	六　附件三　附件四	
礼文	中西条约	五一	
优待保护	中西条约	一　三　一五　一七 四七　四八　五〇	
	古巴华工条款	三　七	
租建	中西条约	八	
贸易	中西条约	五	
货税	中西条约	二一　二二　二九 三七　三八　三九 四〇　四四	
税则	中西条约	二三	
船钞	中西条约	二〇　二五　二六 二七	
改运	中西条约	四一	
稽罚	中西条约	三二　三三　三四 三五　三六　四二 四五　四六	
内地商务	中西条约	二四	
中外权度	中西条约	三〇	
行船	中西条约	二八	
	古巴华工条款	一〇	

类别	条约名目	款　数	订约年月
禁令	中西条约	四三　四九	
	古巴华工条款	三　一三	
狱讼	中西条约	一二　一三	
控断	中西条约	一四	
	古巴华工条款	八	
钱债	中西条约	一九	
捕务	中西条约	一六　一八	
招工	中西条约	一〇	
	古巴华工条款	一　四　五　九　一一　一二　一四	
佣役	中西条约	九　一一　三一	
游历	中西条约	七	
传教	中西条约	六	
偿借	古巴华工条款	二	
我国与西班牙交涉，较日本为早，当时官书译作日斯巴尼亚，或云日国，本篇为免雷同计，一律改正。			

中葡约章类表

类别	条约名目	款　数	订约年月
缔约	中葡草约	首段　一	光绪十三年三月初十日
	中葡条约	首段　五三　五四	光绪十三年十月十七日
	洋药专约	首段　三	光绪十三年十月十七日
	新订商约	首段　一　一八　一九　二〇	光绪三十年十月初五日
通使	中葡条约	五	
设官	中葡条约	九	
礼文	中葡条约	七　八　九	

类别	条约名目	款　数	订约年月
优待保护	中葡条约	一　六　一〇　一五 一九	
	新订商约	六	
画界	中葡条约	二	
租建	中葡条约	一六	
	新订商约	七	
贸易	中葡条约	一一	
	新订商约	一四	
货税	中葡条约	一二　二一　二二 三一　三二　三三 三四　四〇	
税则	中葡条约	四六	
商标	新订商约	一五	
单照	中葡条约	一七	
	新订商约	附件	
加税	新订商约	二　九	
洋药	中葡草约	四	
	中葡条约	四	
	洋药专约	一　二	
	新订商约	三　附件	
船钞	中葡条约	二〇　二三　二四 四三	
改运	中葡条约	三五	
稽罚	中葡条约	二三　二六　二七 二八　二九　三〇 三六　三七　三八 四四	
	新订商约	四　一〇	
内地商务	中葡条约	三八	

类别	条约名目	款　数	订约年月
	新订商约	一四	
中外权度	中葡条约	四一	
行船	中葡条约	三九	
	新订商约	五	
禁令	中葡条约	三　一三　四二	
	新订商约	一二	
狱讼	中葡条约	四八	
	新订商约	一六	
控断	中葡条约	四七　五〇　五一	
	新订商约	一四	
钱债	中葡条约	四九	
捕务	中葡条约	一八　四五	
对澳协定	中葡草约	三	
割让	中葡草约	二	
佣役	中葡条约	一三　一四　二五	
游历	中葡条约	一七	
传教	中葡条约	五二	
	新订商约	一七　附件	
铁路	新订商约	附件	
矿务	新订商约	一三	
国籍	新订商约	八	
圜法	新订商约	一一	

按：右表以外，尚有光绪二十八年十二月二十九日，中葡增改条约九款，澳门分关章程十一端，暨三十年所订稽查洋药章程六端，粤澳行轮专章五端，粤澳不通商各埠行轮章程八端，书押之后，尚未互换；而三十年十月初五日所订之广澳铁路合同三十一条，复因葡国无力建造，于三十三年十月初二日，经督办闽粤农工路矿大臣张振勋，咨呈外部作废，改归华商自办，故未列入。

中丹约章分类表

类别	条约名目	款数	订约年月
缔约	中丹条约	首段　五五	同治二年五月二十八日
	通商章程	首段	同治二年五月二十八日
通使	中丹条约	二	
设官	中丹条约	七	
礼文	中丹条约	五　七　一〇　五〇　五一	
优待保护	中丹条约	一　三　四　六　一八　二〇　五二　五四	
租建	中丹条约	一二	
通商	通商章程	八	
贸易	中丹条约	一一	
货税	中丹条约	二三　二四　二五　三二　四〇　四一　四二　四三　四四	
	通商章程	一	
税则	中丹条约	二六	
免税	通商章程	二	
船钞	中丹条约	二八　二九　三〇	
改运	中丹条约	四五	
稽罚	中丹条约	三五　三六　三七　三八　三九　四六　四八　四九	
	通商章程	五　七　九	
内地商务	中丹条约	二七	
	通商章程	七	

类别	条 约 名 目	款　数	订 约 年 月
中外权度	中丹条约	三三	
	通商章程	四	
行船	中丹条约	三一	
	通商章程	六	
禁令	中丹条约	四七	
	通商章程	三	
狱讼	中丹条约	一五	
控断	中丹条约	一六　一七	
钱债	中丹条约	二二	
捕务	中丹条约	一九　二一　五三	
佣役	中丹条约	一三　一四　三四	
游历	中丹条约	九	
传教	中丹条约	八	
电政	中丹英电报齐价摊分合同	全	光绪十三年六月二十一日
	中丹英电报合同	全	光绪二十二年六月初一日
	中丹英续订电报合同暨价目表	全	光绪二十三年四月十二日
	中丹电报合同续约	全	光绪二十五年正月二十五日
	中丹英沪沽水线合同	全	光绪二十六年七月初十日
	中丹英沪沽新水线合同	全	光绪二十六年九月初四日
	中丹英京津沽陆线合同	全	光绪二十六年九月初四日
	中丹英烟沽副水线合同	全	光绪二十六年十二月廿一日
	中丹津沽借线合同	全	光绪二十八年九月二十一日
	中丹京恰借线合同	全	光绪二十八年九月二十一日
	中丹英续订联合齐价摊分合同	全	光绪三十一年三月初二日

类别	条约名目	款数	订约年月
	中丹英电报预付款项合同	全	宣统三年三月十二日
右表电政门内中丹议订合同仅三件，余皆与英有关，兹为检查便利计，并录于此。			

中国瑞典那威约章分类表

类别	条约名目	款数	订约年月
缔约	瑞那条约	首段　末段	道光二十七年二月初四日
	中瑞条约	首段　一五　一六　一七　末段	光绪三十四年六月初四日
通使	中瑞条约	二	
设官	瑞那条约	四	
	中瑞条约	三	
礼文	瑞那条约	三〇　三一　三二	
	中瑞条约	八	
优待保护	瑞那条约	一　一九　二七　二八	
	中瑞条约	一　四　一三　一四	
租建	瑞那条约	一七	
贸易	瑞那条约	三　一五　二二	
	中瑞条约	四　六	
货税	瑞那条约	二　五　一〇　一一　一三	
	中瑞条约	五	
免税	中瑞条约	八	
船钞	瑞那条约	六　七	
	中瑞条约	六	
改运	瑞那条约	二〇	
稽罚	瑞那条约	九　一〇　一四　二三	

类别	条约名目	款　数	订约年月
	中瑞条约	五　六　七　九	
中外权度	瑞那条约	一二	
行船	瑞那条约	二六	
	中瑞条约	六　七　八	
禁令	瑞那条约	三　一七　二二　三三	
	中瑞条约	七　九	
狱讼	瑞那条约	二五	
	中瑞条约	一〇	
控断	瑞那条约	二一　二四	
	中瑞条约	一〇	
钱债	瑞那条约	一六	
捕务	瑞那条约	二六　二九	
	中瑞条约	一一	
聘募	瑞那条约	一八	
佣役	瑞那条约	八	
游历	中瑞条约	九	
传教	中瑞条约	一二	

中奥约章分类表

类别	条约名目	款　数	订约年月
缔约	中奥条约	首段　四五	同治八年七月二十六日
通使	中奥条约	二	
设官	中奥条约	六　附件	
礼文	中奥条约	五　七	
优待保护	中奥条约	一　三　四　一三　三四　三五　四一　四三	

类别	条 约 名 目	款　数	订 约 年 月
租借	天津租界合同	全	光绪二十九年五月　日
租建	中奥条约	九	
通商	通商章程	八	同治八年七月二十六日
贸易	中奥条约	八	
货税	中奥条约	二〇　二一　二二 二三　二五　二六 二九　三〇	
	通商章程	一　二	
税则	中奥条约	四四	
免税	通商章程	二	
船钞	中奥条约	二四　二七	
	通商章程	二	
改运	中奥条约	三一	
稽罚	中奥条约	一五　一六　一七 一八　三三	
	通商章程	五　七	
	中奥条约	九	
内地商务	中奥条约	二八	
	通商章程	七	
中外权度	中奥条约	三二	
	通商章程	四	
行船	通商章程	六	
禁令	中奥条约	一〇	
	通商章程	三	
狱讼	中奥条约	四〇	
控断	中奥条约	三八　三九	
钱债	中奥条约	四二	
捕务	中奥条约	三六　三七	

类别	条约名目	款数	订约年月
佣役	中奥条约	一二　一四　一九	
游历	中奥条约	一一	
我国与奥大利亚国，光绪而后，未缔新约；故本史料所附之清季条约一览表中，未经列入。是篇系统括清代各约，特补志之。			

中墨约章分类表

类别	条约名目	款数	订约年月
缔约	中墨条约	首段　一八　一九　二〇	光绪二十五年十一月十二日
通使	中墨条约	二	
设官	中墨条约	三	
优待保护	中墨条约	一　一一	
通商	中墨条约	七	
贸易	中墨条约	六　一一	
货税	中墨条约	八　一一	
稽罚	中墨条约	一一	
行船	中墨条约	九　一六	
禁令	中墨条约	五　一〇	
控断	中墨条约	一三　一四　一五　一六　一七	
捕务	中墨条约	一四	
招工	中墨条约	五　一二	
游历	中墨条约	四	
华侨偿费	赔偿华侨损失证明书	全	宣统三年十月二十六日
查：宣统二年，墨国内乱，华侨损失甚重。经议定赔礼追凶，并于一九一二年，即民国元年七月一日以前交付赔款，互立证明书在案；迄今尚未履行，特予列出，以资省鉴。			

中巴约章分类表

类别	条约名目	款数	订约年月
缔约	中巴条约	首段 一五 一六 一七	光绪七年八月十一日
	公断条约	首段 三 四	宣统元年六月十八日
通使	中巴条约	二	
设官	中巴条约	三	
礼文	中巴条约	七	
优待保护	中巴条约	一 三 五 七 八	
贸易	中巴条约	五	
货税	中巴条约	六	
洋药	中巴条约	一四	
	中巴条约	附件一 附件二	
行船	中巴条约	六	
控断	中巴条约	九 一一 一二 一三 附件三 附件四	
捕务	中巴条约	一〇 一二	
游历	中巴条约	四	
公断	公断条约	一 二	

中秘约章分类表

类别	条约名目	款数	订约年月
缔约	中秘条约	首段 一七 一八 一九	同治十三年五月十三日
	中秘条约证明书	全	宣统元年七月初二日

类别	条约名目	款　数	订约年月
通使	中秘条约	二	
设官	中秘条约	四	
礼文	中秘条约	一〇	
优待保护	中秘条约	一　三　四　七　一〇　一一　一六	
贸易	中秘条约	八	
货税	中秘条约	九	
禁令	中秘条约	六	
狱讼	中秘条约	一四	
控断	中秘条约	一二　一五	
捕务	中秘条约	一三	
招工	中秘会议专条	全	同治十三年五月十三日
	中秘会议专条	附件一　附件二	光绪元年七月初七日
	废除苛例证明书	全	宣统元年七月初三日
游历	中秘条约	五	
表内之中秘条约，订有十年期限。光绪末年，秘政府据为借口，请即停止效力。经伍使廷芳辩论十余次，始议定旧约照行，并废苛例，此宣统元年两证明书所由缔结也。			

中韩约章分类表

类别	条约名目	款　数	订约年月
缔约	水陆通商章程	首段　八	光绪八年八月二十日
	中韩条约	首段　一四　一五	光绪二十五年八月初七日
	画界防边条约	首段　五　一二	光绪三十年　月　日
通使	中韩条约	二	
设官	水陆通商章程	一	
优待保护	中韩条约	一　四　一〇	

类别	条 约 名 目	款 数	订 约 年 月
画界	画界防边条约	一 二 三 六 一一	
租借	画界防边条约	八	
租建	水陆通商章程	四	
	中韩条约	四	
通商	水陆通商章程	五	
	中韩条约	一二	
贸易	奉天朝鲜商民交易章程	全	光绪九年二月 日
	吉林朝鲜商民贸易章程	全	光绪九年十月 日
	中韩条约	三	
货税	水陆通商章程	四	
	中韩条约	三 四	
	酌改水陆通商章程第四条韩王复文	全	光绪十年二月 日
船钞	中韩条约	三	
行船	水陆通商章程	三 七	
	中韩条约	一三	
禁令	水陆通商章程	三 六	
	中韩条约	四 六 九 一〇 一二	
	画界防边条约	七	
禁令	画界防边条约	一〇	
狱讼	中韩条约	五	
	画界防边条约	九	
控断	水陆通商章程	二	
钱债	中韩条约	七	
捕务	水陆通商章程	四	
	中韩条约	五	

类别	条约名目	款　数	订约年月
	画界防边条约	四	
佣役	中韩条约	一一	
游历	水陆通商章程	四	
	中韩条约	八	
电政	中国代办朝鲜电线合同	全	光绪十一年六月初六日
案：朝鲜本我属国。光绪初元，因环海通商之局已成，乃缔水陆通商章程，其时权力，实在我国。嗣徇日本之请，续订中韩条约，逐一变而成平等地位。洎宣统二年，日韩合并，中韩关系，从而变更。此篇皆合并以前之事，是以另列一表。			

各国约章分类表

类别	条约名目	款　数	订约年月
缔约	长江通商收税章程	末段	咸丰十一年　月　日
	长江通商章程	末段	同治元年九月　日
	修改长江通商章程	一　一〇	光绪二十四年　月　日
	内港行轮章程	末段	光绪二十四　月　日
	辛丑各国和约	首段　一二	光绪二十七年七月二十五日
	万国红十字会医船免税条约	全	光绪三十一年　月　日
	万国平和公断条约	全	光绪三十二年　月　日
设官	辛丑各国和约	一二	
礼文	辛丑各国和约	一二	
关章	长江通商章程	三　四　七	
	修改长江通商章程	五　八　九	
	内港行轮章程	二　三　四　七	
	续补内港行轮章程	八　九	光绪二十四年　月　日
租界	辛丑各国和约	七	

类别	条约名目	款数	订约年月
	增改北京使馆界址章程	全	光绪二十七年四月十三日
	北京使馆界址四至专章	全	光绪二十七年六月十四日
	声明北京使馆界址四至专条	全	光绪二十七年六月十四日
贸易	修改长江通商章程	二	
	内港行轮章程	一	
货税	长江通商收税章程	二　三　五	
	长江通商章程	五	
	修改长江通商章程	六	
	内港行轮章程	五　六	
	续补内港行轮章程	一　二　三	
税则	改订通商进口税则善后章程	全	光绪三十一年　月　日
单照	续补内港行轮章程	七	
船钞	续补内港行轮章程	四	
稽罚	长江通商章程	一　二	
	修改长江通商章程	二	
	内港行轮章程	九	
	续补内港行轮章程	六	
内地商务	长江通商收税章程	一　四	
行船	长江通商章程	二　六	
	各国会订航海防碰章程	全	光绪二十三年　月　日
	修改长江通商章程	三　四　七	
	续补内港行轮章程	五	
	各国水师雇用华船报关章程	全	光绪二十八年　月　日
内港行船	修改长江通商章程	五　七　八　九	
	内港行轮章程	二	
浚河	辛丑各国和约	一一	

类别	条约名目	款数	订约年月
	改订修浚黄浦条款	全	光绪三十一年八月二十九日
禁令	辛丑各国和约	五　一〇	
控断	内港行轮章程	八	
拳乱谢罪	辛丑各国和约	一　四	
拳乱惩罚	辛丑各国和约	二　三	
拳乱驻兵	辛丑各国和约	八　九	
拳乱赔款	辛丑各国和约	六	
	付还赔款办法	全	光绪三十二年六月十一日
借款	英德借款全同	全	光绪二十二年二月初十日
铁路	津浦铁路英德借款合同	全	光绪三十三年十二月初十日
	粤汉川铁路英法德借款草合同	全	宣统元年四月　日
	津浦铁路英德续订借款合同	全	宣统二年八月二十五日
	英法德美粤汉川铁路借款合同	全	宣统三年四月二十二日

按：清代中外交涉，见于本史料者，尚有暹罗，土耳其，阿根廷，巴西，智利，巴拿马，哥斯德黎加，及巴利维亚等国；因当时均未订约，无从列入表内。至各该国交涉文件，已载索引第七及第八卷，阅者注意。王亮谨识。

清代约章分类表终

清季外交年鉴校勘记①

清代约章分类表校勘记②

① 此处原为校勘记，即校勘表，因已在前文更改，故未附原表。
② 此处原为校勘记，即校勘表，因已在前文更改，故未附原表。

地
图

甲午之战奉天地图　其一

甲午之戰奉天地圖

其一

清季外交史料

附圖第一號

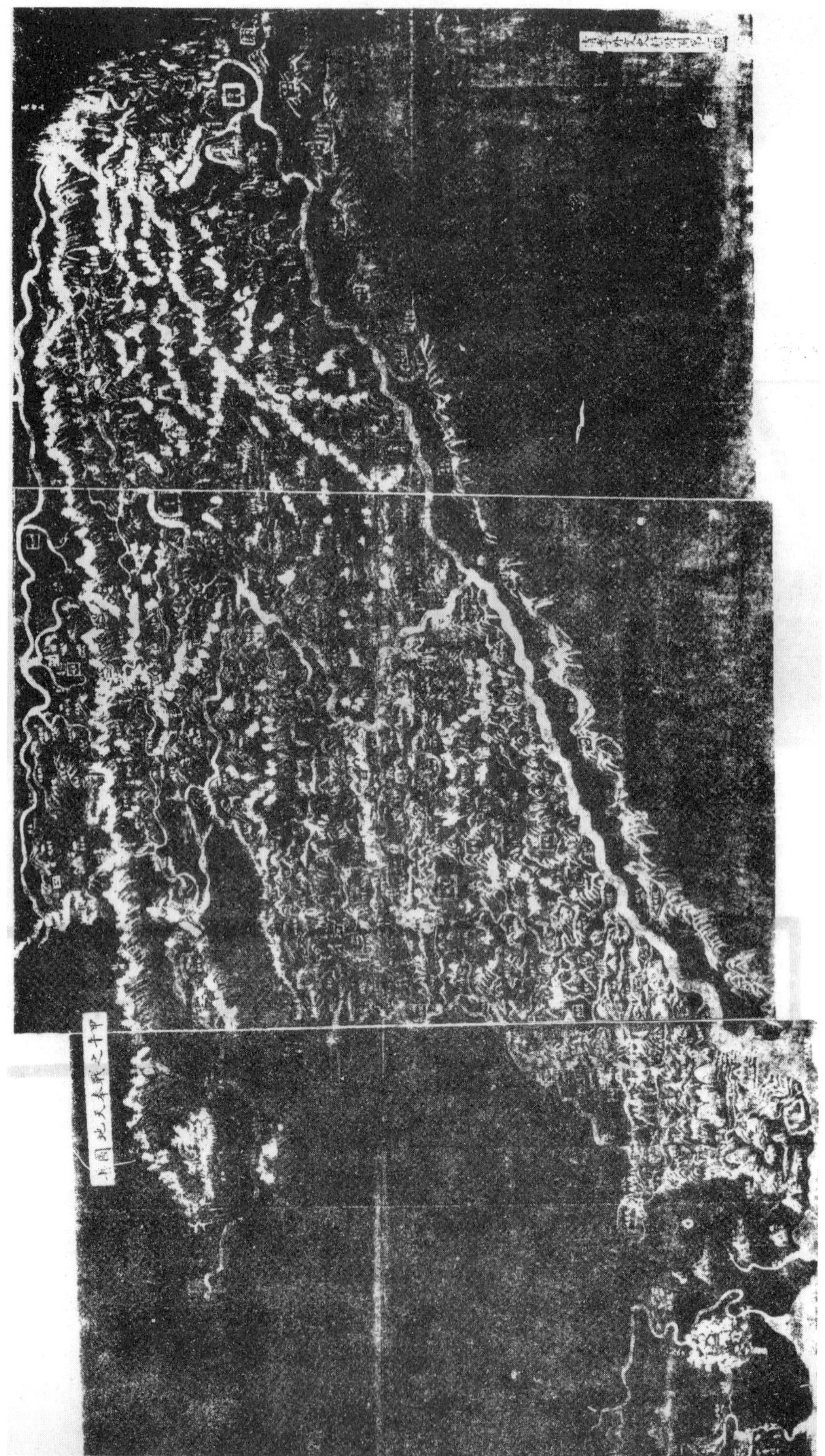

甲午之战奉天地图　其二

甲午之戰奉天地圖

其二

清季外交史料

附圖第二號

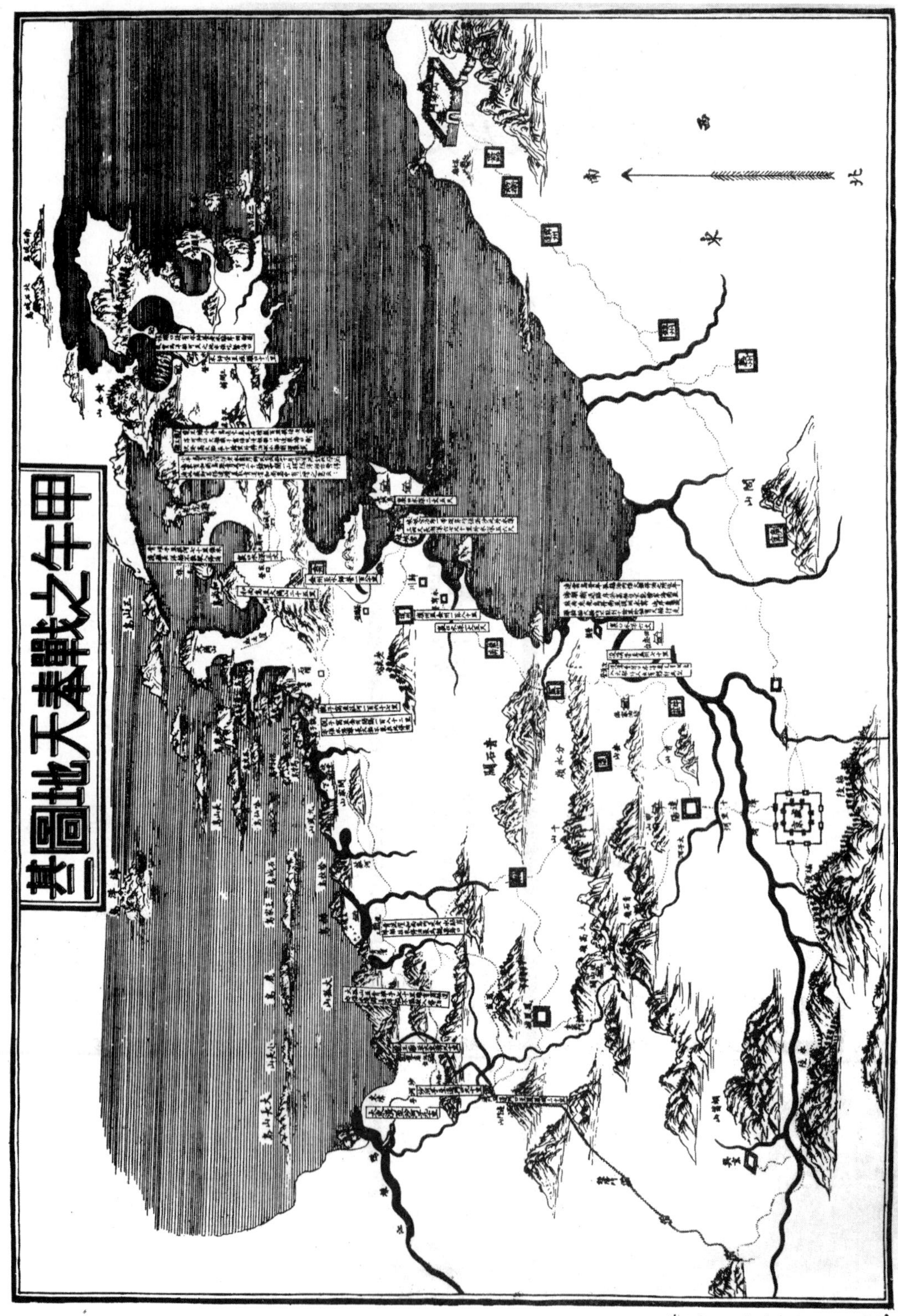

清季外交史料附圖第二號

奉省沿海地势炮台营垒图

奉省沿海地勢礮臺營壘圖

清季外交史料

附圖第三號

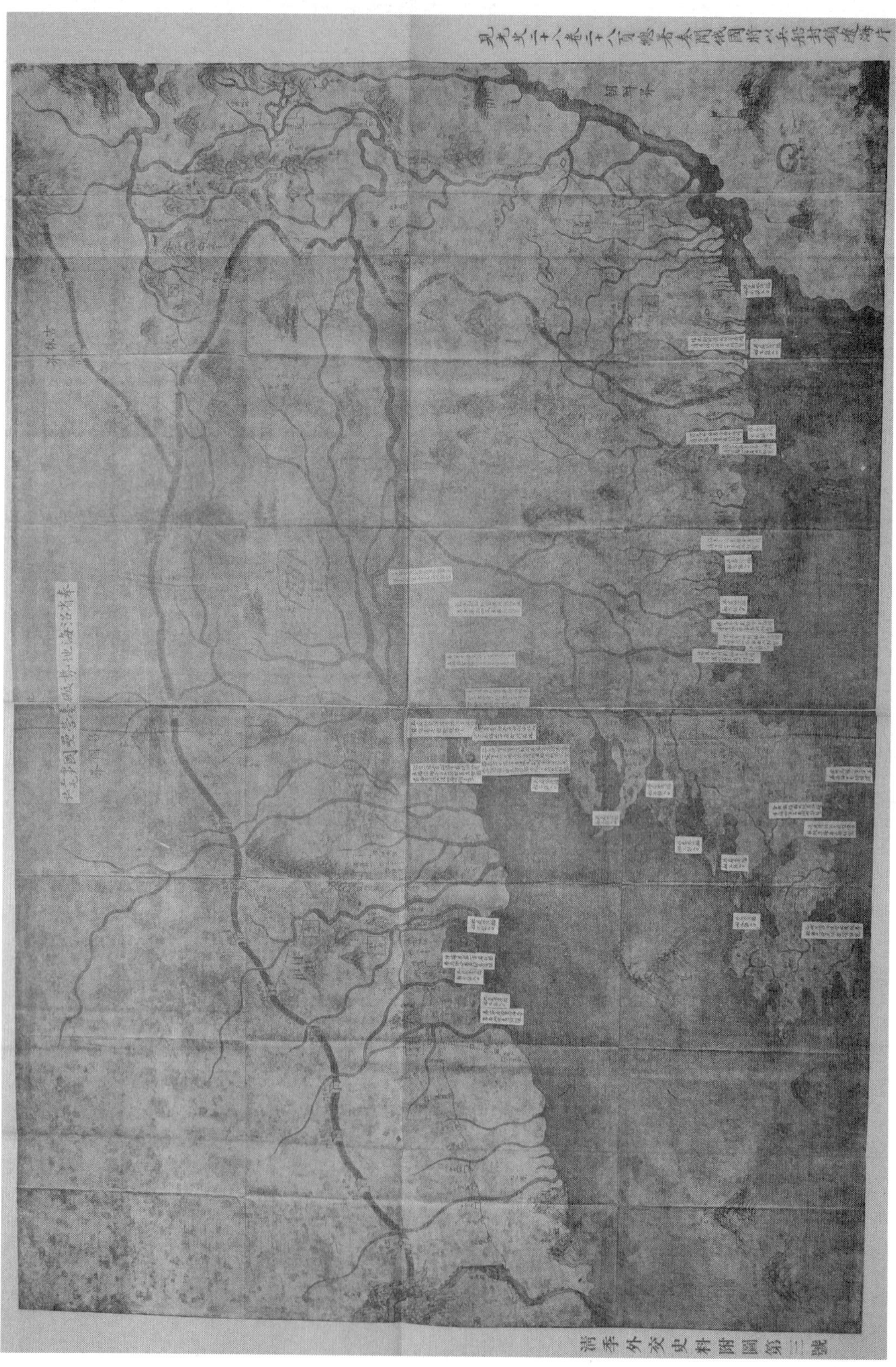

清季外交史料附圖第三號

中俄中段界址图

中俄中段界址圖

清季外交史料

附圖第四號

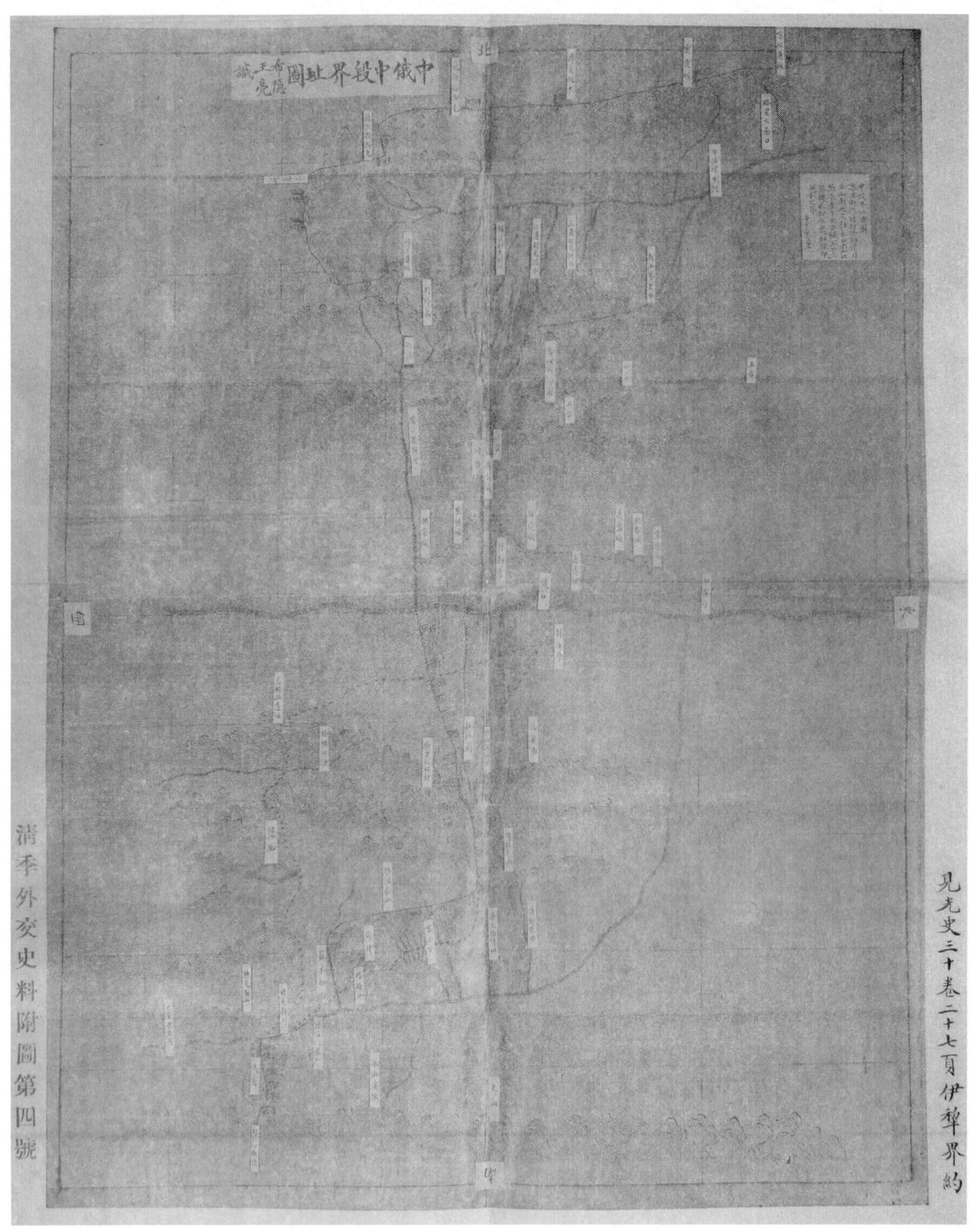

清季外交史料附圖第四號

見光史三十卷二十七頁伊犁界約

清光绪八年中俄分界图

清光緒八年中俄分界圖

清季外交史料

附圖第五號

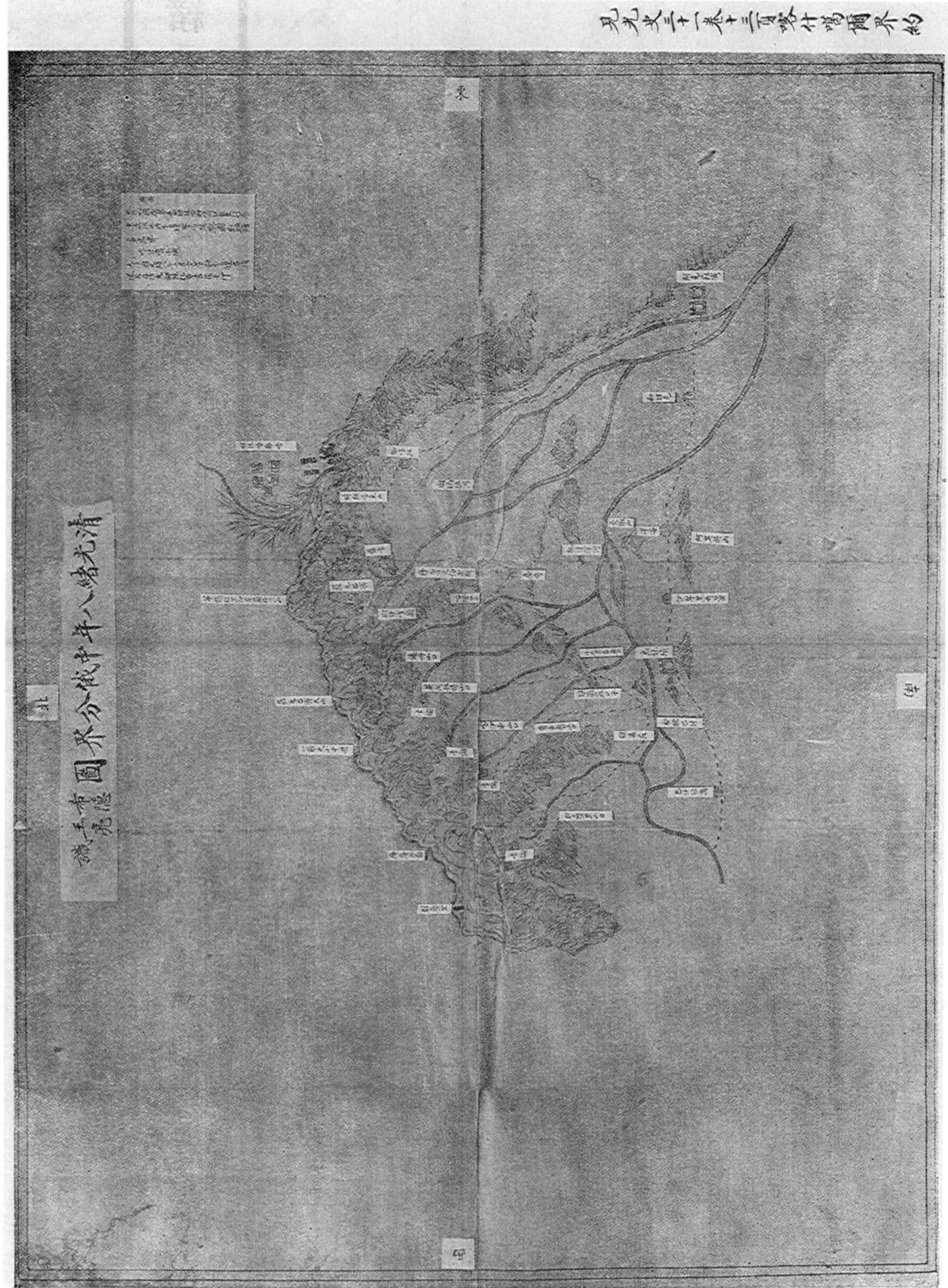
見光史三十一卷十三頁喀什噶爾界約
清光緒八年中俄分界圖
清季外交史料附圖第五號

清光绪九年勘定俄国借地界图

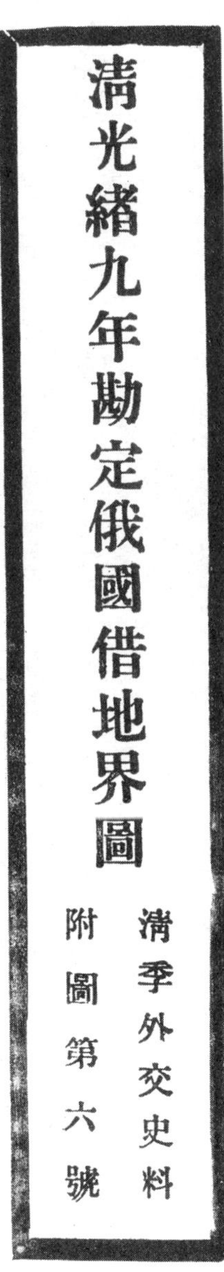

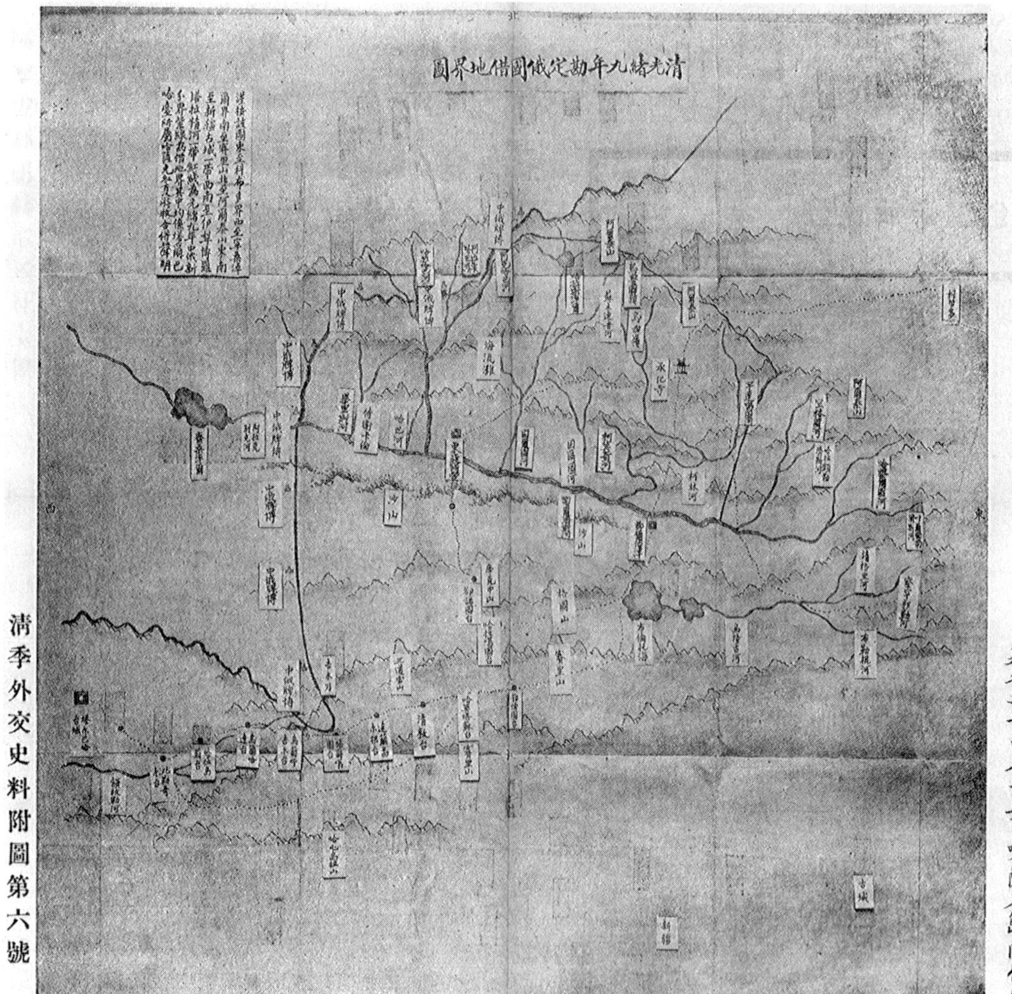

清季外交史料附圖第六號

見光史五十四卷二十二頁喀薩克歸附條約

续勘喀什噶尔界图

續勘喀什噶爾界圖

清季外交史料
附圖第七號

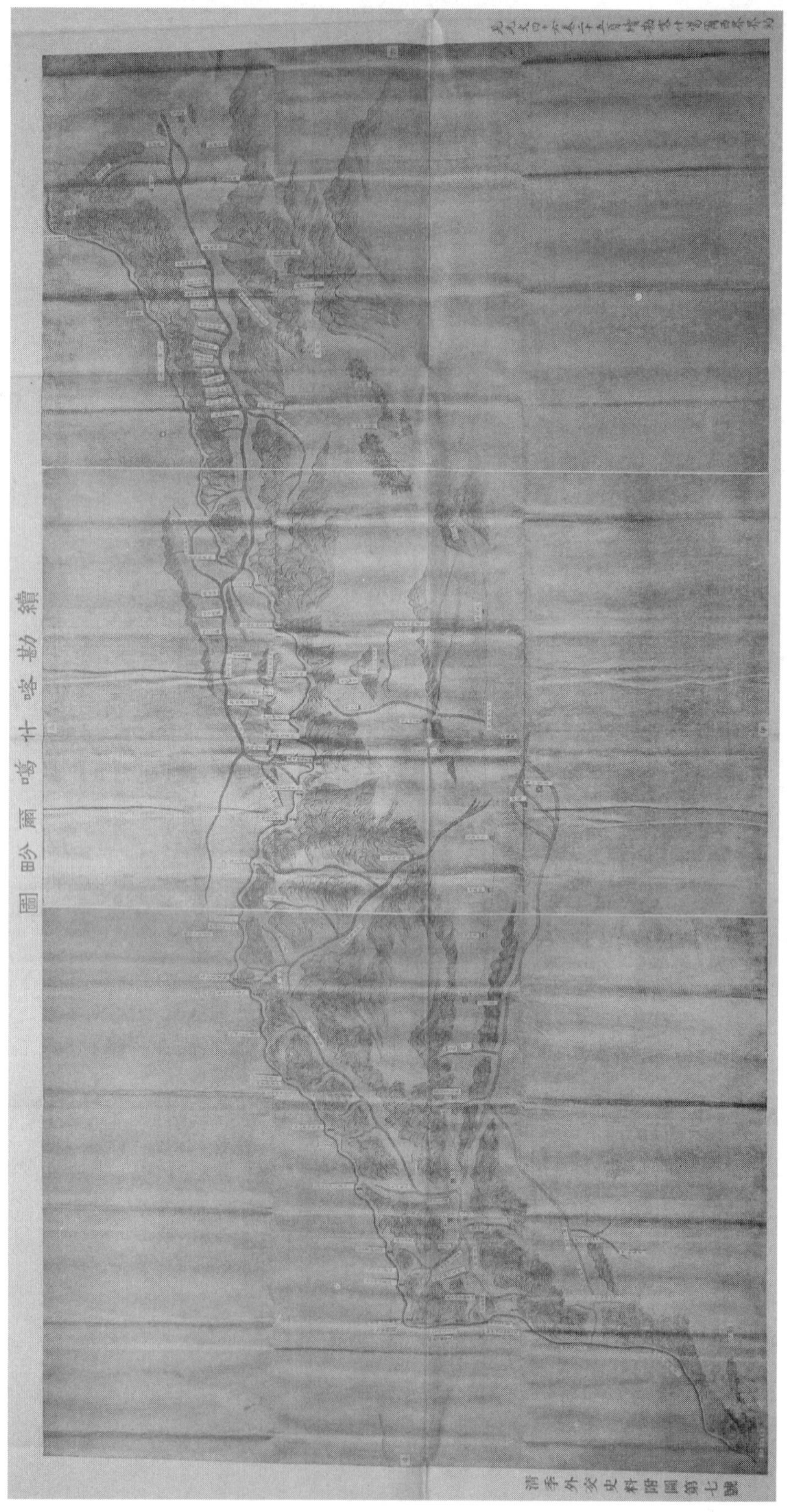
續勘喀什噶爾圖
清季外交史料附圖第七號

松花江图

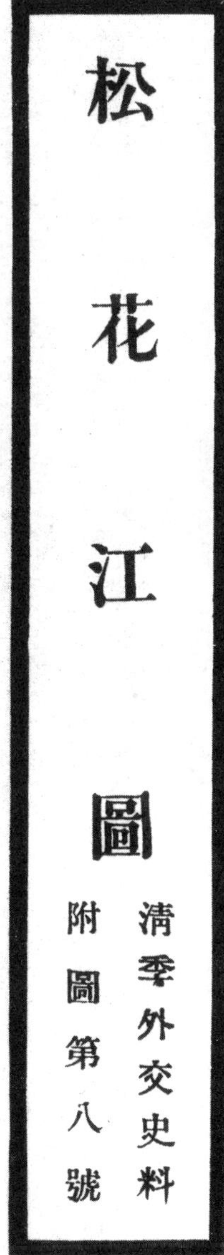

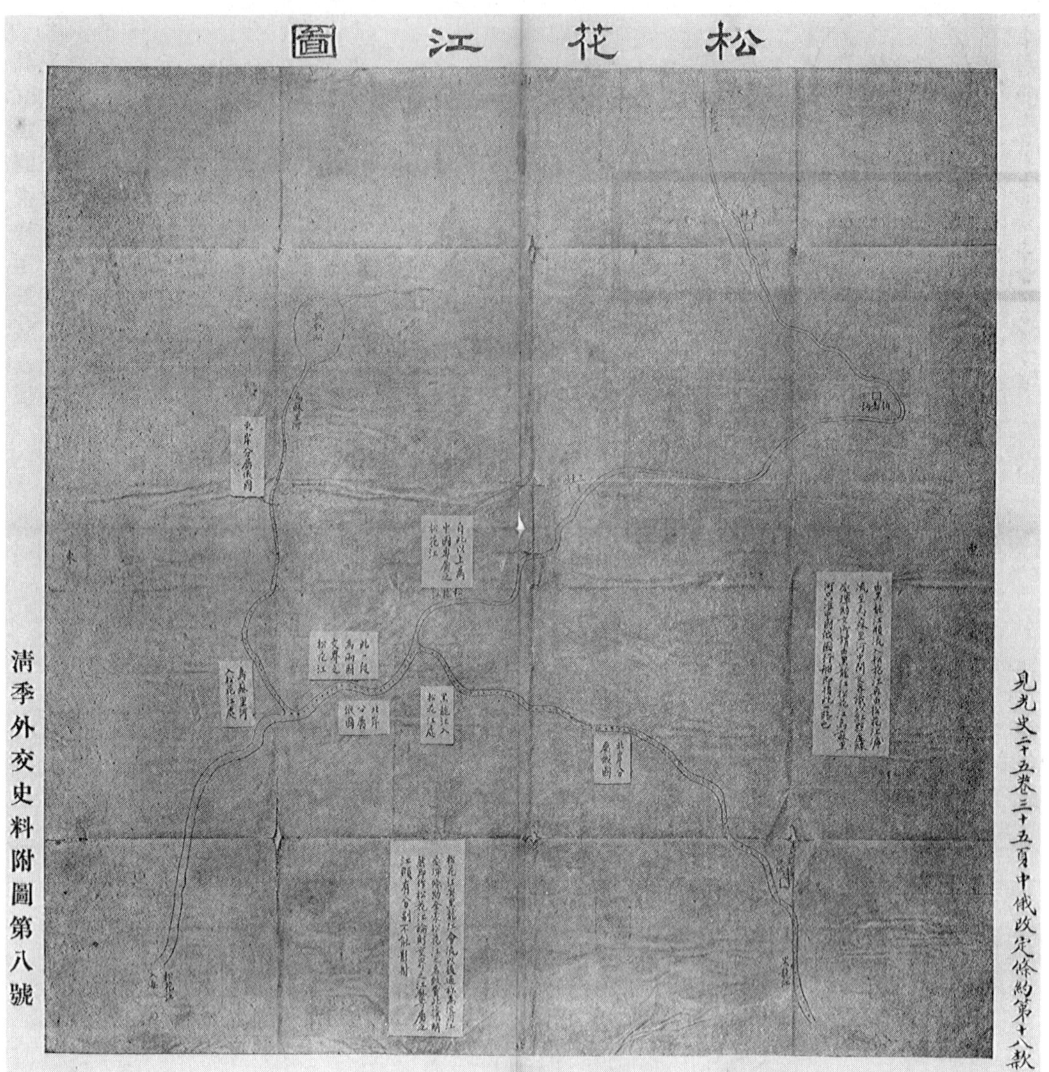

清季外交史料附圖第八號

見光史二十五卷三十五頁中俄改定條約第十八款

科塔边界图

秦晋陇三省边境图

秦晉隴三省邊境圖

清季外交史料

附圖第十號

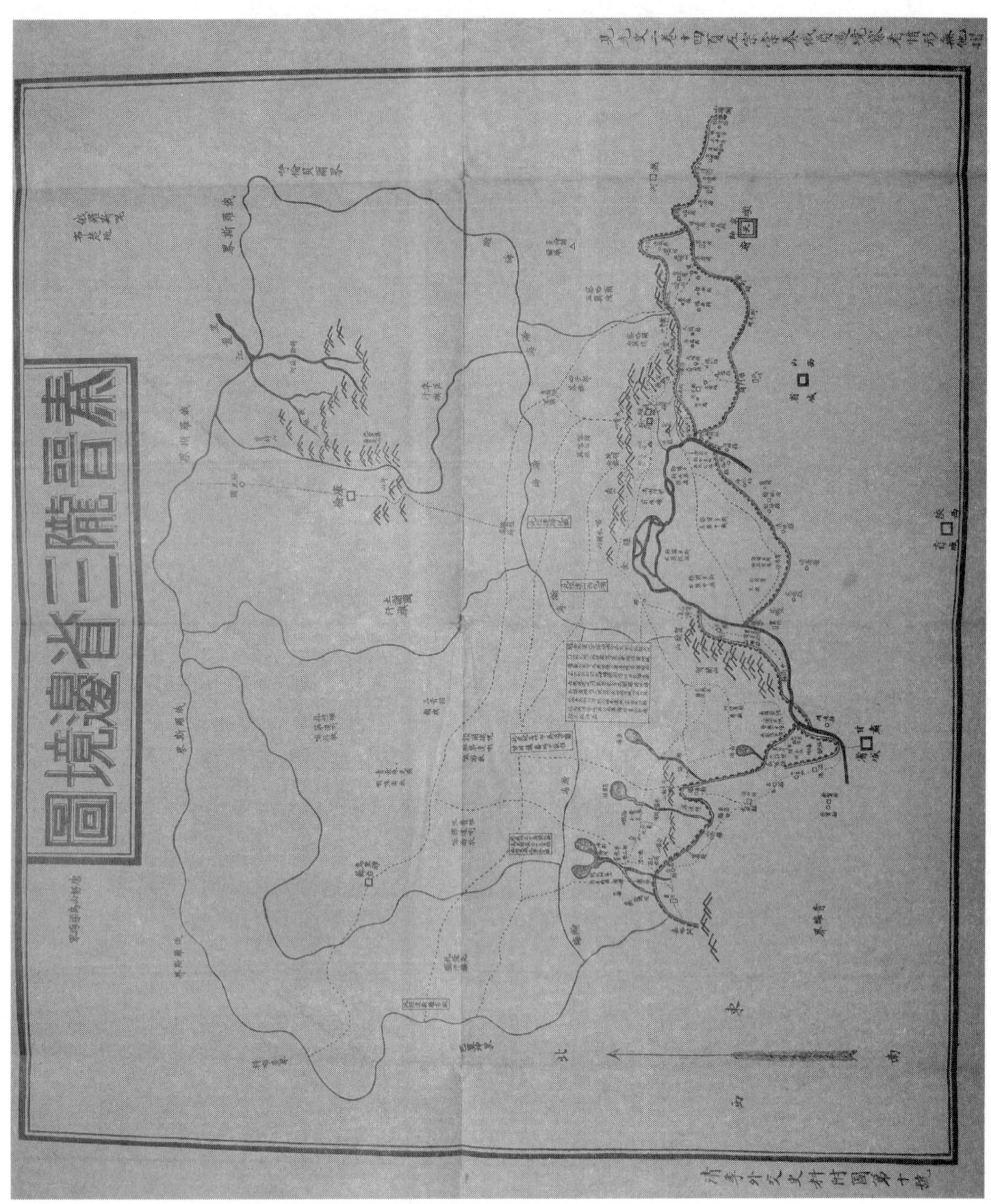
秦晉隴三省邊境圖

新疆全境图

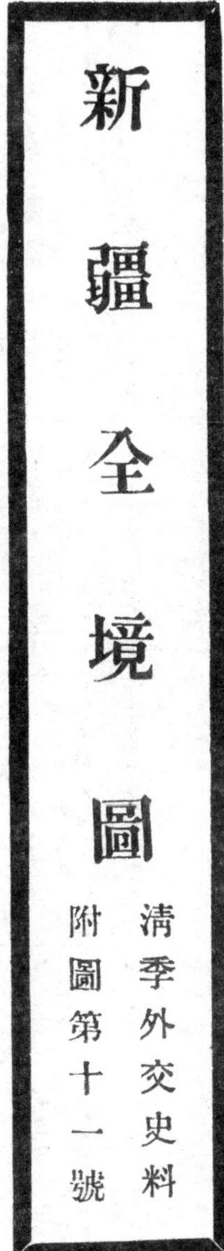

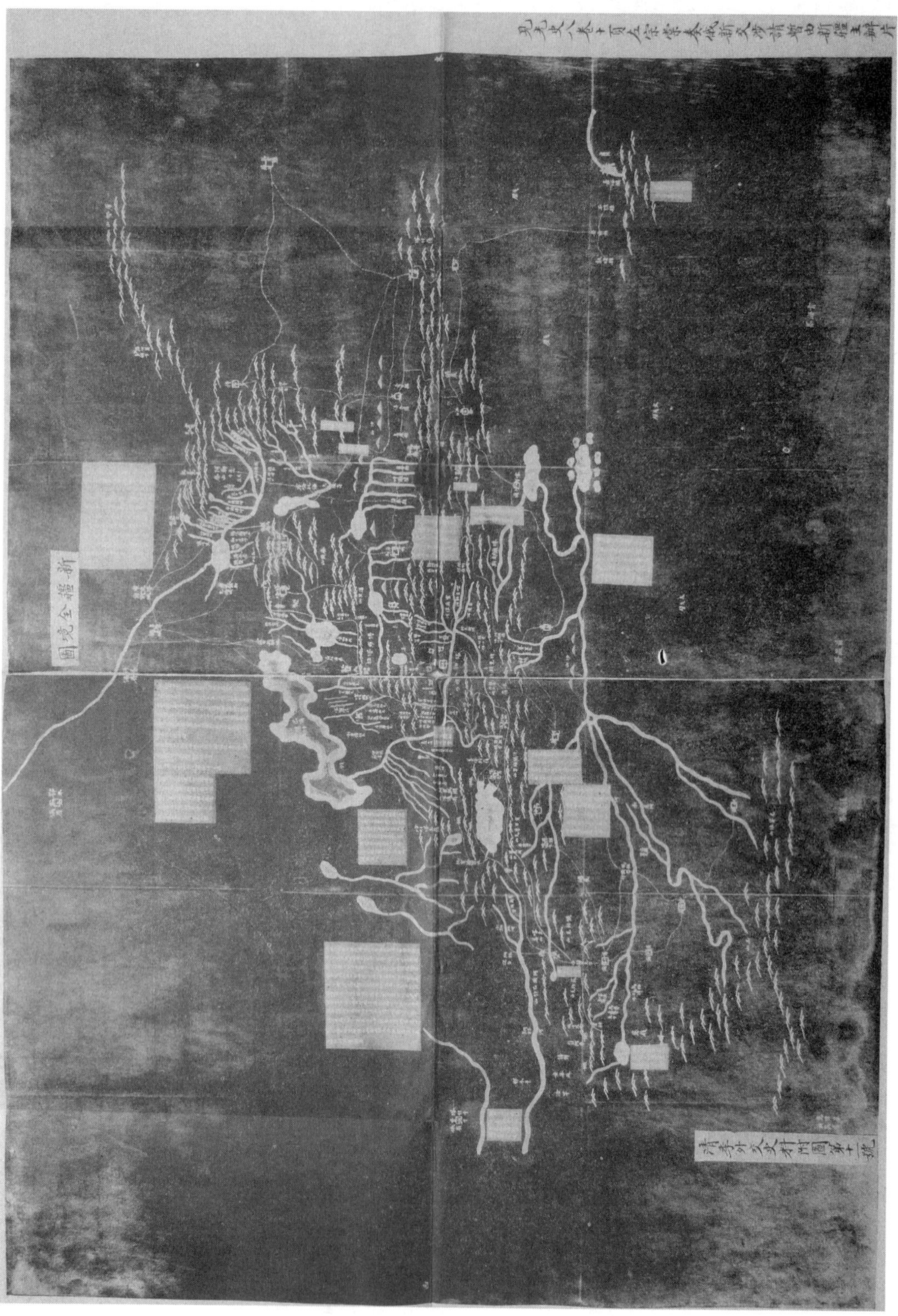
新疆全境圖
清季外交史料附圖第十二號

中法战时滇越边界驻兵图

中法戰時滇越邊界駐兵圖

清季外交史料

附圖第十二號

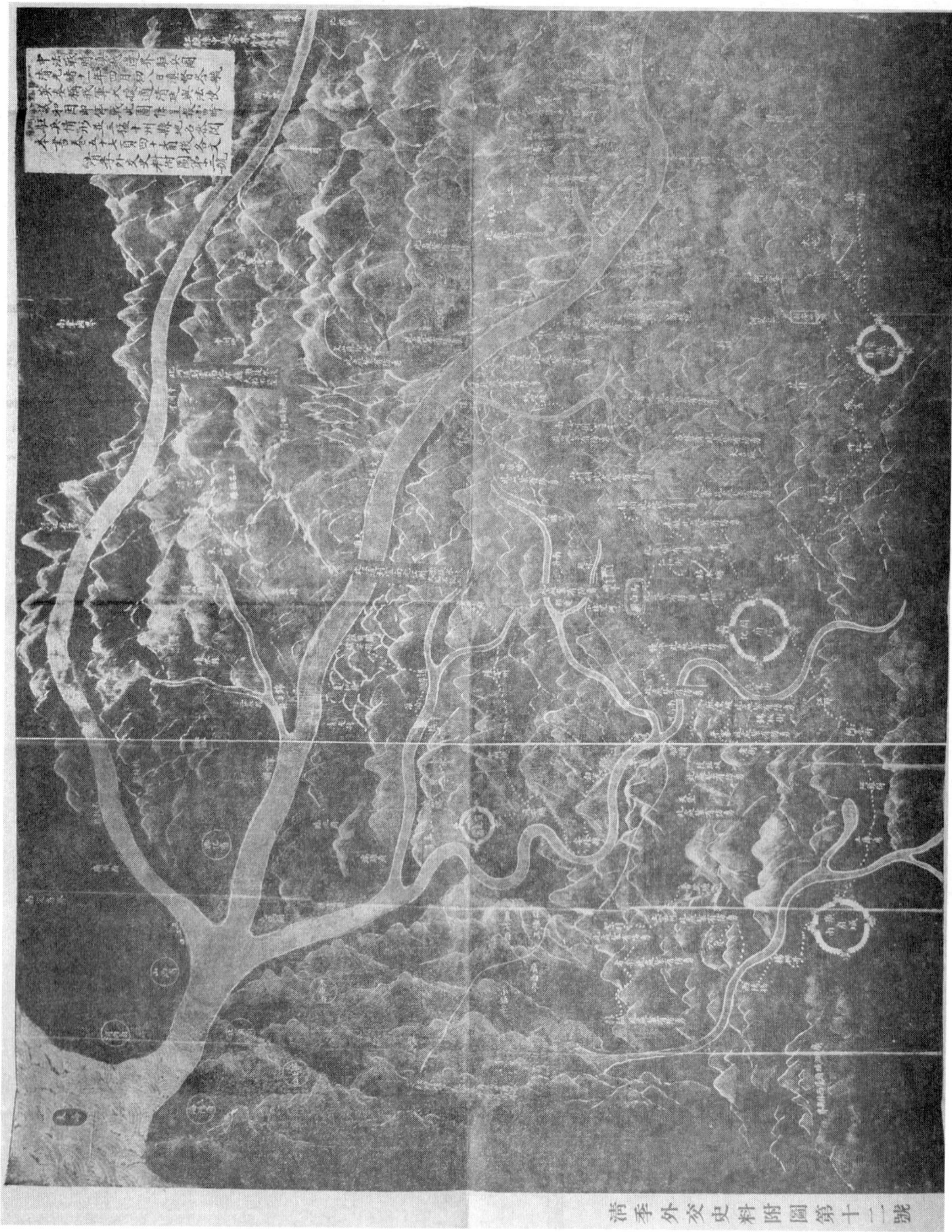

清季外交史料附圖第十二號

长江炮台总图

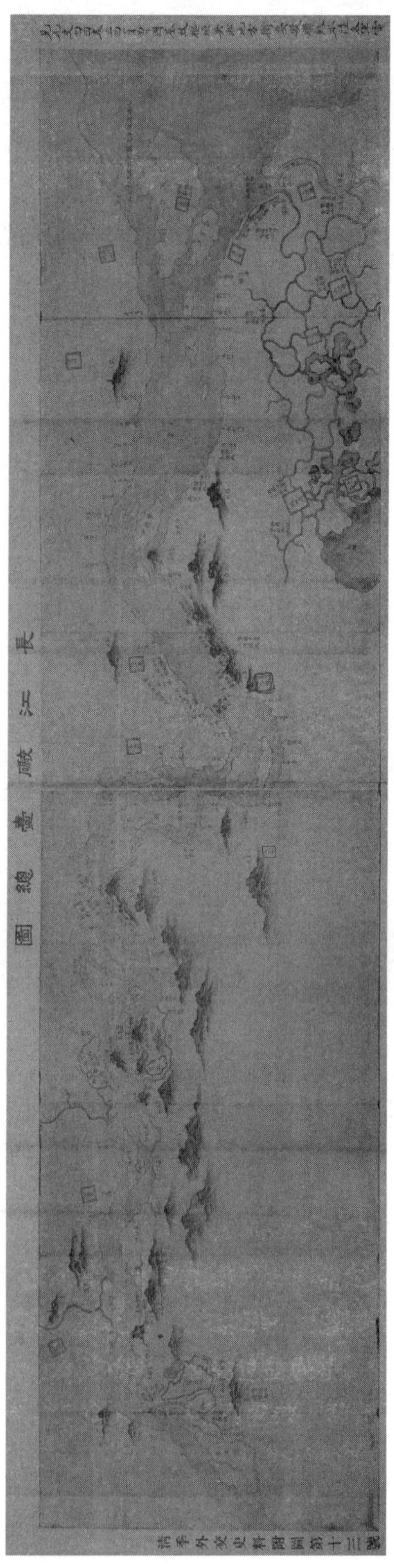
長江礮臺總圖
清季外交史料附圖第十三號

内兴安岭鄂伦春营制衙署图

內興安嶺鄂倫春營制衙署圖

清季外交史料

附圖第十四號

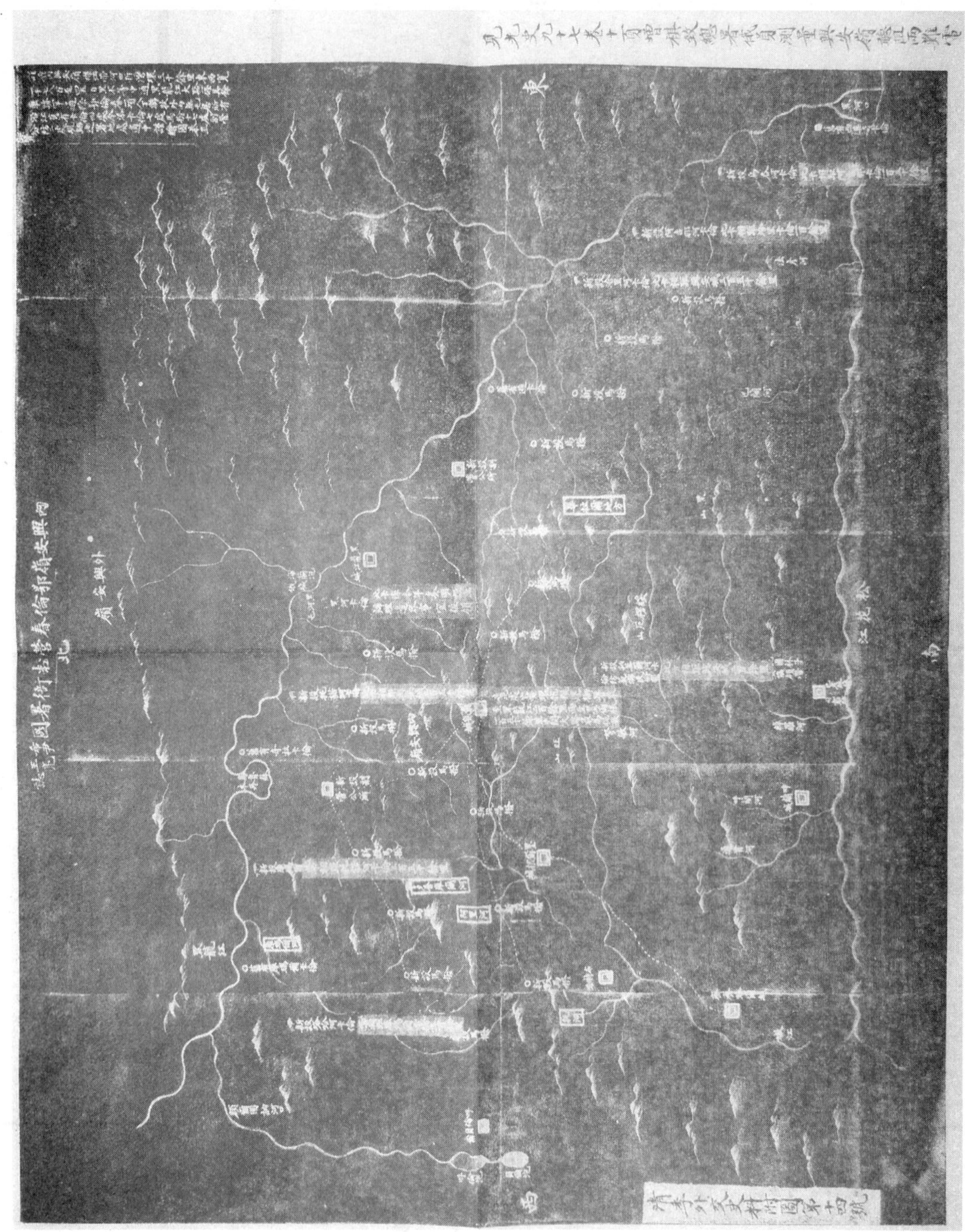

浙江沿海图

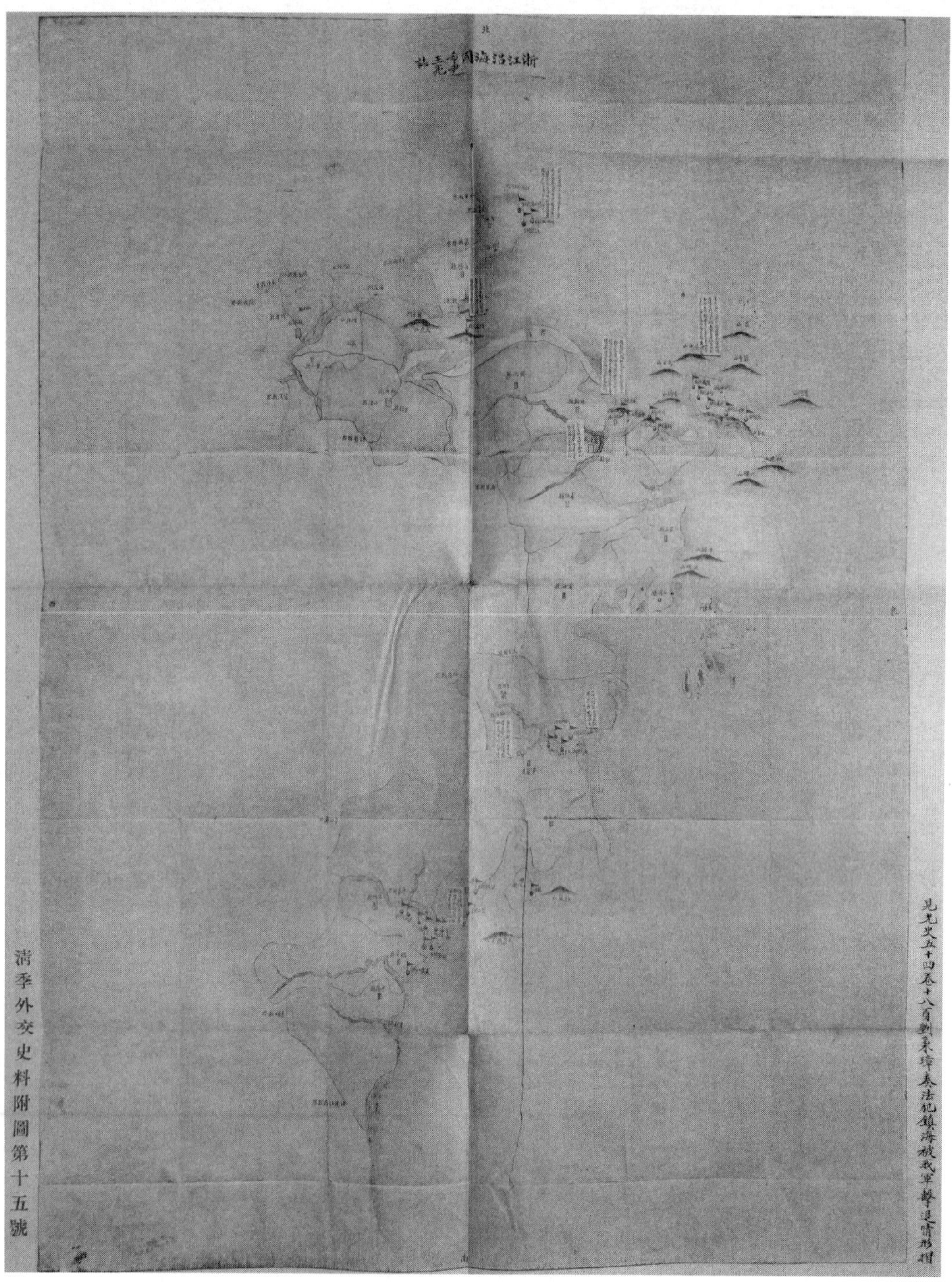

清季外交史料附圖第十五號

見光史五十四卷十八頁劉秉璋奏法犯鎮海被我軍擊退情形摺

全蒙道路略图

全蒙道路略圖

清季外交史料附圖第十六號

中華民國二十二年王希隱製

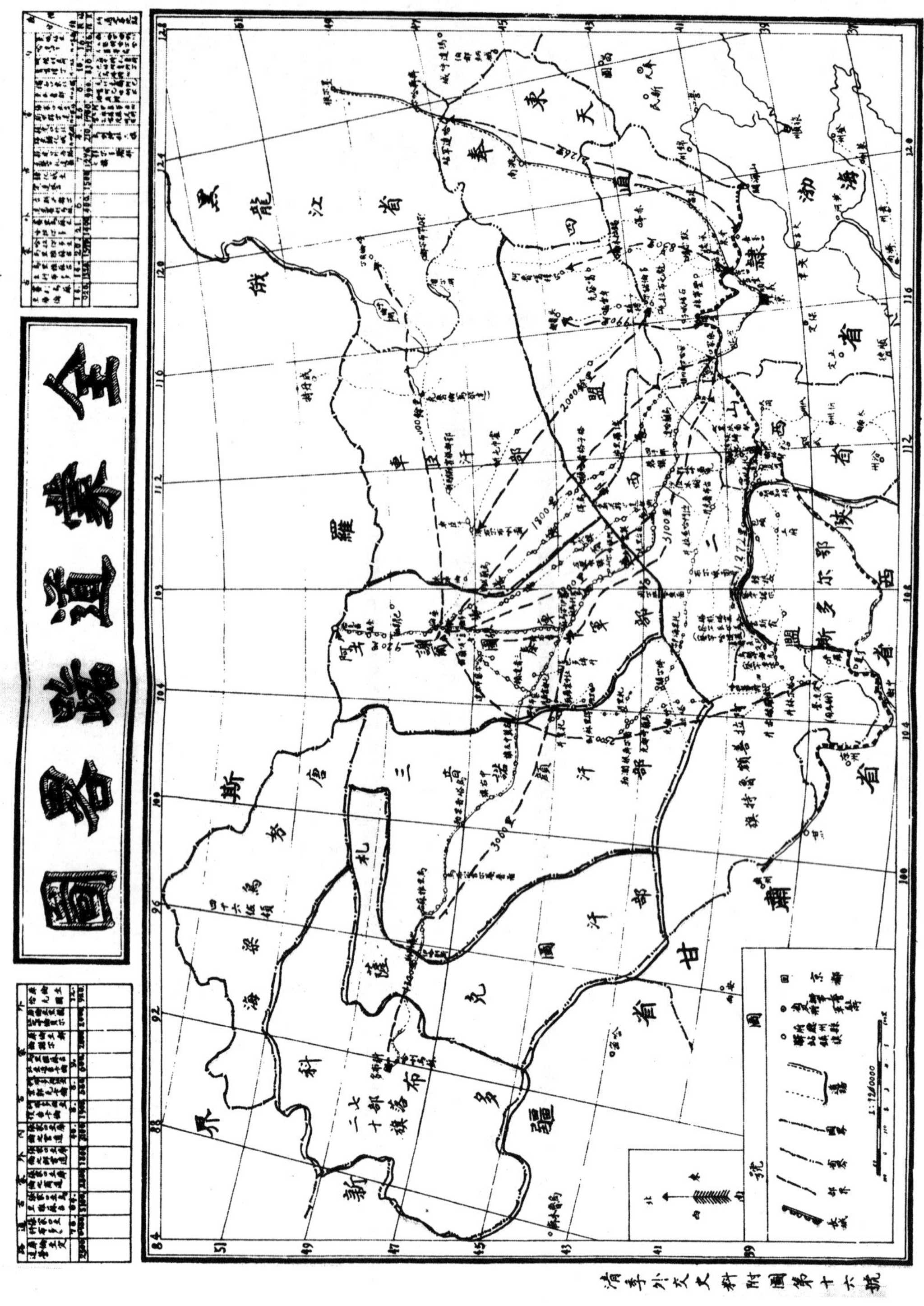

清季外交史料附圖第十六號